Lernwörterbuch

Chinesisch
mit HSK-Wortschatz Levels 1–3

John Whitlam
Vitoria Davies

Lextra Lernwörterbuch

Chinesisch

Projektleitung: Wolfgang Worsch
Autoren: John Whitlam, Vitoria Davies
Redaktion: Cornelsen Verlag Redaktion Moderne Fremdsprachen
Muttersprachliche Beratung: Shanshan Liu, Chao Yu
Umschlaggestaltung: Cornelsen Verlag Design
Umschlagfoto: Johannes Leisen, JUNOPHOTO
Layout: Cornelsen Verlag Design
Satz: zweiband, Berlin

www.lextra.de
www.cornelsen.de

1. Auflage 2011, 1. Druck 2011

© Cornelsen Verlag, Berlin 2011

Das Werk und seine Teile sind urheberrechtlich geschützt.
Jede Nutzung in anderen als den gesetzlich zugelassenen Fällen bedarf der vorherigen schriftlichen Einwilligung des Verlages.
Hinweis zu den §§ 46, 52a UrhG: Weder das Werk noch seine Teile dürfen ohne eine solche Einwilligung eingescannt und in ein Netzwerk eingestellt oder sonst öffentlich zugänglich gemacht werden. Das gilt auch für Intranets von Schulen und sonstigen Bildungseinrichtungen.

Wie in Nachschlagewerken üblich, werden als Marken geschützte Wörter in diesem Wörterbuch in der Regel durch das Zeichen ® kenntlich gemacht. Das Fehlen eines solchen Hinweises begründet jedoch nicht die Annahme, eine nicht gekennzeichnete Ware oder Dienstleistung sei frei.

Druck und Bindung: Kösel, Krugzell
Bindung patentrechtlich geschützt. Kösel FD 351, Patent-Nr. 0748702

ISBN 978-3-589-01518-4

 Inhalt gedruckt auf säurefreiem Papier aus nachhaltiger Forstwirtschaft.

Vorwort	5
Hinweise zur Benutzung des Wörterbuchs	6
Aussprache der Pinyin-Umschrift	7
Die Töne	9
Hinweise zum leichteren Nachschlagen	10
Radikal- und Schriftzeichenindizes	11
Radikalindex	11
Schriftzeichenindex	13
Zähleinheitswörter	33
Wörterbuch Chinesisch – Deutsch	37
Wörterbuch Deutsch – Chinesisch	189

So einfach funktioniert Ting. Der Hörstift.

Bitte TING einschalten.

Hinweis: Den Einschaltknopf 2 Sekunden lang gedrückt halten – TING bestätigt dies durch ein kurzes Signal.

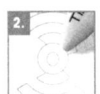

Bitte tippen Sie mit TING einfach auf diese Markierung. So aktivieren Sie TING für dieses Buch.

Hinweis: TING bestätigt die Aktivierung durch ein kurzes Signal. Bitte wiederholen Sie die Aktivierung, falls Sie in der Zwischenzeit andere Buchtitel aktiviert haben.

»Los geht's. Das Buch lebt.«
Erleben Sie jetzt mit TING dieses Buch in einer neuen Dimension. Wir wünschen Ihnen viel Vergnügen.

Hinweis: Mehr über TING und weitere Bücher mit TING erfahren Sie in Ihrer Buchhandlung oder direkt unter www.ting.eu

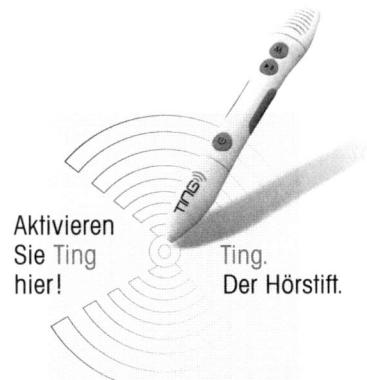

Aktivieren Sie Ting hier!

Ting. Der Hörstift.

Vorwort

Die Bedeutung der chinesischen Sprache als international gebräuchliches Kommunikationsmittel ist in den letzten Jahren kontinuierlich gestiegen. Ein Grund hierfür sind die intensiveren wirtschaftlichen Verflechtungen zwischen China und vielen Ländern, aber auch das touristische Interesse an Land, Menschen und Kultur.

Im deutschsprachigen Raum zeigt sich diese Entwicklung an der zunehmenden Zahl von Schulen, die Chinesisch als Unterrichtsfach anbieten sowie an den Belegzahlen, die Chinesischkurse an Volkshochschulen erzielen.

Mit diesem *Lextra Lernwörterbuch Chinesisch* bietet der Cornelsen Verlag erstmals ein Wörterbuch für deutschsprachige „Einsteiger" an. Dabei wurde besonderer Wert auf die Darstellung des HSK-Wortschatzes gelegt. – HSK bedeutet **H**anyu **S**huiping **K**aoshi, und es handelt sich dabei um den standardisierten und staatlich anerkannten chinesischen Sprachfähigkeitstest. Das HSK-Zertifikat ist ein international anerkannter Qualifikationsnachweis.

Durch die Ergänzung des Wörterbuchs um die TING-Technik können Lerner das Wörterbuch jetzt gezielt zur Übung der korrekten Aussprache nutzen. Auch unterwegs kann man mit dem TING-Stift alle Einträge im Deutsch-Chinesischen-Abschnitt, sowie einige Beispielsätze hören und üben. Eine genaue Anleitung zur Benutzung des TING-Stiftes können Sie auf Seite 3 lesen.

In vielen Info-Boxen werden wertvolle zusätzliche Informationen zu sprachlichen Besonderheiten des Chinesischen gegeben. Hilfen zur Eingrenzung und richtigen Verwendung der Bedeutungen runden ein didaktisches Konzept ab, dass speziell auf deutschsprachige Lerner zugeschnitten ist.

Wir hoffen, dass dieses *Lextra Lernwörterbuch Chinesisch* vielen Benutzern den Zugang zu einer faszinierenden Sprache erleichtert.

Autoren und Redaktion

Hinweise zur Benutzung des Wörterbuchs

Teil 1: Chinesisch-Deutsch

◢ Der chinesisch-deutsche Teil des Wörterbuchs ist phonetisch nach dem Pinyin-Alphabet angeordnet. Die Buchstabenfolge des Pinyin-Alphabets entspricht der des deutschen Alphabets. Allerdings werden die Vokale wie folgt nach Tönen geordnet: $\bar{a}$ (erster Ton), $á$ (zweiter Ton), $ǎ$ (dritter Ton), $à$ (vierter Ton), a (tonlos).

◢ Bei gleichlautenden Silben sind die Stichwörter nach der Strichzahl des Schriftzeichens geordnet.

◢ Um die Bedeutung eines unbekannten Schriftzeichens im Wörterbuch finden zu können, muss man das Schriftzeichen zuerst in den Radikal- und Schriftzeichenindices nachschlagen. Dort findet man die Aussprache des Schriftzeichens, was das Nachschlagen im Wörterbuch selbst ermöglicht.

◢ Jedes Stichwort entspricht einem einzelnen Schriftzeichen (= Kapitelzeichen). Unter dem Stichwort und seiner Pinyin-Umschrift sind alle zusammengesetzten Wörter aufgelistet, die mit dem Stichwortschriftzeichen anfangen. Wenn das Stichwort selbst auch als selbstständiges Wort vorkommt, wird dieses als Eintrag unter dem Stichwort wiederholt.

◢ Das Zeichen ● zeigt eine Änderung der Wortart an.

◢ Einige Schriftzeichen werden je nach Bedeutung bzw. Zusammenhang verschieden ausgesprochen. In solchen Fällen kommt dasselbe Schriftzeichen mehrmals als Stichwort im Wörterbuch vor, wobei am Ende des jeweiligen Eintrags auf die andere(n) Aussprachemöglichkeit(en) des Schriftzeichens verwiesen wird.

◢ Wörter, die eine grammatikalische Funktion haben, werden in speziellen Infokästen erklärt.

◢ Der HSK-Wortschatz ist wie folgt gekennzeichnet: ① Elementarwortschatz; ② Grundwortschatz

Teil 2: Deutsch-Chinesisch

◢ Die Stichwörter im deutsch-chinesischen Teil dieses Wörterbuchs sind alphabetisch angeordnet.

◢ Wenn ein Stichwort mehrere Bedeutungen hat, steht vor jeder Übersetzung ein semantischer "Wegweiser", der anzeigt, auf welche Bedeutung sich die jeweilige Übersetzung bezieht.

◢ Das Zeichen ● zeigt eine Änderung der Wortart an. Bei Verben trennt es auch transitive von intransitiven Verwendungen, und umgekehrt.

◢ Jede Übersetzung wird zuerst in der Pinyin-Umschrift, dann auch in chinesischen Schriftzeichen wiedergegeben.

◢ Stichwörter, die beim Übersetzen besondere Schwierigkeiten bereiten, werden in einem speziellen Infokasten näher erläutert.

Aussprache der Pinyin-Umschrift

Folgende Hinweise dienen lediglich als Richtschnur. Bei einer Sprache wie Chinesisch, bei der sich die Bedeutung nicht nur aus den Lauten, sondern auch aus den Tonverläufen der Silben ergibt, muss man die Aussprache unbedingt mithilfe eines Muttersprachlers oder mittels geeignetem Audio-Material üben.

Konsonanten

Außer *n*, *ng* und *r* kommen Konsonanten nur im Silbenanlaut vor.

Folgende Buchstaben haben im Pinyin ungefähr den gleichen Laut wie im Deutschen:

b, d, f, g, h, k, l, m, n, p, t, y

Folgende Buchstaben im Pinyin werden anders ausgesprochen als im Deutschen:

c	wie das deutsche z
j	wie dsch in **Dsch**ungel
q	wie tsch in **tsch**üs (wichtig: stark behaucht!)
s	wie das scharfe s in e**ss**en
w	wie im englischen **w**e, **W**ashington
x	wie sch in **Sch**uh
z	d + s, wie im Namen Hu**ds**on

Folgende Buchstaben im Pinyin geben Laute wieder, die im Deutschen nicht vorkommen. Das sind sogenannte Retroflex-Laute, bei denen man die Zunge nach oben zurückbiegt:

ch	wie tsch in **tsch**üs mit zurückgebogener Zunge
r	ein R-Laut mit zurückgebogener Zunge ausgesprochen
sh	wie sch in **Sch**uh mit zurückgebogener Zunge
zh	wie dsch in **Dsch**ungel mit zurückgebogener Zunge

Vokale und Silbenendungen

Die meisten Silbenendungen können entweder alleine oder mit vorangehendem Konsonant vorkommen.

a	K**a**ffee
ai	M**ai**n
an	**an**ders
ang	**ang**eln
ao	H**au**s
e	Schul**e**
ei	e + i, wie im englischen d**ay**
en	komm**en**
eng	e wie in Schul**e** + **ng**
er	e wie in Schul**e** + ein R-Laut mit zurückgebogener Zunge ausgesprochen
i	Term**i**n; nach *c, ch, r, s, sh, z* und *zh*, wie e in Schule
ia	**ja**
ian	**Jän**ner
iang	Yin und **Yang**
iao	**jau**len
ie	wie im englischen **ye**s
in	**in**
ing	R**ing**
iong	**jung**
iu	**Jo**d

Wenn die i-Laute allein (d. h. ohne Konsonantenanlaut) vorkommen, wird das i in der Pinyin-Umschrift durch y ersetzt, z. B. *ya, yan* usw. Allein vorkommendes i wird *yi* geschrieben, aber immerhin als /i/ ausgesprochen.

o	K**o**pf
ou	Sh**ow**
ong	Zeitung
u	d**u**; nach *j, q* und *x*, ü wie in K**ü**nstler
ua	u + a
uai	u + ai
uan	u + an
uang	u + ang
ue	u + e wie in B**e**tt
ui	u + e wie in R**e**h

un	u + en wie in komm**en**
uo	u + o wie in K**o**pf

Wenn die u-Laute allein (ohne Konsonantenanlaut) vorkommen, wird das *u* in der Pinyin-Umschrift durch w ersetzt, z. B. *wa, wai* usw. Allein vorkommendes *u* wird *wu* geschrieben, aber als /u/ ausgesprochen. Zu beachten ist auch, dass die Buchstabengruppe *yu* als /ü/ ausgesprochen wird.

ü	K**ü**nstler
üe	ü + e wie in B**e**tt

Die Töne

Im Chinesischen kann die gleiche Silbe je nach Tonverlauf verschiedene Bedeutungen haben. Es gibt vier Töne. Es kommen auch tonlose Silben vor – man spricht dann vom neutralen Ton.

- Der erste Ton, chinesisch *yīnpíng* 阴平, wird in der Pinyin-Umschrift mit dem Tonzeichen ¯ (z. B. *ā, ō, ū* usw.) angezeigt. Bei der Aussprache ist die Tonhöhe hoch und konstant.

- Der zweite Ton, chinesisch *yángpíng* 阳平, wird in der Pinyin-Umschrift mit dem Tonzeichen ´ (z. B. *á, ó, ú* usw.) angezeigt. Bei der Aussprache steigt der Ton von der mittleren in die hohe Tonlage.

- Der dritte Ton, chinesisch *shàngshēng* 上声, wird in der Pinyin-Umschrift mit dem Tonzeichen ˇ (z. B. *ǎ, ǒ, ǔ* usw.) angezeigt. Bei der Aussprache fällt der Ton von der mittleren Tonlage nach unten und steigt dann wieder an.

- Der vierte Ton, chinesisch *qùshēng* 去声, wird in der Pinyin-Umschrift mit dem Tonzeichen ` (z. B. *à, ò, ù* usw.) angezeigt. Bei der Aussprache fällt die Tonhöhe scharf nach unten.

Der neutrale Ton, chinesisch *qīngshēng* 轻声, kommt vor allem in Silben vor, die wegen ihrer Stellung innerhalb eines Wortes oder Satzes tonlos bleiben. Ein Beispiel dafür ist die Fragepartikel ma, die am Ende eines Fragesatzes steht: 你好吗? *nǐ hǎo ma*? Wie geht's?

Zu beachten ist, dass wenn zwei Silben im dritten Ton aufeinanderfolgen, die erste Silbe im zweiten Ton gesprochen wird. 你好 *nǐ hǎo* wird also *ní hǎo* ausgesprochen. Es ist jedoch nicht üblich, diese Tonänderung in der Pinyin-Umschrift anzuzeigen, d. h. man schreibt immer *nǐ hǎo*.

Die Töne

Hinweise zum leichteren Nachschlagen

Besonders im Anfangsstadium kann das Lesen und Entziffern sogar der einfachsten chinesischen Texte ein ziemlich mühsames Verfahren sein, weil man viele Schriftzeichen zuerst im Schriftzeichenindex und dann im Wörterbuchteil nachschlagen muss. Im Folgenden einige Hinweise, um dieses Verfahren etwas zu beschleunigen:

Machen Sie sich mit den Radikalen vertraut, um sie schneller erkennen zu können. Beim Zählen der Striche ist zu beachten, dass ein einzelner Strich seine Richtung mehrfach ändern kann, da die Striche ursprünglich auf den Bewegungen des Pinsels in der chinesischen Kalligrafie basieren. Anders ausgedrückt: Um die Striche eines Schriftzeichens zählen zu können, muss man die chinesischen Grundstriche kennen.

Der unten stehende Schriftzeichenindex enthält nur die Schriftzeichen, die als Stichwörter in dieses Wörterbuch aufgenommen wurden. Da zusammengesetzte (d. h. aus zwei oder mehr Schriftzeichen bestehenden) Wörter immer unter dem ersten Schriftzeichen aufgelistet und vollständig in Pinyin wiedergegeben sind, muss man bei einem zusammengesetzten Wort nur das erste Schriftzeichen im Schriftzeichenindex nachschlagen.

Radikalindex

Radikal- und Schriftzeichenindizes

Wozu dienen die Radikal- und Schriftzeichenindizes?

Die Einträge im chinesisch-deutschen Teil dieses Wörterbuches sind nach dem Pinyin-Alphabet phonetisch angeordnet, so wie es in zweisprachigen Wörterbüchern, die sich an Lerner der chinesischen Sprache richten, üblich ist. Um die Bedeutung eines Schriftzeichens im Wörterbuch nachschlagen zu können, muss man also zuerst dessen Aussprache über die Radikal- und Schriftzeichenindizes ausfindig machen.

Wie benutzt man die Indizes?

Jedes Schriftzeichen enthält ein sogenanntes Radikal, d.h. ein grafisches Element, das es mit mehreren anderen Schriftzeichen gemeinsam hat. In den einsprachigen Chinesisch-Wörterbüchern werden die Schriftzeichen je nach Radikal zusammengestellt. So ist es auch im unten stehenden Schriftzeichenindex.

Man geht folgendermaßen vor:

1. Das Radikal des Schriftzeichens herausfinden. Das Radikal des Schriftzeichens 海 *(Meer)* ist z. B. 氵 , das aus drei Strichen besteht.

2. Das jeweilige Radikal nach seiner Strichzahl im Radikalindex suchen.

3. Die dem gesuchten Radikal zugeschriebene Nummer im jeweiligen Abschnitt des Schriftzeichenindexes aufschlagen. Im o. g. Beispiel hat das Radikal 氵 die Nummer 56.

4. Im Schriftzeichenindex sind die in jedem Abschnitt aufgelisteten Schriftzeichen nach der Anzahl der zusätzlichen Striche geordnet. Im Abschnitt 56 dieses Indexes stellt man fest, dass das Schriftzeichen 海 *hǎi* ausgesprochen wird. Anhand der Aussprache kann man das Wort im Wörterbuchteil nachschlagen.

Radikalindex

A. Radikalindex

1 Strich

1. 一
2. 丨
3. 丿
4. 丶
5. 乙（乚，一）

2 Striche

6. 二
7. 十
8. 厂
9. 匚
10. 刂
11. 卜
12. 冂
13. 亻
14. 八
15. 人（入）
16. 勹
17. 几
18. 儿
19. 亠
20. 冫
21. 冖
22. 讠

23. 卩
24. 阝 links
25. 阝 rechts
26. 凵
27. 刀
28. 力
29. 厶
30. 又
31. 廴

3 Striche

32. 工
33. 土
34. 士
35. 扌
36. 艹
37. 寸
38. 廾
39. 大
40. 尢
41. 小
42. 口
43. 囗
44. 巾
45. 山

46. 彳
47. 彡
48. 犭
49. 夕
50. 夂
51. 饣
52. 丬
53. 广
54. 忄
55. 门
56. 氵
57. 宀
58. 辶
59. 彐（彑）
60. 尸
61. 己
62. 弓
63. 子
64. 女
65. 纟
66. 马
67. 巛

4 Striche

68. 王

69. 韦
70. 木
71. 犬
72. 歹
73. 车
74. 戈
75. 比
76. 瓦
77. 止
78. 支
79. 日
80. 曰
81. 水
82. 贝
83. 见
84. 牛（牜）
85. 手
86. 毛
87. 气
88. 攵
89. 片
90. 斤
91. 爪（爫）
92. 父

93. 月	118. 瓜	143. 艮	166. 音
94. 欠	119. 用	144. 羽	**11 Striche**
95. 风	120. 鸟	145. 糸	167. 麻
96. 殳	121. 疒	**7 Striche**	**12 Striche**
97. 文	122. 立	146. 走	168. 黑
98. 方	123. 穴	147. 赤	**13 Striche**
99. 火	124. 衤	148. 豆	169. 鼠
100. 斗	125. 皮	149. 酉	**14 Striche**
101. 灬	126. 矛	150. 里	170. 鼻
102. 戶	**6 Striche**	151. 足	
103. 礻	127. 老	152. 身	
104. 心	128. 耳	153. 角	
105. 毋	129. 西（覀）	154. 言	
5 Striche	130. 页	155. 辛	
106. 示	131. 虍	**8 Striche**	
107. 石	132. 虫	156. 青	
108. 龙	133. 缶	157. 雨	
109. 业	134. 舌	158. 齿	
110. 目	135. 竹（⺮）	159. 隹	
111. 田	136. 臼	160. 金	
112. 罒	137. 自	161. 鱼	
113. 皿	138. 血	**9 Striche**	
114. 钅	139. 舟	162. 革	
115. 矢	140. 衣	163. 骨	
116. 禾	141. 羊	164. 鬼	
117. 白	142. 米	165. 食	

B. Schriftzeichenindex

1. 一

一 yī, yí, yì
七 qī
干 gān
干 gàn
于 yú
才 cái
万 wàn
丈 zhàng
三 sān
上 shàng
下 xià
不 bù
与 yǔ
丰 fēng
井 jǐng
开 kāi
天 tiān
夫 fū
牙 yá
互 hù
丑 chǒu
未 wèi
专 zhuān
无 wú

五 wǔ
世 shì
击 jī
正 zhēng, zhèng
东 dōng
平 píng
甘 gān
且 qiě
册 cè
可 kě
丝 sī
亚 yà
再 zài
求 qiú
百 bǎi
而 ér
夹 jiā
更 gēng, gèng
两 liǎng
来 lái
严 yán
表 biǎo
事 shì
甚 shèn
柬 jiǎn

面 miàn
歪 wāi
韭 jiǔ
哥 gē
艳 yàn
整 zhěng

2. 丨

中 zhōng, zhòng
内 nèi
旧 jiù
由 yóu
甲 jiǎ
申 shēn
电 diàn
出 chū
北 běi
师 shī
曲 qū, qǔ
肉 ròu
非 fēi
临 lín

3. 丿

九 jiǔ
千 qiān
久 jiǔ

及 jí
升 shēng
午 wǔ
反 fǎn
长 cháng, zhǎng
丹 dān
乌 wū
生 shēng
失 shī
甩 shuǎi
乐 lè, yuè
年 nián
乒 pīng
后 hòu
向 xiàng
兆 zhào
我 wǒ
系 xì
每 měi
质 zhì
周 zhōu
拜 bài
重 chóng, zhòng
复 fù
乘 chéng

舞 wǔ
疑 yí
靠 kào

4. 丶

义 yì
之 zhī
为 wéi, wèi
主 zhǔ
半 bàn
头 tóu
兴 xīng, xìng
农 nóng
州 zhōu
良 liáng
学 xué
举 jǔ

5. 乙（乚，㇆）

了 le, liǎo
飞 fēi
也 yě
习 xí
乡 xiāng
尺 chǐ
巴 bā
孔 kǒng
书 shū

司 sī
民 mín
尽 jǐn, jìn
买 mǎi
乱 luàn
乳 rǔ
承 chéng

6. 二

二 èr
元 yuán
云 yún
些 xiē

7. 十

十 shí
支 zhī
古 gǔ
考 kǎo
毕 bì
华 huá
协 xié
克 kè
直 zhí
卖 mài
南 nán
真 zhēn
博 bó

8. 厂

厄 è
厅 tīng
历 lì
压 yā
厕 cè
厘 lí
厚 hòu
原 yuán
厨 chú

9. 匚

巨 jù
区 qū
匹 pǐ
医 yī

10. 刂

划 huá, huà
列 liè
刘 liú
则 zé
刚 gāng
创 chuàng
删 shān
判 pàn
利 lì
别 bié
刮 guā

到 dào
制 zhì
刷 shuā
刺 cì
刻 kè
削 xiāo
前 qián
剥 bāo
剧 jù
剩 shèng
副 fù
割 gē

11. 卜

占 zhàn
卡 kǎ
卢 lú
卧 wò
桌 zhuō

12. 冂

同 tóng
网 wǎng

13. 亻

亿 yì
什 shén
仅 jǐn
仍 réng
仔 zǐ

Schriftzeichenindex

他 tā	低 dī	值 zhí	典 diǎn
付 fù	住 zhù	假 jiǎ	卷 juǎn
代 dài	体 tǐ	假 jià	单 dān
仪 yí	佛 fó	偏 piān	养 yǎng
们 men	作 zuò	做 zuò	首 shǒu
仰 yǎng	你 nǐ	停 tíng	黄 huáng
件 jiàn	使 shǐ	健 jiàn	普 pǔ
价 jià	侄 zhí	偷 tōu	曾 céng, zēng
任 rèn	例 lì	傍 bàng	**15. 人（入）**
份 fèn	供 gōng	催 cuī	人 rén
仿 fǎng	依 yī	像 xiàng	入 rù
伊 yī	侵 qīn	僧 sēng	个 gè
伏 fú	便 biàn, pián	僵 jiāng	今 jīn
休 xiū	促 cù	化 huà	介 jiè
优 yōu	俄 é	**14. 八**	从 cóng
伙 huǒ	俚 lǐ	八 bā	仓 cāng
伟 wěi	保 bǎo	分 fēn	以 yǐ
传 chuán	信 xìn	公 gōng	令 lìng
伤 shāng	俩 liǎ	只 zhī, zhǐ	全 quán
伦 lún	修 xiū	共 gòng	伞 sǎn
伯 bó	俱 jù	并 bìng	会 huì, kuài
估 gū	倍 bèi	关 guān	合 hé
伴 bàn	倒 dǎo, dào	兑 duì	企 qǐ
伸 shēn	候 hòu	弟 dì	含 hán
似 sì	借 jiè	兵 bīng	命 mìng
但 dàn	倡 chàng	具 jù	拿 ná
位 wèi	债 zhài	其 qí	盒 hé

舒 shū	享 xiǎng	凉 liáng	诗 shī
16. 勹	变 biàn	减 jiǎn	诚 chéng
勺 sháo	京 jīng	**21. 冖**	话 huà
句 jù	夜 yè	写 xiě	该 gāi
包 bāo	亮 liàng	军 jūn	详 xiáng
匆 cōng	帝 dì	罕 hǎn	语 yǔ
匈 xiōng	衰 shuāi	冠 guàn	误 wù
够 gòu	高 gāo	**22. 讠**	说 shuō
17. 几	离 lí	计 jì	请 qǐng
几 jī, jǐ	旁 páng	订 dìng	诺 nuò
凡 fán	毫 háo	认 rèn	读 dú
朵 duǒ	烹 pēng	讨 tǎo	课 kè
秃 tū	商 shāng	让 ràng	谁 shéi, shuí
18. 儿	率 lǜ, shuài	训 xùn	调 diào, tiáo
儿 ér	就 jiù	议 yì	谈 tán
允 yǔn	豪 háo	记 jì	谋 móu
兄 xiōng	膏 gāo	讲 jiǎng	谎 huǎng
先 xiān	赢 yíng	许 xǔ	谢 xiè
光 guāng	**20. 冫**	论 lùn	**23. 卩**
党 dǎng	斗 dòu	设 shè	卫 wèi
19. 亠	冰 bīng	访 fǎng	印 yìn
六 liù	次 cì	证 zhèng	危 wēi
市 shì	冲 chōng	评 píng	却 què
交 jiāo	决 jué	诊 zhěn	即 jí
充 chōng	冻 dòng	词 cí	**24. 阝 links**
产 chǎn	冷 lěng	译 yì	队 duì
亩 mǔ	准 zhǔn	试 shì	防 fáng

Schriftzeichenindex

阳 yáng
阴 yīn
阵 zhèn
阶 jiē
阻 zǔ
阿 ā
附 fù
陆 lù
陈 chén
降 jiàng
限 xiàn
陡 dǒu
院 yuàn
除 chú
陪 péi
陶 táo
随 suí
隐 yǐn
隔 gé
障 zhàng
隧 suì

25. 阝 rechts

那 nà
邮 yóu
邻 lín
郊 jiāo
部 bù
都 dōu

26. 凵

画 huà
幽 yōu

27. 刀

刀 dāo
切 qiē
召 zhào
负 fù
争 zhēng
色 sè
免 miǎn
初 chū
兔 tù
象 xiàng
剪 jiǎn

28. 力

力 lì
办 bàn
功 gōng
加 jiā
动 dòng
男 nán
努 nǔ
劳 láo
劲 jìn
勇 yǒng
勤 qín

29. 厶

去 qù
台 tái
县 xiàn
参 cān
能 néng

30. 又

又 yòu
叉 chā
友 yǒu
双 shuāng
劝 quàn
圣 shèng
对 duì
发 fā, fà
戏 xì
观 guān
欢 huān
叔 shū
鸡 jī
取 qǔ
受 shòu
艰 jiān
难 nán
桑 sāng
叠 dié

31. 廴

延 yán
建 jiàn

32. 工

工 gōng
左 zuǒ
巩 gǒng
巧 qiǎo
项 xiàng
差 chā, chà

33. 土

土 tǔ
寺 sì
至 zhì
在 zài
圭 guī
地 de, dì
场 chǎng
坏 huài
坐 zuò
坑 kēng
块 kuài
坟 fén
坡 pō
幸 xìng
垃 lā
垄 lǒng

型 xíng
垫 diàn
埋 mái
城 chéng
基 jī
堂 táng
堆 duī
堵 dǔ
塑 sù
塔 tǎ
填 tián
墙 qiáng
增 zēng
墨 mò
壁 bì

34. 士

士 shì
吉 jí
声 shēng
壶 hú
喜 xǐ
鼓 gǔ

35. 扌

扎 zhā
扑 pū
打 dǎ
扔 rēng
托 tuō
扛 káng
扣 kòu
执 zhí
扩 kuò
扫 sǎo, sào
扭 niǔ
扶 fú
批 pī
找 zhǎo
技 jì
抄 chāo
把 bǎ
抑 yì
抓 zhuā
投 tóu
抗 kàng
折 zhé
抚 fǔ
抛 pāo
抢 qiǎng
护 hù
报 bào
披 pī
抬 tái
抱 bào
抹 mā
抽 chōu
担 dān
拆 chāi
拉 lā
拍 pāi
拐 guǎi
拔 bá
拖 tuō
招 zhāo
拣 jiǎn
拥 yōng
拦 lán
拨 bō
拼 pīn
拾 shí
持 chí
挂 guà
指 zhǐ
按 àn
挑 tiāo
挖 wā
挠 náo
挡 dǎng
挣 zhēng
挣 zhèng
挤 jǐ
挥 huī
挨 āi
挪 nuó
挺 tǐng
捆 kǔn
捉 zhuō
捕 bǔ
捞 lāo
损 sǔn
捡 jiǎn
换 huàn
捧 pěng
捷 jié
掀 xiān
授 shòu
掉 diào
掏 tāo
排 pái
探 tàn
接 jiē
控 kòng
推 tuī
措 cuò
描 miáo
提 tí
插 chā
握 wò
搁 gē

Schriftzeichenindex

搞 gǎo
搬 bān
搭 dā
摄 shè
摆 bǎi
摇 yáo
摔 shuāi
摘 zhāi
摧 cuī
摸 mō
撒 sā
撕 sī
撞 zhuàng
擅 shàn
操 cāo
擦 cā

36. 艹

艺 yì
艾 ài
节 jié
芒 máng
芝 zhī
芥 jiè
芦 lú
芬 fēn
芭 bā
花 huā

苍 cāng
苏 sū
苦 kǔ
英 yīng
苹 píng
范 fàn
茄 qié
茶 chá
草 cǎo
荒 huāng
药 yào
荷 hé
莫 mò
获 huò
菜 cài
菠 bō
菲 fēi
营 yíng
落 luò
蔬 shū
薄 báo
藏 cáng

37. 寸

寸 cùn
寻 xún
导 dǎo
寿 shòu

封 fēng
耐 nài
射 shè
尊 zūn

38. 廾

异 yì
弄 nòng

39. 大

大 dà, dài
太 tài
夺 duó
尖 jiān
夸 kuā
奇 qí
奋 fèn
奖 jiǎng
牵 qiān
美 měi
套 tào
奢 shē
奥 ào

40. 尤

尤 yóu
龙 lóng

41. 小

小 xiǎo
少 shǎo, shào

当 dāng, dàng
省 shěng
尝 cháng
常 cháng
掌 zhǎng

42. 口

口 kǒu
另 lìng
叫 jiào
右 yòu
叶 yè
号 hào
吃 chī
各 gè
吊 diào
名 míng
吐 tǔ, tù
吓 xià
吗 ma
吞 tūn
否 fǒu
吧 ba
吨 dūn
吩 fēn
听 tīng
吵 chǎo
吸 xī

吹 chuī	哭 kū	嚷 rǎng	岛 dǎo
吻 wěn	哲 zhé	嚼 jiáo	岸 àn
呀 yā, ya	哼 hēng	**43. 囗**	岳 yuè
呆 dāi	唇 chún	四 sì	崇 chóng
告 gào	售 shòu	回 huí	**46. 彳**
呐 na	唯 wéi	因 yīn	行 háng, xíng
呕 ǒu	唱 chàng	团 tuán	彻 chè
员 yuán	啊 a	困 kùn	往 wǎng
呢 ne	啤 pí	围 wéi	征 zhēng
味 wèi	啦 la	固 gù	径 jìng
呼 hū	喂 wèi	国 guó	待 dài
和 hé	善 shàn	图 tú	很 hěn
知 zhī	喇 lǎ	圆 yuán	律 lǜ
虽 suī	喉 hóu	圈 quān	徒 tú
哎 āi	喊 hǎn	**44. 巾**	得 dé, de, děi
咖 kā	喝 hē	布 bù	衔 xián
咬 yǎo	喷 pēn	帆 fān	街 jiē
咱 zán	嗓 sǎng	希 xī	微 wēi
咳 ké	嗜 shì	帐 zhàng	德 dé
咸 xián	嗯 ńg	带 dài	**47. 彡**
咽 yàn	嘈 cáo	帮 bāng	形 xíng
品 pǐn	嘛 ma	帽 mào	须 xū
哇 wa	嘱 zhǔ	幅 fú	彩 cǎi
哈 hā	嘴 zuǐ	**45. 山**	影 yǐng
响 xiǎng	嘿 hēi	山 shān	**48. 犭**
哩 li	器 qì	岁 suì	犯 fàn
哪 nǎ, na	噪 zào	岔 chà	犹 yóu

狂 kuáng	馅 xiàn	恨 hèn	**56.氵**
狗 gǒu	馒 mán	恰 qià	汁 zhī
独 dú	**52.丬**	恼 nǎo	汉 hàn
狮 shī	壮 zhuàng	悄 qiāo	汗 hàn
狼 láng	将 jiāng	情 qíng	江 jiāng
猜 cāi	**53.广**	愉 yú	污 wū
猕 mí	广 guǎng	愤 fèn	汤 tāng
猪 zhū	庄 zhuāng	慌 huāng	汽 qì
猫 māo	庆 qìng	慢 màn	沉 chén
猴 hóu	床 chuáng	慷 kāng	沙 shā
49.夕	应 yīng, yìng	憎 zēng	没 méi
外 wài	底 dǐ	懂 dǒng	河 hé
多 duō	店 diàn	懒 lǎn	油 yóu
梦 mèng	庙 miào	**55.门**	治 zhì
50.夂	度 dù	门 mén	沿 yán
处 chǔ, chù	座 zuò	闪 shǎn	法 fǎ
冬 dōng	腐 fǔ	闭 bì	波 bō
条 tiáo	鹰 yīng	问 wèn	泥 ní
麦 mài	**54.忄**	闯 chuǎng	注 zhù
夏 xià	忙 máng	闲 xián	洋 yáng
51.饣	忧 yōu	间 jiān, jiàn	洒 sǎ
饭 fàn	快 kuài	闸 zhá	洗 xǐ
饮 yǐn	怀 huái	闹 nào	洛 luò
饱 bǎo	怕 pà	闻 wén	洞 dòng
饲 sì	性 xìng	阅 yuè	洪 hóng
饼 bǐng	怪 guài	阑 lán	活 huó
饿 è	恢 huī		洽 qià

派 pài	滚 gǔn	客 kè	还 hái, huán
流 liú	满 mǎn	宣 xuān	这 zhè
浅 qiǎn	滨 bīn	宫 gōng	进 jìn
测 cè	滴 dī	害 hài	远 yuǎn
浓 nóng	漂 piāo, piào	宴 yàn	违 wéi
浪 làng	漏 lòu	宾 bīn	连 lián
浮 fú	演 yǎn	家 jiā	迟 chí
浴 yù	潇 xiāo	宽 kuān	迪 dí
海 hǎi	潮 cháo	宿 sù	迫 pò
消 xiāo	澳 ào	寄 jì	迷 mí
涨 zhǎng	激 jī	密 mì	追 zhuī
淋 lín	瀑 pù	富 fù	退 tuì
淘 táo	酒 jiǔ	寒 hán	送 sòng
淡 dàn	**57. 宀**	赛 sài	适 shì
深 shēn	宁 níng	寡 guǎ	逃 táo
混 hùn	它 tā	蜜 mì	选 xuǎn
添 tiān	宇 yǔ	**58. 辶**	透 tòu
清 qīng	守 shǒu	边 biān	逐 zhú
渐 jiàn	字 zì	巡 xún	递 dì
渡 dù	安 ān	达 dá	途 tú
温 wēn	灾 zāi	迅 xùn	逗 dòu
港 gǎng	完 wán	过 guò	通 tōng
渴 kě	宗 zōng	迈 mài	逛 guàng
游 yóu	官 guān	迎 yíng	速 sù
湖 hú	宝 bǎo	运 yùn	造 zào
湿 shī	定 dìng	近 jìn	逢 féng
滑 huá	实 shí	返 fǎn	逮 dài

逼 bī	**61. 己**	妈 mā	纷 fēn
遇 yù	已 yǐ	妥 tuǒ	纸 zhǐ
遍 biàn	忌 jì	妙 miào	纺 fǎng
道 dào	**62. 弓**	妹 mèi	纽 niǔ
遗 yí	引 yǐn	妻 qī	线 xiàn
遭 zāo	张 zhāng	始 shǐ	练 liàn
遮 zhē	弥 mí	姐 jiě	组 zǔ
遵 zūn	弯 wān	姑 gū	细 xì
避 bì	弱 ruò	姓 xìng	织 zhī
邀 yāo	弹 tán	委 wěi	终 zhōng
59. 彐 (彑)	强 qiáng	姜 jiāng	经 jīng
灵 líng	**63. 子**	要 yāo, yào	绑 bǎng
录 lù	子 zǐ	姥 lǎo	结 jiē, jié
60. 尸	孕 yùn	姨 yí	绕 rào
尼 ní	存 cún	威 wēi	给 gěi
尿 niào	孙 sūn	娃 wá	绝 jué
屁 pì	孟 mèng	娱 yú	统 tǒng
层 céng	孤 gū	婆 pó	继 jì
尾 wěi	孩 hái	婚 hūn	绳 shéng
局 jú		婴 yīng	维 wéi
居 jū		嫂 sǎo	综 zōng
届 jiè	**64. 女**		绿 lǜ
屋 wū	女 nǚ	**65. 纟**	缅 miǎn
屏 píng	奶 nǎi	纠 jiū	编 biān
展 zhǎn	她 tā	红 hóng	缝 féng
属 shǔ	好 hǎo, hào	纤 xiān	缩 suō
	如 rú	约 yuē	
	妇 fù	纪 jì	

66. 马

马 mǎ
驱 qū
驾 jià
骂 mà
骄 jiāo
骆 luò
骑 qí
骗 piàn

67. 巛

巢 cháo

68. 王

王 wáng
玉 yù
玩 wán
玫 méi
环 huán
现 xiàn
玻 bō
皇 huáng
珠 zhū
班 bān
球 qiú
望 wàng
理 lǐ
琴 qín
瑜 yú
瑞 ruì

69. 韦

韩 hán

70. 木

木 mù
本 běn
朴 pǔ
机 jī
杀 shā
杂 zá
权 quán
李 lǐ
杏 xìng
材 cái
村 cūn
杜 dù
杯 bēi
松 sōng
板 bǎn
采 cǎi
极 jí
构 gòu
枕 zhěn
果 guǒ
枝 zhī
枪 qiāng
相 xiāng, xiàng

亲 qīn
架 jià
柏 bó
某 mǒu
染 rǎn
柔 róu
柠 níng
查 chá
柿 shì
标 biāo
栋 dòng
树 shù
栗 lì
校 xiào
株 zhū
样 yàng
核 hé
根 gēn
桃 táo
桥 qiáo
桶 tǒng
梨 lí
渠 qú
梯 tī
梳 shū
检 jiǎn
棉 mián

棕 zōng
棚 péng
森 sēn
棵 kē
棺 guān
椅 yǐ
植 zhí
集 jí
椰 yē
楼 lóu
概 gài
榜 bǎng
模 mó, mú
横 héng
樱 yīng
橄 gǎn
橘 jú
橡 xiàng
橱 chú

71. 犬

臭 chòu
献 xiàn

72. 歹

死 sǐ
残 cán

73. 车

车 chē

转 zhuǎn, zhuàn	**78.** 攴	量 liáng, liàng	费 fèi
轮 lún	敲 qiāo	**80.** 曰	资 zī
软 ruǎn	**79.** 日	者 zhě	赔 péi
轻 qīng	日 rì	冒 mào	赞 zàn
较 jiào	早 zǎo	替 tì	**83.** 见
辅 fǔ	时 shí	最 zuì	见 jiàn
辆 liàng	昆 kūn	**81.** 水	规 guī
输 shū	明 míng	水 shuǐ	觉 jué
74. 戈	昏 hūn	永 yǒng	**84.** 牛（牜）
成 chéng	易 yì	泵 bèng	牛 niú
戒 jiè	昔 xī	泰 tài	牡 mǔ
或 huò	星 xīng	**82.** 贝	牧 mù
战 zhàn	春 chūn	贝 bèi	物 wù
裁 cái	昨 zuó	贡 gòng	特 tè
戴 dài	是 shì	财 cái	牺 xī
75. 比	香 xiāng	责 zé	**85.** 手
比 bǐ	显 xiǎn	败 bài	手 shǒu
76. 瓦	晒 shài	账 zhàng	拳 quán
瓶 píng	晓 xiǎo	货 huò	摩 mó
77. 止	晚 wǎn	贪 tān	**86.** 毛
止 zhǐ	晴 qíng	贬 biǎn	毛 máo
此 cǐ	智 zhì	购 gòu	毯 tǎn
步 bù	暂 zàn	贱 jiàn	**87.** 气
武 wǔ	暑 shǔ	贴 tiē	气 qì
歧 qí	暖 nuǎn	贵 guì	氧 yǎng
肯 kěn	暗 àn	贷 dài	**88.** 攵
	暴 bào	贸 mào	收 shōu

改 gǎi	爸 bà	朗 lǎng	**95.** 风
政 zhèng	**93.** 月	脏 zāng	风 fēng
故 gù	月 yuè	脑 nǎo	飓 jù
效 xiào	有 yǒu	脖 bó	飘 piāo
敌 dí	肋 lèi	脚 jiǎo	**96.** 殳
救 jiù	肌 jī	脱 tuō	段 duàn
教 jiāo, jiào	肚 dù	脸 liǎn	毁 huǐ
敢 gǎn	肝 gān	脾 pí	**97.** 文
散 sàn	肠 cháng	朝 cháo	文 wén
敬 jìng	朋 péng	期 qī	齐 qí
数 shǔ, shù	肥 féi	胰 yí	斑 bān
敷 fū	肮 āng	腋 yè	**98.** 方
89. 片	肺 fèi	腰 yāo	方 fāng
片 piàn	肾 shèn	腹 fù	放 fàng
牌 pái	肿 zhǒng	腺 xiàn	施 shī
90. 斤	服 fú	腿 tuǐ	旅 lǚ
斤 jīn	胃 wèi	膀 páng	房 fáng
断 duàn	背 bēi, bèi	膝 xī	旗 qí
斯 sī	胖 pàng	臀 tún	**99.** 火
新 xīn	胜 shèng	**94.** 欠	火 huǒ
91. 爪（爫）	胡 hú	欠 qiàn	灭 miè
爪 zhuǎ	胭 yān	欧 ōu	灯 dēng
爬 pá	胳 gē	欺 qī	灰 huī
爱 ài	胶 jiāo	款 kuǎn	炉 lú
92. 父	胸 xiōng	歇 xiē	炒 chǎo
父 fù	脂 zhī	歌 gē	炮 pào
爷 yé	脊 jǐ		炸 zhá, zhà

Schriftzeichenindex

烂 làn
烟 yān
烤 kǎo
烦 fán
烧 shāo
烫 tàng
煤 méi
燃 rán
爆 bào

100. 斗
斜 xié

101. 灬
杰 jié
点 diǎn
烈 liè
热 rè
然 rán
煎 jiān
照 zhào
煮 zhǔ
熊 xióng
熏 xūn
熟 shú

102. 户
户 hù
启 qǐ
所 suǒ

肩 jiān
扁 biǎn
扇 shàn
雇 gù

103. 礻
礼 lǐ
社 shè
视 shì
祝 zhù
祖 zǔ
神 shén
祷 dǎo

104. 心
心 xīn
必 bì
忘 wàng
忠 zhōng
念 niàn
忽 hū
态 tài
怎 zěn
思 sī
急 jí
总 zǒng
恋 liàn
恐 kǒng
恶 ě, è

悠 yōu
您 nín
悬 xuán
悲 bēi
想 xiǎng
惹 rě
愁 chóu
意 yì
愚 yú
感 gǎn
愿 yuàn
慈 cí

105. 毋
母 mǔ
毒 dú

106. 示
票 piào
禁 jìn

107. 石
石 shí
矿 kuàng
码 mǎ
砍 kǎn
研 yán
砖 zhuān
破 pò
硕 shuò

硬 yìng
确 què
碎 suì
碑 bēi
碗 wǎn
碰 pèng
碳 tàn
磁 cí

108. 龙
聋 lóng

109. 业
业 yè

110. 目
目 mù
盼 pàn
眉 méi
看 kàn
眼 yǎn
睁 zhēng
睡 shuì
睫 jié
瞧 qiáo

111. 田
田 tián
留 liú
畜 xù

略 lüè
累 lèi
番 fān
112. 罒
罚 fá
罢 bà
罪 zuì
113. 皿
盆 pén
盏 zhǎn
盐 yán
监 jiān
盖 gài
盘 pán
114. 钅
针 zhēn
钓 diào
钞 chāo
钟 zhōng
钢 gāng
钥 yào
钮 niǔ
钱 qián
钳 qián
钻 zuān, zuàn
铁 tiě
铃 líng

铅 qiān
铜 tóng
银 yín
铺 pū
链 liàn
销 xiāo
锁 suǒ
锅 guō
锈 xiù
错 cuò
锡 xī
锤 chuí
锦 jǐn
键 jiàn
锻 duàn
镇 zhèn
镊 niè
镍 niè
镜 jìng
115. 矢
短 duǎn
矮 ǎi
116. 禾
季 jì
私 sī
秋 qiū
种 zhǒng, zhòng

科 kē
秒 miǎo
秘 bì, mì
租 zū
秤 chèng
秩 zhì
积 jī
称 chēng
移 yí
程 chéng
稍 shāo
税 shuì
稳 wěn
穆 mù
117. 白
白 bái
的 de
118. 瓜
瓜 guā
119. 用
用 yòng
120. 鸟
鸟 niǎo
鸭 yā
鹅 é
鹦 yīng

121. 疒
疯 fēng
疱 pào
疼 téng
疲 pí
疾 jí
病 bìng
症 zhèng
痛 tòng
瘦 shòu
癌 ái
122. 立
立 lì
站 zhàn
竞 jìng
章 zhāng
童 tóng
端 duān
123. 穴
穷 qióng
究 jiū
空 kōng, kòng
穿 chuān
突 tū
容 róng
窄 zhǎi
窗 chuāng

Schriftzeichenindex

窟 kū

124. 衤

补 bǔ

衬 chèn

袜 wà

袖 xiù

被 bèi

裙 qún

裤 kù

裸 luǒ

125. 皮

皮 pí

126. 矛

矛 máo

127. 老

老 lǎo

128. 耳

耳 ěr

聊 liáo

职 zhí

联 lián

聚 jù

聪 cōng

129. 西（覀）

西 xī

130. 页

页 yè

顶 dǐng

顺 shùn

顾 gù

顿 dùn

预 yù

颅 lú

领 lǐng

频 pín

颗 kē

题 tí

颜 yán

额 é

131. 虍

虚 xū

132. 虫

虫 chóng

蚂 mǎ

蚊 wén

蚕 cán

蛇 shé

蛋 dàn

蛤 gé

蛾 é

蜂 fēng

蜗 wō

蜘 zhī

蜥 xī

蝙 biān

蝴 hú

融 róng

螺 luó

蟑 zhāng

蟹 xiè

133. 缶

缺 quē

罐 guàn

134. 舌

舌 shé

甜 tián

舔 tiǎn

135. 竹（⺮）

竹 zhú

笃 dǔ

笑 xiào

笔 bǐ

符 fú

笨 bèn

第 dì

等 děng

筋 jīn

答 dā, dá

筷 kuài

签 qiān

简 jiǎn

算 suàn

管 guǎn

箭 jiàn

箱 xiāng

篇 piān

篮 lán

篱 lí

136. 臼

舅 jiù

137. 自

自 zì

138. 血

血 xuě, xuè

139. 舟

航 háng

船 chuán

艘 sōu

140. 衣

衣 yī

袋 dài

装 zhuāng

141. 羊

羊 yáng

着 zháo, zhe, zhuó

羡 xiàn

群 qún

142. 米	起 qǐ	跨 kuà	零 líng
米 mǐ	趁 chèn	跪 guì	雷 léi
类 lèi	超 chāo	路 lù	雾 wù
粉 fěn	越 yuè	跳 tiào	需 xū
粒 lì	趋 qū	踢 tī	震 zhèn
粗 cū	趟 tàng	踩 cǎi	霜 shuāng
粘 zhān	**147. 赤**	蹲 dūn	露 lòu
粮 liáng	赤 chì	**152. 身**	**158. 齿**
精 jīng	**148. 豆**	身 shēn	齿 chǐ
糊 hú	豆 dòu	躲 duǒ	**159. 隹**
糖 táng	登 dēng	躺 tǎng	雄 xióng
糟 zāo	**149. 酉**	**153. 角**	雕 diāo
143. 艮	配 pèi	角 jiǎo, jué	**160. 金**
既 jì	酱 jiàng	解 jiě	金 jīn
144. 羽	酸 suān	**154. 言**	**161. 鱼**
羽 yǔ	醋 cù	言 yán	鱼 yú
翅 chì	醉 zuì	警 jǐng	鱿 yóu
翻 fān	醒 xǐng	**155. 辛**	鲜 xiān
145. 糸	**150. 里**	辛 xīn	鲨 shā
素 sù	里 lǐ	辣 là	鲸 jīng
索 suǒ	野 yě	辩 biàn	鳄 è
紧 jǐn	**151. 足**	**156. 青**	鳏 guān
紫 zǐ	足 zú	青 qīng	鳕 xuě
繁 fán	跌 diē	静 jìng	**162. 革**
146. 走	跑 pǎo	**157. 雨**	革 gé
走 zǒu	距 jù	雨 yǔ	靴 xuē
赶 gǎn	跟 gēn	雪 xuě	鞋 xié

Schriftzeichenindex

鞍 ān

163. 骨

骨 gǔ

164. 鬼

鬼 guǐ

165. 食

食 shí

餐 cān

166. 音

音 yīn

167. 麻

麻 má

磨 mó

魔 mó

168. 黑

黑 hēi

169. 鼠

鼠 shǔ

170. 鼻

鼻 bí

Zähleinheitswörter

Was ist ein Zähleinheitswort?

Im Chinesischen kann ein Zahlwort nicht unmittelbar vor einem Substantiv stehen. Dazwischen muss ein sogenanntes Zähleinheitswort stehen, das die Einheit bezeichnet. In den Ausdrücken **zwei Blatt Papier**, **drei Glas Bier** entsprechen die Wörter **Blatt** und **Glas** chinesischen Zähleinheitswörtern. Der Unterschied ist, dass jedes chinesische Substantiv ein passendes Zähleinheitswort hat, das zwischen Zahlwort und Substantiv eingefügt werden muss.

So sagt man z. B.:

两个人 *liǎng ge rén* **zwei Personen**

二十四张相片 *èrshí sì zhāng xiàngpiàn* **vierundzwanzig Fotos**

ge und *zhāng* sind solche Zähleinheitswörter. Wortwörtlich könnte man diese Ausdrücke mit „zwei Stück Mensch" bzw. „vierundzwanzig Blatt Foto" übersetzen.

Außer den Zahlwörtern erfordern sowohl die Demonstrativpronomina als auch einige andere Pronomina ein Zähleinheitswort, wenn sie mit einem Substantiv in Verbindung stehen, z. B.:

这 *zhè* diese(r,-s): 这本词典 *zhè běn cídiǎn* **dieses Wörterbuch**

那 *nà* jene(r,-s): 那个人 *nà ge rén* **jene Person**

哪 *nǎ* welche(r,-s): 哪辆汽车 *nǎ liàng qìchē?* **Welches Auto?**

几 *jǐ* mehrere; wie viele: 几张票 *jǐ zhāng piào?* **Wie viele Karten?**

每 *měi* jede(r,-s): 每个人 *měi ge rén* **jede Person**

Welches Zähleinheitswort mit welchem Substantiv verwendet wird, hängt von Art, Form und Größe des Gegenstandes ab, den das Substantiv bezeichnet. Es folgen einige Grundregeln, allerdings ist das richtige Zähleinheitswort nicht immer daraus zu erschließen. Am besten lernt man das passende Zähleinheitswort zusammen mit dem Substantiv.

Zähleinheitswörter

Welches Zähleinheitswort?

Es gibt folgende Haupt- und Unterkategorien von Zähleinheitswörtern:

Kategorie	Zähleinheitswort
Menschen	个 *ge*
Höflichkeitsform	位 *wèi*
Anzahl Familienmitglieder	口 *kǒu*
Tiere, Insekten, Vögel	只 *zhī*
Fische, Reptilien, Hunde	条 *tiáo*
Vieh	头 *tóu*
Pferde	匹 *pǐ*
Pflanzen	棵 *kē*
Bauten	
Häuser und große Gebäude	座 *zuò*
öffentliche Anstalten (Schulen, Krankenhäuser usw.)	所 *suǒ*
Handelsunternehmen (Läden, Restaurants usw.)	家 *jiā*
Zimmer	间 *jiān*
Verkehrsmittel	
größere Autos und sonstige Fahrzeuge	辆 *liàng*
kleinere Autos und sonstige Fahrzeuge	部 *bù*
Züge	列 *liè*
Boote	条 *tiáo*
Schiffe	艘 *sōu*
Flugzeuge	架 *jià*
Maschinen, Geräte	台 *tái*
Drucksachen	
Bücher und Zeitschriften	本 *běn*
Zeitungen, Dokumente	份 *fèn*
Kleidung	
Stücke, die den Oberkörper oder den ganzen Körper bekleiden	件 *jiàn*
Stücke, die den Unterkörper bekleiden	条 *tiáo*
Krawatten, Schals	条 *tiáo*
Hüte	顶 *dǐng*
Gegenstände, die man mit der Hand fasst	
Messer, Regenschirme, Kämme, Schlüssel, Stühle usw.	把 *bǎ*
Lange und dünne Gegenstände	
Stifte, Kerzen, Pfeile usw.	支 *zhī*
Nadeln, Fäden, Streichhölzer, Knochen, Bananen usw.	根 *gēn*

Runde Gegenstände
Samenkörner, Bomben, Kugeln, Zähne, Sterne usw. .... 颗 *kē*
Reiskörner, Bohnen, Erdnüsse .... 粒 *lì*
Papiere und blattformige Gegenstände
Briefmarken, Fotos, Karten, Platten, Betten, Tische usw. .... 张 *zhāng*

Der Klassifikator 个 *ge* wird mit allen Substantiven verwendet, die keinen bestimmten Klassifikator haben, und er kann ebenfalls verwendet werden, wenn man nicht genau weiß, welcher Klassifikator zu einem gewissen Substantiv passt.

Direkt übersetzbare Zähleinheitswörter

Es gibt auch Zähleineheitswörter anderer Art, die eine Menge bezeichnen und eine Entsprechung im Deutschen haben:

Gläser, Tassen	杯 *bēi*	两杯茶 *liǎng bēi chá*	**zwei Tassen Tee**
Flaschen	瓶 *píng*	四瓶啤酒 *sì píng píjiǔ*	**vier Flaschen Bier**
Schalen	碗 *wǎn*	一碗饭 *yì wǎn fàn*	**eine Schale Reis**
Packungen	包 *bāo*	两包香烟 *liǎng bāo xiāngyān*	**zwei Päckchen Zigaretten**
Tüten, Säcke	袋 *dài*	一袋糖 *yí dài táng*	**ein Sack Zucker**
Stücke	块 *kuài*	三块蛋糕 *sān kuài dàngāo*	**drei Stück Kuchen**
Reihen, Schlangen	排 *pái*	六排椅子 *liù pái yǐzi*	**sechs Stuhlreihen**
Paare	双 *shuāng*	两双鞋 *liǎng shuāng xié*	**zwei Paar Schuhe**
Sträuße	束 *shù*	一束花 *yíshù huā*	**ein Blumenstrauß**
Handvoll	把 *bǎ*	一把米 *yìbǎ mǐ*	**eine Handvoll Reis**
Sorte	种 *zhǒng*	这种茶 *zhè zhǒng chá*	**diese Teesorte**

Substantive, die ohne Zähleinheitswort verwendet werden

Es gibt zwei Kategorien:

1. Einige Substantive, die einen Zeitabschnitt bezeichnen: 天 *tiān* (Tag), 年 *nián* (Jahr), 岁 *suì* (Lebensjahr), 点 *diǎn* (Uhr bei Uhrzeit), 分 *fēn* (Minute bei Uhrzeit) und 秒 *miǎo* (Sekunde).

2. Substantive, die eine Maß-, Gewichts- oder Währungseinheit bezeichnen, z. B: 一百米 *yìbǎi mǐ* hundert Meter; 七十五公斤 *qīshí wǔ gōngjīn* 75 Kilo; 五十美元 *wǔshí měiyuán* 50 Dollar.

Chinesisch – Deutsch

阿 *ā*

阿富汗 *Āfùhàn* Afghanistan

阿拉伯语 *Ālābóyǔ* ② Arabisch

阿司匹林 *āsīpǐlín* Aspirin®

阿姨 *āyí* ② Tante *Anredeform für ältere Frauen;* Tagesmutter

啊 *ā, á, ǎ, à* ①

Als Ausruf:

1. Im ersten Ton (*ā*): Verwunderung, Freude etwa: Ah! Ha! z. B. 啊，下雨啦！*ā, xià yǔ la!* Ah, es regnet!

2. Im zweiten Ton (*á*) wird 啊 nach einer Frage verwendet, um zu zeigen, dass man unbedingt eine Antwort erwartet, etwa: Sag' schon! z. B. 他在那里？啊？ *tā zài nǎlǐ? á?* Wo ist er? Na, sag schon.

3. Im dritten Ton (*ǎ*): Ratlosigkeit, etwa: Was? Wie? z. B. 啊，你在这儿干吗？ *ǎ, nǐ zài zhèr gàn ma?* He? Was machst du hier?

4. Im vierten Ton, kurz ausgesprochen: Zustimmung, etwa: Okay! 啊，好吧 *à, hǎo ba* Also, gut

5. Im vierten Ton, länger ausgesprochen: Erkenntnis, etwa: Aha! Ach so! 啊，明白了 *à, míngbai le* Ach so! Alles klar.

➢ Siehe auch 啊 *a*

啊 *a*

Als Partikel am Satzende verleiht 啊 dem Satz einen emotionalen Ton, z. B. 今天真热啊 *jīntiān zhēn rè a! Es ist wirklich heiß heute!*

Als Partikel mitten im Satz

1. Weist 啊 darauf hin, dass das vorangehende Wort das Thema des Satzes ist, z. B. 音乐啊，我喜欢爵士乐 *yīnyuè a, wǒ xǐhuan juéshìyuè Was Musik angeht, höre ich gern Jazz.*

3. Wird 啊 bei Auflistungen verwendet, z. B., 那家商店卖很多东西，笔啊，纸啊，书啊... *nèi jiā shāngdiàn mài hěn duō dōngxi, bǐ a, zhǐ a, shū a... Der Laden verkauft vielerlei: Stifte, Papier, Bücher …*

➢ Siehe auch 啊 *ā, á, ǎ, à*

哎 *āi*

哎 *āi* ② Ach! *Unzufriedenheit;* Hallo! Achtung!

哎呀 *āiyā* ② Ach! Ach, nein!

挨 *āi*

挨 *āi* ② neben, dicht an ● neben (etwas) liegen; berühren

癌 *ái*

癌症 *áizhèng* Krebs *Krankheit*

矮 *ǎi*

矮 *ǎi* ① klein, niedrig

艾 *ài*
艾滋病 *àizībìng* Aids

爱 *ài*
爱 *ài* ① lieben
爱好 *àihào* ② mögen, gern haben • Interesse, Hobby
爱护 *àihù* ② behüten, sorgen für, pflegen
爱克斯光篇 *àikèsī guāngpiàn* Röntgenaufnahme
爱情 *àiqíng* ② Liebe
爱人 *àirén* ① Freund(in) *Geliebte(r)*; Ehemann, -frau

安 *ān*
安静 *ānjìng* ① ruhig, still
安排 *ānpái* ① Vorkehrungen; Abmachung • planen; besorgen;
安全 *ānquán* ② sicher • Sicherheit
安全措施 *ānquán cuòshī* Sicherheitsmaßnahmen
安慰 *ānwèi* ② trösten • Trost
安心 *ānxīn* ② ruhig, beruhigt • beruhigen
安装 *ānzhuāng* installieren

鞍 *ān*
鞍子 *ānzi* Sattel

按 *àn*
按 *àn* ② drücken • je nach, laut
按喇叭 *àn lǎbā* hupen
按摩 *ànmó* Massage • massieren
按时 *ànshí* ② pünktlich, rechtzeitig
按照 *ànzhào* ② je nach, laut

岸 *àn*
岸 *àn* ② Ufer, Küste

暗 *àn*
暗 *àn* ② dunkel, finster

肮 *āng*
肮脏 *āngzāng* dreckig

奥 *ào*
奥地利 *Àodìlì* Österreich • österreichisch
奥地利人 *Àodìlìrén* Österreicher(in)
奥林匹克 *Àolínpǐkè* olympisch: 奥林匹克运动会 *Àolínpǐkè yùndònghuì* die Olympischen Spiele
奥运村 *Àoyùncūn* Olympiadorf
奥运会 *Àoyùnhuì* Olympiade

澳 *ào*
澳大利亚 *àodàlìyà* Australien
澳门 *Àomén* Macau

B

八 *bā*

八 *bā* ① acht

八百 *bābǎi* achthundert

八十 *bāshí* achtzig

八月 *bāyuè* August

八字胡 *bāzìhú* Schnurrbart

巴 *bā*

巴黎 *Bālí* Paris

芭 *bā*

芭蕾舞 *bāléiwǔ* Ballett

拔 *bá*

拔 *bá* ② ziehen, herausreißen

把 *bǎ* ①

1. Zähleinheitswort für Gegenstände, die man mit der Hand fasst wie Messer, Schlüssel, Bürsten, Schirme, Stühle usw., z. B.: 三把钥匙 *sān bǎ yàoshi* *drei Schlüssel*. [Siehe Zähleinheitswörter, S. 33]

2. Partikel, die das direkte Objekt einleitet, wenn dieses vor dem Verb steht: 请把窗户打开 *qǐng bǎ chuānghu dǎkāi* *Machen Sie bitte das Fenster auf.*

把 *bǎ* halten, fassen

爸 *bà*

爸爸 *bàba* ① Vater

罢 *bà*

罢工 *bàgōng* Streik

吧 *ba* ①

Als Partikel am Satzende:

1. entspricht dem deutschen *nicht wahr?*, z. B., 你是中国人吧？ *nǐ shì Zhōngguórén ba?* *Sie sind Chinese, nicht wahr?* 你不说英文吧？ *nǐ bù shuō Yīngwén ba? Sie sprechen kein Englisch, oder?*

2. bei Aufforderungen, oft in Verbindung mit 请 *qǐng* 'bitte', z. B. 请喝茶吧 *qǐng hē chá ba. Trinken Sie etwas Tee, bitte.*

3. entspricht dem deutschen 'Sollen wir …?', z. B. 我们喝茶吧 *wǒmen hē chá ba? Sollen wir Tee trinken?*

白 *bái*

白 *bái* ① weiß ● ② umsonst, vergeblich

白菜 *báicài* ② Chinakohl

白痴 *báichī* Idiot

白费 *báifèi* vergeblich, umsonst

白兰地 *báilándì* Brandy, Kognak

白天 *báitiān* ② Tag; am Tag 在白天 *zài báitiān* tagsüber

百 *bǎi*

百 *bǎi* ① hundert
百分数 *bǎifēnshù* Prozentsatz
百货商店 *bǎihuò shāngdiàn* Warenhaus, Kaufhaus
百万富翁 *bǎiwàn fùwēng* Millionär(in)
百香果 *bǎixiāngguǒ* Maracuja
百叶窗 *bǎiyèchuāng* Jalousie

摆 *bǎi*

摆 *bǎi* ① stellen, ausstellen; schwenken

败 *bài*

败 *bài* ② verlieren, besiegt werden • besiegen

拜 *bài*

拜访 *bàifǎng* Besuch
拜托 *bàituō* bitten *sehr höflich*

班 *bān*

Zähleinheitswort für Transportdienste (Buslinien, Züge und Flüge), z. B. 这班飞机 *zhè bān fēijī **dieser Flug**.* [Siehe Zähleinheitswörter, S. 33]

班 *bān* ① Klasse *in der Schule*, Team
班机 *bānjī* Flug
班长 *bānzhǎng* ② Klassensprecher(in); Gruppenleiter(in)

斑 *bān*

斑点 *bāndiǎn* Pickel, Leberfleck, Fleck, Tupfen

搬 *bān*

搬 *bān* ① befördern, transportieren
搬家 *bānjiā* umziehen, wegziehen
搬运工 *bānyùngōng* Gepäckträger *Arbeiter*

板 *bǎn*

板 *bǎn* ② Brett; Tafel

办 *bàn*

办 *bàn* ① erledigen; betreiben, verwalten; besorgen
办法 *bànfǎ* ① Methode, Mittel, Maßnahme
办公 *bàngōng* ② Dienst haben, im Büro arbeiten
办公室 *bàngōngshì* Büro
办事 *bànshì* ② Aufgaben erledigen, arbeiten

半 *bàn*

半 *bàn* ① halb • Hälfte
半导体 *bàndǎotǐ* ② Halbleiter
半决赛 *bànjuésài* Halbfinale
半熟 *bàn shú* englisch gebraten medium
半天 *bàntiān* ① ein halber Tag; lange, eine ganze Weile
半夜 *bànyè* ② Mitternacht, mitten in der Nacht

伴 *bàn*

伴侣 *bànlǚ* Lebenspartner(in)

帮 *bāng*

帮 *bāng* ② helfen
帮忙 *bāngmáng* ② helfen 帮某人一个忙 *bāng mǒurén yíge máng* jemandem einen Gefallen tun, jemandem mal helfen
帮助 *bāngzhù* ① Hilfe • helfen

榜 ***bǎng***
榜样 *bǎngyàng* ② Vorbild

傍 ***bàng***
傍晚 *bàngwǎn* ② gegen Abend

包 ***bāo***
包 *bāo* ② Tasche • einpacken
包括 *bāokuò* ② inbegriffen • einschließen • einschließlich
包装 *bāozhuāng* Verpackung • verpacken
包子 *bāozi* ② gedämpfte Teigtasche mit Füllung

剥 ***bāo***
剥 ... 皮 *bāo ... pí* schälen

薄 ***báo***
薄 *báo* ② dünn; fade; kühl *gefühlsmäßig*

保 ***bǎo***
保 *bǎo* ② schützen, verteidigen; garantieren
保安人员 *bǎo'ānrényuán* Wächter(in) Sicherheitspersonal
保镖 *bǎobiāo* Leibwächter(in)
保持 *bǎochí* ② behalten, bewahren
保存 *bǎocún* ② aufbewahren
保护 *bǎohù* ② schützen
保健 *bǎojiàn* Gesundheitsfürsorge
保龄球 *bǎolíngqiú* Bowling
保留 *bǎoliú* ② beibehalten
保姆 *bǎomǔ* Kindermädchen, Tagesmutter
保卫 *bǎowèi* ② verteidigen, schützen
保证 *bǎozhèng* ② garantieren
保证书 *bǎozhèngshū* Garantie *Dokument*

饱 ***bǎo***
饱 *bǎo* ① satt

宝 ***bǎo***
宝贵 *bǎoguì* ② wertvoll, kostbar; Schatz

报 ***bào***
报 *bào* ① berichten, mitteilen
报到 *bàodào* ② sich melden
报道 *bàodào* ② Bericht • berichten
报告 *bàogào* ② Bericht
报名 *bàomíng* ② sich anmelden, sich eintragen
报摊 *bàotān* Zeitungsstand
报纸 *bàozhǐ* ② Zeitung

抱 ***bào***
抱 *bào* ① tragen *in den Armen*, in die Arme nehmen; adoptieren *Kind*; hegen
抱歉 *bàoqiàn* ② leider 我很抱歉 *wǒ*

hěn bàoqiàn es tut mir leid

抱怨 *bàoyuàn* Klage, Beschwerde • klagen, sich beschweren

暴 *bào*

暴风雨 *bàofēngyǔ* Gewitter

暴力 *bàolì* Gewalt

爆 *bào*

爆米花 *bàomǐhuā* Popcorn

爆炸 *bàozhà* explodieren • Explosion

杯 *bēi*

杯 *bēi* ① Tasse; Glas *als Mengenangabe*

杯子 *bēizi* Tasse; Glas *als Gegenstand*

碑 *bēi*

碑 *bēi* ② Denkmal, Gedenkstein

背 *bēi*

背 *bēi* ② tragen *auf dem Rücken*

背包 *bēibāo* Rucksack

➤ Siehe auch 背 *bèi*

悲 *bēi*

悲痛 *bēitòng* ② traurig

北 *běi*

北 *běi* ① Norden, Nord- • nördlich

北边 *běibiān* ① Norden

北部 *běibù* ② Norden, nördlicher Teil

北朝鲜 *Běicháoxiān* Nordkorea

北方 *běifāng* ② Norden, nördlicher Teil

北京 *Běijīng* Peking

北面 *běimiàn* ② Norden

贝 *bèi*

贝类 *bèilèi* Schalentier

背 *bèi*

背 *bèi* ② Rücken

背部 *bèibù* Rücken

背后 *bèihòu* ② hinten; heimlich

背痛 *bèitòng* Rückenschmerzen

➤ Siehe auch 背 *bēi*

被 *bèi* ①

Präposition, die den Handelnden im Passivsatz einleitet und dem deutschen 'von' entspricht, z. B.: 汽车被小伙子偷了 *qìchē bèi xiǎohuǒzi tōu le Das Auto wurde von einem Jugendlichen gestohlen.*

Das Wort 被 *bèi* kann auch ohne Substantiv unmittelbar vor dem Verb stehen, wobei es darauf hinweist, dass das Verb als Passiv zu verstehen ist, z. B.: 汽车被偷了 *qìchē bèi tōu le Das Auto wurde gestohlen.*

被子 *bèizi* ② Steppdecke; Bettdecke

倍 *bèi*

倍 *bèi* ① -mal; 贵四倍 *guì sìbèi* viermal so teuer

本 *běn*

Zähleinheitswort für Bücher und Zeitschriften, z. B.: 这本词典 *zhè běn cídiǎn dieses Wörterbuch.* [Siehe Zähleinheitswörter, S. 33]

本 *běn* ① Wurzel; Kapital; Heft • eigen, Heimat-; diese(r, -s), gegenwärtig

本地人 *běndìrén* Einheimische(r)

本来 *běnlái* ② ursprünglich; eigentlich

本领 *běnlǐng* ② Fähigkeit, Können

本事 *běnshì* ② Fähigkeit, Fertigkeit

本质 *běnzhì* ② Wesen

本子 *běnzi* ① Heft

笨 *bèn*

笨 *bèn* ② dumm, blöd

笨事 *bènshì* Dummheit

泵 *bèng*

泵 *bèng* Pumpe

逼 *bī*

逼 *bī* ② zwingen

鼻 *bí*

鼻子 *bízi* ② Nase

比 *bǐ* ①

比 *bǐ* entspricht dem deutschen 'als' in Vergleichen. Im Chinesischen haben Adjektive und Adverbien jedoch keine Steigerungsformen, z. B. 他比我高 *tā bǐ wǒ gāo* (= er als ich groß) ***Er ist größer als ich.*** Zu beachten ist, dass 比 *bǐ* + Vergleichselement (im Beispielsatz *wǒ* 'ich') vor dem Adjektiv oder Adverb steht.

Bei Verneinung eines Vergleichssatzes steht 不 *bù* 'nicht' vor 比 *bǐ*, z. B.: 他不比我高 *tā bù bǐ wǒ gāo* (= er nicht als ich groß) ***Er ist nicht größer als ich.***

Bei Vergleichen mit Adverbien, die durch die Partikel 得 *de* eingeleitet werden, steht 比 *bǐ* + Vergleichselement zwischen 得 *de* und dem Adverb: 她汉语说得比我好 *tā Hànyǔ shuō de bǐ wǒ hǎo* (= sie Chinesisch spricht 得 als ich gut) ***Sie spricht Chinesisch besser als ich.***

比分 *bǐfēn* Spielstand

比较 *bǐjiào* ① verhältnismäßig • vergleichen

比基尼 *bǐjīní* Bikini

比例 *bǐlì* ② Proportion

比利时 *Bǐlìshí* Belgien

比如 *bǐrú* ② beispielsweise, zum Beispiel

比萨饼 *bǐsàbǐng* Pizza

比赛 *bǐsài* ① Wettkampf, Wettbewerb, Spiel • spielen, wetteifern

笔 *bǐ*

笔 *bǐ* ① Stift; Summe, Betrag

笔记 *bǐjì* ② Notiz

笔迹 *bǐjì* Schrift, Handschrift

必 *bì*

必然 *bìrán* ② unvermeidlich, zwangsläufig

必须 *bìxū* ① nötig • müssen

必要 *bìyào* ② notwendig, erforderlich

必要性 *bìyàoxìng* Notwendigkeit

毕 *bì*

毕业 *bìyè* ② Schulabschluss

闭 *bì*

闭 *bì* ② schließen, zumachen
闭上 *bìshang* schließen
闭上嘴 *bìshang zuǐ* den Mund halten, schweigen halt's Maul!

避 *bì*

避 *bì* ② ausweichen, vermeiden
避免 *bìmiǎn* ② vermeiden
避孕套 *bìyùntào* Kondom, Präservativ
避孕药 *bìyùnyào* Verhütungsmittel

壁 *bì*

壁炉 *bìlú* Kamin

边 *biān*

边 *biān* ① Seite, Rand; 在...边 *zài ... biān* neben ...; 在马路的那一边 *zài mǎlù de nà yìbiān* auf der anderen Straßenseite
边...边... *biān ... biān ...* ② gleichzeitig ... und ... 她边听音乐边看报 *tā biān tīng yīnyuè biān kànbào* sie hört Musik und liest die Zeitung zur gleichen Zeit
边界 *biānjiè* Grenze

编 *biān*

编 *biān* ② flechten; organisieren, einordnen; verfassen, zusammenstellen; erfinden

蝙 *biān*

蝙蝠 *biānfú* Fledermaus

贬 *biǎn*

贬值 *biǎnzhí* Abwertung *einer Währung*

扁 *biǎn*

扁 *biǎn* ② platt, flach

变 *biàn*

变 *biàn* ① werden (zu)
变成 *biànchéng* ① werden (zu)
变得更糟 *biànde gèng zāo* schlechter werden
变化 *biànhuà* ① Veränderung ● sich (ver)ändern

便 *biàn*

便 *biàn* ② schon, gleich
便条 *biàntiáo* ② Notizzettel
➢ Siehe auch 便 *pián*

遍 *biàn*

遍 *biàn* ① Mal, -mal 三遍 *sānbiàn* dreimal

辩 *biàn*

辩论 *biànlùn* Debatte

标 *biāo*

标点 *biāodiǎn* ② Zeichensetzung, Interpunktion
标签 *biāoqiān* Etikett
标题 *biāotí* Titel, Schlagzeile
标准 *biāozhǔn* ② Norm, Standard

表 *biǎo*

表 *biǎo* ① Tabelle, Formular; Zähler; Uhr

表达 *biǎodá* ② ausdrücken; 表达自己的意思 *biǎodá zìjǐ de yìsi* sich ausdrücken

表弟 *biǎodì* Cousin, Vetter *jüngerer, mütterlicherseits*

表哥 *biǎogē* Cousin, Vetter *älterer, mütterlicherseits*

表格 *biǎogé* Formular

表姐 *biǎojiě* Cousine *ältere, mütterlicherseits*

表妹 *biǎomèi* Cousine *jüngere, mütterlicherseits*

表面 *biǎomiàn* ② Oberfläche, Außenseite

表明 *biǎomíng* ② erkennen lassen

表情 *biǎoqíng* Gesichtsausdruck

表示 *biǎoshì* ① zeigen, äußern

表现 *biǎoxiàn* ① zeigen, an den Tag bringen ● Erscheinung, Ausdruck

表演 *biǎoyǎn* ① aufführen, spielen; vorführen, zeigen ● Vorführung, Auftritt

表扬 *biǎoyáng* ① loben

别 *bié* ①

别 *bié* steht vor dem Verb, um ein Verbot auszudrücken, z. B.: 别抽烟 *bié chōuyān* **Nicht rauchen!**

Ist die Handlung schon im Gang, steht meistens die Partikel 了 *le* am Satzende: 别说话了 *bié shuōhuà le* (= nicht weiter reden) ***Hör auf! Schweig!***

别的 *biéde* ① andere(r, -s)

别人 *biérén* ① andere Leute, die anderen

别针 *biézhēn* Sicherheitsnadel

宾 *bīn*

宾馆 *bīnguǎn* ② Hotel

滨 *bīn*

滨海区 *bīnhǎiqū* Küstengebiet

冰 *bīng*

冰 *bīng* ② Eis

冰雹 *bīngbáo* Hagel

冰棍儿 *bīnggùnr* Eis am Stiel

冰淇淋 *bīngqílín* Eiscreme

冰箱 *bīngxiāng* Kühlschrank

冰鞋 *bīngxié* Schlittschuhe

兵 *bīng*

兵 *bīng* ② Soldat

饼 *bǐng*

饼干 *bǐnggān* ② Keks

并 *bìng* ①

1. Als Satzverbindung entspricht 并 *bìng* dem deutschen ***und auch, und dann***, z. B.: 我们吃了饭并看了电影 *wǒmen chī le fàn bìng kàn le diànyǐng* ***Wir haben gegessen und dann sind wir ins Kino gegangen.***

> 2. Verstärkt eine Verneinung, etwa gar, **überhaupt, durchaus**, z. B.: 他的中文并不好 *tā de Zhōngwén bìng bù hǎo* **Sein Chinesisch ist gar nicht gut.**

并且 *bìngqiě* ② und, außerdem

病 *bìng*

病 *bìng* ① Krankheit ● krank
病房 *bìngfáng* ② Station *in Krankenhaus*
病菌 *bìngjūn* ② Bakterie, Krankheitserreger
病人 *bìngrén* ② Patient(in), Kranke(r)

波 *bō*

波兰 *Bōlán* Polen
波浪 *bōlàng* Welle

拨 *bō*

拨 *bō* wählen *Telefonnummer*

玻 *bō*

玻璃 *bōli* ② Glas *Material*
玻璃杯 *bōlibēi* Glas *Behälter*

菠 *bō*

菠菜 *bōcài* Spinat
菠萝 *bōluó* Ananas

伯 *bó*

伯尔尼 *Bó'ěrní* Bern
伯父 *bófù* ② Onkel *älterer Bruder des Vaters*
伯母 *bómǔ* ② Tante *Frau des älteren Bruders des Vaters*

柏 *bó*

柏林 *Bólín* Berlin

脖 *bó*

脖子 *bózi* ② Hals
脖子僵直 *bózi jiāngzhí* steifer Hals

博 *bó*

博物馆 *bówùguǎn* Museum

薄 *bò*

薄荷 *bòhe* Minze

补 *bǔ*

补 *bǔ* ② flicken, reparieren; wiedergutmachen; stärken
补充 *bǔchōng* ② ergänzen
补课 *bǔkè* Unterricht nachholen
补习 *bǔxí* ② einen Nachhilfekurs besuchen
补牙 *bǔyá* Füllung *für Zahn*

捕 *bǔ*

捕 *bǔ* ② fangen, festnehmen

不 *bù* ①

> 不 entspricht dem deutschen 'nicht'. Es wird im vierten Ton (*bù*) gesprochen, außer wenn die darauffolgende Silbe den vierten Ton hat. In dem Fall wird 不 im zweiten Ton (*bú*) gesprochen.

> Zwischen wiederholten Verben wird 不 ohne Ton gesprochen, z. B. in Fragen: 你说不说中文？ *nǐ shuō bu shuō Zhōngwén?* (= Sie sprechen nicht sprechen Chinesisch?) ***Sprechen Sie Chinesisch?***
>
> 不 verwendet man, um sowohl Verben als auch Adjektive zu verneinen, z. B.: 不好 *bù hǎo* (= nicht gut) ***Es ist nicht gut*** 我不说英文 *wǒ bù shuō Yīngwén* ***Ich spreche kein Englisch.*** Die einzige Ausnahme ist das Verb 有 *yǒu* 'haben, es gibt', das man mit der Partikel 没 *méi* verneint.
>
> Wenn man von der Vergangenheit spricht, verwendet man 不 *bù*, wenn es um gewohnheitsmäßige Handlungen geht: 当时我不喝酒 *dāngshí wǒ bù hē jiǔ **Zu der Zeit trank ich keinen Alkohol.*** Wenn es um eine einzelne Handlung geht, verwendet man als Verneinungsadverb 没 *méi* oder 没有 *méiyou*: 我昨天没有喝酒 *wǒ zuótiān méiyou hē jiǔ **Ich habe gestern keinen Alkohol getrunken.***

不必 *búbì* ② nicht nötig, nicht brauchen

不必要 *bú bìyào* unnötig

不错 *búcuò* ① nicht schlecht, ziemlich gut

不大 *búdà* ② nicht sehr, nicht oft

不丹 *Bùdān* Bhutan

不但... 而且 *búdàn ... érqiě* ① nicht nur ... sondern auch

不得不 *bùdébù* ② keine andere Wahl haben als (etwas zu tun), nicht umhinkönnen

不得了 *bùdéliǎo* ② entsetzlich, schrecklich

不断 *búduàn* ② ständig, ununterbrochen

不方便 *bù fāngbiàn* ungünstig

不敢当 *bù gǎndāng* ② ich verdiene es nicht *Antwort auf Kompliment*

不管 *bùguǎn* ② egal (ob), ..., wer, was auch immer 不过 *búguò* ② jedoch

不好 *bù hǎo* schlecht

不好意思 *bù hǎoyìsi* ② verlegen (sein); in Verlegenheit kommen

不合适 *bù héshì* ungeeignet

不见 *bújiàn* verschwinden

不仅 *bùjǐn* ② nicht nur

不久 *bùjiǔ* ① bald, kurz darauf

不可避免 *bùkě bìmiǎn* unvermeidlich

不理 *bù lǐ* ignorieren

不论 *búlùn* ② egal (ob), ungeachtet

不耐烦 *bú nàifán* ungeduldig

不能接受 *bùnéng jiēshòu* unannehmbar

不平 *bùpíng* ② ungerecht; empört

不然 *bùrán* ② sonst

不如 *bùrú* ① nicht so gut wie; es wäre besser, wenn ...

不擅长 *bú shàncháng* schlecht

不少 *bùshǎo* ② ganz viel(e)

不时 *bùshí* ab und zu

不适 *búshì* unwohl *gesundheitlich*

不是吗 *búshì ma* nicht wahr?
不舒服 *bù shūfu* unbequem
不太 *bú tài* nicht sehr
不同 *bùtóng* ① anders, verschieden ● sich unterscheiden; 与... 不同 *yǔ ... bùtóng* anders als ...
不行 *bùxíng* ② (es) geht nicht; nicht gutgehen
不幸 *búxìng* ② unglücklich
不幸的是 *búxìng de shì* leider
不锈钢 *búxiùgāng* Edelstahl
不许 *bùxǔ* ② verboten, nicht erlaubt
不要 *búyào* ① nicht *bei Verboten*; nicht dürfen
不要紧 *búyào jǐn* ② das macht nichts, das ist egal
不要拘束 *búyào jūshù* fühlen Sie sich wie zu Hause
不一定 *bù yídìng* ② nicht sicher, nicht unbedingt
不一样 *bùyíyàng* anders
不用 *búyòng* ① nicht brauchen, nicht nötig
不用担心 *búyòng dānxīn* keine Sorge
不用着急 *búyòng zháojí* keine Sorge
不用客气 *búyòng kèqì* keine Ursache *Reaktion auf Dank*
不愉快 *bù yúkuài* unangenehm

不在 *búzài* nicht da sein, fehlen; 李夫人不在 *Lǐ fūrén búzài* Frau Li ist nicht da
不住 *búzhù* ② ständig, unaufhörlich
不走运 *bù zǒuyùn* Pech

布 *bù*
布 *bù* ① Stoff, Tuch
布料 *bùliào* Stoff, Tuch
布置 *bùzhì* ② einrichten, dekorieren; zuteilen, zuweisen

步 *bù*
步 *bù* ② Schritt; Stand der Dinge
步行 *bùxíng* zu Fuß ● zu Fuß gehen, laufen

部 *bù*

Zähleinheitswort für Filme, literarische Werke, kleinere Autos, Motorräder und Fahrräder, z. B.: 三部电影 *sān bù diànyǐng* drei Filme; 那部汽车 *nèi bù qìchē jenes Auto.* [Siehe Zähleinheitswörter, S. 33]

部 *bù* ② Teil; Abschnitt; Abteilung; Ministerium
部队 *bùduì* ② Armee, Truppe
部分 *bùfen* ① Anteil, Teil
部门 *bùmén* Abteilung; Behörde
部长 *bùzhǎng* ② Minister(in)

C

擦 *cā*

擦 *cā* ① reiben; wischen; auftragen, aufstreichen

擦干 *cāgān* abtrocknen

擦脸油 *cāliǎnyóu* Feuchtigkeitscreme

猜 *cāi*

猜 *cāi* ② raten, vermuten

才 *cái* ①

Als Adverb entspricht 才 *cái* dem deutschen 'erst', z. B.: 她午夜时才到来 *tā wǔyèshí cái dào lái* **Sie ist erst um Mitternacht angekommen.**

才 *cái* Talent, Fähigkeit

材 *cái*

材料 *cáiliào* Material, Stoff

财 *cái*

财力 *cáilì* Finanzen

财政 *cáizhèng* Finanzen; Finanzwesen

裁 *cái*

裁判 *cáipàn* Schiedsrichter(in)

采 *cǎi*

采 *cǎi* ② pflücken; abbauen, fördern *Erz, Kohle usw.*; sammeln

采访 *cǎifǎng* Berichterstattung; Interview ● berichten über; interviewen

采购 *cǎigòu* ② einkaufen, beschaffen

采矿 *cǎikuàng* Bergbau

采取 *cǎiqǔ* ② treffen, ergreifen *Maßnahmen usw.*

采取步骤 *cǎiqǔ bùzhòu* Schritte unternehmen

采取行动 *cǎiqǔ xíngdòng* Maßnahmen ergreifen

采用 *cǎiyòng* ② übernehmen, anwenden *Methode, Idee usw.*

彩 *cǎi*

彩虹 *cǎihóng* Regenbogen

彩票 *cǎipiào* Lotterie

彩色 *cǎisè* ② Farb-, farbig

踩 *cǎi*

踩 *cǎi* ② treten auf

菜 *cài*

菜 *cài* ① Gemüse; Gericht, Gang

菜单 *càidān* Speisekarte

菜花 *càihuā* Blumenkohl

参 *cān*

参观 *cānguān* ① besuchen, besichtigen

cānjiā – chá

参加 *cānjiā* ① teilnehmen
参加者 *cānjiāzhě* Teilnehmer(in)

餐 *cān*
餐 *cān* Mahlzeit
餐巾 *cānjīn* Serviette
餐厅 *cāntīng* ② Restaurant

残 *cán*
残疾 *cánjī* Behinderung

蚕 *cán*
蚕 *cán* Seidenraupe

仓 *cāng*
仓库 *cāngkù* Lager

苍 *cāng*
苍白 *cāngbái* bleich
苍蝇 *cāngying* Fliege

藏 *cáng*
藏 *cáng* ② verstecken, verbergen

操 *cāo*
操场 *cāochǎng* ① Sportplatz
操纵 *cāozòng* handhaben; steuern, lenken

嘈 *cáo*
嘈杂 *cáozá* laut, lärmend

草 *cǎo*
草 *cǎo* ① Gras
草地 *cǎodì* ② Wiese, Grasland
草莓 *cǎoméi* Erdbeere
草原 *cǎoyuán* ② Grasland, Steppe

册 *cè*
册 *cè* ② Band, Heft

厕 *cè*
厕所 *cèsuǒ* ② Toilette, WC

测 *cè*
测验 *cèyàn* ① prüfen ② Prüfung, Test

层 *céng*
层 *céng* ① Stock, Etage

曾 *céng*
曾 *céng* ② einmal, einst
曾经 *céngjīng* ② schon einmal, einst
➤ Siehe auch 曾 *zēng*

叉 *chā*
叉子 *chāzi* ② Gabel

差 *chā*
差别 *chābié* Unterschied
➤ Siehe auch 差 *chà*

插 *chā*
插 *chā* ② einstecken; einsetzen
插头 *chātóu* Stecker
插座 *chāzuò* Steckdose

茶 *chá*
茶 *chá* ① Tee
茶杯 *chábēi* Teetasse
茶壶 *cháhú* Teekanne

查 *chá*
查 *chá* ① prüfen; untersuchen; nachschlagen

岔 *chà*
岔路 *chàlù* Gabelung

差 *chà*
差 *chà* ① fehlen • weniger als • ungenügend
差不多 *chàbùduō* ② fast gleich, sehr ähnlich; ungefähr
差点儿 *chàdiǎnr* ② fast, beinahe
➤ Siehe auch 差 *chā*

拆 *chāi*
拆 *chāi* ② aufmachen *Brief*; abreißen Haus
拆除 *chāichú* abreißen, niederreißen

产 *chǎn*
产量 *chǎnliàng* ② Produktionsmenge, Ertrag
产品 *chǎnpǐn* ② Produkt
产生 *chǎnshēng* ② hervorrufen, herbeiführen

长 *cháng*
长 *cháng* ① lang
长城 *Chángchéng* die Chinesische Mauer
长笛 *chángdí* Flöte
长江 *Chángjiāng* Jangtse *Fluss*
长期 *chángqī* ② langfristig
长寿 *chángshòu* langes Leben
长途 *chángtú* ② große Entfernung; Fern-
长途电话 *chángtú diànhuà* Ferngespräch
长途汽车站 *chángtú qìchēzhàn* Busbahnhof
➤ Siehe auch 长 *zhǎng*

肠 *cháng*
肠 *cháng* Darm

尝 *cháng*
尝 *cháng* ② probieren, kosten

常 *cháng*
常 *cháng* ① oft, häufig
常常 *chángcháng* ① oft
常见 *chángjiàn* gewöhnlich

场 *chǎng* ①
Zähleinheitswort für Spiele, Krankheiten, Vorstellungen, Kriege usw., z. B.: 两场足球比赛 *liǎng chǎng zúqiú bǐsài **zwei Fußballspiele***. [Siehe Zähleinheitswörter, S. 33]

场 *chǎng* Spielfeld, Platz
场地 *chǎngdì* freier Platz; Stelle
场合 *chǎnghé* Gelegenheit

倡 *chàng*
倡议 *chàngyì* Initiative

唱 *chàng*
唱 *chàng* ① singen
唱歌 *chànggē* (ein Lied) singen
唱片 *chàngpiàn* Schallplatte

抄 *chāo*
抄 *chāo* ② abschreiben

抄写 *chāoxiě* ② abschreiben

钞 *chāo*
钞票 *chāopiào* Banknote, Geldschein

超 *chāo*
超 *chāo* ② übertreffen, überholen
超车 *chāochē* überholen *beim Fahren*
超过 *chāoguò* ② überholen, übertreffen
超级市场 *chāojí shìchǎng* Supermarkt

巢 *cháo*
巢 *cháo* Nest

朝 *cháo*
朝 *cháo* ① gegen, in Richtung (auf) ● gegenüberstehen, gehen nach

潮 *cháo*
潮 *cháo* Gezeiten

吵 *chǎo*
吵 *chǎo* ② streiten, zanken

炒 *chǎo*
炒 *chǎo* unter Rühren scharf anbraten
炒鸡蛋 *chǎo jīdàn* Rühreier

车 *chē*
车 *chē* ① Fahrzeug, Wagen
车祸 *chēhuò* Autounfall
车间 *chējiān* ② Werkstatt
车库 *chēkù* Garage
车厢 *chēxiāng* Wagen *eines Zuges*

车站 *chēzhàn* ① Bahnhof, Station, Haltestelle

彻 *chè*
彻底 *chèdǐ* ② gründlich

沉 *chén*
沉没 *chénmò* sinken
沉默 *chénmò* ② Stille, Schweigen ● schweigen ● still, stumm

陈 *chén*
陈述 *chénshù* Präsentation

衬 *chèn*
衬衫 *chènshān* ② Hemd; Bluse
衬衣 *chènyī* ② Unterwäsche, Unterhemd

趁 *chèn*
趁 *chèn* ② ausnutzen *Gelegenheit*

称 *chēng*
称 *chēng* ② wiegen
称赞 *chēngzàn* ② loben

成 *chéng*
成 *chéng* ① vollbringen ● werden (zu)
成份 *chéngfèn* ② Bestandteil
成功 *chénggōng* ② Erfolg ● erfolgreich ● Erfolg haben
成果 *chéngguǒ* ② Erfolg, Resultat, Frucht
成绩 *chéngjì* ① Leistung, Resultat; Note Zensur
成就 *chéngjiù* ② Errungenschaft,

Leistung, Erfolg

成立 *chénglì* ② gründen, errichten ● stichhaltig, haltbar

成年人 *chéngniánrén* Erwachsene(r)

成熟 *chéngshú* ② reif ● reif werden

成为 *chéngwéi* ② werden (zu)

成长 *chéngzhǎng* ② aufwachsen, heranwachsen

诚 *chéng*

诚恳 *chéngkěn* ② ehrlich, aufrichtig

诚实 *chéngshí* ② ehrlich

城 *chéng*

城 *chéng* ① Kleinstadt, Stadt

城堡 *chéngbǎo* Burg

城市 *chéngshì* ① Stadt, Großstadt

乘 *chéng*

乘 *chéng* ② fahren mit *Verkehrsmittel*; multiplizieren

乘客 *chéngkè* Passagier

承 *chéng*

承认 *chéngrèn* ② zugeben, anerkennen

程 *chéng*

程度 *chéngdù* ② Grad, Niveau

程序 *chéngxù* Programm *für Computer*

秤 *chèng*

秤 *chèng* Waage

吃 *chī*

吃 *chī* ① essen

吃饭 *chīfàn* essen

吃好 *chī hǎo!* Guten Appetit!

吃惊 *chījīng* ② erschrecken, staunen

吃起来有...的味道 *chīqilai yǒu ... dewèidào* schmecken nach ...

吃晚餐 *chī wǎncān* zu Abend essen

吃午饭 *chī wǔfàn* zu Mittag essen

迟 *chí*

迟 *chí* spät, verspätet

迟到 *chídào* ① zu spät kommen, sich verspäten

持 *chí*

持续 *chíxù* andauern

尺 *chǐ*

尺 *chǐ* ② Lineal; Chi *Längenmaß =* *33.33 cm*

尺寸 *chǐcùn* Maß; Größe

尺子 *chǐzi* Lineal

齿 *chǐ*

齿龈 *chǐyín* Zahnfleisch

赤 *chì*

赤道 *chìdào* Äquator

翅 *chì*

翅膀 *chìbǎng* ② Flügel

冲 *chōng*

冲 *chōng* ② übergießen *mit kochendem Wasser*; spülen; anstürmen gegen

冲厕所 *chōng cèsuǒ* (die Toilette) spülen

冲茶 chōng chá Tee kochen
冲浪 chōnglàng surfen

充 chōng
充电 chōngdiàn Ladung; 给...充电 gěi ... chōngdiàn laden *Batterie usw.*
充分 chōngfèn ② reichlich
充满 chōngmǎn ② voll, erfüllt von
充足 chōngzú ② genügend, genug

虫 chóng
虫子 chóngzi ② Insekt

重 chóng
重 chóng ① wieder, noch einmal • Schicht geologisch
重叠 chóngdié ② sich überschneiden
重复 chóngfù ② wiederholen
重新 chóngxīn ② von neuem, wieder
➤ Siehe auch 重 zhòng

崇 chóng
崇高 chónggāo ② erhaben, edel

抽 chōu
抽 chōu ① herausziehen; hervorbringen *Knospen usw.*
抽筋 chōujīn Krampf
抽屉 chōuti Schublade
抽象 chōuxiàng ② abstrakt

愁 chóu
愁 chóu ② sich Sorgen machen um

丑 chǒu
丑陋 chǒulòu hässlich
丑闻 chǒuwén Skandal

臭 chòu
臭 chòu ② stinkend; widerlich
臭气 chòuqì Gestank
臭氧层 chòuyǎngcéng Ozonschicht

出 chū ①

Das Verb 出 *chū* bedeutet 'hinausgehen, herauskommen'. In Verbindung mit anderen Richtungsverben hat es die Bedeutung 'hinaus, heraus', z. B.: 跑出 *pǎo chū* **hinaus-, herausrennen**.

出 chū herauskommen, hinausgehen; vorkommen; geschehen • hervorbringen; ausgeben Geld
出版 chūbǎn ② verlegen, herausbringen
出版社 chūbǎnshè Verlag
出发 chūfā ① aufbrechen; abfahren; ausgehen *von einem Punkt*
出国 chūguó ins Ausland fahren
出汗 chūhàn schwitzen
出价 chūjià anbieten *Preis*; einen Kostenvoranschlag machen
出口 chūkǒu ② Ausgang; Export • exportieren
出口公司 chūkǒu gōngsī Exportfirma
出来 chūlái ① herauskommen; zum Vorschein kommen
出去 chūqù ① hinausgehen
出身 chūshēn Herkunft
出生 chūshēng ② Geburt • geboren werden

出生证 *chūshēngzhèng* Geburtsurkunde
出事故 *chū shìgù* einen Unfall haben
出售 *chūshòu* zu verkaufen • verkaufen
出席 *chūxí* ② anwesend sein, teilnehmen
出现 *chūxiàn* ① erscheinen, vorkommen
出行 *chūxíng* Hinfahrt, Hinreise
出血 *chū xiě* bluten
出院 *chūyuàn* ② aus dem Krankenhaus entlassen werden
出租 *chūzū* ausleihen, vermieten
出租车 *chūzūchē* Taxi
出租车点儿 *chūzūchē diǎnr* Taxistand
出租汽车 *chūzū qìchē* ① Taxi
出租司机 *chūzū sījī* Taxifahrer(in)

初 *chū*
初 *chū* ② Anfang, Beginn • am Anfang
初步 *chūbù* ② Anfangs-, anfänglich
初级 *chūjí* ② elementar, Anfänger-
初学者 *chūxuézhě* Anfänger(in)

除 *chú*
除 *chú* ① entfernen, beseitigen; ausschließen
除臭剂 *chúchòujì* Deodorant
除了...以外 *chúle ... yǐwài* ① ausgenommen, außer, abgesehen von

厨 *chú*
厨房 *chúfáng* ② Küche *Zimmer*

橱 *chú*
橱窗 *chúchuāng* Schaufenster

处 *chǔ*
处 *chǔ* ② auskommen mit, miteinander auskommen
处分 *chǔfèn* ② Strafe • bestrafen
处境 *chǔjìng* Situation
处理 *chǔlǐ* ② erledigen; verarbeiten; billig verkaufen
➢ Siehe auch 处 *chù*

处 *chù*
处 *chù* ② Amt, Abteilung
➢ Siehe auch 处 *chǔ*

穿 *chuān*
穿 *chuān* ① anziehen, tragen
穿过 *chuānguò* ① überqueren, durchgehen; durchbohren
穿上 *chuānshang* anziehen
穿衣服 *chuān yīfu* sich anziehen

传 *chuán*
传 *chuán* ② weitergeben; überliefern; verbreiten
传播 *chuánbō* ② verbreiten
传单 *chuándān* Handzettel
传奇 *chuánqí* Legende
传染 *chuánrǎn* infizieren • Infektion
传统 *chuántǒng* ② Tradition • traditionell

传真 chuánzhēn Fax

船 *chuán*

船 chuán ① Boot, Schiff; 在船上 zài chuán shang an Bord

窗 *chuāng*

窗 chuāng ① Fenster
窗户 chuānghu Fenster
窗帘 chuānglián Vorhang

床 *chuáng*

Zähleinheitswort für Laken, Bettdecken, Steppdecken usw. z. B.: 这床被子 zhè chuáng bèizi **diese Steppdecke**. [Siehe Zähleinheitswörter, S. 33]

床 chuáng ① Bett
床单 chuángdān Laken
床垫 chuángdiàn Matratze
床位 chuángwèi Bett *in Schlafwagen*
床罩 chuángzhào Tagesdecke

闯 *chuǎng*

闯 chuǎng ② sich stürzen; sich durchschlagen

创 *chuàng*

创 chuàng ② (als erster) erzielen, schaffen, leisten
创造 chuàngzào ② schaffen
创作 chuàngzuò ② schaffen, verfassen
 • Werk, Kreation

吹 *chuī*

吹 chuī ① blasen; prahlen; ins Wasser fallen *Plan*; sich trennen *Paar*

吹风机 chuīfēngjī Fön®, Haartrockner

锤 *chuí*

锤子 chuízi Hammer

春 *chūn*

春 chūn ① Frühling
春节 Chūnjié ② Frühlingsfest
春天 chūntiān ① Frühling

唇 *chún*

唇 chún Lippe

词 *cí*

词 cí ① Wort
词典 cídiǎn ① Wörterbuch
词汇 cíhuì Wortschatz

慈 *cí*

慈善 císhàn wohltätig

磁 *cí*

磁带 cídài ① Tonband
磁盘 cípán Diskette

此 *cǐ*

此 cǐ ② diese(r, -s)
此外 cǐwài ② außerdem

次 *cì* ①

Zähleinheitswort für Ereignisse: Prüfungen, Unfälle, Erlebnisse usw., z. B.: 那次事故 nà cì shìgù **jener Unfall**. [Siehe Zähleinheitswörter, S. 33]

次 cì Mal, -mal • zweitklassig, minderwertig

刺 *cì*
刺 *cì* ① stechen
刺绣 *cìxiù* Stickerei

匆 *cōng*
匆忙 *cōngmáng* eilig

葱 *cōng*
葱 *cōng* Frühlingszwiebel

聪 *cōng*
聪明 *cōngming* ② intelligent

从 *cóng*
从 *cóng* ① von; ab; aus: 我昨天从德国来 *wǒ zuótiān cóng Déguó lái* Ich bin gestern aus Deutschland gekommen 从今天 *cóng jīntiān* von heute
从...出发 *cóng ... chūfā* ② von ... ausgehen
从此 *cóngcǐ* ② von jetzt an, von da an, seither
从...到 *cóng ... dào* ② von ... bis 从九点到六点 *cóng jiǔdiǎn dào liùdiǎn* von neun bis sechs
从而 *cóng'ér* ② deshalb, dadurch
从来 *cónglái* ② immer
从来不 *cónglái bù* ② nie
从来没 *cónglái méi* ② nie
从那儿 *cóng nàr* davon, von dort
从...起 *cóng ... qǐ* ① ab, von ... ab 从明天起 *cóng míngtiān qǐ* ab morgen
从前 *cóngqián* ① früher
从事 *cóngshì* ② sich beschäftigen mit, arbeiten an
从现在起 *cóng xiànzài qǐ* von jetzt an
从一开始 *cóng yì kāishǐ* von Anfang an
从...以来 *cóng ... yǐlái* seit ...: 从昨天以来 *cóng zuótiān yǐlái* seit gestern
从这儿 *cóng zhèr* von hier

粗 *cū*
粗 *cū* ② dick; grob

促 *cù*
促进 *cùjìn* ② fördern

醋 *cù*
醋 *cù* ② Essig

催 *cuī*
催 *cuī* ② drängen, beschleunigen

摧 *cuī*
摧毁 *cuīhuǐ* zerstören

村 *cūn*
村庄 *cūnzhuāng* Dorf

存 *cún*
存 *cún* ② aufbewahren, lagern; deponieren, hinterlegen
存储 *cúnchǔ* Speicher
存货 *cúnhuò* Warenbestand
存在 *cúnzài* ② existieren

寸 *cùn*

寸 *cùn* ② Cun *Längemaß ≈ 3 cm*

措 *cuò*

措施 *cuòshī* ② Maßnahme

错 *cuò*

错 *cuò* ① Fehler; Irrtum: 是我的错 *shì wǒ de cuò* Es ist mein Fehler ● falsch, verkehrt: 你错了 *nǐ cuò le* Du hast unrecht

错过 *cuòguò* verpassen, versäumen

错误 *cuòwù* ① Fehler, Irrtum

D

搭 *dā*

搭 *dā* ② bauen, errichten; hängen an; hinzutun; fahren mit, nehmen *Verkehrsmittel*

搭便车 *dā biànchē* mitfahren 让某人搭便车 *ràng mǒurén dā biànchē* jemanden mitnehmen

搭车 *dā chē* mit dem Auto fahren

搭档 *dādàng* Partner(in)

搭飞机 *dā fēijī* fliegen, mit dem Flugzeug fliegen

搭起 *dāqǐ* aufstellen *Zelt usw.*

答 *dā*

答应 *dāying* ② versprechen; antworten; zustimmen

➢ Siehe auch 答 *dá*

达 *dá*

达成共识 *dáchéng gòngshí* eine Einigung erzielen

达到 *dádào* ② erreichen, erzielen

答 *dá*

答 *dá* ② antworten

答案 *dá'àn* ② Lösung

答复 *dáfù* Antwort

答卷 *dájuàn* ② Lösungsblatt

➢ Siehe auch 答 *dā*

打 *dǎ*

打 *dǎ* ① schlagen; spielen *Sportart, Karten*; anpacken; zerbrechen; bauen; schmieden; mischen, rühren; packen *Koffer*; flechten, stricken; graben *Loch*; senden; ausstellen *Bescheinigung*; kaufen • von

打扮 *dǎbàn* ② schmücken, herausputzen

打倒 *dǎdǎo* ② stürzen, niederschlagen

打电话 *dǎ diànhuà* telefonieren, anrufen; 给某人打电话 *gěi mǒurén dǎ diànhuà* jemanden anrufen

打断 *dǎduàn* unterbrechen, ins Wort fallen

打翻 *dǎfān* umstoßen, umkippen

打鼾 *dǎhān* schnarchen

打哈欠 *dǎ hāqian* gähnen

打火机 *dǎhuǒjī* Feuerzeug

打开 *dǎkāi* öffnen, aufmachen

打开灯 *dǎkāi dēng* das Licht anmachen

打猎 *dǎliè* Jagd • jagen

打破 *dǎpò* zerbrechen

打破纪录 *dǎpò jìlù* einen Rekord brechen

打扑克牌 *dǎ pūkèpái* Karten spielen

打气筒 *dǎqìtǒng* Fahrradpumpe

打扰 dǎrǎo ② stören
打扫 dǎsǎo Hausputz • fegen, kehren
打算 dǎsuàn ① vorhaben, planen • Vorhaben, Plan
打听 dǎtīng ② sich erkundigen
打印机 dǎyìnjī Drucker
打针 dǎzhēn ② eine Spritze bekommen, eine Spritze geben

大 dà

大 dà ① groß; alt, älter *bei Altersvergleichen*
大吵大闹 dàchǎo dànào Theater machen, eine Szene machen
大胆 dàdǎn ② kühn, mutig
大多数 dàduōshù ② Mehrheit
大概 dàgài ① ungefähr; wahrscheinlich
大姑子 dàgūzi Schwägerin *ältere Schwester des Ehemanns*
大会 dàhuì ② Plenartagung; Massenkundgebung
大伙儿 dàhuǒr ② alle
大家 dàjiā ① alle, jedermann
大街 dàjiē ② Hauptstraße
大量 dàliàng ② eine ganze Menge, viele
大陆 dàlù ② Kontinent
大麻 dàmá Marihuana
大门 dàmén (Haupt-)Tor
大米 dàmǐ ② Reis *ungekochter*
大批 dàpī ② große Anzahl, große Menge

大气 dàqì Atmosphäre; Luft
大人 dàrén ② Erwachsene(r)
大上个星期 dà shàng ge xīngqī vorletzte Woche
大声地 dàshēng de ① laut, mit lauter Stimme
大使 dàshǐ Botschafter(in)
大使馆 dàshǐguǎn ② Botschaft
大蒜 dàsuàn Knoblauch
大体上 dàtǐshang im Allgemeinen
大腿 dàtuǐ Oberschenkel
大西洋 Dàxīyáng Atlantik
大象 dàxiàng Elefant
大小 dàxiǎo ② Größe
大型 dàxíng ② groß
大熊猫 dàxióngmāo Panda
大学 dàxué ① Universität
大学学业 dàxué xuéyè Universitätsstudium
大衣 dàyī ② Mantel
大姨子 dàyízi Schwägerin *ältere Schwester der Ehefrau*
大约 dàyuē ② ungefähr: 大约十点 dàyuē shí diǎn gegen zehn Uhr
➢ Siehe auch 大 dāi

呆 dāi

呆 dāi ① bleiben • dumm

大 dài

大夫 dàifu ① Arzt
➢ Siehe auch 大 dà

代 dài

代 *dài* ① vertreten, ersetzen ● für, an (jemandes) Stelle
代表 *dàibiǎo* ① Vertreter(in), Vertretung ● vertreten
代表大会 *dàibiǎo dàhuì* Kongress
代表团 *dàibiǎotuán* Delegation
代理处 *dàilǐchù* Agentur
代售 *dàishòu* zu verkaufen
代糖 *dàitáng* Süßstoff
代替 *dàitì* ② vertreten *Person* ● in Vertretung von

带 *dài*
带 *dài* ① mitnehmen, mitbringen; mal kaufen, mal mitbringen; leiten, führen; aufziehen *Kind*
带来 *dàilái* (mit)bringen
带着 *dàizhe* tragen

贷 *dài*
贷款 *dàikuǎn* Darlehen

袋 *dài*
袋 *dài* ② Tasche, Tüte, Beutel

逮 *dài*
逮捕 *dàibǔ* verhaften ● Verhaftung

待 *dài*
待 *dài* ② erwarten

戴 *dài*
戴 *dài* ① aufsetzen, tragen *Hut, Brille*

丹 *dān*
丹麦 *Dānmài* Dänemark

单 *dān*
单 *dān* ① einzeln, einzig
单词 *dāncí* ② Wort
单调 *dāndiào* ② eintönig
单调乏味 *dāndiào fáwèi* langweilig, eintönig
单人床 *dānrénchuáng* Einzelbett
单身 *dānshēn* ledig
单位 *dānwèi* ② Einheit

担 *dān*
担任 *dānrèn* ② als ... tätig sein
担心 *dānxīn* ② sich Sorgen machen (um)

但 *dàn*
但 *dàn* ② aber
但是 *dànshì* ① aber

淡 *dàn*
淡 *dàn* ② dünn, leicht; hell *Farbe*
淡紫色 *dànzǐsè* (hell-)lila

蛋 *dàn*
蛋 *dàn* ① Ei
蛋白 *dànbái* Eiweiß
蛋白质 *dànbáizhì* Eiweiß, Protein
蛋糕 *dàngāo* ② Kuchen
蛋黄 *dànhuáng* Eigelb
蛋黄酱 *dànhuángjiàng* Mayonnaise

当 *dāng*
当 *dāng* ① gerade als zeitlich ● arbeiten als ... als ... tätig sein

当... 的时候 *dāng... de shíhòu* ② als, während

当地 *dāngdì* ② lokal, Orts-

当局 *dāngjú* Behörde

当年 *dāngnián* ② seinerzeit

当前 *dāngqián* ② aktuell, gegenwärtig

当然 *dāngrán* ① natürlich!

当时 *dāngshí* ② damals, zu der Zeit

当心 *dāngxīn!* Vorsicht! Achtung!

➢ Siehe auch 当 *dàng*

挡 *dǎng*

挡 *dǎng* ② Gang *Getriebe*

挡风玻璃 *dǎngfēng bōli* Windschutzscheibe

党 *dǎng*

党 *dǎng* ② Partei

党员 *dǎngyuán* ② Parteimitglied

当 *dàng*

当 *dàng* ② für ... halten; denken, glauben

当做 *dàngzuò* ② für ... halten, als ... betrachten

➢ Siehe auch 当 *dāng*

刀 *dāo*

刀 *dāo* ① Messer

刀片 *dāopiàn* Rasierklinge

刀伤 *dāoshāng* Schnittwunde

刀子 *dāozi* ② Taschenmesser

导 *dǎo*

导演 *dǎoyǎn* Regisseur(in)

导游 *dǎoyóu* Fremdenführer(in)

岛 *dǎo*

岛 *dǎo* ② Insel

倒 *dǎo*

倒 *dǎo* ① fallen; gestürzt werden • wechseln, tauschen; umstellen *an eine andere Stelle*

➢ Siehe auch 倒 *dào*

祷 *dǎo*

祷告 *dǎogào* beten

到 *dào*

到 *dào* ① bis; 到十点前 *dào shí diǎn qián* bis zehn Uhr • gehen bis zu, fahren bis nach; ankommen (in) 她昨天到来德国 *tā zuótiān dào lai Déguó* Sie ist gestern in Deutschland angekommen.

到处 *dàochù* ② überall

到达 *dàodá* ② Ankunft *auch Anzeigetafel im Flughafen* • ankommen, eintreffen

到底 *dàodǐ* ② endlich, schließlich

到屋里 *dào wūlǐ* nach innen, hinein

到这儿来 *dào zhèr lái* komm mal her

倒 *dào*

倒 *dào* ② verkehrt herum, umgekehrt • sich rückwärts bewegen; auskippen; gießen, einschenken

倒挡 *dàodǎng* Rückwärtsgang

倒车 *dàochē* zurücksetzen, rückwärts fahren

倒是 *dàoshi* ② doch, schließlich, zwar
➤ Siehe auch 倒 *dǎo*

道 *dào*

道 *dào* ① Weg ● sagen, reden

Zähleinheitswort für Befehle, Anweisungen, Fragen, und für die Gänge einer Mahlzeit, z. B.: 第二道菜 *dì èr dào cài* *der zweite Gang*. [Siehe Zähleinheitswörter, S. 33]

道德 *dàodé* ② Moral
道理 *dàoli* ① Wahrheit; Grundsatz; Argument
道路 *dàolù* ② Straße, Fernstraße
道歉 *dàoqiàn* ② sich entschuldigen

得 *dé*

得 *dé* ① bekommen; gewinnen, machen *Punkt im Spiel, Gesamtzahl* 得病 *débìng* krank werden
得到 *dédào* ① bekommen, erhalten
得意 *déyì* zufrieden ● Zufriedenheit
得罪 *dézuì* kränken
➤ Siehe auch 得 *de* e 得 *děi*

德 *dé*

德国 *Déguó* Deutschland
德国人 *Déguórén* Deutsche(r)
德文 *Déwén* ② Deutsch *Sprache*
德语 *Déyǔ* ② Deutsch *Sprache*

地 *de* ①

地 *de* wird an ein Adjektiv angehängt, um ein Adverb zubilden, z. B.: 慢慢地 *mànmān de* **langsam**.

的 *de* ①

Im Chinesischen sehr häufig vorkommende Partikel, deren wichtigste Verwendungen folgende sind:

1. Nach einem Substantiv oder Pronomen dient 的 *de* als Genitiv-Partikel, z. B.: 老师的书 *lǎoshī de shū* (= Lehrer 的 Buch) *das Buch des Lehrers*; 中国的海岸 *Zhōngguó de hǎi'àn* (= China 的 Küste) *die Küste Chinas*; 我的汽车 *wǒ de qìchē* (= ich 的 Auto) *mein Auto*. Zu beachten ist, dass das Bestimmende immer vor dem Bestimmten steht. Wenn es aus dem Zusammenhang klar wird, kann das auf 的 *de* folgende Substantiv wegfallen, z. B.: 这本书是我的 *zhè běn shū shì wǒ de* (= dieses Buch ist ich 的) *Dieses Buch ist meins/ Dieses Buch gehört mir.*

2. Als Verbindungsglied zwischen einem mehrsilbigen Adjektiv und einem Substantiv, z. B.: 漂亮的妇女 *piàoliang de fùnǚ* (= hübsch 的 Frau) *eine hübsche Frau*. Ein einsilbiges Adjektiv kann unmittelbar vor dem Substantiv stehen, es sei denn, es wird durch ein Adverb näher bestimmt: 好书 *hǎo shū* *ein gutes Buch*, aber 很好的书 *hěn hǎo de shū* *ein sehr gutes Buch.*

3. Verbindet einen Relativsatz mit dem jeweiligen Substantiv oder Pronomen. Im Chinesischen steht der Relativsatz immer vor dem Substantiv, z. B.: 我昨天买的书 *wǒ zuótiān mǎi de shū* (= ich gestern kaufen 的 Buch) *das Buch, das ich gestern gekauft habe.* Wenn es aus dem Zusammenhang klar wird, kann das auf 的 *de* folgende Substantiv wegfallen, z. B.: 我昨天买的

*wǒ zuótiān mǎi de **dasjenige, das ich gestern gekauft habe**.* Solche Ausdrücke können auch eine unbestimmte Bedeutung haben, im Beispielsfall etwa ***das, was ich gestern gekauft habe***.

的话 *dehuà* ② *am Satzende* wenn 有时间的话, 我一定来 *yǒu shíjiān dehuà, wǒ yídìng lái* Wenn ich Zeit habe, komme ich bestimmt.

➤ Siehe auch 的 *dí*

得 *de* ①

Auf ein Verb folgende Partikel, die folgende Konstruktion einleitet:

1. ein Adverb, das die Meinung des Sprechers ausdrückt, z. B.: 他吃得很多 *tā chī de hěn duō* (= er isst 得 viel) ***Er isst viel.***
Hat das Verb auch ein Objekt, so wird dieses vor das Verb gestellt, z. B.: 她汉语说得很好 *tā Hànyǔ shuō de hěn hǎo* (= sie Chinesisch spricht 得 sehr gut) ***Sie spricht sehr gut Chinesisch.*** Das Verb kann auch wiederholt werden: 她说汉语说得很好 *tā shuō Hànyǔ shuō de hěn hǎo* (= sie spricht Chinesisch spricht 得 sehr gut)

Bei der Verneinung steht 不 *bù* 'nicht' nach 得 *de*, z. B.: 她汉语说得不好 *tā Hànyǔ shuō de bù hǎo* (= sie Chinesisch spricht 得 nicht gut) ***Sie spricht nicht gut Chinesisch.***

2. ein zweites Verb, das in Verbindung mit dem ersten die Möglichkeit ausdrückt, z. B.: 听得懂 *tīng de dǒng* (= hören 得 verstehen) ***verstehen können***.
Bei der Verneinung wird 得 *de* durch 不 *bu* (ohne Ton) ersetzt, z. B. 听不懂 *tīng bu dǒng* ***nicht verstehen können***.

得很 *de hěn* ① sehr 好得很 *hǎo de hěn* sehr gut

➤ Siehe auch 得 *dé* e 得 *děi*

得 *děi*

得 *děi* ① müssen; brauchen *Zeit*; 我得走了 *wǒ děi zǒu le* Ich muss gehen

➤ Siehe auch 得 *dé* e 得 *de*

灯 *dēng*

灯 *dēng* ① Licht; Lampe; Laterne
灯泡 *dēngpào* Glühbirne
灯塔 *dēngtǎ* Leuchtturm

登 *dēng*

登 *dēng* ② steigen, nach oben gehen ● veröffentlichen; eintragen; anziehen *Schuhe*
登记 *dēngjì* ② registrieren, (sich) anmelden ● Anmeldung; Abfertigung *am Flughafen*
登上 *dēngshàng* einsteigen, an Bord gehen

等 *děng*

等 *děng* ① warten auf ● wenn ● Grad, Rang ● und so weiter
等待 *děngdài* ② warten
等等 *děngděng* und so weiter, usw.
等候者名单 *děnghòuzhě míngdān* Warteliste

等一下 *děng yíxià* warte mal!
等于 *děngyú* ② gleich sein; gleichbedeutend sein

低 *dī*
低 *dī* ① niedrig
低声说话 *dī shēng shuōhuà* leise sprechen

滴 *dī*
滴 *dī* ① tropfen

迪 *dí*
迪斯科 *dísīkē* Diskothek

的 *dí*
的确 *díquè* ② wirklich, tatsächlich
➢ Siehe auch 的 *de*

敌 *dí*
敌人 *dírén* ② Feind(in)

底 *dǐ*
底 *dǐ* Boden
底稿 *dǐgǎo* Entwurf
底片 *dǐpiàn* Negativ
底下 *dǐxia* ② unten; unter 桌子底下 *zhuōzi dǐxia* unter dem Tisch

地 *dì*
地 *dì* ① Boden, Erde; Feld
地带 *dìdài* ② Zone
地点 *dìdiǎn* ② Ort, Stelle
地方 *dìfang* ② Stelle, Platz, Ort
地理 *dìlǐ* Geografie
地面 *dìmiàn* ② Oberfläche; Fußboden
地平线 *dìpíngxiàn* Horizont
地球 *dìqiú* ② die Erde *Planet*
地区 *dìqū* ② Gegend, Region; Viertel
地毯 *dìtǎn* Teppich
地铁 *dìtiě* U-Bahn
地图 *dìtú* ② Landkarte
地图集 *dìtújí* Atlas
地位 *dìwèi* ② Stand, Status
地下 *dìxià* ② unterirdisch; Untergrund-
地震 *dìzhèn* Erdbeben
地址 *dìzhǐ* ② Adresse
地质学 *dìzhìxué* Geologie

弟 *dì*
弟弟 *dìdi* ① Bruder *jüngerer*
弟妹 *dìmèi* Schwägerin *Ehefrau des jüngeren Bruders*

帝 *dì*
帝国 *dìguó* Kaiserreich
帝国主义 *dìguó zhǔyì* Imperialismus

递 *dì*
递 *dì* ② reichen, geben

第 *dì*
Vorsilbe, mit der man die Ordnungszahlen bildet.

第八 *dìbā* achte(r, -s)
第二 *dì'èr* zweite(r, -s); folgende(r, -s) *Tag, Monat*
第二十 *dì'èrshí* zwanzigste(r, -s)
第九 *dìjiǔ* neunte(r, -s)

第六 *dìliù* sechste(r, -s)
第七 *dìqī* siebte(r, -s)
第三 *dìsān* dritte(r, -s)
第十 *dìshí* zehnte(r, -s)
第四 *dìsì* vierte(r, -s)
第五 *dìwǔ* fünfte(r, -s)
第一 *dìyī* erste(r, -s)
第一次 *dìyī cì* das erste Mal

典 *diǎn*
典型 *diǎnxíng* typisch

点 *diǎn* ①

Zähleinheitswort für Vorschläge, Forderungen, Ideen, Meinungen, z. B.: 一点建议 *yìdiǎn jiànyì ein Vorschlag*. [Siehe Zähleinheitswörter, S. 33]

点 *diǎn* Punkt ● leicht berühren; anzünden Zigarette usw.; abzählen

点 *diǎn* bedeutet auch 'Uhr' bei Uhrzeiten, z. B.: 几点了? *jǐ diǎn le? Wie viel Uhr ist es?* 两点 *liǎng diǎn (Es ist) zwei Uhr.*

点菜 *diǎncài* bestellen *im Restaurant*
点燃 *diǎnrán* anzünden
点数 *diǎnshù* zählen
点头 *diǎntóu* nicken
点心 *diǎnxīn* ① Imbiss; Gebäck
点钟 *diǎnzhōng* ① Uhr 四点钟 *sì diǎnzhōng* vier Uhr

电 *diàn*
电 *diàn* ① Elektrizität, Strom ● elektrisch, Elektro-
电报 *diànbào* ② Telegramm
电冰箱 *diànbīngxiāng* ② Kühlschrank
电车 *diànchē* ① Straßenbahn; Trolleybus
电池 *diànchí* Batterie, Akku
电灯 *diàndēng* ① (elektrisches) Licht, Lampe
电动剃刀 *diàndòng tìdāo* Rasierapparat
电风扇 *diànfēngshàn* ② Ventilator
电话 *diànhuà* ① Telefon; Anruf, Telefongespräch; 给某人打电话 *gěi mǒurén dǎ diànhuà* jdn anrufen
电话号码 *diànhuà hàomǎ* Telefonnummer
电话区号 *diànhuà qūhào* Vorwahl
电吉他 *diànjítā* elektrische Gitarre
电脑 *diànnǎo* Computer
电钮 *diànniǔ* (Schalt-)knopf
电扇 *diànshàn* ② Ventilator
电视 *diànshì* ① Fernsehen
电视连续剧 *diànshì liánxùjù* Fernsehserie
电视台 *diànshìtái* ② Fernseher
电台 *diàntái* Radiosender
电梯 *diàntī* Aufzug, Fahrstuhl
电线 *diànxiàn* Kabel; elektrische Leitung
电信 *diànxìn* Fernmeldetechnik; Telekommunikation
电压 *diànyā* Stromspannung
电影 *diànyǐng* ① Film; 去看电影 *qù kàn diànyǐng* ins Kino gehen

电影院 *diànyǐngyuàn* ② Kino
电子 *diànzǐ* elektronisch
电子邮件 *diànzǐ yóujiàn* E-Mail

店 *diàn*
店 *diàn* ② Laden, Geschäft

垫 *diàn*
垫子 *diànzi* Kissen

雕 *diāo*
雕塑 *diāosù* Skulptur
雕像 *diāoxiàng* Statue

吊 *diào*
吊 *diào* ② hängen ● am Seil hochziehen; hinablassen
吊床 *diàochuáng* Hängematte

钓 *diào*
钓 *diào* ② angeln
钓鱼 *diàoyú* angeln; Angeln

调 *diào*
调 *diào* ② versetzen, verlegen
调查 *diàochá* ② Untersuchung ● untersuchen
➤ Siehe auch 调 *tiáo*

掉 *diào*
掉 *diào* ① fallen; verloren gehen, fehlen ● verlieren; wenden, umkehren

跌 *diē*
跌 *diē* ② hinfallen; fallen, sinken *Preise*

叠 *dié*
叠 *dié* falten, zusammenlegen; aufschichten

顶 *dǐng*
Zähleinheitswort für Hüte, Mützen, Zelte usw., z. B.: 一顶帽子 *yì dǐng màozi ein Hut*. [Siehe Zähleinheitswörter, S. 33]

顶 *dǐng* ① Spitze; 在...顶上 *zài ... dǐng shang* oben auf ... ● auf dem Kopf tragen; mit dem Kopf schlagen; abstützen; ablehnen; gleichen; ersetzen ● äußerst, sehr
顶多 *dǐng duō* sehr, sehr viele
顶好 *dǐng hǎo* wirklich gut, prima

订 *dìng*
订 *dìng* ② festlegen, vereinbaren; abonnieren; buchen; bestellen
订购 *dìnggòu* bestellen
订婚 *dìnghūn* Verlobung ● verlobt ● sich verloben
订货 *dìnghuò* Waren bestellen ● Bestellung
订书机 *dìngshūjī* Hefter *kleine Maschine*

定 *dìng*
定 *dìng* ② stabil ● festlegen, beschließen; abonnieren; buchen; bestellen
定购 *dìnggòu* bestellen
定婚 *dìnghūn* Verlobung ● verlobt ● sich verloben

定货 dìnghuò Waren bestellen • Bestellung

丢 diū

丢 diū ① verlieren; wegwerfen; aufgeben
丢失 diūshī verlieren

东 dōng

东 dōng ① Osten
东边 dōngbiān ① Osten
东北 dōngběi ② Nordosten
东部 dōngbù ① Osten
东方 dōngfāng ② Osten
东京 Dōngjīng Tokio
东面 dōngmiàn ① Osten
东南 dōngnán ② Südosten
东西 dōngxi ① Gegenstand, Ding, Sache

冬 dōng

冬 dōng ① Winter
冬天 dōngtiān ① Winter

董 dǒng

董事 dǒngshì Vorstandsmitglied
董事会 dǒngshìhuì Vorstand

懂 dǒng

懂 dǒng ① verstehen
懂得 dǒngde ② begreifen, beherrschen

动 dòng

动 dòng ① (sich) bewegen, sich in Bewegung setzen; anregen
动机 dòngjī Beweggrund
动脉 dòngmài Schlagader
动人 dòngrén ② rührend
动身 dòngshēn ② aufbrechen, abreisen
动手 dòngshǒu ② sich an die Arbeit machen • anfassen
动物 dòngwù ① Tier
动物园 dòngwùyuán ② Zoo
动员 dòngyuán ② mobilisieren
动作 dòngzuò ② Bewegung *des Körpers*

冻 dòng

冻 dòng ② frieren • einfrieren

洞 dòng

洞 dòng ② Loch; Höhle

栋 dòng

Zähleinheitswort für Gebäude, z. B. 哪栋房子？ něi dòng fángzi? *Welches Haus?* [Siehe Zähleinheitswörter, S. 33]

都 dōu ①

都 dōu bedeutet 'alle(s), beide(s)', steht vor dem Verb und bezieht sich meistens auf das Subjekt des Satzes, z. B.: 中国人都喝茶 Zhōngguórén dōu hē chá (= Chinesen alle trinken Tee) *Alle Chinesen trinken Tee*. Es kann sich auch auf das Objekt beziehen, wenn dieses vor dem Verb steht, z. B.: 咖啡和茶我都喜欢 kāfēi hé chá wǒ dōu xǐhuan (= Kaffee und Tee ich beides mag) *Ich trinke sowohl Kaffee als auch Tee gern.*

> Bei der Verneinung hängt die genaue Bedeutung von der Stellung von 不 *bù* 'nicht' ab: 中国人不都喝咖啡 *Zhōngguórén bù dōu hē kāfēi* **Nicht alle Chinesen trinken Kaffee**, und 中国人都不喝咖啡 *Zhōngguórén dōu bù hē kāfēi* **Keine Chinesen trinken Kaffee**.

陡 *dǒu*
陡 *dǒu* steil

斗 *dòu*
斗争 *dòuzhēng* ② Kampf ● kämpfen ● anklagen

豆 *dòu*
豆腐 *dòufu* ② Tofu, Bohnenkäse
豆芽 *dòuyá* Sojabohnensprossen
豆子 *dòuzi* Bohne

逗 *dòu*
逗 *dòu* ② spielen mit; hänseln
逗留 *dòuliú* Aufenthalt

毒 *dú*
毒 *dú* ① Gift; Drogen
毒品 *dúpǐn* Droge
毒药 *dúyào* Gift

读 *dú*
读 *dú* ① lesen; besuchen S*chule, Kurs usw.*
读书 *dúshū* Lesen

读者 *dúzhě* ② Leser(in)

独 *dú*
独 *dú* einzig
独裁政府 *dúcái zhèngfǔ* Diktatur
独立 *dúlì* ② Unabhängigkeit ● unabhängig, selbständig (werden)
独身 *dúshēn* ledig
独生子女 *dúshēngzǐnǚ* Einzelkind
独自一人 *dúzì yìrén* allein

笃 *dǔ*
笃信宗教 *dǔxìn zōngjiào* fromm, Frömmigkeit

堵 *dǔ*
> Zähleinheitswort für Mauern und Wände, z. B.: 一堵墙 *yì dǔ qiáng* **eine Mauer**. [Siehe Zähleinheitswörter, S. 33]

堵 *dǔ* ② verstopfen

肚 *dù*
肚脐 *dùqí* Nabel
肚子 *dùzi* ② Bauch

度 *dù*
度 *dù* ② Grad *bei Temperaturen*
度过 *dùguò* ② verbringen

渡 *dù*
渡 *dù* ② überqueren
渡船 *dùchuán* Fähre
渡过 *dùguò* überqueren

端 duān

端 duān ② Ende ● waagerecht halten/tragen

短 duǎn

短 duǎn ① kurz
短处 duǎnchù Fehler *bei Menschen*
短裤 duǎnkù Shorts
短期 duǎnqī ② kurzfristig
短袜 duǎnwà Socke
短暂 duǎnzàn kurz, von kurzer Dauer

段 duàn

段 duàn ① Teil, Stück; Strecke, Abschnitt; Passage *Text, Musik*
段落 duànluò Absatz *im Text*

断 duàn

断 duàn ② brechen ● abbrechen; abschneiden; absperren ● gebrochen *Arm, Bein usw.*
断定 duàndìng eine Schlussfolgerung ziehen

锻 duàn

锻炼 duànliàn ① Sport treiben, trainieren

堆 duī

堆 duī ① aufhäufen ● Haufen, Menge

队 duì

队 duì ② (Menschen)Schlange; Mannschaft, Team
队伍 duìwǔ ② Truppen, Armee
队长 duìzhǎng ② (Mannschafts)Kapitän; Gruppenleiter(in)

对 duì

对 duì ① richtig; 你是对的 nǐ shì duì de Sie haben recht ● gegenüberliegend, entgegengesetzt ● Paar ZEW ● stimmen, richtig sein; passen ● prüfen ● einstellen *Uhr*

> Als Präposition bedeutet 对 *duì* 'zu, gegen, gegenüber', z.B.:, 他对我说... tā duì wǒ shuō ... **Er sagte zu mir ...** 老师对我很热情 lǎoshī duì wǒ hěn rèqíng **Der Lehrer ist sehr nett zu mir**.

对比 duìbǐ ② Verhältnis ● gegenüberstellen, vergleichen
对不起 duìbuqǐ ① Entschuldigung!
对待 duìdài ② behandeln, umgehen mit
对方 duìfāng ② die andere Seite, Gegenpartei
对付 duìfu ② behandeln, entgegentreten, fertig werden mit ● sich begnügen
对话 duìhuà ② Dialog ● einen Dialog führen
对面 duìmiàn ② gegenüber
对象 duìxiàng ② Ziel, Objekt; Freund(in), Partner(in)
对于 duìyú ② was ... angeht, was ... betrifft

兑 **duì**

兑换率 *duìhuànlǜ* Wechselkurs

兑换外币 *duìhuàn wàibì* Geld wechseln

吨 **dūn**

吨 *dūn* ② Tonne

蹲 **dūn**

蹲 *dūn* ② hocken, sich niederhocken; bleiben

顿 **dùn** ①

Zähleinheitswort für Mahlzeiten, z. B.: 一天三顿饭 *yìtiān sān dùn fàn* **drei Mahlzeiten pro Tag.** [Siehe Zähleinheitswörter, S. 33]

多 **duō** ①

1. Alleine bedeutet 多 *duō* 'mehr', z. B.: 一百多美元 *yìbǎi duō měiyuán* **mehr als hundert Dollar**; 你需要多学习 *nǐ xūyào duō xuéxí* **Sie müssen mehr studieren**.

2. Die Wortgruppe 很多 *hěn duō* heißt 'viel(e)', z. B.: 他有很多中国朋友 *tā yǒu hěn duō Zhōngguó péngyou* **Er hat viele chinesische Freunde**.

3. 很多 *hěn duō* wird an ein Verb mit der Partikel 得 *de* angehängt, z. B.: 他吃得很多 *tā chī de hěn duō* **Er isst viel**.

4. In Fragen entspricht 多 *duō* dem deutschen 'wie …?', z. B.: 多大？ *duō dà?* **Wie groß?**; 多远？ *duō yuǎn?* **Wie weit**; 长城有多长？ *Chángchéng yǒu duō cháng?* **Wie lang ist die Chinesische Mauer?**

多么 *duōme* ① wie…!, so *bei Ausrufen*: 今天多么热啊 *jīntiān duōme rè a!* Es ist so heiß heute!

多媒体 *duōméitǐ* Multimedia

多少 *duōshǎo* ① wie viel(e); 多少钱？ *duōshǎo qián?* Wie viel kostet es?

多数 *duōshù* ② Mehrheit: 他们中的多数 *tāmen zhōng de duōshù* die meisten von ihnen

多云 *duōyún* bewölkt

夺 **duó**

夺 *duó* ② an sich reißen, rauben; wetteifern um

朵 **duǒ** ②

Zähleinheitswort für Blumen und Wolken, z. B. 那朵云 *nà duǒ yún* **jene Wolke**. [Siehe Zähleinheitswörter, S. 33]

躲 **duǒ**

躲 *duǒ* ② sich verstecken ● ausweichen, meiden

躲藏 *duǒcáng* sich verstecken

E

俄 *é*
俄国 *Éguó* Russland
俄罗斯 *Éluósī* Russland
俄语 *Éyǔ* Russisch

鹅 *é*
鹅 *é* ② Gans

蛾 *é*
蛾 *é* Nachtfalter

额 *é*
额外 *éwài* zusätzlich, extra

恶 *ě*
恶心 *ěxīn* Übelkeit, Ekel
➢ Siehe auch 恶 *è*

恶 *è*
恶 *è* schlecht, böse
恶梦 *èmèng* Alptraum
➢ Siehe auch 恶 *ě*

饿 *è*
饿 *è* ① Hunger • Hunger haben • hungrig

鳄 *è*
鳄梨 *èlí* Avocado

儿 *ér*
儿女 *érnǚ* Söhne und Töchter, Kinder
儿童 *értóng* ② Kinder
儿童装束 *értóng zhuāngshù* Kinderbekleidung
儿媳妇 *érxífu* Schwiegertochter
儿子 *érzi* ① Sohn

而 *ér*
而 *ér* ② und; doch, aber
而且 *érqiě* ① sondern auch, noch dazu, und außerdem

耳 *ěr*
耳朵 *ěrduo* ② Ohr
耳环 *ěrhuán* Ohrring

二 *èr*
二 *èr* ① zwei
二百 *èrbǎi* zweihundert
二楼 *èrlóu* erster Stock
二十 *èrshí* zwanzig
二月 *èryuè* Februar

F

发 fā

发 *fā* ① schicken, senden; austeilen; ausstrahlen *Wärme, Licht*; erzeugen

发表 *fābiǎo* ② herausgeben, veröffentlichen; äußern, ausdrücken

发出 *fāchū* ② erteilen, erlassen

发达 *fādá* ② gut entwickelt, florierend

发...的音 *fā ... de yīn* aussprechen

发动 *fādòng* ② starten, in Gang setzen; auslösen; mobilisieren

发动机 *fādòngjī* Motor

发抖 *fādǒu* ② zittern

发疯 *fāfēng* verrückt, wahnsinnig

发挥 *fāhuī* ② zur Geltung bringen, entfalten

发明 *fāmíng* ② erfinden ● Erfindung

发票 *fāpiào* Quittung

发烧 *fāshāo* ① Fieber ● Fieber haben

发生 *fāshēng* ① geschehen, passieren

发送 *fāsòng* schicken, senden

发现 *fāxiàn* ① entdecken ● Entdeckung

发言 *fāyán* ② reden, eine Rede halten

发炎 *fāyán* Entzündung ● entzündet

发扬 *fāyáng* ② entwickeln, fortführen, entfalten

发痒 *fāyǎng* jucken

发音 *fāyīn* Aussprache

发展 *fāzhǎn* ① sich entwickeln, wachsen *Wirtschaft* ● Entwicklung, Wachstum

➢ Siehe auch 发 *fà*

罚 fá

罚 *fá* belegen

罚款 *fákuǎn* Geldstrafe

法 fǎ

法 *fǎ* Gesetz; Methode

法官 *fǎguān* Richter(in)

法国 *Fǎguó* Frankreich

法兰克福 *Fǎlánkèfú* Frankfurt

法郎 *fǎláng* ② Franken *Währung*

法律 *fǎlǜ* ② Gesetz, Recht

法庭 *fǎtíng* Gericht

法文 *Fǎwén* ① Französisch

法学 *fǎxué* Rechtswissenschaft, Jura

法语 *Fǎyǔ* ① Französisch

发 fà

发夹 *fàjiā* Haarklammer

发胶 *fàjiāo* Haargel

发型 *fàxíng* Frisur

➢ Siehe auch 发 *fā*

帆 fān

帆船 *fānchuán* Segelboot

帆船运动 fānchuán yùndòng Segelsport

翻 fān
翻 fān ① umkippen, kentern • umdrehen; durchsuchen, durchwühlen; klettern über; übersetzen *Text*
翻到下一页 fāndào xià yíyè (die Seite) umblättern
翻译 fānyì ① Übersetzung; Übersetzer(in) • übersetzen

凡 fán
凡 fán ② alle, jede(r, -s)

烦 fán
烦恼 fánnǎo besorgt; belästigt; 使烦恼 shǐ fánnǎo verärgern; stören, belästigen
烦躁 fánzào ärgerlich, gereizt; 使烦躁 shǐ fánzào ärgern, reizen

繁 fán
繁忙 fánmáng belebt, geschäftig
繁荣 fánróng ② florierend, gut gehend

反 fǎn
反 fǎn ① umgekehrt, entgegengesetzt • sich widersetzen; umkehren • Gegen-, Anti-
反动 fǎndòng ② reaktionär
反对 fǎnduì ① gegen • gegen etw sein, bekämpfen
反对党 fǎnduìdǎng Opposition(spartei)
反复 fǎnfù ② wiederholt • Rückfall
反抗 fǎnkàng ② sich widersetzen
反应 fǎnyìng ② Reaktion • reagieren
反映 fǎnyìng ② widerspiegeln; berichten
反正 fǎnzhèng ② sowieso, jedenfalls

返 fǎn
返回 fǎnhuí zurückkehren • Rückkehr

犯 fàn
犯 fàn ② verstoßen gegen *Gesetz*, *Regel*; begehen *Verbrechen*
犯错误 fàn cuòwù einen Fehler machen

饭 fàn
饭 fàn ① Reis *gekochter*; Essen, Mahlzeit
饭店 fàndiàn ① Restaurant *großes*; Hotel
饭馆 fànguǎn Restaurant *kleineres*

范 fàn
范围 fànwéi ② Bereich, Rahmen

方 fāng
方 fāng ② viereckig • Quadrat
方案 fāng'àn ② Plan, Programm; Entwurf
方便 fāngbiàn ① günstig, bequem
方法 fāngfǎ ① Art und Weise, Methode
方面 fāngmiàn ① Seite; Hinsicht,

Aspekt
方式 *fāngshì* ② Art, Stil
方向 *fāngxiàng* ① Richtung: 在这个方向 *zài zhège fāngxiàng* in dieser Richtung
方向盘 *fāngxiàngpán* Lenkrad
方言 *fāngyán* Dialekt
方针 *fāngzhēn* ② Leitlinie, Richtlinie

防 *fáng*
防 *fáng* ② vorbeugen, sich hüten vor
防腐剂 *fángfǔjì* Konservierungsmittel
防晒露 *fángshàilù* Sonnenschutzcreme
防晒油 *fángshàiyóu* Sonnenöl
防止 *fángzhǐ* ② verhindern, verhüten, vorbeugen

房 *fáng*
房产 *fángchǎn* Immobilie
房产代理 *fángchǎn dàilǐ* Immobilienagentur
房地产 *fángdìchǎn* Besitz, Immobilien
房间 *fángjiān* ① Zimmer, Raum
房子 *fángzi* ② Haus

仿 *fǎng*
仿佛 *fǎngfú* ② als ob ● ähnlich, gleich

访 *fǎng*
访问 *fǎngwèn* ① Besuch ● besuchen
访友 *fǎngyǒu* Besuch, Gast

纺 *fǎng*
纺织 *fǎngzhī* ② Spinnen und Weben, Textil-
纺织品 *fǎngzhīpǐn* Textilien

放 *fàng*
放 *fàng* ① setzen; stellen; legen; hinstellen; loslassen; hinzutun; spielen *CD usw.*
放大 *fàngdà* ② Vergrößerung ● vergrößern
放工 *fànggōng* Feierabend machen
放假 *fàngjià* ① freihaben, Ferien machen
放进 *fàngjìn* hineinstecken
放开 *fàngkāi* loslassen
放慢速度 *fàngmàn sùdù* langsamer fahren
放弃 *fàngqì* ② aufgeben, aufhören mit
放心 *fàngxīn* ② sich beruhigen, erleichtert sein
放学 *fàngxué* aus der Schule kommen

飞 *fēi*
飞 *fēi* ① fliegen
飞机 *fēijī* ① Flugzeug
飞机场 *fēijīchǎng* Flughafen

非 *fēi*
非...不可 *fēi ... bùkě* ① müssen 你非去不可 *nǐ fēi qù bùkě* du musst hingehen
非常 *fēicháng* ① sehr, äußerst: 非常快乐 *fēicháng kuàilè* sehr froh ●

fēn – fěnhóngsè

außergewöhnlich
非法 *fēifǎ* gesetzwidrig
非正式 *fēizhèngshì* inoffiziell
非洲 *Fēizhōu* Afrika

菲 *fēi*
菲律宾 *Fēilǜbīn* Philippinen

肥 *féi*
肥 *féi* ② fett; weit geschnitten, zu groß
肥料 *féiliào* Dünger
肥皂 *féizào* Seife

肺 *fèi*
肺 *fèi* ② Lunge
肺炎 *fèiyán* Lungenentzündung

费 *fèi*
费 *fèi* ① Kosten, Gebühr ● ausgeben, aufwenden
费用 *fèiyòng* ② Kosten, Spesen

分 *fēn*
分 *fēn* ① trennen; verteilen, zuteilen; unterscheiden ● Punkt *in Spiel*; Fen = *0,01 Yuan*; Cent: 十分钱 *shí fēn qián* zehn Cent

> 分 *fēn* bedeutet auch 'Minuten' bei Uhrzeiten, z. B.: 两点十分 *liǎng diǎn shí fēn* **(Es ist) zwei Uhr zehn**.
> 分 *fēn* wird auch bei Bruchzahlen und Prozentsätzen verwendet, z. B.: 三分之二 *sān fēn zhī èr* (= drei Teile davon zwei) **zwei Drittel**, 百分之二十 *bǎifēn zhī èrshí* (= hundert Teile davon zwanzig) **zwanzig Prozent**.

分别 *fēnbié* ② auseinandergehen, sich trennen ● unterscheiden ● je, jeweils; separat
分担 *fēndān* teilen *Rechnung, Ausgaben usw.*
分隔间 *fēngéjiān* Abteil
分局 *fēnjú* Filiale, Zweigstelle
分开 *fēnkāi* trennen
分配 *fēnpèi* ② verteilen, zuteilen, zuweisen
分手 *fēnshǒu* sich verabschieden
分数 *fēnshù* Bruch, Bruchzahl
分析 *fēnxī* ② analysieren ● Analyse
分钟 *fēnzhōng* ① Minute

芬 *fēn*
芬兰 *Fēnlán* Finnland

吩 *fēn*
吩咐 *fēnfù* ② anweisen

纷 *fēn*
纷纷 *fēnfēn* ② verschieden, allerlei ● hintereinander

坟 *fén*
坟墓 *fénmù* Grab

粉 *fěn*
粉 *fěn* Pulver
粉笔 *fěnbǐ* ② Kreide
粉红 *fěnhóng* rosa
粉红色 *fěnhóngsè* rosa

份 *fèn* ②

Zähleinheitswort für Dokumente, Zeitungen und Exemplare, z. B.: 这份文件 *zhè fèn wénjiàn* **dieses Dokument**. [Siehe Zähleinheitswörter, S. 33]

奋 *fèn*
奋斗 *fèndòu* ② kämpfen

愤 *fèn*
愤怒 *fènnù* ② zornig, empört

风 *fēng*
风 *fēng* ① Wind
风格 *fēnggé* Stil
风景 *fēngjǐng* ② Landschaft
风力 *fēnglì* ② Windstärke, Windenergie
风琴 *fēngqín* Orgel
风扇 *fēngshàn* Ventilator
风俗 *fēngsú* ② Brauch, Sitte, Gewohnheit
风筝 *fēngzheng* Drachen

丰 *fēng*
丰富 *fēngfù* ① reich, reichlich • bereichern

封 *fēng* ①
Zähleinheitswort für Briefe und Telegramme, z. B.: 四封信 *sì fēng xìn* **vier Briefe**. [Siehe Zähleinheitswörter, S. 33]

封 *fēng* ① schließen, verschließen, siegeln
封建 *fēngjiàn* ② feudal
封建主义 *fēngjiàn zhǔyì* Feudalismus
封面 *fēngmiàn* Einband, Umschlag

疯 *fēng*
疯 *fēng* verrückt
疯狂 *fēngkuáng* Wahnsinn

蜂 *fēng*
蜂蜜 *fēngmì* Honig

逢 *féng*
逢 *féng* ② begegnen, stoßen auf

缝 *féng*
缝 *féng* nähen

佛 *fó*
佛 *fó* Buddha
佛教 *fójiào* Buddhismus • buddhistisch
佛教徒 *fójiàotú* Buddhist(in)

否 *fǒu*
否定 *fǒudìng* ② verneinen • negativ, verneinend
否认 *fǒurèn* nicht anerkennen
否则 *fǒuzé* ② sonst, wenn nicht

夫 *fū*
夫 *fū* Mann
夫妇 *fūfù* Paar, Ehepaar
夫人 *fūrén* ① Ehefrau; 王夫人 *Wáng fūrén* Frau Wang

敷 *fū*
敷料 *fūliào* Verband für Wunde

伏 *fú*
伏特 *fútè* Volt

扶 *fú*
扶 *fú* ② halten; unterstützen
扶手椅 *fúshǒuyǐ* Lehnstuhl

符 *fú*
符合 *fúhé* ② übereinstimmen mit, entsprechen

服 *fú*
服从 *fúcóng* ② gehorchen, befolgen
服务 *fúwù* Service, Bedienung
服务台 *fúwùtái* Schalter
服务员 *fúwùyuán* ① Kellner(in); Zimmermädchen; Angestellte(r)

浮 *fú*
浮 *fú* ② treiben, schwimmen

幅 *fú* ②

Zähleinheitswort für Bilder und Landkarten, z. B.: 三幅画 *sān fú huà* **drei Bilder**. [Siehe Zähleinheitswörter, S. 33]

辅 *fǔ*
辅导 *fǔdǎo* anleiten
辅音 *fǔyīn* Konsonant

腐 *fǔ*
腐烂 *fǔlàn* verfault

抚 *fǔ*
抚养 *fǔyǎng* erziehen, großziehen

父 *fù*
父母 *fùmǔ* Eltern
父亲 *fùqin* ① Vater

付 *fù*
付 *fù* ② zahlen, bezahlen

妇 *fù*
妇科医生 *fùkē yīshēng* Frauenarzt (-ärztin)
妇女 *fùnǚ* ② Frau

负 *fù*
负责 *fùzé* ① verantworten, beauftragt sein mit • verantwortungsbewusst

附 *fù*
附近 *fùjìn* ① Nähe; 在…附近 *zài … fùjìn* in der Nähe von …

复 *fù*
复活节 *Fùhuójié* Ostern
复述 *fùshù* ② wiederholen, wieder erzählen
复习 *fùxí* ① wiederholen *Lernstoff*
复印 *fùyìn* ② fotokopieren
复印机 *fùyìnjī* (Foto)Kopiergerät
复印件 *fùyìnjiàn* (Foto)Kopie
复杂 *fùzá* ① kompliziert

副 *fù*
副 *fù* ① Vize-, stellvertretende(r) • Paar *Handschuhe usw.*
副食 *fùshí* ② Lebensmittel *außer Grundnahrungsmitteln*

富 *fù*

富 *fù* ② reich
富人 *fùrén* Reiche(r)

腹 *fù*

腹部 *fùbù* Unterleib, Bauch

该 *gāi*

该 *gāi* ① sollen, müssen: 我该走了 *wǒ gāi zǒu le* ich sollte jetzt gehen; an der Reihe sein; schulden

该死 *gāisǐ!* verdammt!

改 *gǎi*

改 *gǎi* ① verwandeln, verändern; berichtigen, korrigieren

改变 *gǎibiàn* ① (ver)ändern, verwandeln; 改变话题 *gǎibiàn huàtí* das Thema wechseln

改短 *gǎi duǎn* kürzer machen *Hose, Rock*

改革 *gǎigé* ② Reform ● reformieren

改进 *gǎijìn* ② verbessern

改善 *gǎishàn* ② verbessern

改造 *gǎizào* ② umwandeln; umgestalten

改正 *gǎizhèng* ② korrigieren

盖 *gài*

盖 *gài* ② überziehen, bedecken; siegeln; bauen

盖子 *gàizi* Deckel

概 *gài*

概括 *gàikuò* ② zusammenfassen

概念 *gàiniàn* ② Begriff

干 *gān*

干 *gān* ② trocken ● umsonst, vergeblich

干杯 *gānbēi* ② prost! ● anstoßen, das Glas austrinken

干脆 *gāncuì* ② offen, direkt; einfach

干净 *gānjìng* ① sauber, rein

干涉 *gānshè* sich einmischen

干洗店 *gānxǐdiàn* chemische Reinigung Geschäft

干燥 *gānzào* ② trocken

➢ Siehe auch 干 *gàn*

肝 *gān*

肝 *gān* ② Leber

肝炎 *gānyán* Hepatitis

肝脏 *gānzàng* Leber

赶 *gǎn*

赶 *gǎn* ② einholen, aufholen; vertreiben; schnell erledigen; knapp erreichen *Zug, Bus*

赶紧 *gǎnjǐn* ② schnell ● sich beeilen

赶快 *gǎnkuài* ② sofort, schnell

敢 *gǎn*

敢 *gǎn* ① wagen

敢肯定 *gǎn kěndìng* sicher sein

感 *gǎn*

感到 gǎndào ① fühlen, spüren
感动 gǎndòng ② berühren *innerlich*
感激 gǎnjī ② (jemandem) dankbar sein
感觉 gǎnjué ② spüren, empfinden, wahrnehmen ● Wahrnehmung, Empfindung
感觉恶心 gǎnjué ěxīn übel sein
感冒 gǎnmào ① Erkältung ● sich erkälten
感情 gǎnqíng ② Gefühl, Empfinden
感想 gǎnxiǎng ② Eindruck, Meinung
感谢 gǎnxiè ① dankbar sein für, danken für

干 **gàn**

干 gàn ① tun, machen
干部 gànbù ① Kader, Funktionär(in)
干活 gànhuó ② arbeiten
干吗 gànmá ② warum denn? 你在这儿干吗呢？ *nǐ zài zhèr gànmá ne?* was machst du denn hier?
➤ Siehe auch 干 gān

刚 **gāng**

刚 gāng ① gerade, eben: 我刚看见他 *wǒ gāng kànjiàn tā* ich habe ihn gerade gesehen
刚才 gāngcái ① eben, vor kurzem
刚刚 gānggāng ② gerade, eben
刚强 gāngqiáng (willens)stark, fest

钢 **gāng**

钢 gāng ② Stahl

钢笔 gāngbǐ ① Füller, Füllfederhalter
钢琴 gāngqín Klavier
钢铁 gāngtiě Stahl

港 **gǎng**

港 gǎng ② Hafen
港口 gǎngkǒu Hafen

高 **gāo**

高 gāo ① hoch; groß
高大 gāodà ② groß *Mensch*; riesig
高度 gāodù ② Höhe ● hochgradig
高尔夫球 gāo'ěrfūqiú Golf *Sport*
高尔夫球场 gāo'ěrfūqiú chǎng Golfplatz
高速公路 gāosù gōnglù Autobahn
高效率 gāo xiàolǜ leistungsfähig
高兴 gāoxìng ① glücklich, froh

搞 **gǎo**

搞 gǎo ① machen; sich beschäftigen; gründen; auftreiben
搞错 gǎocuò sich irren
搞混 gǎohùn verwechseln

告 **gào**

告 gào ② sagen, mitteilen; anklagen
告别 gàobié ② sich verabschieden von
告假 gàojià um Urlaub bitten
告诫 gàojiè Tipp, Hinweis *belehrender Ratschlag (nur von Senioren an Junioren)*
告诉 gàosù ① mitteilen; 告诉某人某事 *gàosù mǒurén mǒushì* jdm etw

mitteilen; 告诉某人说... *gàosù mǒurén shuō ...* jdm sagen, dass …

哥 *gē*
哥哥 *gēge* ① Bruder *älterer*

胳 *gē*
胳膊 *gēbo* ② Arm
胳膊肘 *gēbozhǒu* Ellbogen

割 *gē*
割 *gē* ② schneiden, mähen
割破 *gēpò* schneiden

搁 *gē*
搁 *gē* ② stellen; legen; beiseitelegen

歌 *gē*
歌 *gē* ① Lied
歌剧 *gējù* Oper
歌手 *gēshǒu* Sänger(in)

革 *gé*
革命 *gémìng* ② Revolution

蛤 *gé*
蛤贝 *gébèi* Muschel

隔 *gé*
隔 *gé* ② trennen; dazwischenliegen ● entfernt
隔壁 *gébì* nebenan

个 *gè* ①
Zähleinheitswort für Menschen und für viele andere Substantive, die kein spezifisches Zähleinheitswort haben. Kann auch gebraucht werden, wenn man nicht genau weiß, welches Zähleinheitswort zu gebrauchen ist. [Siehe Zähleinheitswörter, S. 33]

Als Zähleinheitswort wird es tonlos ausgesprochen, z. B.: 两个瑞士人 *liǎng ge Ruìshì rén zwei Schweizer*

个别 *gèbié* ② einzeln, besondere(r, -s); ganz selten
个人 *gèrén* ② Einzelne(r), Individuum ● persönlich, individuell
个体 *gètǐ* ② einzeln
个子 *gèzi* ② Körpergröße

各 *gè*
各 *gè* ① jede(r, -s); verschiedene
各种 *gèzhǒng* ① allerlei

给 *gěi*
给 *gěi* ① an *entspricht dem deutschen Dativ* ● geben; 给某人某物 *gěi mǒurén mǒuwù* jemandem etwas geben; 给某人打电话 *gěi mǒurén dǎ diànhuà* jemanden anrufen; 给某人看某物 *gěi mǒurén kàn mǒuwù* jemandem etwas zeigen; 给某人写信 *gěi mǒurén xiě xìn* jemandem schreiben

根 *gēn*
根 *gēn* ① Wurzel; Basis, Grund

Zähleinheitswort für lange, dünne Gegenstände: Seile, Nadeln, Pfeiler, Würste usw., z. B.: 十根针 *shí gēn zhēn* ***zehn Nadeln***. [Siehe Zähleinheitswörter, S. 33]

根本 *gēnběn* ② Grundlage, Basis ● grundlegend, Grund- ● überhaupt (nicht)

根据 *gēnjù* ② Grundlage, Basis ● aufgrund, angesichts

跟 *gēn* ①

Zwischen zwei Substantiven oder zwei Pronomina bedeutet 跟 *gēn* 'und', z. B.: 我跟你 *wǒ gēn nǐ **ich und du***.
In anderen Fällen bedeutet es 'mit', z. B.: 跟某人说话 *gēn mǒurén shuōhuà **mit jemandem sprechen***.
Im Sinne von 'zusammen mit' wird es meistens in Verbindung mit dem Adverb 一起 *yìqǐ* 'zusammen' gebraucht, z. B.: 我跟你一起去 *wǒ gēn nǐ yìqǐ qù **Ich gehe mit dir***.

跟前 *gēnqián* ② nahe an, neben
跟随 *gēnsuí* folgen

更 *gēng*

更衣室 *gēngyīshì* Umkleideraum

更 *gèng* ①

Vor einem Adjektiv entspricht es dem deutschen „noch" mit Komparativform, z. B.: 更大 *gèng dà **noch größer***; 更好 *gèng hǎo **noch besser***.
Es kommt auch mit einigen Verben vor, z. B.: 我更喜欢咖啡 *wǒ gèng xǐhuan kāfēi **Ich trinke noch lieber Kaffee***.

更加 *gèngjiā* ② noch mehr

工 *gōng*

工厂 *gōngchǎng* ① Fabrik
工程 *gōngchéng* ② Bau, Bauprojekt
工程师 *gōngchéngshī* ② Ingenieur(in)
工夫 *gōngfu* ② Zeit; Können, Fähigkeit
工会 *gōnghuì* ② Gewerkschaft
工具 *gōngjù* ② Werkzeug
工人 *gōngrén* ① Arbeiter(in)
工业 *gōngyè* ① Industrie
工艺品 *gōngyìpǐn* Kunsthandwerk
工艺学 *gōngyìxué* Technologie
工资 *gōngzī* ② Lohn, Gehalt
工作 *gōngzuò* ① Arbeit ● arbeiten; funktionieren

公 *gōng*

公费 *gōngfèi* ② aus öffentlichen Mitteln finanziert
公分 *gōngfēn* Zentimeter
公公 *gōnggong* Schwiegervater *Vater des Ehemannes*
公共 *gōnggòng* ② öffentlich
公共机构 *gōnggòng jīgòu* öffentliche Einrichtung
公共汽车 *gōnggòng qìchē* ① Bus
公斤 *gōngjīn* ① Kilo(gramm)
公开 *gōngkāi* ② öffentlich, offen ● offenbaren, öffentlich bekanntmachen
公里 *gōnglǐ* ① Kilometer

公路 *gōnglù* ② Straße, Fernstraße
公墓 *gōngmù* Friedhof
公平 *gōngpíng* Gerechtigkeit ● gerecht, fair
公事皮包 *gōngshì píbāo* Aktentasche
公司 *gōngsī* ② Firma, Unternehmen
公文包 *gōngwénbāo* Aktentasche
公用 *gōngyòng* öffentlich
公用电话 *gōngyòng diànhuà* ② öffentliches Telefon
公寓 *gōngyù* Wohnung
公元 *gōngyuán* ② n. Chr. 公元前 *gōngyuán qián* vor Christus
公园 *gōngyuán* ① Park
公众 *gōngzhòng* die Öffentlichkeit

功 *gōng*
功夫 *gōngfu* ② Zeit; Können, Fähigkeit; Anstrengung, Mühe
功能 *gōngnéng* Funktion

供 *gōng*
供 *gōng* ② liefern, versorgen ● für
供给 *gōngjǐ* ② liefern
供暖系统 *gōngnuǎn xìtǒng* Heizung
供应 *gōngyìng* Versorgung; Angebot *von Waren usw.* ● liefern, versorgen mit
供应商 *gōngyìngshāng* Lieferant(in)

宫 *gōng*
宫殿 *gōngdiàn* Palast

巩 *gǒng*
巩固 *gǒnggù* ② festigen ● stark, fest

共 *gòng*
共 *gòng* ② insgesamt
共产党 *gòngchǎndǎng* ② Kommunistische Partei
共产主义 *gòngchǎn zhǔyì* Kommunismus
共产主义者 *gòngchǎn zhǔyìzhě* Kommunist(in)
共和国 *gònghéguó* Republik
共计 *gòngjì* sich belaufen auf
共同 *gòngtóng* ② gemeinsam

贡 *gòng*
贡献 *gòngxiàn* ② beitragen, widmen ● Beitrag

狗 *gǒu*
狗 *gǒu* ② Hund

构 *gòu*
构成 *gòuchéng* ② bilden, formen
构造 *gòuzào* ② Struktur, Konstruktion

购 *gòu*
购买 *gòumǎi* kaufen
购物中心 *gòuwù zhōngxīn* Einkaufszentrum

够 *gòu*
够 *gòu* ① genug; 够大 *gòu dà* groß genug; ziemlich groß ● ausreichen, genügen

估 *gū*

估计 *gūjì* ② schätzen • Schätzung
估价 *gūjià* Kostenvoranschlag

姑 *gū*

姑父 *gūfu* Onkel *Ehemann der Schwester des Vaters*
姑姑 *gūgu* ② Tante *Schwester des Vaters*
姑母 *gūmǔ* Tante *Schwester des Vaters*
姑娘 *gūniang* ① Mädchen

孤 *gū*

孤儿 *gū'ér* Waise

古 *gǔ*

古 *gǔ* ② antik, alt
古代 *gǔdài* ② Altertum, Antike • antik, alt
古董 *gǔdǒng* Antiquität
古迹 *gǔjì* ② historische Sehenswürdigkeit
古老 *gǔlǎo* ② alt, uralt
古物 *gǔwù* Antiquität

骨 *gǔ*

骨头 *gǔtou* ② Knochen

鼓 *gǔ*

鼓 *gǔ* ② Trommel, Schlagzeug
鼓励 *gǔlì* ② anspornen
鼓舞 *gǔwǔ* ② ermutigen, aufmuntern
鼓掌 *gǔzhǎng* ② (Beifall) klatschen

固 *gù*

固定 *gùdìng* befestigen

故 *gù*

故事 *gùshi* ① Geschichte *Erzählung*
故土 *gùtǔ* Heimat
故乡 *gùxiāng* ② Heimatstadt
故意 *gùyì* ② mit Absicht • absichtlich
故障 *gùzhàng* Panne

顾 *gù*

顾 *gù* ② Rücksicht nehmen auf
顾客 *gùkè* ② Kunde (-in)

雇 *gù*

雇员 *gùyuán* Angestellte(r)

瓜 *guā*

瓜 *guā* Melone

刮 *guā*

刮 *guā* ① abschaben; sich rasieren; bestreichen mit; wehen, blasen
刮风 *guāfēng* windig sein; es windet
刮脸 *guāliǎn* sich rasieren
刮水器 *guāshuǐqì* Scheibenwischer

寡 *guǎ*

寡妇 *guǎfù* Witwe

挂 *guà*

挂 *guà* ① hängen; einhängen, auflegen *Telefon*; sich verfangen
挂断 *guàduàn* einhängen, auflegen Telefon
挂号 *guàhào* ② eingeschrieben *Brief* • sich anmelden

拐 *guǎi*

拐 *guǎi* ② abbiegen

怪 *guài*

怪 *guài* ① seltsam, sonderbar ● die Schuld geben

怪物 *guàiwù* Ungeheuer

关 *guān*

关 *guān* ① schließen, zumachen; einsperren

关灯 *guān dēng* das Licht ausmachen

关键 *guānjiàn* ② Kern, springender Punkt

关节 *guānjié* Gelenk

关门 *guānmén* geschlossen ● schließen

关上 *guānshang* ausmachen, ausschalten

关系 *guānxì* ① Beziehung, Verhältnis

关心 *guānxīn* ① sich kümmern um, sich interessieren für

关于 *guānyú* ② über, betreffend

关照 *guānzhào* ② sorgen für; Bescheid sagen

关注 *guānzhù* aufpassen, aufmerksam sein

观 *guān*

观察 *guānchá* ② beobachten; betrachten

观点 *guāndiǎn* ② Gesichtspunkt

观看 *guānkàn* sich ansehen, zuschauen

观众 *guānzhòng* ② Publikum

官 *guān*

官 *guān* ② Beamte(r), Beamtin

官方 *guānfāng* offiziell, amtlich

官僚作风 *guānliáo zuòfēng* Bürokratie

官员 *guānyuán* Beamte(r), Beamtin

棺 *guān*

棺材 *guāncai* Sarg

鳏 *guān*

鳏夫 *guānfū* Witwer

管 *guǎn*

管 *guǎn* ② verwalten

管理 *guǎnlǐ* ② Verwaltung, Leitung, Management ● verwalten

管弦乐队 *guǎnxián yuèduì* Orchester

管子 *guǎnzi* Rohrleitung

管子工 *guǎnzigōng* Installateur(in)

贯 *guàn*

贯彻 *guànchè* ② durchführen, durchsetzen

冠 *guàn*

冠军 *guànjūn* ② Meister(in) *Sportler(in) usw.*

罐 *guàn*

罐头 *guàntou* ② Dose, Büchse

罐子 *guànzi* Krug

光 *guāng*

光 *guāng* ① Licht; Strahl; Glanz

光滑 *guānghuá* glatt

光辉 *guānghuī* ② Glanz ● glanzvoll

光明 *guāngmíng* ② hell; vielversprechend
光盘 *guāngpán* CD-ROM
光盘播放机 *guāngpán bōfàngjī* CD-Spieler
光盘唱片 *guāngpán chàngpiàn* CD
光荣 *guāngróng* ② Ehre, Ruhm ● ehrenwert, glorreich
光线 *guāngxiàn* ② Strahl, Lichtstrahl

广 **guǎng**
广播 *guǎngbō* ① Rundfunk; 在广播里 *zài guǎngbō li* im Radio ● senden
广场 *guǎngchǎng* ② Platz in der Stadt
广大 *guǎngdà* ② breitflächig; zahlreich
广泛 *guǎngfàn* ② weitreichend, umfassend
广告 *guǎnggào* ② Reklame, Werbung; Inserat
广告业 *guǎnggàoyè* Werbung *Branche*
广阔 *guǎngkuò* ② breit

逛 **guàng**
逛 *guàng* ② spazieren gehen, bummeln

规 **guī**
规定 *guīdìng* ② Regel, Vorschrift
规律 *guīlǜ* ② Gesetz, Gesetzmäßigkeit
规模 *guīmó* ② Umfang, Ausmaß
规则 *guīzé* Regel
规章 *guīzhāng* Vorschrift; Satzung

鬼 **guǐ**
鬼 *guǐ* ② Gespenst

贵 **guì**
贵 *guì* ① teuer
贵宾 *guìbīn* Ehrengast
贵姓 *guìxìng* ① Ihr Name
贵重 *guìzhòng* wertvoll
贵重物品 *guìzhòng wùpǐn* Wertsachen

跪 **guì**
跪 *guì* ② knien; niederknien

滚 **gǔn**
滚 *gǔn* ② rollen, wälzen; kochen, sieden; sich davonmachen

锅 **guō**
锅 *guō* ② Kochtopf, Pfanne

国 **guó**
国 *guó* Land ● National-
国队 *guóduì* Nationalmannschaft
国会 *guóhuì* Kongress, Parlament
国籍 *guójí* Staatsangehörigkeit
国际 *guójì* ② international
国家 *guójiā* ① Land, Staat
国民 *guómín* Nation; Staatsangehörige(r)
国民党 *guómíndǎng* ② Kuomintang, Nationalpartei
国内 *guónèi* innerhalb des Landes ● National-, Inlands-, Binnen-

国外 *guówài* im Ausland ● Auslands-
国王 *guówáng* ② König
国有企业 *guóyǒu qǐyè* Staatskonzern

果 *guǒ*

果酱 *guǒjiàng* Marmelade
果然 *guǒrán* ② tatsächlich, wie erwartet
果汁 *guǒzhī* Fruchtsaft
果汁机 *guǒzhījī* Mixgerät

过 *guò*

过 *guò* ① überqueren; verbringen; ● übertreffen ● vergehen ● übermäßig ● durch, über; 过马路 *guò mǎlù* die Straße überqueren; 过两天 *guò liǎng tiān* in zwei Tagen

Als Partikel wird 过 *guo* (tonlos) an ein Verb angehängt, um von einer Handlung zu sprechen, die irgendwann in der Vergangenheit schon einmal stattgefunden hat, z.B.: 你去过中国吗? *nǐ qùguo Zhōngguó ma? Waren Sie schon einmal in China?*

Bei der Verneinung steht 没有 *méiyou* vor dem Verb, z.B.: 我没有去过中国 *wǒ méiyou qùguo Zhōngguó Ich war noch nie in China*.

Wenn man auf eine Frage antwortet, die die Partikel 过 *guo* enthält, wiederholt man das Verb samt Partikel, z.B.: 你看过这部电影吗? – 看过 *Nǐ kànguo zhè bù diànyǐng ma? – Kànguo Hast du diesen Film schon mal gesehen? – Ja.*

Die Verneinung lautet: 没有看过 *méiyou kànguo Nein*.

过程 *guòchéng* ② Prozess, Verlauf
过道 *guòdào* Durchgang, Gang *im Zug, Flugzeug usw.*
过得好 *guò de hǎo* genießen
过得快活 *guò de kuàihuo* sich amüsieren, Spaß haben
过来 *guòlái* ① herkommen
过年 *guònián* ② Neujahr feiern
过去 *guòqù* ① Vergangenheit
过去 *guòqu* ① vorbeigehen
过时 *guòshí* altmodisch, veraltet

哈 *hā*

哈哈 *hāhā* ① haha! *Gelächter*

还 *hái*

还 *hái* ① noch, immer noch; außerdem: 他还在这儿 *tā hái zài zhèr* er ist noch hier; 我还没有吃饭 *wǒ hái méiyou chīfàn* ich habe noch nicht gegessen

还是 *háishì* ① oder *in Fragen*: 你想喝茶还是咖啡？ *nǐ xiǎng hē chá háishì kāfēi?* Möchten Sie Tee oder Kaffee?

孩 *hái*

孩子 *háizi* ① Kind

海 *hǎi*

海 *hǎi* ① Meer, See
海岸 *hǎi'àn* Küste
海关 *hǎiguān* ② Zoll
海军 *hǎijūn* Marine, Kriegsflotte
海绵 *hǎimián* Schwamm
海滩 *hǎitān* Strand
海豚 *hǎitún* Delfin
海湾 *hǎiwān* Bucht
海洋 *hǎiyáng* ② Ozean

害 *hài*

害 *hài* ② schaden, schädigen; leiden an
害处 *hàichu* ② Schaden; Nachteil
害怕 *hàipà* ② Angst ● Angst haben vor
害羞 *hàixiū* schüchtern

含 *hán*

含 *hán* ② enthalten; im Mund haben
含混不清 *hánhùn bùqīng* verwirrend
含有 *hányǒu* enthalten

韩 *hán*

韩国 *Hánguó* Südkorea

寒 *hán*

寒假 *hánjià* ① Winterurlaub, Winterferien
寒冷 *hánlěng* ② eiskalt

罕 *hǎn*

罕见 *hǎnjiàn* selten

喊 *hǎn*

喊 *hǎn* ① schreien, rufen

汉 *hàn*

汉堡 *Hànbǎo* Hamburg
汉堡包 *hànbǎobāo* Hamburger *zum Essen*
汉语 *Hànyǔ* ① Chinesisch
汉字 *Hànzì* ① chinesisches Schriftzeichen; chinesische Schrift

汗 *hàn*

汗 *hàn* ② Schweiß

行 *háng*

行 *háng* Zeile

➢ Siehe auch 行 *xíng*

航 *háng*

航班 *hángbān* Linienflug
航空 *hángkōng* ② Luftfahrt
航空信 *hángkōngxìn* Luftpostbrief
航行 *hángxíng* fahren, segeln, fliegen

毫 *háo*

毫不 *háobù* ② bestimmt nicht
毫米 *háomǐ* Millimeter
毫无 *háowú* ② ganz ohne, überhaupt kein(e)

豪 *háo*

豪华 *háohuá* Luxus-

好 *hǎo*

好 *hǎo* ① gut; nett, sympathisch; wohl
好吃 *hǎochī* ① lecker • gut schmecken
好处 *hǎochù* ① Vorteil
好好儿 *hǎohāor* ② so viel man will, richtig gut
好极了 *hǎo jí le!* prima!, toll!
好看 *hǎokàn* ① schön • gut aussehen
好人 *hǎo rén* guter Mensch
好容易 *hǎoróngyì* ② mit Mühe und Not
好听 *hǎotīng* ② schön *Musik, Laut,* wohlklingend
好玩 *hǎowán* ② Spaß • lustig, spaßig
好像 *hǎoxiàng* ① scheinen
好些 *hǎoxiē* ② ganz viele
好转 *hǎozhuǎn* besser werden

➢ Siehe auch 好 *hào*

号 *hào*

号 *hào* ① Tag beim Datum 5月4号 *wǔyuè sìhào* 4. Mai
号码 *hàomǎ* ② Nummer
号码牌 *hàomǎpái* Nummernschild
号召 *hàozhào* aufrufen, appellieren

好 *hào*

好 *hào* ② gern
好客 *hàokè* Gastfreundschaft • gastfreundlich
好奇 *hàoqí* neugierig

➢ Siehe auch 好 *hǎo*

喝 *hē*

喝 *hē* ① trinken
喝茶 *hē chá* Tee trinken
喝酒 *hē jiǔ* Alkohol trinken
喝水 *hē shuǐ* Wasser trinken
喝醉 *hēzuì* betrunken

合 *hé*

合 *hé* ② schließen; entsprechen, passen; sich belaufen auf, machen *Betrag, Summe*
合法 *héfǎ* legal
合理 *hélǐ* ② vernünftig

合适 *héshì* ① passend; angemessen ● passen

合同 *hétong* ② Vertrag

合用 *héyòng* teilen *Zimmer usw.*

合作 *hézuò* ② zusammenarbeiten

合作者 *hézuòzhě* Kooperationspartner(in)

和 *hé*

和 *hé* ① und ● mit 和...一起 *hé ... yìqǐ* (zusammen) mit; 和某人讲话 *hé mǒurén jiǎnghuà* mit jemandem sprechen

和平 *hépíng* ② Frieden

河 *hé*

河 *hé* ① Fluss

荷 *hé*

荷兰 *Hélán* Holland

核 *hé*

核 *hé* Kern ● Kern-, Atom- 核能 *hénéng* Atomenergie

核桃 *hétao* Walnuss

盒 *hé*

盒 *hé* ② Schachtel

盒子 *hézi* Kasten, Schachtel

黑 *hēi*

黑 *hēi* ① schwarz

黑暗 *hēi'àn* ② dunkel

黑板 *hēibǎn* ① Tafel

黑莓 *hēiméi* Brombeere

黑人 *hēirén* Schwarze(r)

黑色 *hēisè* schwarz

嘿 *hēi*

嘿 *hēi* ② hallo!, he!, wow!

很 *hěn*

很 *hěn* ① sehr

> 很 *hěn* wird zwar mit 'sehr' übersetzt, dient aber oft nur dazu, dem nachfolgenden Adjektiv oder Adverb einen absoluten Sinn zu verleihen. Chinesische Adjektive, die nicht weiter bestimmt werden, haben eine komparative Bedeutung. So bedeutet der Satz 这本书好 *zhèi běn shū hǎo* **dieses Buch ist besser**. Fügt man 很 *hěn* ein, so wird die Aussage absolut, d. h.: 这本书很好 *zhèi běn shū hěn hǎo* **dieses Buch ist gut**.

很多 *hěn duō* viel(e)

很好 *hěn hǎo* sehr gut

恨 *hèn*

恨 *hèn* ② hassen

哼 *hēng*

哼 *hēng* ② stöhnen; summen

横 *héng*

横渡 *héngdù* Überfahrt

红 *hóng*

红 *hóng* ① rot

红茶 *hóngchá* ② Schwarztee

红肠面包 *hóngcháng miànbāo* Hotdog

红橘 *hóngjú* Tangerine

红绿灯 *hónglǜdēng* Verkehrsampel
红葡萄酒 *hóng pútaojiǔ* Rotwein
红旗 *hóngqí* ② rote Fahne
红色 *hóngsè* rot
红薯 *hóngshǔ* Batate, Süßkartoffel

洪 *hóng*
洪水 *hóngshuǐ* Überschwemmung

喉 *hóu*
喉痛 *hóutòng* Halsschmerzen haben

猴 *hóu*
猴子 *hóuzi* Affe

后 *hòu*
后 *hòu* ① hinter; nach
后边 *hòubiān* ① hinter ● hinten
后悔 *hòuhuǐ* ② bereuen
后街 *hòujiē* Seitenstraße
后来 *hòulái* ② später, nachher
后面 *hòumian* ② hinten, hinter 在后面 *zài hòumian* hinten 在...后面 *zài ... hòumian* hinter ...
后年 *hòunián* ② übernächstes Jahr
后视镜 *hòushìjìng* Rückspiegel
后天 *hòutiān* ② übermorgen

厚 *hòu*
厚 *hòu* ② dick

候 *hòu*
候诊室 *hòuzhěnshì* Wartezimmer *beim Arzt*

呼 *hū*
呼 *hū* ② ausatmen; aufrufen
呼吸 *hūxī* ② Atmung ● atmen

忽 *hū*
忽然 *hūrán* ① plötzlich
忽视 *hūshì* ignorieren, übersehen

胡 *hú*
胡椒 *hújiāo* Pfeffer
胡乱 *húluàn* ② unbedacht, blindlings
胡萝卜 *húluóbo* Möhre, Karotte
胡说 *húshuō* Unsinn, Quatsch
胡子 *húzi* ② Bart

壶 *hú*
壶 *hú* ② Wasserkessel; Kanne

湖 *hú*
湖 *hú* ① See *Wasserfläche*

糊 *hú*
糊涂 *hútu* ② verwirrt, durcheinander

蝴 *hú*
蝴蝶 *húdié* Schmetterling

户 *hù*
户 *hù* ② Haushalt, Familie

互 *hù*
互相 *hùxiāng* ① einander, sich

护 *hù*
护发素 *hùfàsù* Pflegespülung *fürs Haar*
护士 *hùshi* ② Krankenpfleger, -schwester

护照 *hùzhào* ② Reisepass

花 *huā*

花 *huā* ① Blume ● kosten; ausgeben *Geld*, aufwenden *Zeit, Geld*
花店 *huādiàn* Blumengeschäft
花费 *huāfèi* ausgeben *Geld*
花瓶 *huāpíng* Vase
花生 *huāshēng* Erdnuss
花束 *huāshù* Blumenstrauß
花椰菜 *huāyēcài* Brokkoli
花园 *huāyuán* ② Garten

划 *huá*

划 *huá* ② rudern; kratzen
划破 *huápò* kratzen
➢ Siehe auch 划 *huà*

华 *huá*

华 *huá* China
华盛顿 *Huáshèngdùn* Washington
华侨 *huáqiáo* Auslandschinese, -chinesin
华人 *huárén* Auslandschinese, -chinesin

滑 *huá*

滑 *huá* ② gleiten, rutschen ● glitschig; clever
滑冰 *huábīng* ② Schlittschuh laufen
滑倒 *huádǎo* ausrutschen
滑雪 *huáxuě* Ski laufen

化 *huà*

化 *huà* ② schmelzen, auflösen
化学 *huàxué* ① Chemie
化妆 *huàzhuāng* Make-up ● sich schminken
化妆品 *huàzhuāngpǐn* Kosmetika

划 *huà*

划 *huà* ② abgrenzen
➢ Siehe auch 划 *huá*

画 *huà*

画 *huà* ① Bild, Gemälde ● malen, zeichnen
画报 *huàbào* ② Illustrierte
画笔 *huàbǐ* Pinsel
画儿 *huàr* ① Zeichnung, Bild

话 *huà*

话 *huà* ① Worte, Sprache
话题 *huàtí* Gesprächsthema

怀 *huái*

怀疑 *huáiyí* Zweifel ● zweifeln, bezweifeln
怀孕 *huáiyùn* schwanger

坏 *huài*

坏 *huài* ① schlecht ● kaputtgehen; verderben ● 坏了 *huài le* kaputt; eine Panne haben *Auto*; verdorben *Lebensmittel*
坏处 *huàichu* ② Nachteil

欢 *huān*

欢送 *huānsòng* ② jdn verabschieden
欢迎 *huānyíng* ① begrüßen ●

willkommen: 欢迎到中国来 *huānyíng dào Zhōngguó lái* Willkommen in China 受人欢迎 *shòu rén huānyíng* beliebt

还 *huán*

还 *huán* ① zurückgeben, zurückzahlen; erwidern

还给 *huángěi* zurückgeben; 还给某人某物 *huángěi mǒurén mǒuwù* jemandem etwas zurückgeben

还钱 *huánqián* zurückzahlen

环 *huán*

环 *huán* ② Ring

环境 *huánjìng* ② Umwelt, Milieu, Umgebung

换 *huàn*

换 *huàn* ① wechseln, auswechseln

换车 *huàn chē* umsteigen

换衣服 *huàn yīfu* sich umziehen

荒 *huāng*

荒谬 *huāngmiù* absurd, unsinnig

荒野 *huāngyě* Ödland

慌 *huāng*

慌 *huāng* ② aufgeregt, durcheinander

皇 *huáng*

皇帝 *huángdì* ② Kaiser(in) • kaiserlich

黄 *huáng*

黄 *huáng* ① gelb

黄道十二宫图 *huángdào shí'èr gōngtú* Tierkreis, die zwölf Tierkreiszeichen

黄豆 *huángdòu* Sojabohne

黄蜂 *huángfēng* Wespe

黄瓜 *huángguā* ② Gurke

黄河 *Huánghé* der Gelbe Fluss

黄色 *huángsè* gelb

黄油 *huángyóu* ② Butter

谎 *huǎng*

谎话 *huǎnghuà* Lüge

灰 *huī*

灰 *huī* ① grau • Staub

灰白头发的 *huībái tóufa de* grauhaarig

灰尘 *huīchén* Staub

灰色 *huīsè* grau

灰棕色 *huīzōngsè* beige

恢 *huī*

恢复 *huīfù* ② wiederherstellen, erneuern; sich erholen

挥 *huī*

挥 *huī* ② schwingen, schwenken

回 *huí*

回 *huí* ① Mal • zurückkehren • beantworten *Brief usw.*

回避 *huíbì* ausweichen

回答 *huídá* ① antworten

回国 *huíguó* zurückkehren *ins eigene Land*

回家 *huíjiā* nach Hause gehen
回来 *huílai* ① zurückkommen
回去 *huíqù* ① zurückgehen, zurückfahren
回收处理 *huíshōu chǔlǐ* Recycling
回头 *huítóu* ② später
回信 *huíxìn* ② einen Brief beantworten ● Antwort *Brief*
回忆 *huíyì* ② Erinnerung ● sich erinnern

毁 *huǐ*
毁坏 *huǐhuài* beschädigen
毁了 *huǐle* verderben

会 *huì* ①

Als Verb bedeutet 会 *huì* 'können' in den folgenden Bedeutungen:
1. Fähigkeit, z.B.: 我会说中文 *wǒ huì shuō Zhōngwén* **Ich kann Chinesisch (sprechen)**.
2. Möglichkeit, z.B.: 他会来的 *tā huì lái de* **Er kann vielleicht kommen**. In dieser Bedeutung steht meistens die Partikel 的 *de* am Satzende.

会场 *huìchǎng* ② Treffpunkt; Sitzungssaal; Versammlungsort
会话 *huìhuà* ① Konversation
会见 *huìjiàn* ② sich treffen mit, zusammentreffen mit
会客 *huìkè* ② Besuch haben, einen Besucher empfangen
会面 *huìmiàn* Treffen, Begegnung
会谈 *huìtán* ② Gespräche führen mit
会议 *huìyì* ② Sitzung, Versammlung
会员 *huìyuán* Mitglied
会长 *huìzhǎng* Generaldirektor(in) *einer Firma*
➤ Siehe auch 会 *kuài*

昏 *hūn*
昏倒 *hūndǎo* in Ohnmacht fallen
昏迷 *hūnmí* ② bewusstlos

婚 *hūn*
婚礼 *hūnlǐ* ② Hochzeit
婚姻 *hūnyīn* ② Ehe

混 *hùn*
混 *hùn* ② mischen, vermischen
混合物 *hùnhéwù* Mischung
混凝土 *hùnníngtǔ* Beton

活 *huó*
活 *huó* ① lebendig; beweglich ● leben
活动 *huódòng* ① Aktivität, Betätigung ● sich bewegen ● wackelig, locker
活泼 *huópo* ② lebhaft, munter
活儿 *huór* ① Arbeit
活跃 *huóyuè* ② lebhaft, dynamisch ● beleben
活着 *huózhe* am Leben

火 *huǒ*
火 *huǒ* ② Feuer 你有火吗？ *nǐ yǒu huǒ ma?* Haben Sie Feuer?
火柴 *huǒchái* ② Streichholz
火车 *huǒchē* ① Zug
火车站 *huǒchēzhàn* Bahnhof

火花 huǒhuā Funke
火花塞 huǒhuāsāi Zündkerze
火鸡 huǒjī Truthahn, Pute
火箭 huǒjiàn Rakete
火焰 huǒyàn Flamme
火灾 huǒzāi großer Brand

伙 *huǒ*
伙食 huǒshí ② Essen, Verpflegung, Kost

或 *huò*
或 huò ② oder

或者 huòzhě ① oder; vielleicht

货 *huò*
货 huò ② Ware, Güter
货币 huòbì Währung
货摊 huòtān Stand, Bude
货物 huòwù Waren

获 *huò*
获得 huòdé ② gewinnen, erringen, erzielen
获胜 huòshèng gewinnen, siegen

J

几 *jǐ*
几乎 *jīhū* ② fast, beinahe
➤ Siehe auch 几 *jǐ*

机 *jī*
Als Nachsilbe bezeichnet 机 *jī* ein Gerät, z. B.: 洗衣机 *xǐyījī* **Waschmaschine**.

机场 *jīchǎng* ① Flughafen
机关 *jīguān* ② Behörde, Körperschaft
机动车 *jīdòngchē* Fahrzeug
机会 *jīhuì* ① Gelegenheit, Chance
机器 *jīqì* ① Maschine
机械 *jīxiè* ② Maschine; Maschinerie; Mechanismus
机翼 *jīyì* Tragfläche

肌 *jī*
肌肉 *jīròu* Muskel

鸡 *jī*
鸡 *jī* ① Huhn
鸡蛋 *jīdàn* ① Ei
鸡肉 *jīròu* Hühnerfleisch
鸡尾酒 *jīwěijiǔ* Cocktail

积 *jī*
积极 *jījí* ② positiv; aktiv; energisch
积极性 *jījíxìng* ② Begeisterung, Eifer
积累 *jīlěi* ② anhäufen, ansammeln

基 *jī*
基本 *jīběn* ① grundlegend, Grund-; wesentlich ● im Grunde genommen
基本点 *jīběndiǎn* Grundkenntnisse
基督 *Jīdū* Christus
基督教 *Jīdūjiào* Christentum ● christlich
基督徒 *jīdūtú* Christ(in)
基金会 *jījīnhuì* Stiftung

激 *jī*
激动 *jīdòng* ② Aufregung, Erregung; Emotion ● sich aufregen
激光 *jīguāng* Laser
激励 *jīlì* ansporen ● Ansporn
激烈 *jīliè* ② heftig

及 *jí*
及格 *jígé* ② eine Prüfung bestehen
及时 *jíshí* ② rechtzeitig

吉 *jí*
吉他 *jítā* Guitarre

级 *jí*
级 *jí* ② Stufe, Rang; Klasse, Klassenstufe: 三年级 *sān nián jí* die 3. Klasse

极 *jí*

极 *jí* ② äußerst
极好 *jí hǎo* wirklich gut, toll
极冷 *jí lěng* eiskalt
极其 *jíqí* ② sehr, äußerst, höchst

即 *jí*

即 *jí* ② nämlich, das heißt
即使 *jíshǐ* selbst wenn, wenn auch

急 *jí*

急 *jí* ① ungeduldig, ungestüm; gereizt, ärgerlich; dringend; heftig, stark
Wind, Regen
急急忙忙 *jíjí mángmáng* sehr eilig, hastig
急救 *jíjiù* Erste Hilfe, Notbehandlung
急救站 *jíjiùzhàn* Unfallstation
急忙 *jímáng* ② eilig, hastig
急切 *jíqiè* dringlich; eifrig, ungeduldig, hastig

疾 *jí*

疾病 *jíbìng* Krankheit

集 *jí*

集 *jí* ② Markt, Dorfmarkt; Sammlung, Anthologie • sammeln, versammeln
集合 *jíhé* ① versammeln
集体 *jítǐ* ② Kollektiv
集中 *jízhōng* ② konzentrieren
集装箱 *jízhuāngxiāng* Container

几 *jǐ* ①

几 *jǐ* + Zähleinheitswort + Substantiv bedeutet:

1. 'wie viele?' in Fragesätzen, z. B.: 你买了几本书？ *nǐ mǎi le jǐ běn shū?* **Wie viele Bücher hast du gekauft?**

几 *jǐ* wird in diesem Sinne nur dann gebraucht, wenn man annimmt, dass es sich um eine Anzahl weniger als zehn handelt. Ansonsten gebraucht man 多少 *duōshǎo* (mit oder ohne Zähleinheitswort).

2. 'mehrere' in bejahenden Aussagen: 我买了几本书 *wǒ mǎi le jǐ běn shū* **Ich habe mehrere Bücher gekauft**.
[Siehe Zähleinheitswörter, S. 33]

几次 *jǐcì* mehrmals
➤ Siehe auch 几 *jī*

挤 *jǐ*

挤 *jǐ* ① überfüllt, voll besetzt • sich drängen; auspressen, ausquetschen
挤满 *jǐmǎn* überfüllt, voll besetzt

脊 *jǐ*

脊柱 *jǐzhù* Wirbelsäule

计 *jì*

计费表 *jìfèibiǎo* Taxtameter
计划 *jìhuà* ① Plan, Projekt • planen
计算 *jìsuàn* ② rechnen; überlegen
计算机 *jìsuànjī* Computer, Rechner
计算器 *jìsuànqì* Taschenrechner

记 *jì*

记 *jì* ① sich merken, behalten; notieren, aufschreiben

记得 jìde ② sich erinnern (an), behalten
记分牌 jìfēnpái Anzeigetafel
记录 jìlù ② Rekord; Protokoll ● registrieren
记忆 jìyì ② sich erinnern ● Erinnerung
记忆力 jìyìlì Gedächtnis
记者 jìzhě ② Journalist(in), Reporter(in)
记住 jìzhù sich einprägen; behalten

纪 jì
纪律 jìlǜ ② Disziplin
纪念 jìniàn ② Andenken ● gedenken
纪念碑 jìniànbēi Denkmal
纪念品 jìniànpǐn Andenken, Souvenir

技 jì
技工 jìgōng Mechaniker(in); Facharbeiter(in)
技能 jìnéng Fähigkeit, Können
技术 jìshù ① Technik; Technologie ● technisch; technologisch
技术员 jìshùyuán ② Techniker(in)

忌 jì
忌妒 jìdu Neid ● neidisch

季 jì
季节 jìjié ② Saison

既 jì
既 jì ② sofort; selbst wenn; sowohl
既不... 也不... jì bù ... yě bù ... weder ... noch ...
既然 jìrán ② da, weil

继 jì
继续 jìxù ① fortsetzen, weitermachen; 继续做 jìxù zuò weitermachen

寄 jì
寄 jì ① per Post schicken

加 jiā
加 jiā ① hinzufügen
加班 jiābān Überstunden
加工 jiāgōng ② bearbeiten, verarbeiten
加快 jiākuài beschleunigen
加拿大 Jiānádà Kanada
加强 jiāqiáng ② verstärken
加起来 jiā qǐlái zusammenrechnen
加速 jiā sù schneller fahren
加以 jiāyǐ ② machen, durchführen
加油 jiāyóu tanken
加油站 jiāyóuzhàn Tankstelle

夹 jiā
夹 jiā ② (von zwei Seiten) zusammendrücken, (ein)klemmen

家 jiā ①

Zähleinheitswort für Familien, Unternehmen, Fabriken, Hotels, Restaurants und Geschäfte, z. B.: 那家银行 *nà jiā yínháng jene Bank*. [Siehe Zähleinheitswörter, S. 33]

Als Nachsilbe bezeichnet es eine(n) Spezialist(in): 科学家 *kēxuéjiā **Wissenschaftler**.*

家 *jiā* ① Haus; Haushalt; Familie; 我家 *wǒ jiā* mein Haus, bei mir; 在家 *zài jiā* zu Hause

家伙 *jiāhuo* Kerl, Typ

家具 *jiājù* ② Möbel

家禽 *jiāqín* Geflügel *Tiere*

家禽肉 *jiāqínròu* Geflügel *Fleisch*

家庭 *jiātíng* ① Familie, Haushalt

家庭妇女 *jiātíng fùnǚ* Hausfrau

家乡 *jiāxiāng* ② Heimat

家用电器 *jiāyòng diànqì* Haushaltsgerät

甲 *jiǎ*

甲 *jiǎ* erste(r, -s)

甲虫 *jiǎchóng* Käfer

假 *jiǎ*

假 *jiǎ* ② falsch, vorgetäuscht

假使 *jiǎshǐ* wenn, falls

假牙 *jiǎyá* Zahnprothese

假装 *jiǎzhuāng* vortäuschen

➢ Siehe auch 假 *jià*

价 *jià*

价格 *jiàgé* ② Preis

价格表 *jiàgébiǎo* Preisliste

价钱 *jiàqián* Preis

价值 *jiàzhí* ② Wert

驾 *jià*

驾驶执照 *jiàshǐ zhízhào* Führerschein

架 *jià* ①

架 *jià* aufstellen; stützen

Zähleinheitswort für Flugzeuge, Fotoapparate und Klaviere, z. B.: 三架飞机 *sān jià fēijī **drei Flugzeuge**.* [Siehe Zähleinheitswörter, S. 33]

架子 *jiàzi* Regal

假 *jià*

假 *jià* Urlaub, Ferien

假日 *jiàrì* Feiertag; freier Tag

假条 *jiàtiáo* ② Urlaubsantrag; Entschuldigungsschreiben

➢ Siehe auch 假 *jiǎ*

尖 *jiān*

尖 *jiān* ② spitz; grell, schrill; scharf *Auge, Ohr*

尖锐 *jiānruì* ② grell, schrill; scharf

坚 *jiān*

坚持 *jiānchí* ① beharren auf, festhalten an

坚定 *jiāndìng* ② fest, unerschütterlich
• festigen, verstärken

坚决 *jiānjué* ② entschieden, energisch

坚强 *jiānqiáng* ② fest, stark

间 *jiān* ①

Zähleinheitswort für Zimmer, Büros, Küchen, usw., z. B.: 这间办公室 *zhè jiān bàngōngshì* **dieses Büro**. [Siehe Zähleinheitswörter, S. 33]

间 *jiān* zwischen
➤ Siehe auch 间 *jiàn*

肩 *jiān*
肩 *jiān* ② Schulter

艰 *jiān*
艰巨 *jiānjù* ② schwierig, mühsam
艰苦 *jiānkǔ* ② hart, schwierig
艰难 *jiānnán* schwer, schwierig

监 *jiān*
监狱 *jiānyù* Gefängnis

煎 *jiān*
煎 *jiān* gebraten ● braten *in der Pfanne*
煎蛋 *jiāndàn* Spiegelei
煎蛋饼 *jiāndànbǐng* Omelett
煎锅 *jiānguō* Bratpfanne

拣 *jiǎn*
拣 *jiǎn* ② auslesen, auswählen

柬 *jiǎn*
柬埔寨 *Jiǎnpǔzhài* Kambodscha

捡 *jiǎn*
捡 *jiǎn* ② sammeln, auflesen

检 *jiǎn*
检查 *jiǎnchá* ① Untersuchung *ärztliche* ● untersuchen; prüfen, überprüfen

减 *jiǎn*
减 *jiǎn* ② reduzieren, vermindern
减低速度 *jiǎndī sùdù* langsamer fahren
减肥 *jiǎnféi* abnehmen Gewicht
减轻 *jiǎnqīng* ② mildern, erleichtern
减轻体重 *jiǎnqīng tǐzhòng* Gewicht abnehmen
减去 *jiǎnqù* abziehen
减少 *jiǎnshǎo* ② reduzieren, verringern

剪 *jiǎn*
剪 *jiǎn* ② schneiden *mit Schere*; 剪头发 *jiǎn tóufa* sich die Haare schneiden lassen
剪子 *jiǎnzi* Schere

简 *jiǎn*
简单 *jiǎndān* ① einfach
简短 *jiǎnduǎn* kurz und bündig
简历 *jiǎnlì* kurzer Lebenslauf

见 *jiàn*
见 *jiàn* ① sehen, treffen
见面 *jiànmiàn* ① sich treffen

件 *jiàn* ①

Zähleinheitswort für Gepäck-, Kleidungs- und Möbelstücke sowie Angelegenheiten, z. B.: 两件行李 *liǎng jiàn xíngli* **zwei Koffer**. [Siehe Zähleinheitswörter, S. 33]

间 *jiàn*
间隔 *jiàngé* Abstand, Entfernung

jiān – jiàng

➤ Siehe auch 间 *jiān*

建 *jiàn*
建 *jiàn* ② bauen, aufbauen; gründen; errichten
建立 *jiànlì* ② errichten; gründen
建设 *jiànshè* ① Aufbau ● aufbauen
建议 *jiànyì* ② Vorschlag ● vorschlagen
建造 *jiànzào* bauen
建筑 *jiànzhù* ② bauen ● Bau, Gebäude
建筑风格 *jiànzhù fēnggé* Architektur *Stil*
建筑师 *jiànzhùshī* Architekt(in)
建筑物 *jiànzhùwù* Gebäude
建筑学 *jiànzhùxué* Architektur *Fach*

贱 *jiàn*
贱卖 *jiànmài* Schlussverkauf

健 *jiàn*
健康 *jiànkāng* ① Gesundheit
健康保险 *jiànkāng bǎoxiǎn* Krankenversicherung
健身运动 *jiànshēn yùndòng* Bewegung, Sport

渐 *jiàn*
渐渐 *jiànjiàn* ② nach und nach, allmählich

键 *jiàn*
键 *jiàn* Taste
键盘 *jiànpán* Tastatur

箭 *jiàn*
箭 *jiàn* ② Pfeil
箭头 *jiàntóu* Pfeil *Symbol*

江 *jiāng*
江 *jiāng* ① Fluss, Strom

将 *jiāng*
将 *jiāng* ② wollen, werden
将来 *jiānglái* ① Zukunft ● in Zukunft ● künftig
将要 *jiāngyào* ② wollen, werden

姜 *jiāng*
姜 *jiāng* Ingwer

僵 *jiāng*
僵局 *jiāngjú* Pattsituation, Sackgasse

讲 *jiǎng*
讲 *jiǎng* ① sprechen, reden, erzählen; erklären
讲话 *jiǎnghuà* ② Rede ● sprechen, reden
讲价钱 *jiǎng jiàqián* um den Preis feilschen
讲座 *jiǎngzuò* ② Vortrag, Lehrgang

奖 *jiǎng*
奖 *jiǎng* ② Preis, Prämie ● belohnen, prämiieren
奖学金 *jiǎngxuéjīn* ② Stipendium
奖章 *jiǎngzhāng* Medaille

降 *jiàng*
降 *jiàng* ② sinken, fallen

降低 jiàngdī ② reduzieren
降价 jiàngjià ② billiger werden
降落 jiàngluò Landung ● landen

酱 *jiàng*
酱油 jiàngyóu ② Sojasoße
酱汁 jiàngzhī Soße

交 *jiāo*
交 jiāo ① abgeben, übergeben; verkehren mit; 与某人交朋友 *yǔ mǒurén jiāo péngyou* sich mit jdm anfreunden
交叉点 jiāochādiǎn Kreuzung *von Linien*
交互 jiāohù interaktiv
交换 jiāohuàn ② Tausch, Austausch ● tauschen, austauschen
交际 jiāojì ② Kommunikation, Umgang, gesellschaftlicher Verkehr
交款处 jiāokuǎnchù Kasse
交流 jiāoliú ② Austausch *kultureller usw.*
交通 jiāotōng ② Verkehr
交通堵塞 jiāotōng dǔsè Verkehrsstau
交通工具 jiāotōng gōngjù Verkehrsmittel
交通信号灯 jiāotōng xìnhàodēng Verkehrsampel

郊 *jiāo*
郊区 jiāoqū ② Vorort
郊外 jiāowài Vorort

骄 *jiāo*
骄傲 jiāo'ào ② Stolz ● stolz

胶 *jiāo*
胶 jiāo Klebstoff, Leim
胶带 jiāodài Klebeband
胶卷 jiāojuǎn Film *für Fotoapparat*

教 *jiāo*
教 jiāo ① lehren, beibringen, unterrichten; 教某人某事 *jiāo mǒurén mǒushì* jemandem etwas beibringen
教书 jiāoshū unterrichten
➢ Siehe auch 教 *jiào*

嚼 *jiáo*
嚼 jiáo kauen

角 *jiǎo*
角 jiǎo ① Ecke; Horn; Jiao *Geldeinheit = 0,1 Yuan*
➢ Siehe auch 角 *jué*

脚 *jiǎo*
脚 jiǎo ① Fuß
脚脖子 jiǎobózi Fußknöchel
脚底 jiǎodǐ Fußsohle
脚后跟 jiǎohòugēn Ferse

叫 *jiào*
叫 jiào ① heißen; rufen; bestellen; 我叫... *wǒ jiào ...* ich heiße ...
叫醒 jiàoxǐng wecken
叫做 jiàozuò ② heißen; bezeichnen als

较 *jiào*

较 *jiào* ② im Vergleich zu ● relativ, verhältnismäßig

教 *jiào*

教材 *jiàocái* ② Lehrstoff
教会 *jiàohuì* Kirche *als Institution*
教师 *jiàoshī* ② Lehrer(in)
教室 *jiàoshì* ① Klassenzimmer
教授 *jiàoshòu* ② Professor(in)
教堂 *jiàotáng* Kirche *Gebäude*
教学 *jiàoxué* ② Unterricht
教训 *jiàoxùn* ② Lehre, Lektion
教育 *jiàoyù* ① Erziehung; Unterricht
教员 *jiàoyuán* ② Lehrer(in)
➤ Siehe auch 教 *jiāo*

阶 *jiē*

阶段 *jiēduàn* ② Etappe, Phase, Stadium
阶级 *jiējí* ② Sozialklasse

结 *jiē*

结实 *jiēshi* ② gesund, stark; solide
➤ Siehe auch 结 *jié*

接 *jiē*

接 *jiē* ① verbinden; auffangen; abholen; empfangen; abnehmen Telefon; übernehmen Arbeit; 接电话 *jiē diànhuà* ans Telefon gehen
接触 *jiēchù* ② Kontakt haben mit, in Berührung kommen mit
接待 *jiēdài* ② bedienen *Kunden*; empfangen *Gäste*
接待处 *jiēdàichù* Rezeption
接待员 *jiēdàiyuán* Empfangschef(in)
接到 *jiēdào* ② empfangen, bekommen
接见 *jiējiàn* ② empfangen
接近 *jiējìn* ② sich nähern
接受 *jiēshòu* ② annehmen, akzeptieren
接着 *jiēzhe* ① dann, danach

街 *jiē*

街 *jiē* ① Straße
街道 *jiēdào* ② Straße
街角 *jiējiǎo* Straßenecke
街区 *jiēqū* Häuserblock

节 *jié*

节 *jié* ① Fest

> Zähleinheitswort für Batterien und Eisenbahnwagen, z.B.: 这节车厢 *zhè jié chēxiāng* **dieser Wagen**. [Siehe Zähleinheitswörter, S. 33]

节目 *jiémù* ① Programm, Sendung
节目单 *jiémùdān* Programm
节日 *jiérì* ① Fest, Feiertag
节省 *jiéshěng* ② sparen
节食 *jié shí* eine Diät machen
节约 *jiéyuē* ② sparen

杰 *jié*

杰作 *jiézuò* Meisterwerk

结 *jié*

结 *jié* Knoten

结构 *jiégòu* ② Struktur, Aufbau; Konstruktion

结果 *jiéguǒ* ① Resultat, Ergebnis ● schließlich, zum Schluss

结合 *jiéhé* ② verbinden, vereinen ● heiraten

结核 *jiéhé* Tuberkulose

结婚 *jiéhūn* ② heiraten; 跟某人结婚 *gēn mǒurén jiéhūn* jemanden heiraten

结婚戒指 *jiéhūn jièzhi* Ehering

结论 *jiélùn* ② Schlussfolgerung

结束 *jiéshù* ① beenden ● zu Ende sein

结尾 *jiéwěi* Ende, Schluss

➤ Siehe auch 结 *jiē*

捷 *jié*

捷径 *jiéjìng* Abkürzung *kürzerer Weg*

捷克共和国 *Jiékè Gònghéguó* Tschechische Republik

睫 *jié*

睫毛 *jiémáo* Wimper

睫毛膏 *jiémáogāo* Wimperntusche

姐 *jiě*

姐夫 *jiěfu* Schwager *Ehemann der älteren Schwester*

姐姐 *jiějie* ① Schwester *ältere*

解 *jiě*

解 *jiě* ② lösen, aufbinden; stillen, entheben

解答 *jiědá* ② beantworten; erläutern

解放 *jiěfàng* ② befreien, freisetzen

解决 *jiějué* ① lösen, erledigen

解决办法 *jiějué bànfǎ* Lösung

解释 *jiěshì* ② Erklärung ● erklären

介 *jiè*

介绍 *jièshào* ① vorstellen *Bekannte*

介意 *jièyì* es ernst nehmen, es übelnehmen

戒 *jiè*

戒指 *jièzhi* Ring

芥 *jiè*

芥末 *jièmo* Senf

届 *jiè* ②

Zähleinheitswort für Turniere, Amtsperioden und Sitzungen, z. B.: 第一届 *dì yī jiè* **die erste Amtsperiode**. [Siehe Zähleinheitswörter, S. 33]

借 *jiè*

借 *jiè* ① leihen, ausleihen; sich ausleihen, borgen

借给 *jiègěi* ausleihen

借口 *jièkǒu* Entschuldigung, Vorwand

借钱 *jièqián* Geld leihen

斤 *jīn*

斤 *jīn* ① Pfund *Gewichtseinheit = 0,5 kg*

今 *jīn*

今后 *jīnhòu* ② künftig, in Zukunft

今年 *jīnnián* ① dieses Jahr

今天 *jīntiān* ① heute: 今天几号？ *jīntiān jǐ hào?* den Wievielten haben wir heute?

今晚 *jīnwǎn* heute Abend

金 *jīn*

金 *jīn* Gold; Metall
金黄色 *jīnhuángsè* blond
金枪鱼 *jīnqiāngyú* Thunfisch
金色 *jīnsè* golden
金属 *jīnshǔ* ② Metall

仅 *jǐn*

仅 *jǐn* ② nur, bloß
仅仅 *jǐnjǐn* ② nur, bloß

尽 *jǐn*

尽 *jǐn* ② möglichst; vor allem
尽管 *jǐnguǎn* ② trotz, obwohl
尽量 *jǐnliàng* ② möglichst
➢ Siehe auch 尽 *jìn*

紧 *jǐn*

紧 *jǐn* ① eng, straff; knapp; dringend • anziehen, straffen
紧急 *jǐnjí* dringend
紧急情况 *jǐnjí qíngkuàng* Notfall
紧身裤 *jǐnshēnkù* Strumpfhose
紧握 *jǐnwò* drücken *in der Hand*
紧张 *jǐnzhāng* ① nervös; gespannt; knapp • Stress, Nervosität

锦 *jǐn*

锦标赛 *jǐnbiāosài* Meisterschaft

尽 *jìn*

尽 *jìn* ② möglichst viel leisten
尽快 *jìn kuài* möglichst schnell, sobald wie möglich
尽头 *jìntóu* Ende
➢ Siehe auch 尽 *jǐn*

进 *jìn* ①

Das Verb 进 *jìn* bedeutet 'eintreten'. In Verbindung mit anderen Bewegungsverben hat es die Bedeutung 'hinein, herein', z. B.: 跑进 *pǎojìn* (= laufen eintreten) *hineinlaufen*.

进步 *jìnbù* ② Fortschritte machen • fortschrittlich
进攻 *jìngōng* ② angreifen • Angriff
进化 *jìnhuà* ② sich entwickeln • Evolution
进口 *jìnkǒu* ② Import • importiert • importieren
进口公司 *jìnkǒu gōngsī* Importgesellschaft
进口商品 *jìnkǒu shāngpǐn* Importwaren
进来 *jìnlai* ① hereinkommen, eintreten
进去 *jìnqu* ① hineingehen
进入 *jìnrù* ② eintreten, hineingehen
进行 *jìnxíng* ① vor sich gehen, in Gang sein • durchführen, durchsetzen
进修 *jìnxiū* ② sich fortbilden
进一个球 *jìn yígeqiú* ein Tor schießen

近 *jìn*

近 *jìn* ① nahe ● nächste(r, -s); 近几天 *jìn jǐ tiān* neulich
近来 *jìnlái* ② in letzter Zeit, neulich
近视 *jìnshì* kurzsichtig ● Kurzsichtigkeit
近似 *jìnsì* ähnlich sein

劲 *jìn*

劲 *jìn* ② Kraft

禁 *jìn*

禁止 *jìnzhǐ* ② verboten ● verbieten

京 *jīng*

京剧 *jīngjù* ② Pekingoper

经 *jīng*

经 *jīng* ② aushalten, ertragen ● über, mit Zwischenhalt in
经常 *jīngcháng* ① oft, häufig
经过 *jīngguò* ① vorbeigehen ● durch; nach ● Lauf, Verlauf
经济 *jīngjì* ① Wirtschaft ● wirtschaftlich
经济舱 *jīngjìcāng* Economy-Klasse
经理 *jīnglǐ* ② Manager(in), Geschäftsführer(in) ● verwalten, leiten
经历 *jīnglì* ② Erlebnis ● erleben
经验 *jīngyàn* ① Erfahrung

精 *jīng*

精彩 *jīngcǎi* ① ausgezeichnet, hervorragend
精读课程 *jīngdú kèchéng* Intensivkurs
精力 *jīnglì* ② Energie
精疲力竭 *jīng pí lì jié* todmüde
精神 *jīngshén* ① Geist ● geistig

鲸 *jīng*

鲸 *jīng* Wal
鲸鱼 *jīngyú* Walfisch

井 *jǐng*

井 *jǐng* ② Brunnen

警 *jǐng*

警察 *jǐngchá* ② Polizei; Pollizist(in)
警察局 *jǐngchájú* Polizeiwache

径 *jìng*

径直地 *jìngzhíde* direkt

竞 *jìng*

竞赛 *jìngsài* ② Wettbewerb, Wettkampf
竞争 *jìngzhēng* Wettbewerb, Konkurrenz
竞争对手 *jìngzhēng duìshǒu* Konkurrent(in)

敬 *jìng*

敬爱 *jìng'ài* ② verehren und lieben
敬礼 *jìnglǐ* ② salutieren

静 *jìng*

静 *jìng* ② still, ruhig

镜 *jìng*

镜子 *jìngzi* ② Spiegel

纠 *jiū*

纠正 *jiūzhèng* ② korrigieren, berichtigen

究 *jiū*

究竟 *jiūjìng* ② eigentlich; schließlich

九 *jiǔ*

九 *jiǔ* ① neun
九百 *jiǔbǎi* neunhundert
九十 *jiǔshí* neunzig
九月 *jiǔyuè* September

久 *jiǔ*

久 *jiǔ* ① lang • lange

韭 *jiǔ*

韭葱 *jiǔcōng* Lauch

酒 *jiǔ*

酒 *jiǔ* ① Alkohol
酒吧 *jiǔbā* Bar
酒吧侍者 *jiǔbā shìzhě* Barkeeper, Bardame

旧 *jiù*

旧 *jiù* ① alt; abgenutzt, veraltet

救 *jiù*

救 *jiù* ② retten
救命啊 *jiùmìng a!* Hilfe!
救生员 *jiùshēngyuán* Rettungsschwimmer(in)

就 *jiù* ①

Adverb mit verschiedenen Bedeutungen:

1. 'gleich', z.B.: 就在午餐以后 *jiù zài wǔcān yǐhòu* **gleich nach dem Mittagessen**; 就在那儿 *jiù zài nàr* **gleich da**.

2. 'schon' (= früher als erwartet), z.B.: 她五点就来了 *tā wǔ diǎn jiù lái le* **Sie ist schon um fünf Uhr gekommen**.

3. Nach einem Bedingungssatz bedeutet es 'dann' und wird zwischen Subjekt und Verb gestellt, z.B.: 要是下雨我就不去 *yàoshi xiàyǔ wǒ jiù bú qù* **Wenn es regnet, (dann) gehe ich nicht hin**.

4. 'sofort, direkt', z.B.: 我下了班就回家 *wǒ xià le bān jiù huíjiā* (= ich mache Feierabend sofort nach Hause gehen) **Sobald ich Feierabend mache, gehe ich nach Hause**.

5. 'nur', z.B.: 我就会说德语 *wǒ jiù huì shuō Déyǔ* **Ich kann nur Deutsch**.

就是 *jiùshì* ② genau!; doch • selbst wenn

舅 *jiù*

舅舅 *jiùjiu* Onkel *Bruder der Mutter*

居 *jū*

居民 *jūmín* Einwohner(in)

局 *jú*

局长 *júzhǎng* ② Amtsleiter(in)

橘 *jú*

橘子 *júzi* ① Mandarine

举 *jǔ*

举 *jǔ* ① heben; anführen *Beispiel*

举行 *jǔxíng* ② veranstalten, abhalten

巨 *jù*
巨大 *jùdà* ② riesig, enorm

句 *jù* ①
Zähleinheitswort für Sätze und Verse, z. B.: 这句话 *zhè jù huà* **dieser Satz**.
[Siehe Zähleinheitswörter, S. 33]

句子 *jùzi* ① Satz

具 *jù*
具备 *jùbèi* ② haben, besitzen
具体 *jùtǐ* ② konkret
具有 *jùyǒu* ② haben, besitzen

俱 *jù*
俱乐部 *jùlèbù* ② Club

剧 *jù*
剧 *jù* Theater, Schauspiel
剧场 *jùchǎng* ② Theater *Gebäude*
剧院 *jùyuàn* Theater *Gebäude*

距 *jù*
距离 *jùlí* ② Entfernung

飓 *jù*
飓风 *jùfēng* Orkan

聚 *jù*
聚苯乙烯 *jùběnyǐxī* Styropor®
聚会 *jùhuì* Fest, Party

卷 *juǎn*
卷 *juǎn* ② einrollen, aufrollen; aufwirbeln *Staub usw.* ● Rolle

卷心菜 *juǎnxīncài* Kohl

决 *jué*
决 *jué* ② bestimmt
决不 *jué bù* auf keinen Fall, nie, keineswegs
决定 *juédìng* ① Beschluss ● beschließen, bestimmen, entscheiden
决赛 *juésài* Finale, Endspiel
决赛选手 *juésài xuǎnshǒu* Finalist(in)
决心 *juéxīn* ② Entschluss; Entschlossenheit ● sich entschließen

角 *jué*
角色 *juésè* Rolle
➢ Siehe auch 角 *jiǎo*

觉 *jué*
觉得 *juéde* ① denken, meinen; fühlen
觉悟 *juéwù* ② sich bewusst werden, verstehen ● Bewusstsein, Verstand

绝 *jué*
绝对 *juéduì* ② absolut, unbedingt
绝望 *juéwàng* verzweifelt

军 *jūn*
军 *jūn* ② Armee
军队 *jūnduì* ② Armee
军官 *jūnguān* Offizier
军事 *jūnshì* ② Militärwesen
军装 *jūnzhuāng* Uniform

咖 *kā*
咖啡 *kāfēi* ① Kaffee
咖啡馆 *kāfēiguǎn* Café

卡 *kǎ*
卡车 *kǎchē* ① Lastwagen
卡拉OK *kǎlā OK* Karaoke
卡路里 *kǎlùli* Kalorie
卡片 *kǎpiàn* Karte

开 *kāi*
开 *kāi* ① öffnen; fahren *Auto usw.*; anmachen *Licht usw.*; veranstalten, abhalten; gründen, eröffnen; ausstellen *Dokumente, Rezept*; auszahlen *Lohn, Fahrgeld* ● sich öffnen; losfahren; kochen, sieden
开车 *kāichē* Auto fahren
开灯 *kāidēng* das Licht anmachen
开发 *kāifā* erschließen, nutzbar machen
开放 *kāifàng* ② sich öffnen; blühen ● offen sein; öffnen
开关 *kāiguān* Schalter
开会 *kāihuì* ② eine Sitzung haben; 他在开会 *tā zài kāihuì* er ist in einer Besprechung
开课 *kāikè* ② anfangen *Unterricht*; unterrichten
开门 *kāimén* öffnen, aufhaben *Laden usw.*
开明 *kāimíng* ② aufgeklärt, fortschrittlich
开辟 *kāipì* ② erschließen
开塞钻 *kāisāizuàn* Korkenzieher
开始 *kāishǐ* ① Anfang ● anfangen; 开始的时候 *kāishǐ de shíhou* am Anfang
开水 *kāishuǐ* gekochtes Wasser
开玩笑 *kāi wánxiào* ① Witze machen
开胃酒 *kāiwèijiǔ* Aperitif
开学 *kāixué* ① Schulbeginn ● anfangen *Schule, Semester*
开眼 *kāiyǎn* ② beginnen, anfangen *Vorführung*
开展 *kāizhǎn* ② entfalten, entwickeln
开张 *kāizhāng* Eröffnung ● eröffnen
开着 *kāizhe* offen

砍 *kǎn*
砍 *kǎn* ② hacken, hauen

看 *kàn*
看 *kàn* ① sehen, schauen; ansehen, zusehen; lesen; besuchen; meinen zu, denken von; behandeln, untersuchen; 给某人看某物 *gěi mǒurén kàn mǒuwù* jemandem

etwas zeigen
看病 *kànbìng* ① Kranke behandeln; sich behandeln lassen, einen Arzt aufsuchen
看不见 *kànbújiàn* unsichtbar
看不起 *kànbùqǐ* ② herabsehen auf, verachten
看法 *kànfa* ② Meinung, Ansicht
看见 *kànjian* ① sehen
看来 *kànlai* ② anscheinend
看上去像 *kànshàngqù xiàng* es scheint
看书 *kàn shū* lesen
看台 *kàntái* Tribüne
看样子 *kànyàngzi* ② anscheinend, es scheint
看一看 *kàn yi kàn* mal schauen

慷 **kāng**
慷慨 *kāngkǎi* freigebig

扛 **káng**
扛 *káng* ② auf der Schulter tragen

抗 **kàng**
抗菌素 *kàngjūnsù* Antibiotikum

考 **kǎo**
考 *kǎo* ② prüfen, eine Prüfung abhalten ● eine Prüfung machen in/für
考查 *kǎochá* überprüfen, kontrollieren
考古学 *kǎogǔxué* Archäologie
考虑 *kǎolǜ* ② überlegen, nachdenken über
考试 *kǎoshì* ① Prüfung ● eine Prüfung machen

烤 **kǎo**
烤 *kǎo* ② gebacken; gebraten; gegrillt ● backen; braten; grillen
烤炉 *kǎolú* Backofen
烤面包 *kǎo miànbāo* Toast

靠 **kào**
靠 *kào* ② sich lehnen an; sich nähern; liegen an; angewiesen sein auf

科 **kē**
科 *kē* ② Abteilung; Disziplin, Fach
科隆 *Kēlóng* Köln
科目 *kēmù* Fach, Lehrfach
科学 *kēxué* ① Wissenschaft
科学家 *kēxuéjiā* ② Wissenschaftler(in)
科学院 *kēxuéyuàn* ② Akademie der Wissenschaften
科研 *kēyán* ② wissenschaftliche Forschung
科长 *kēzhǎng* ② Abteilungsleiter(in)

棵 **kē** ①
Zähleinheitswort für Pflanzen und Bäume, z. B.: 那棵树 *nà kē shù* **jener Baum**. [Siehe Zähleinheitswörter, S. 33]

颗 **kē** ②

Zähleinheitswort für Samenkörner, Bomben, Kugeln, Zähne, Sterne, Planeten und Satelliten, z. B.: 一颗豆子 *yì kē dòuzi eine Bohne*. [Siehe Zähleinheitswörter, S. 33]

咳 *ké*
咳嗽 *késou* ① Husten • husten

可 *kě*
可爱 *kě'ài* ② liebenswert; niedlich
可靠 *kěkào* ② zuverlässig
可可粉 *kěkěfěn* Kakao
可口可乐 *kěkǒu kělè* Coca-Cola®
可怜 *kělián* ② arm, bemitleidenswert • bemitleiden
可能 *kěnéng* ① möglich, wahrscheinlich • Möglichkeit
可能性 *kěnéngxing* Möglichkeit
可怕 *kěpà* ② furchtbar, schrecklich
可是 *kěshì* ① aber
可惜 *kěxī* schade, dass …
可选 *kěxuǎn* fakultativ
可以 *kěyǐ* ① können, dürfen • nicht schlecht, ziemlich gut
可以用 *kěyǐ yòng* verfügbar

渴 *kě*
渴 *kě* ① Durst haben • durstig

克 *kè*
克 *kè* ① Gramm
克服 *kèfú* ② überwinden

刻 *kè*
刻 *kè* ① schnitzen, schneiden • Viertelstunde
刻苦 *kèkǔ* ② fleißig, beharrlich

客 *kè*
客房价格 *kèfáng jiàgé* Zimmerpreis
客气 *kèqi* ① höflich • förmlich sein
客人 *kèren* ② Gast

课 *kè*
课 *kè* ① Unterricht; Fach, Lehrgang
课本 *kèběn* ① Lehrbuch
课程 *kèchéng* ② Kurs, Lehrgang
课文 *kèwén* ① Text

肯 *kěn*
肯 *kěn* ② bereit sein, (etwas zu tun)
肯定 *kěndìng* ② anerkennen, bestätigen • positiv, bejahend • sicher, bestimmt

坑 *kēng*
坑 *kēng* Loch

空 *kōng*
空 *kōng* ② leer
空间 *kōngjiān* ② Raum
空军 *kōngjūn* Luftwaffe
空气 *kōngqì* ① Luft
空前 *kōngqián* ② beispiellos
空手道 *kōngshǒudào* Karate
空调 *kōngtiáo* Klimaanlage
空中 *kōngzhōng* ② in der Luft
空中小姐 *kōngzhōng xiǎojie* Stewardess

➤ Siehe auch 空 *kòng*

孔 *kǒng*
孔 *kǒng* ② Loch, Öffnung

恐 *kǒng*
恐怖 *kǒngbù* Terror • schrecklich
恐怖分子 *kǒngbù fènzǐ* Terrorist(in)
恐怖主义 *kǒngbù zhǔyì* Terrorismus
恐怕 *kǒngpà* ② fürchten • vielleicht

空 *kòng*
空 *kòng* Freizeit; (freier) Platz • frei *Zimmer, Platz*
空缺 *kòngquē* freie Stelle *Arbeit* • frei
空闲 *kòngxián* Freizeit
➤ Siehe auch 空 *kōng*

控 *kòng*
控制 *kòngzhì* ② beherrschen, kontrollieren

口 *kǒu* ①
Zähleinheitswort für Familienmitglieder und Einwohner, z. B.: 一家三口 *yì jiā sān kǒu eine Familie mit drei Personen*. [Siehe Zähleinheitswörter, S. 33]

口 *kǒu* ① Mund
口袋 *kǒudài* ② Tasche
口号 *kǒuhào* ② Parole; Slogan
口红 *kǒuhóng* Lippenstift
口香糖 *kǒuxiāngtáng* Kaugummi
口信 *kǒuxìn* Nachricht, Botschaft
口译 *kǒuyì* dolmetschen

口译者 *kǒuyìzhě* Dolmetscher(in)
口音 *kǒuyīn* Akzent *sprachlicher*
口语 *kǒuyǔ* ① Umgangssprache

扣 *kòu*
扣 *kòu* ② zuknöpfen; abziehen *Geld*; verhaften, beschlagnahmen

哭 *kū*
哭 *kū* ① weinen

窟 *kū*
窟窿 *kūlong* Loch; Höhle

苦 *kǔ*
苦 *kǔ* ① bitter; mühsam

裤 *kù*
裤子 *kùzi* ② Hose

夸 *kuā*
夸张 *kuāzhāng* übertreiben

跨 *kuà*
跨 *kuà* ② schreiten; rittlings sitzen auf
跨国公司 *kuàguó gōngsī* multinationaler Konzern

会 *kuài*
会计 *kuàijì* Buchhaltung
➤ Siehe auch 会 *huì*

块 *kuài*
块 *kuài* ① Stück; Yuan: 十块钱 *shí kuài qián* zehn Yuan

> Zähleinheitswort für alles, was stückweise aufgeteilt ist, sowie Tücher und Bretter, z. B. 一块肥皂 *yí kuài féizào* ***ein Stück Seife.*** [Siehe Zähleinheitswörter, S. 33]

快 *kuài*
快 *kuài* ① schnell; scharf *Messer* 很快 *hěn kuài* bald, gleich
快餐 *kuàicān* Imbiss, Fastfood
快餐馆 *kuàicānguǎn* Schnellimbiss, Restaurant
快船 *kuàichuán* Motorboot
快活 *kuàihuo* munter, fröhlich
快乐 *kuàilè* ② glücklich, fröhlich

筷 *kuài*
筷子 *kuàizi* ② Essstäbchen

宽 *kuān*
宽 *kuān* ② breit
宽度 *kuāndù* Breite

款 *kuǎn*
款 *kuǎn* ② Geldbetrag

狂 *kuáng*
狂欢节 *kuánghuānjié* Fasching, Karneval
狂人 *kuángrén* Wahnsinnige(r)

矿 *kuàng*
矿 *kuàng* ② Bergwerk
矿泉水 *kuàngquánshuǐ* Mineralwasser
矿石 *kuàngshí* Erz
矿物 *kuàngwù* Mineral

昆 *kūn*
昆虫 *kūnchóng* Insekt

捆 *kǔn*
捆 *kǔn* ② festbinden; zusammenbinden, bündeln

困 *kùn*
困 *kùn* ② schläfrig
困倦 *kùnjuàn* ermüdet, schläfrig
困难 *kùnnan* ① schwierig ● Schwierigkeit

扩 *kuò*
扩大 *kuòdà* ② vergrößern; ausbreiten

L

垃 *lā*
垃圾 *lājī* ② Abfall, Müll
垃圾桶 *lājītǒng* Abfalleimer

拉 *lā*
拉 *lā* ① ziehen; befördern, transportieren; spielen *Saiteninstrumente*; werben um
拉丁美洲 *Lādīng Měizhōu* Lateinamerika
拉丁文 *Lādīngwén* Latein
拉肚子 *lā dùzi* Durchfall haben
拉链 *lāliàn* Reißverschluss

喇 *lǎ*
喇叭 *lǎbā* Hupe

辣 *là*
辣 *là* scharf, gewürzt
辣椒 *làjiāo* Chili

啦 *la*
啦 *la* ① *Zusammenziehung der Partikel* 了 *le und* 啊 *a*

来 *lái*
来 *lái* ① kommen; eintreffen• seit: 十年来 *shí nián lái* seit zehn Jahren • etwa: 三百来个人 *sānbǎi lái ge rén* etwa dreihundert Menschen

> In Verbindung mit anderen Verben der Bewegung entspricht das Verb 来 *lai* (in diesem Gebrauch tonlos gesprochen) dem deutschen 'her', z. B.: 他进房间来了 *tā jìn fángjiān lai le* **Er kam ins Zimmer herein**. 来 *lai* steht meistens nach dem Ziel der Bewegung, wenn dieses erwähnt wird.
>
> Die Gegenrichtung wird mit 去 *qu* 'hin' angezeigt.

来不及 *láibují* ② zu spät sein *um etwas noch zu tun*
来得及 *láidejí* ② noch Zeit haben *um etwas zu tun*
来晚了 *lái wǎnle* zu spät kommen
来信 *láixìn* ② (eingegangener) Brief
来源 *láiyuán* Quelle
来自 *láizì* ② kommen aus, stammen aus

拦 *lán*
拦 *lán* ② aufhalten, versperren

阑 *lán*
阑尾炎 *lánwěiyán* Blinddarmentzündung

蓝 *lán*
蓝 *lán* ① blau

篮 *lán*
篮球 *lánqiú* ① Basketball
篮子 *lánzi* Korb

懒 *lǎn*
懒 *lǎn* ② faul
懒惰 *lǎnduò* faul ● Faulheit

烂 *làn*
烂 *làn* ② verfaulen, verderben ● verfault, verdorben; abgetragen; weich gekocht, breiig

狼 *láng*
狼 *láng* ② Wolf

朗 *lǎng*
朗读 *lǎngdú* ② vorlesen

浪 *làng*
浪 *làng* ② Welle
浪费 *làngfèi* ② verschwenden

捞 *lāo*
捞 *lāo* ② herausfischen; profitieren; kriegen *Geld*

劳 *láo*
劳动 *láodòng* ① Arbeit ● arbeiten
劳动力 *láodònglì* Arbeitskräfte
劳驾 *láojià* ① Entschuldigung *wenn man etwas fragen oder vorbeikommen will*

老 *lǎo*
老 *lǎo* ① alt
老百姓 *lǎobǎixìng* ② einfache Bürger
老板 *lǎobǎn* ② Chef(in), Geschäftsinhaber(in)
老大妈 *lǎodàmā* ② Tante *Anrede für ältere Damen*
老大娘 *lǎodàniáng* ② Tante *Anrede für ältere Damen*
老大爷 *lǎodàyé* ② Onkel *Anrede für ältere Herren*
老虎 *lǎohǔ* ② Tiger
老人 *lǎorén* ② Alte, alte Leute; Großeltern
老师 *lǎoshī* ① Lehrer(in)
老式 *lǎoshì* altmodisch
老是 *lǎoshì* ② immer
老实 *lǎoshi* ② brav, artig
老鼠 *lǎoshǔ* Maus; Ratte
老太太 *lǎotàitai* ② Alte, alte Frau
老头儿 *lǎotóur* ② Alter, alter Mann
老挝 *Lǎowō* Laos

姥 *lǎo*
姥姥 *lǎolao* Großmutter *mütterlicherseits*
姥姥姥爷 *lǎolao lǎoyé* Großeltern *mütterlicherseits*
姥爷 *lǎoyé* Großvater *mütterlicherseits*

乐 *lè*
乐观 *lèguān* ② optimistisch
➢ Siehe auch 乐 *yuè*

了 *le* ①
➢ Siehe auch 了 *liǎo*

Als eines der am häufigsten vorkommenden Wörter im Chinesischen hat die Partikel 了 *le* verschiedene Verwendungsweisen, die oft miteinander verschmelzen. Die Bedeutungsnuance, die die Partikel 了 *le* einem Satz verleiht, hängt nicht nur vom Zusammenhang ab, sondern auch von der Einstellung des Sprechers oder Schreibers. Deswegen werden hier lediglich die zwei Hauptfunktionen der Partikel beschrieben:

1. Wenn sie unmittelbar nach einem Verb steht, zeigt sie an, dass die Handlung des Verbs abgeschlossen ist. Wenn im weiteren Zusammenhang kein Hinweis auf den Zeitpunkt der Handlung vorhanden ist, bezieht sich das Verb + 了 *le* meistens auf die Vergangenheit, z. B.: 我买了一本词典 *wǒ mǎi le yì běn cídiǎn* **Ich habe ein Wörterbuch gekauft**.

2. Am Ende eines Satzes weist 了 auf eine Veränderung der Situation hin. Vergleichen Sie: 他说中文 *tā shuō Zhōngwén* **Er spricht Chinesisch** und 他能说中文了 *tā néng shuō Zhōngwén le* **Er spricht schon Chinesisch** (vorher konnte er es nicht), 正在下雨 *zhèngzài xià yǔ* **Es regnet** (schon eine Zeitlang), und 下雨了 *xià yǔ le* **Es regnet** (es hat gerade angefangen).

Am Ende eines verneinten Satzes bedeutet 了 'nicht ... mehr', z. B.: 我不出去了 *wǒ bù chūqù le* **Ich gehe nicht mehr aus**. 她没有钱了 *tā méi you qián le* **Sie hat kein Geld mehr**.

In dieser Funktion kann nach 了 *le* eine weitere Partikel stehen, z. B. die Fragepartikel 吗 *ma*: 他能说中文了吗? *tā néng shuō Zhōngwén le ma?* **Spricht er schon Chinesisch?**

Bemerkungen:

1. In vielen Fällen wird 了 *le* aus rein klanglichen Gründen ans Satzende gestellt, um den Satz lautlich zu vervollständigen, z. B. nach einem einsilbigen Adjektiv oder Verb: 我累了 *wǒ lèi le* **Ich bin müde**.

2. Beide Funktionen von 了 *le* können im gleichen Satz vorkommen, z. B.: 他喝了四杯啤酒了 *tā hē le sì bēi píjiǔ le* **Er hat schon vier Glas Bier getrunken**. Wenn der Sinn des Satzes zwei aufeinanderfolgende 了 *le* erfordert, wird nur ein 了 *le* gebraucht, das die beiden Funktionen vereinigt: 大家走了吗? *dàjiā zǒu le ma?* **Sind alle schon weggegangen?**

雷 *léi*
雷 *léi* ② Donner; Mine
雷击 *léijī* Blitz

肋 *lèi*
肋骨 *lèigǔ* Rippe

类 *lèi*
类 *lèi* ② Art, Sorte
类似 *lèisì* ähnlich (sein)
类型 *lèixíng* Typ

累 *lèi*
累 *lèi* ① müde
累人 *lèi rén* anstrengend

冷 lěng

冷 lěng ① kalt: 我很冷 wǒ hěn lěng mir ist kalt

冷漠 lěngmò kühl, gleichgültig

冷饮店 lěngyǐndiàn Eisdiele

厘 lí

厘米 límǐ ② Zentimeter

离 lí ①

Mit 近 jìn 'nahe', 远 yuǎn 'weit' und anderen Ausdrücken der Entfernung gebrauchte Präposition: 我家离车站不远 wǒ jiā lí chēzhàn bù yuǎn (= mein Haus von Bahnhof nicht weit) *Mein Haus ist nicht weit vom Bahnhof entfernt.*

离 lí ① verlassen; ohne auskommen

离船 lí chuán aussteigen aus Boot

离婚 líhūn ② Scheidung ● sich scheiden lassen

离境 líjìng Abflug ins Ausland Flughafenhalle

离开 líkāi ① Abfahrt ● abfahren (von), verlassen

离异 líyì geschieden

梨 lí

梨 lí ② Birne

篱 lí

篱笆 líba Zaun

礼 lǐ

礼拜 lǐbài ② Woche

Umgangssprachlich sagt man bei den Bezeichnungen für die Wochentage oft 礼拜 lǐbài statt 星期 xīngqī, z. B.: 礼拜六 lǐbàiliù **Samstag**, 礼拜一 lǐbàiyī **Montag**.

礼貌 lǐmào ② Höflichkeit ● höflich

礼堂 lǐtáng ② Aula, Hörsaal

礼物 lǐwù ① Geschenk

李 lǐ

李子 lǐzi Pflaume

里 lǐ

里 lǐ ① in; 在...里 zài ... li in ●
chinesische Längeneinheit = 0,5 km

里边 lǐbiān ① innen, in

里面 lǐmiàn ② innen, in; 在里面 zài lǐmiàn innen; 在站里面 zài zhàn lǐmiàn innen im Bahnhof

俚 lǐ

俚语 lǐyǔ Slang

理 lǐ

理发 lǐfà ② sich die Haare schneiden lassen

理发店 lǐfàdiàn Friseurgeschäft

理发师 lǐfàshī Friseur(in)

理发员 lǐfàyuán Friseur

理解 lǐjiě ② verstehen, begreifen

理论 lǐlùn ② Theorie

理想 lǐxiǎng ② Ideal ● ideal

理由 lǐyóu ② Grund, Ursache

力 *lì*

力 *lì* ② Kraft, Stärke
力量 *lìliàng* ② Kräfte
力气 *lìqì* ② körperliche Kraft
力图 *lìtú* versuchen, sich bemühen

历 *lì*

历史 *lìshǐ* ① Geschichte ● historisch, geschichtlich
历史性 *lìshǐxìng* historisch *bemerkenswert*

立 *lì*

立 *lì* ② stehen ● aufstellen; gründen, errichten
立场 *lìchǎng* ② Standpunkt, Einstellung
立方 *lìfāng* Kubik-
立方米 *lìfāngmǐ* ② Kubikmeter
立即 *lìjí* ② sofort, gleich, auf der Stelle
立交桥 *lìjiāoqiáo* Überführung
立刻 *lìkè* ① sofort, gleich

利 *lì*

利害 *lìhai* ② Vor- und Nachteile; Gewinn und Verlust
利率 *lìlǜ* Zinssatz
利润 *lìrùn* Gewinn
利息 *lìxī* Zinsen
利益 *lìyì* ② Vorteil, Nutzen; Interesse
利用 *lìyòng* ① Gebrauch machen von, benutzen; ausnutzen

例 *lì*

例如 *lìrú* ① zum Beispiel
例外 *lìwài* Ausnahme
例子 *lìzi* ② Beispiel

栗 *lì*

栗子 *lìzi* Kastanie

粒 *lì* ②

Zähleinheitswort für Körner (Erbsen, Erdnüsse), Kugeln und Tabletten, z. B.: 四粒丸药 *sì lì wányào* **vier Tabletten**.
[Siehe Zähleinheitswörter, S. 33]

哩 *li*

哩 *li* ② *Satzpartikel mit gleicher Verwendungsweise wie* 呢 *ne*

俩 *liǎ*

俩 *liǎ* ① zwei

连 *lián*

连 *lián* ② verbinden ● hintereinander, wiederholt
连... 也 *lián ... yě* sogar
连环漫画 *liánhuán mànhuà* Comic
连接 *liánjiē* verbinden ● Verbindung
连忙 *liánmáng* ② sofort
连续 *liánxù* ② ununterbrochen, hintereinander

联 *lián*

联邦 *liánbāng* Union, Staatenbund ● Bundes-
联邦共和国 *liánbāng gònghéguó* Bundesrepublik

liánhé – liáotiān(r)

联合 *liánhé* ② sich vereinen, sich vereinigen • gemeinsam
联合国 *Liánhéguó* UNO, die Vereinten Nationen
联欢 *liánhuān* ② sich treffen, zusammenkommen
联盟 *liánméng* Bündnis, Union, Koalition
联系 *liánxì* ① Kontakt, Verbindung • in Verbindung bringen mit

脸 *liǎn*
脸 *liǎn* ① Gesicht

练 *liàn*
练 *liàn* ② üben, trainieren
练习 *liànxí* ① Übung • üben
练习本 *liànxíběn* Heft

恋 *liàn*
恋爱 *liàn'ài* ② Liebe; 与某人恋爱 *yǔ mǒurén liàn'ài* in jemanden verliebt sein

链 *liàn*
链 *liàn* Kette

良 *liáng*
良好 *liánghǎo* ② gut

凉 *liáng*
凉 *liáng* ② kühl
凉快 *liángkuai* ① schön kühl • sich abkühlen
凉鞋 *liángxié* Sandale

量 *liáng*
量 *liáng* ② messen
➤ Siehe auch 量 *liàng*

粮 *liáng*
粮食 *liángshí* Getreide

两 *liǎng* ①

两 *liǎng* bedeutet 'zwei' und steht immer vor einem Zähleinheitswort in Verbindung mit einem Substantiv, z. B.: 两本书 *liǎng běn shū* '*zwei Bücher*'. Das nachfolgende Substantiv kann wegfallen, das Zähleinheitswort jedoch nicht. [Siehe Zähleinheitswörter, S. 33]
Beim Zählen und in zusammengesetzten Zahlwörtern sagt man für 'zwei' 二 *èr*.

亮 *liàng*
亮 *liàng* ① hell • scheinen • vorzeigen, zeigen

量 *liàng*
量 *liàng* Menge
➤ Siehe auch 量 *liáng*

辆 *liàng* ①

Zähleinheitswort für Fahrzeuge, z. B.: 哪辆汽车? *nǎ liàng qìchē?* *Welches Auto?* [Siehe Zähleinheitswörter, S. 33]

聊 *liáo*
聊 *liáo* ② schwatzen, plaudern
聊天儿 *liáotiān(r)* ② Gespräch, Schwätzchen • sich unterhalten, schwatzen

了 *liǎo*

了 *liǎo* ① fertig kriegen, beenden ● zu Ende, fertig

了不起 *liǎobuqǐ* ② fantastisch, hervorragend

了解 *liǎojiě* ① verstehen, begreifen; sich erkundigen nach, kennenlernen

➤ Siehe auch 了 *le*

列 *liè* ②

Zähleinheitswort für Züge, z. B.: 这列火车 *zhè liè huǒchē dieser Zug*. [Siehe Zähleinheitswörter für Gegenstände S. 33]

列 *liè* ② auflisten

列支敦士登 *Lièzhīdūnshìdēng* Liechtenstein

烈 *liè*

烈性酒 *lièxìngjiǔ* Likör

邻 *lín*

邻近 *línjìn* Nachbarschaft
邻居 *línjū* ② Nachbar(in)

临 *lín*

临 *lín* ② gerade wollen; 临走 *lín zǒu* gerade weggehen wollen ● kurz bevor

临时 *línshí* ② vorläufig, vorübergehend

临时保姆 *línshí bǎomǔ* Babysitter

林 *lín*

林浴 *línyù* Dusche

灵 *líng*

灵活 *línghuó* ② beweglich, wendig; flexibel

铃 *líng*

铃 *líng* ② Glocke

零 *líng*

零 *líng* ① Null
零花钱 *línghuāqián* Taschengeld
零件 *língjiàn* Teil, Bauteil
零钱 *língqián* ② Kleingeld

领 *lǐng*

领 *lǐng* ② führen; erhalten
领带 *lǐngdài* Krawatte, Schlips
领导 *lǐngdǎo* ① anführen, leiten
领导人 *lǐngdǎorén* Führer(in)
领事馆 *lǐngshìguǎn* Konsulat
领先 *lǐngxiān* Führung, Vorsprung ● führen, in Führung liegen
领袖 *lǐngxiù* ② Vorsitzende(r), Führer(in)
领域 *lǐngyù* Bereich, Gebiet
领子 *lǐngzi* Kragen

另 *lìng*

另 *lìng* ② noch ein(e), andere(r, -s) ● außerdem; separat, getrennt

另外 *lìngwài* ② noch ein(e), andere(r, -s); 在另外一个地方 *zài lìngwài yíge dìfang* anderswo ● außerdem, noch, zudem

另一 *lìng yī* noch ein(e)

另一方面 *lìng yì fāngmiàn* auf der anderen Seite, andererseits

另一个 *lìng yíge* noch ein(e)

令 *lìng*

> Als Verb bedeutet es 'machen, werden lassen'. Es wird oft in Verbindung mit dem Wort 人 *rén* 'Mensch' gebraucht, um adjektivische Ausdrücke zu bilden, z. B. 令人沮丧 *lìng rén jǔsàng* (= machen Mensch deprimiert) deprimierend.

令人恶心 *lìng rén ěxīn* ekelhaft
令人激动 *lìng rén jīdòng* spannend
令人厌烦 *lìng rén yànfán* langweilig
令人愉快 *lìng rén yúkuài* angenehm
令人作呕 *lìng rén zuò'ǒu* widerwärtig

刘 *liú*

刘海 *liúhǎi* Pony *Frisur*

留 *liú*

留 *liú* ① bleiben • bleiben lassen, aufhalten; behalten, aufbewahren; tragen am Körper; hinterlassen; annehmen *Geschenk*

留念 *liúniàn* ① als Andenken schenken

留下 *liúxià* hinterlassen; annehmen

留学 *liúxué* im Ausland studieren

留学生 *liúxuéshēng* ① Auslandsstudent(in)

流 *liú*

流 *liú* ① fließen

流产 *liúchǎn* Fehlgeburt
流感 *liúgǎn* Grippe • Grippe haben
流汗 *liúhàn* schwitzen
流利 *liúlì* ② fließend
流血 *liúxuè* bluten
流行 *liúxíng* verbreitet (sein), Mode (sein), populär, beliebt
流行病 *liúxíngbìng* Epidemie
流行式样 *liúxíng shìyàng* Mode
流言 *liúyán* Gerücht

六 *liù*

六 *liù* ① sechs
六百 *liù bǎi* sechshundert
六十 *liùshí* sechzig
六月 *liùyuè* Juni

龙 *lóng*

龙 *lóng* ② Drache
龙虾 *lóngxiā* Languste

聋 *lóng*

聋 *lóng* taub

垄 *lǒng*

垄断 *lǒngduàn* Monopol

楼 *lóu*

楼 *lóu* ① Gebäude; Stock, Etage; 一楼 *yī lóu* Erdgeschoss; 二楼 *èr lóu* erster Stock; 三楼 *sān lóu* zweiter Stock

楼上 *lóushàng* oben
楼梯 *lóutī* ② Treppe

漏 *lòu*
漏 *lòu* ② lecken, leck sein

露 *lòu*
露 *lòu* ② zeigen, enthüllen

卢 *lú*
卢森堡 *Lúsēnbǎo* Luxemburg

芦 *lú*
芦笋 *lúsǔn* Spargel

炉 *lú*
炉灶 *lúzào* Herd

颅 *lú*
颅骨 *lúgǔ* Schädel

陆 *lù*
陆地 *lùdì* Land Boden
陆续 *lùxù* ② hintereinander

录 *lù*
录 *lù* ② aufnehmen
录像 *lùxiàng* ② auf Video aufnehmen, aufzeichnen
录像带 *lùxiàngdài* Videokassette
录像机 *lùxiàngjī* Videorekorder
录音 *lùyīn* ① aufnehmen *auf Tonband*
录音电话 *lùyīn diànhuà* Anrufbeantworter
录音机 *lùyīnjī* ② Tonbandgerät

路 *lù*
路 *lù* ① Weg, Straße
路标 *lùbiāo* Verkehrsschild
路上 *lùshang* ② auf dem Weg, unterwegs
路线 *lùxiàn* ② Route; Linie

旅 *lǚ*
旅馆 *lǚguǎn* ② Hotel, Pension
旅客 *lǚkè* ② Reisende(r); Gast *in Hotel*
旅途 *lǚtú* ② Reise
旅行 *lǚxíng* ① Reise, Reisen ● reisen;
去旅行 *qù lǚxíng* eine Reise machen
旅行计划 *lǚxíng jìhuà* Reiseplan
旅行社 *lǚxíngshè* Reisebüro
旅行者 *lǚxíngzhě* Reisende(r)
旅行支票 *lǚxíng zhīpiào* Reisescheck
旅行指南 *lǚxíng zhǐnán* Reiseführer *Buch*
旅游信息服务处 *lǚyóu xìnxī fúwùchù* Fremdenverkehrsbüro
旅游业 *lǚyóuyè* Tourismus

律 *lǜ*
律师 *lǜshī* Rechtsanwalt (-wältin)

率 *lǜ*
率 *lǜ* Satz, Rate
➢ Siehe auch 率 *shuài*

绿 *lǜ*
绿 *lǜ* ① grün
绿色 *lǜsè* grün

乱 *luàn*
乱 *luàn* ① durcheinander ● willkürlich
乱七八糟 *luànqībāzāo* Durcheinander

略 *lüè*
略 *lüè* ② auslassen, weglassen

伦 *lún*
伦敦 *Lúndūn* London

轮 *lún*
轮班 *lúnbān* abwechselnd
轮船 *lúnchuán* ② Dampfer, Dampfschiff
轮胎 *lúntāi* Reifen
轮子 *lúnzi* Rad

论 *lùn*
论点 *lùndiǎn* These, Argument
论文 *lùnwén* ② Abhandlung, Aufsatz, Dissertation

萝 *luó*
萝卜 *luóbo* ② Rübe; Rettich

螺 *luó*
螺丝 *luósī* Schraube
螺丝起子 *luósī qǐzi* Schraubenzieher

裸 *luǒ*
裸体 *luǒtǐ* nackt

骆 *luò*
骆驼 *luòtuo* Kamel

落 *luò*
落 *luò* ② fallen, sinken; untergehen Sonne; zufallen; zurückfallen ● herunterlassen; hinterlassen
落后 *luòhòu* ② rückständig ● im Rückstand sein; zurückfallen

妈 *mā*
妈妈 *māma* ① Mutter

抹 *mā*
抹 *mā* putzen
抹布 *mābù* Putztuch

麻 *má*
麻烦 *máfan* ① lästig, umständlich ● belästigen; Umstände machen ● Unannehmlichkeiten, Ärger

马 *mǎ*
马 *mǎ* ① Pferd
马虎 *mǎhu* ② nachlässig, leichtfertig
马拉松赛跑 *mǎlāsōng sàipǎo* Marathonlauf
马来西亚 *Mǎláixīyà* Malaysia
马路 *mǎlù* ② Straße
马上 *mǎshàng* ① sofort
马戏 *mǎxì* Zirkus

码 *mǎ*
码头 *mǎtou* ② Kai, Landungssteg

蚂 *mǎ*
蚂蚁 *mǎyǐ* Ameise

骂 *mà*
骂 *mà* ② beschimpfen

骂人的话 *mà rén de huà* Schimpfwort

吗 *ma* ①

Partikel, die ans Satzende angehängt wird, um einen Aussagesatz in eine Frage zu verwandeln, z. B.: 你会说中文吗？ *nǐ huì shuō Zhōngwén ma? **Sprechen Sie Chinesisch?***
吗 *ma* wird jedoch nicht gebraucht, wenn ein anderes Fragewort im Satz vorkommt, z. B.: 你叫什么名字？ *nǐ jiào shénme míngzi? **Wie ist Ihr Name?***

嘛 *ma*
嘛 *ma* ① doch; also

埋 *mái*
埋 *mái* ② begraben, beerdigen

买 *mǎi*
买 *mǎi* ① kaufen; 买东西 *mǎi dōngxi* einkaufen
买不起 *mǎi bù qǐ* sich nicht leisten können
买卖 *mǎimai* ② Geschäft, Transaktion

迈 *mài*
迈 *mài* ② schreiten

麦 *mài*

麦克风 *màikèfēng* Mikrofon

卖 **mài**

卖 *mài* ① verkaufen

卖光 *màiguāng* ausverkauft

馒 **mán**

馒头 *mántou* ② Dampfbrötchen

满 **mǎn**

满 *mǎn* ① voll ● füllen; erfüllt von

满意 *mǎnyì* ① zufrieden

满足 *mǎnzú* ② zufrieden ● zufriedenstellen

慢 **màn**

慢 *màn* ① langsam

慢点儿! *màn diǎnr!* langsamer, bitte!

慢慢吃! *mànmān chī!* guten Appetit!, lass es dir schmecken!

慢慢地 *mànmān de* langsam

慢跑 *mànpǎo* Jogging ● joggen

忙 **máng**

忙 *máng* ① beschäftigt

芒 **máng**

芒果 *mángguǒ* Mangofrucht

猫 **māo**

猫 *māo* ② Katze

猫头鹰 *māotóuyīng* Eule

毛 **máo**

毛 *máo* ① Haar; Pelz, Fell; Federn; Daune; Wolle; Mao *Geldeinheit = 0,1 Yuan*

毛笔 *máobǐ* Pinsel *zum Schreiben*

毛病 *máobìng* ② Panne, Störung; Fehler, Mangel; Krankheit

毛巾 *máojīn* ② Handtuch

毛线 *máoxiàn* Wolle

毛衣 *máoyī* ② Pulli, Pullover

矛 **máo**

矛盾 *máodùn* ② Widerspruch ● widersprüchlich

冒 **mào**

冒 *mào* ② hervorquellen ● trotzen

冒犯 *màofàn* kränken

贸 **mào**

贸易 *màoyì* ② Handel

帽 **mào**

帽子 *màozi* ① Hut, Mütze

没 **méi** ①

没 *méi* wird als Verneinungspartikel des Verbes 有 *yǒu* 'haben, es gibt' verwendet, z.B.: 我没有时间 *wǒ méiyou shíjiān* **ich habe keine Zeit**.

Die Wortgruppe 没有 *méiyou*, kurz auch 没 *méi*, wird als Verneinungspartikel anderer Verben verwendet, wenn es sich um eine einmalige Handlung in der Vergangenheit handelt: 他没(有)来 *tā méi(you) lái* **er ist nicht gekommen**.

没打中 *méi dǎzhòng* verfehlen

没关系 *méi guānxi* das macht nichts

没意思 *méiyìsi* ① uninteressant

没用 *méiyòng* ② nutzlos

没有 *méiyou* ① es gibt nicht, nicht

haben ● ohne

没有多少 méiyou duōshǎo wenig(e)

没有问题 méiyou wèntí kein Problem!

玫 méi

玫瑰(花) méiguī(huā) Rose

眉 méi

眉毛 méimao Augenbraue

煤 méi

煤 méi ② Kohle

煤气 méiqì ② Gas

每 měi

每 měi ② jede(r, -s)

Zwischen 每 měi und einem Substantiv muss ein Zähleinheitswort eingefügt werden, z. B.: 每个人 měi ge rén *jeder Mensch, jede Person*. [Siehe Zähleinheitswörter, S. 33]

每次 měi cì jedesmal

每件事儿 měijiàn shìr alles

每年 měinián jedes Jahr, jährlich

每天 měitiān jeden Tag, täglich

每月 měiyuè jeden Monat

美 měi

美 měi ② schön ● Schönheit, das Schöne

美国 Měiguó Amerika, USA

美好 měihǎo ② wunderschön

美丽 měilì ② schön, bildschön

美术 měishù ② bildende Kunst; die schönen Künste

美术馆 měishùguǎn Kunstgalerie

美术家 měishùjiā Maler

美元 měiyuán ② US-Dollar

妹 mèi

妹夫 mèifu Schwager *Ehemann der jüngeren Schwester*

妹妹 mèimei ① Schwester *jüngere*

门 mén

Zähleinheitswort für Lehrgänge und Schulfächer, z. B.: 这门课程 zhè mén kèchéng **dieser Kurs**. [Siehe Zähleinheitswörter, S. 33]

门 mén ① Tür; Tor

门口 ménkǒu ① Eingang, Tür

门铃 ménlíng Türklingel

们 men ①

Nachsilbe, mit der die Pluralform der Personalpronomina gebildet wird, z. B.: 我们 wǒmen 'wir', 他们 tāmen 'sie'. 们 men kann auch an einige Substantive angehängt werden, um eine bestimmte Gruppe Menschen zu bezeichnen, z. B.: 孩子们 háizimen **die Kinder** (d. h. die Gruppe Kinder, von der wir reden).

蒙 měng

蒙古 Měnggǔ Mongolei

孟 mèng

孟加拉国 Mèngjiālāguó Bangladesh

梦 mèng

梦 mèng ② Traum

弥 mí

弥撒 *mísa* Messe *katholische*

迷 *mí*
迷 *mí* Fan; Rätsel, Geheimnis
迷路 *mílù* sich verlaufen
迷人 *mírén* faszinierend

猕 *mí*
猕猴桃 *míhóutáo* Kiwi

米 *mǐ*
米 *mǐ* ① Reis *ungekochter*; Meter
米饭 *mǐfàn* ① Reis *gekocht*

秘 *mì*
秘密 *mìmì* ② Geheimnis ● geheim
秘书 *mìshū* Sekretär(in)

密 *mì*
密 *mì* ② dicht
密码 *mìmǎ* PIN
密切 *mìqiè* ② eng, intim

蜜 *mì*
蜜蜂 *mìfēng* ② Biene
蜜糖 *mìtáng* Honig
蜜月 *mìyuè* Flitterwochen, Hochzeitsreise

棉 *mián*
棉花 *miánhuā* ② Baumwolle
棉签 *miánqiān* Wattestäbchen
棉衣 *miányī* ② wattierte Kleidung

免 *miǎn*
免费 *miǎnfèi* gratis, kostenlos
免税 *miǎnshuì* steuerfrei, zollfrei

缅 *miǎn*
缅甸 *Miǎndiàn* Myanmar

面 *miàn* ②

Zähleinheitswort für Spiegel und Fahnen, z. B.: 一面旗 *yí miàn qí eine Fahne*.
[Siehe Zähleinheitswörter, S. 33]

面 *miàn* ① Gesicht, Fläche, Oberfläche; Mehl; Pulver; Nudeln ● gegenüber
面包 *miànbāo* ① Brot
面包店 *miànbāodiàn* Bäckerei
面包卷 *miànbāojuǎn* Brötchen
面粉 *miànfěn* Mehl
面积 *miànjī* ② Fläche
面颊 *miànjiá* Wange
面孔 *miànkǒng* Gesicht
面貌 *miànmào* ② Aussehen, Erscheinung
面前 *miànqián* ② vor
面试 *miànshì* Vorstellungsgespräch
面条 *miàntiáo* ① Nudeln

描 *miáo*
描述 *miáoshù* beschreiben *mündlich*
描写 *miáoxiě* ② beschreiben, schildern *schriftlich*

秒 *miǎo*
秒 *miǎo* ② Sekunde: 一秒 *yì miǎo* eine Sekunde

妙 *miào*

妙 *miào* ② wunderbar, ausgezeichnet

庙 *miào*
庙 *miào* ② Tempel

灭 *miè*
灭 *miè* ② ausgehen ● löschen; vertilgen, vernichten
灭火器 *mièhuǒqì* Feuerlöscher
灭绝 *mièjué* aussterben

民 *mín*
民航 *mínháng* Inlandsflug
民俗 *mínsú* Volkskultur
民众 *mínzhòng* Volk, Öffentlichkeit
民主 *mínzhǔ* ② Demokratie
民族 *mínzú* ① Volk, Nation
民族服装 *mínzú fúzhuāng* Volkstracht
民族主义 *mínzú zhǔyì* Nationalismus

名 *míng*
名 *míng* ② Name

Zähleinheitswort für Fachleute, Studenten, Ärzte, Soldaten und Arbeiter, z. B.: 五名学生 *wǔ míng xuésheng* **fünf Studenten**. [Siehe Zähleinheitswörter, S. 33]

名片 *míngpiàn* Visitenkarte
名胜 *míngshèng* ② Sehenswürdigkeit
名字 *míngzi* ① Name: 你叫什么名字? *nǐ jiào shénme míngzi?* Wie ist Ihr Name?

明 *míng*

明白 *míngbai* klar, verständlich ● begreifen, verstehen
明亮 *míngliàng* ② hell, leuchtend
明年 *míngnián* ① nächstes Jahr
明确 *míngquè* ② deutlich ● verdeutlichen, klarstellen
明日 *míngrì* morgen *schriftsprachlich*
明天 *míngtiān* morgen *umgangssprachlich*
明天早上 *míngtiān zǎoshang* morgen früh
明显 *míngxiǎn* ② deutlich, offensichtlich, klar
明信片 *míngxìnpiàn* Ansichtskarte

命 *mìng*
命 *mìng* Leben; Schicksal
命令 *mìnglìng* ② Befehl ● befehlen
命运 *mìngyùn* ② Schicksal

摸 *mō*
摸 *mō* ② berühren, streicheln; tasten nach; herauszubekommen versuchen

模 *mó*
模仿 *mófǎng* ② nachahmen, als Vorbild nehmen
模特儿 *mótèr* Model, Mannequin
➢ Siehe auch 模 *mú*

摩 *mó*
摩天大楼 *mótiān dàlóu* Wolkenkratzer
摩托车 *mótuōchē* Motorrad, Mofa

磨 *mó*
磨 *mó* ② reiben, zerreiben; polieren, wetzen, schleifen; belästigen, auf die Nerven gehen

蘑 *mó*
蘑菇 *mógu* Pilz

魔 *mó*
魔术 *móshù* Magie, Zauberei

莫 *mò*
莫斯科 *Mòsīkē* Moskau

墨 *mò*
墨水 *mòshuǐ* ② Tinte
墨西哥 *Mòxīgē* Mexiko

谋 *móu*
谋杀 *móushā* Mord ● ermorden

某 *mǒu*
某 *mǒu* ② gewisse(r, -s), irgend
某人 *mǒurén* jemand
某事 *mǒushì* etwas
某天 *mǒutiān* eines Tages
某物 *mǒuwù* etwas

模 *mú*
模样 *múyàng* ② Aussehen, Äußeres
➤ Siehe auch 模 *mó*

母 *mǔ*
母 *mǔ* ② Weibchen
母鸡 *mǔjī* Henne
母牛 *mǔniú* Kuh
母亲 *mǔqīn* ① Mutter

牡 *mǔ*
牡蛎 *mǔlì* Auster

亩 *mǔ*
亩 *mǔ* ② Mu *Flächeneinheit = 0,06 Hektar*

木 *mù*
木 *mù* ② Holz
木瓜 *mùguā* Papaya
木莓 *mùméi* Himbeere
木头 *mùtou* ② Holz

目 *mù*
目标 *mùbiāo* ② Ziel
目的 *mùdì* ② Ziel
目的地 *mùdìdì* Reiseziel
目击者 *mùjīzhě* Zeuge (-in)
目录 *mùlù* Katalog, Liste; Inhaltsverzeichnis
目前 *mùqián* ① aktuell; zurzeit

牧 *mù*
牧师 *mùshī* Priester, Pfarrer(in)

墓 *mù*
墓碑 *mùbēi* Grabstein
墓地 *mùdì* Grab

慕 *mù*
慕尼黑 *Mùníhēi* München

穆 *mù*
穆斯林 *Mùsīlín* Muslim(in) ● muslimisch

N

拿 *ná*

拿 *ná* ① nehmen

拿出 *náchū* herausnehmen

拿着 *názhe* halten

哪 *nǎ*

哪 *nǎ* oder *něi* ① welche(r, -s)

Zwischen 哪 *nǎ/něi* und einem Substantiv muss ein Zähleinheitswort eingefügt werden, z. B.: 哪本书？ *nǎ běn shū? welches Buch?* [Siehe Zähleinheitswörter, S. 33]

Vor einem Substantiv mit Pluralbedeutung verwendet man 哪些 *nǎxiē* oder *něixiē*, z. B.: 哪些书？ *nǎxiē shū? welche Bücher?*

Das Substantiv kann wegfallen, das Zähleinheitswort jedoch nicht, z. B.: 你买哪本？ *nǐ mǎi nǎ běn? welches kaufst du?* (gemeint ist 'Buch').

哪个 *nǎge* ② welche(r, -s)

哪里 *nǎli* ① wo

哪怕 *nǎpà* ② selbst wenn, wenn auch

哪儿 *nǎr* ① wo

哪些 *nǎxiē* ② welche

➤ Siehe auch 哪 *na*

那 *nà*

那 *nà* oder *nèi* ① jene(r, -s), der, die, das

Zwischen 那 *nà/nèi* und einem Substantiv muss ein Zähleinheitswort eingefügt werden, z. B. 那本书 *nèi běn shū jenes Buch*. [Siehe Zähleinheitswörter, S. 33]

Vor einem Substantiv mit Pluralbedeutung verwendet man 那些 *nàxiē* oder *nèixiē*, z. B. 那些书 *nèixiē shū jene Bücher*.

Das Substantiv kann wegfallen, das Zähleinheitswort jedoch nicht, z. B.: 我要买那本 *wǒ yào mǎi nèi běn ich werde jenes kaufen*. (gemeint ist 'Buch').

那边 *nàbiān* ② da, dort

那个 *nàge* ① jene(r, -s)

那里 *nàli* ① da, dort

那么 *nàme* ① so, auf die Weise

那儿 *nàr* ① da, dort

那时 *nàshí* zu der Zeit

那些 *nàxiē* ① jene

那样 *nàyàng* ① solche(r, -s), jener Art

呐 *na*

呐 *na* ① ➤ Siehe 哪 *na*

哪 *na*

哪 *na* ① *Form der Partikel* 啊 *a nach n- oder ng-Laut*

➤ Siehe auch 哪 *nǎ*

奶 *nǎi*
奶粉 *nǎifěn* Milchpulver
奶酪 *nǎilào* Käse
奶奶 *nǎinai* ② Großmutter *väterlicherseits*
奶油 *nǎiyóu* Sahne, Rahm

耐 *nài*
耐力 *nàilì* Ausdauer
耐心 *nàixīn* ② geduldig ● Geduld
耐用 *nàiyòng* ② strapazierfähig

男 *nán*
男 *nán* ① männlich, Männer-
男孩 *nánhái* Junge
男女平等主义 *nánnǚ píngděng zhǔyì* Gleichberechtigung *der Geschlechter*
男朋友 *nánpéngyou* Freund *Liebespartner*
男人 *nánrén* ② Mann
男子 *nánzǐ* Mann

南 *nán*
南 *nán* ① Süden, Süd-
南边 *nánbiān* ① Süden ● südlich
南部 *nánbù* ② Süden
南方 *nánfāng* ② Süden ● südlich
南非 *Nánfēi* Südafrika
南美 *Nánměi* Südamerika
南面 *nánmiàn* ② Süden

难 *nán*
难 *nán* ① schwer, schwierig

难道 *nándào* ② ist es denn wirklich möglich, dass …
难过 *nánguò* ② traurig ● eine schwierige Zeit durchleben
难看 *nánkàn* hässlich
难受 *nánshòu* ② unwohl, schlecht; traurig
难题 *nántí* schwieriges Problem
难忘 *nánwàng* unvergesslich
难以辨认 *nányǐ biànrèn* unleserlich
难以忍受 *nányǐ rěnshòu* unerträglich
难以置信 *nányǐ zhìxìn* unglaublich

挠 *náo*
挠 *náo* kratzen

恼 *nǎo*
恼 *nǎo* sich ärgern
恼火 *nǎohuǒ* ärgerlich, gereizt

脑 *nǎo*
脑袋 *nǎodai* ② Kopf
脑子 *nǎozi* ② Gehirn; Verstand

闹 *nào*
闹 *nào* laut, lärmend ● Krach haben ● auslassen *Wut, Unzufriedenheit*; leiden an
闹钟 *nàozhōng* Wecker

呢 *ne* ①
Partikel, die am Satzende steht.
1. Bedeutet etwa "und wie ist es mit …?", z.B.: 你好吗？- 我很好. 你呢？

Nǐ hǎo ma?– Wǒ hěn hǎo. Nǐ ne? **Wie geht's? – Gut. Und dir?**

2. Entspricht dem deutschen "Wo ist … ?", z. B.: 钥匙呢？ *yàoshi ne?* **Wo ist der Schlüssel?**

3. Weist auf eine gerade in Gang befindliche Handlung hin, z. B.: 他在看电视呢. *tā zài kàn diànshì ne.* **Er sieht gerade fern.**

内 *nèi*

内 *nèi* ① innerhalb, innen; in
内部 *nèibù* ② Inneres, Innenseite
内裤 *nèikù* Unterhose
内容 *nèiróng* ① Inhalt
内兄 *nèixiōng* Schwager *älterer Bruder der Ehefrau*
内衣 *nèiyī* Unterwäsche

能 *néng*

能 *néng* ① können
能干 *nénggàn* ② fähig, tüchtig
能够 *nénggòu* ① können
能力 *nénglì* ② Fähigkeit
能源 *néngyuán* ② Energie, Energiequelle

嗯 *ńg*

嗯 *ńg* ① hm?

尼 *ní*

尼姑 *nígū* Nonne *buddhistische*
尼龙 *nílóng* Nylon

泥 *ní*

泥 *ní* ② Schlamm

你 *nǐ*

你 *nǐ* ① du, Sie
你的 *nǐde* ① dein(e), Ihr(e)
你好 *nǐ hǎo* guten Tag; 你好吗? *nǐ hǎo ma?* wie geht es?
你们 *nǐmen* ihr, Sie

年 *nián*

年 *nián* ① Jahr

年 nián steht nach einem Zahlwort ohne Zähleinheitswort, z. B.: 十年 *shí nián* **zehn Jahre**. [Siehe Zähleinheitswörter, S. 33]
Geht es um Lebensjahre, so gebraucht man nicht 年 *nián*, sondern 岁 *suì*: 我三十岁了 *wǒ sān shí suì le* **ich bin dreißig Jahre alt**.

年代 *niándài* ② Zeitalter, Zeit; 八十年代 *bāshí niándài* die Achtzigerjahre
年度 *niándù* Jahr *Schuljahr*
年级 *niánjí* ① Schulklasse, Klasse
年纪 *niánjì* ① Alter
年龄 *niánlíng* ② Alter
年青 *niánqīng* ② jung
年轻 *niánqīng* ① jung
年轻人 *niánqīngrén* Jugendliche(r)

念 *niàn*

念 *niàn* ① vorlesen; besuchen, studieren an

鸟 *niǎo*

鸟 *niǎo* ② Vogel

niào – nǚpéngyou

尿 *niào*
尿 *niào* Urin
尿布 *niàobù* Windel

镊 *niè*
镊子 *nièzi* Pinzette

镍 *niè*
镍 *niè* Nickel

您 *nín*
Höfliche Anredeform, die etwa dem deutschen "Sie" entspricht, wenn man eine einzige Person anredet.

宁 *níng*
宁静 *níngjìng* ruhig, still

柠 *níng*
柠檬 *níngméng* Zitrone
柠檬汁 *níngméngzhī* Limonade

牛 *niú*
牛 *niú* ① Kuh, Rind
牛奶 *niúnǎi* ① Milch
牛排 *niúpái* Steak
牛仔裤 *niúzǎikù* Jeans

扭 *niǔ*
扭 *niǔ* ② drehen; sich umdrehen; verdrehen, verrenken

纽 *niǔ*
纽约 *Niǔ Yuē* New York

钮 *niǔ*
钮扣 *niǔkòu* Knopf

农 *nóng*
农场 *nóngchǎng* Bauernhof, Farm
农村 *nóngcūn* ① Land; 在农村 *zài nóngcūn* auf dem Land
农民 *nóngmín* ① Bauer, Bäuerin
农业 *nóngyè* ① Landwirtschaft

浓 *nóng*
浓 *nóng* ② stark *Kaffee, Geschmack*; dicht *Nebel, Rauch*

弄 *nòng*
弄 *nòng* ② machen; besorgen; herumspielen mit
弄到 *nòngdào* besorgen
弄断 *nòngduàn* brechen
弄干净 *nòng gānjìng* reinigen
弄好 *nòng hǎo* fertig machen; reparieren; in Ordnung bringen
弄糊涂 *nòng hútu* sich verwirren
弄湿 *nòngshī* nass machen
弄痛 *nòngtòng* verletzen
弄醒 *nòngxǐng* wecken

努 *nǔ*
努力 *nǔlì* ① Anstrengung, Mühe • sich bemühen

女 *nǚ*
女 *nǚ* ① weiblich; Frauen-
女儿 *nǚ'ér* ① Tochter
女孩 *nǚhái* Mädchen
女朋友 *nǚpéngyou* Freundin *Liebespartnerin*

女人 *nǚrén* ② Frau
女士 *nǚshì* ② Dame
女同性恋者 *nǚ tóngxìng liànzhě* Lesbe
女王 *nǚwáng* Königin
女婿 *nǚxu* Schwiegersohn
女演员 *nǚyǎnyuán* Schauspielerin
女招待 *nǚzhāodài* Kellnerin

暖 *nuǎn*
暖 *nuǎn* ② warm ● aufwärmen
暖和 *nuǎnhuo* ① warm, schön warm ● sich aufwärmen
暖气 *nuǎnqì* ② Heizung

挪 *nuó*
挪威 *Nuówēi* Norwegen

诺 *nuò*
诺言 *nuòyán* Versprechen

欧 *ōu*
欧元 *ōuyuán* Euro
欧洲 *Ōuzhōu* Europa ● europäisch

呕 *ǒu*
呕吐 *ǒutù* sich übergeben, erbrechen

爬 *pá*

爬 *pá* ① kriechen, krabbeln • klettern auf

怕 *pà*

怕 *pà* ① fürchten, Angst haben vor

拍 *pāi*

拍 *pāi* ① schlagen; aufnehmen *Foto*, drehen *Film*; schicken *Telegramm*

拍卖 *pāimài* Versteigerung

拍摄 *pāishè* filmen

拍照 *pāizhào* ein Foto machen, fotografieren

排 *pái*

排 *pái* ② Reihe, Rang • ordnen; proben

排队 *páiduì* Schlange stehen

排骨 *páigǔ* Kotelett *Stück Fleisch*

排练 *páiliàn* proben

排球 *páiqiú* ① Volleyball

排水管 *páishuǐguǎn* Abflussrohr

牌 *pái*

牌 *pái* ② Spielkarte

派 *pài*

派 *pài* ① schicken, entsenden; ernennen • Gruppe, Fraktion

盘 *pán*

Zähleinheitswort für flache Gegenstände und Brettspielpartien, z. B.: 一盘棋 *yìpán qí* **eine Partie Schach**. [Siehe Zähleinheitswörter, S. 33]

盘子 *pánzi* ② Teller

判 *pàn*

判断 *pànduàn* ② urteilen, beurteilen • Urteil

盼 *pàn*

盼望 *pànwàng* ② sich sehnen nach, sich freuen auf

旁 *páng*

旁 *páng* ② Seite

旁边 *pángbiān* ① an der Seite

胖 *pàng*

胖 *pàng* ② dick, fett

抛 *pāo*

抛弃 *pāoqì* verlassen, aufgeben

跑 *pǎo*

跑 *pǎo* ① laufen, rennen

跑步 *pǎobù* ① Laufen als Sport • laufen 去跑步 *qù pǎobù* laufen gehen

跑道 *pǎodào* Rennbahn

炮 *pào*
炮 *pào* ② Kanone, Geschütz

疱 *pào*
疱 *pào* Blase auf der Haut

陪 *péi*
陪 *péi* ② begleiten
陪伴 *péibàn* begleiten, Gesellschaft leisten

赔 *péi*
赔 *péi* ② bezahlen

配 *pèi*
配合 *pèihé* ② kooperieren, zusammenwirken bei
配料 *pèiliào* Zutaten

喷 *pēn*
喷 *pēn* ② sprühen, spritzen
喷泉 *pēnquán* Springbrunnen

盆 *pén*
盆 *pén* ② Becken, Wanne

烹 *pēng*
烹 *pēng* kochen
烹调方法 *pēngtiáo fāngfǎ* Kochrezept
烹饪 *pēngrèn* Küche, Kochkunst

朋 *péng*
朋友 *péngyou* ① Freund(in)

棚 *péng*
棚屋 *péngwū* Baracke

捧 *pěng*
捧 *pěng* ② mit beiden Händen tragen; schmeicheln

碰 *pèng*
碰 *pèng* ① treffen; zufällig treffen, begegnen
碰杯 *pèngbēi* anstoßen *beim Trinken*
碰见 *pèngjiàn* ② zufällig treffen

批 *pī*
批 *pī* ① kritisieren
批发 *pīfā* Vertrieb • vertreiben
批判 *pīpàn* ② kritisieren • Kritik
批评 *pīpíng* ① kritisieren • Kritik
批准 *pīzhǔn* ② genehmigen, zustimmen

披 *pī*
披 *pī* ② über die Schultern hängen

皮 *pí*
皮 *pí* ② Haut; Schale; Pelz; Leder
皮肤 *pífū* ② Haut
皮革 *pígé* Leder

疲 *pí*
疲劳 *píláo* ② müde, ermüdet

啤 *pí*
啤酒 *píjiǔ* ① Bier

脾 *pí*
脾气 *píqì* ② Temperament; Laune

匹 *pǐ* ②

Zähleinheitswort für Pferde und Esel, z. B.: 一匹马 *yì pǐ mǎ* **ein Pferd**. [Siehe Zähleinheitswörter, S. 33]

偏 *piān*

偏 *piān* ① schräg, schief; einseitig, tendenziös • doch
偏见 *piānjiàn* Vorurteil
偏头痛 *piāntóutòng* Migräne

篇 *piān* ①

Zähleinheitswort für Artikel, Tagebücher, Aufsätze, Texte, z. B.: 这篇文章 *zhè piān wénzhāng* **dieser Text**. [Siehe Zähleinheitswörter, S. 33]

便 *pián*

便宜 *piányi* ① billig
➢ Siehe auch 便 *biàn*

片 *piàn* ①

Zähleinheitswort für Kekse und Tabletten, z. B.: 两片儿药 *liǎng piànr yào* **zwei Tabletten**. [Siehe Zähleinheitswörter, S. 33]

片刻 *piànkè* Augenblick, Moment
片面 *piànmiàn* ② einseitig

骗 *piàn*

骗 *piàn* ② betrügen, täuschen

飘 *piāo*

飘 *piāo* ② flattern, wirbeln

票 *piào*

票 *piào* ① Karte, Fahrkarte, Eintrittskarte; Wahlzettel

漂 *piào*

漂亮 *piàoliang* ① hübsch, schön

拼 *pīn*

拼 *pīn* zusammensetzen
拼命 *pīnmìng* ② Kopf und Kragen riskieren, auf Leben und Tod kämpfen
拼音 *pīnyīn* buchstabieren • Pinyin *Lautschrift*

频 *pín*

频繁 *pínfán* häufig

品 *pǐn*

品尝 *pǐncháng* probieren, abschmecken
品种 *pǐnzhǒng* ② Rasse; Auswahl, Sortiment

乒 *pīng*

乒乓球 *pīngpāngqiú* ② Tischtennis

平 *píng*

平 *píng* ② flach, platt
平安 *píng'ān* ② heil und gesund, sicher
平常 *píngcháng* ② üblich, gewöhnlich • normalerweise
平等 *píngděng* ② gleichberechtigt • Gleichberechtigung, Gleichheit
平方 *píngfāng* ② Quadrat
平衡 *pínghéng* Gleichgewicht • balancieren
平静 *píngjìng* ② still, ruhig

平局 *píngjú* unentschieden
平均 *píngjūn* ② Durchschnitt ● durchschnittlich, Durchschnitts-; gleichmäßig ● gleichmäßig verteilen
平时 *píngshí* ② normalerweise
平原 *píngyuán* ② Ebene, Flachland

评 *píng*
评价 *píngjià* beurteilen, bewerten
评论 *pínglùn* besprechen, kommentieren ● Kommentar

苹 *píng*
苹果 *píngguǒ* ① Apfel

屏 *píng*
屏幕 *píngmù* Bildschirm

瓶 *píng*
瓶 *píng* ① Flasche *als Einheit*
瓶子 *píngzi* ② Flasche *als Gegenstand*

坡 *pō*
坡 *pō* ② Hang, Neigung, Gefälle

婆 *pó*
婆婆 *pópo* Schwiegermutter *Mutter des Ehemanns*

迫 *pò*
迫切 *pòqiè* ② dringend

破 *pò*
破 *pò* ① zerbrechen; spalten; zerstören, vernichten ● zerbrochen, kaputt; abgetragen
破产 *pòchǎn* Konkurs, Bankrott ● Konkurs machen; scheitern
破坏 *pòhuài* ② zerstören; untergraben; verletzen, verstoßen gegen
破伤风 *pòshāngfēng* Tetanus

扑 *pū*
扑 *pū* ② sich stürzen auf
扑克牌 *pūkèpái* Spielkarten; Poker

铺 *pū*
铺 *pū* ② ausbreiten; legen, belegen

葡 *pú*
葡萄 *pútao* Traube
葡萄酒 *pútaojiǔ* Wein
葡萄牙 *Pútáoyá* Portugal

朴 *pǔ*
朴素 *pǔsù* ② schlicht

普 *pǔ*
普遍 *pǔbiàn* ② universal; universell, allgemein
普通 *pǔtōng* ② gewöhnlich; allgemein
普通话 *pǔtōnghuà* chinesische Hochsprache, Hochchinesisch

瀑 *pù*
瀑布 *pùbù* Wasserfall

Q

七 *qī*
七 *qī* ① sieben
七百 *qībǎi* siebenhundert
七十 *qīshí* siebzig
七月 *qīyuè* Juli

妻 *qī*
妻子 *qīzi* ② Ehefrau

期 *qī* ②
Zähleinheitswort für Perioden und Zeitschriftnummern, z. B.: 杂志的第一期 *zázhì de dìyīqī die erste Nummer der Zeitschrift* [Siehe Zähleinheitswörter, S. 33]

期间 *qījiān* ② Periode, Gang;
在...期间 *zài ... qījiān* während

欺 *qī*
欺骗 *qīpiàn* ② betrügen; schwindeln

齐 *qí*
齐 *qí* ② ordentlich; vollzählig, alle bereit • in Ordnung bringen, ordnen

其 *qí*
其次 *qícì* ② als nächstes, anschließend
其间 *qíjiān* in der Zwischenzeit, inzwischen
其它 *qítā* ② andere *Dinge*
其他 *qítā* ② andere *Personen*
其余 *qíyú* ② alles andere, das Übrige
其中 *qízhōng* ② darunter, von denen

奇 *qí*
奇怪 *qíguài* ② seltsam, merkwürdig

歧 *qí*
歧视 *qíshì* Diskriminierung • diskriminieren

骑 *qí*
骑 *qí* ① reiten; fahren auf *Fahrrad*
骑马 *qímǎ* Reiten • reiten, ein Pferd reiten
骑自行车 *qí zìxíngchē* radfahren

旗 *qí*
旗 *qí* Fahne
旗袍 *qípáo* traditionelles Kleid chinesischen Stils
旗帜 *qízhì* ② Fahne

企 *qǐ*
企鹅 *qǐ'é* Pinguin
企图 *qǐtú* ② versuchen • Versuch
企业 *qǐyè* ② Unternehmen

启 *qǐ*
启发 *qǐfā* ② inspirieren • Inspiration

起 *qǐ*

起 qǐ ① herausziehen • entstehen
起床 qǐchuáng ① aufstehen *aus dem Bett*
起飞 qǐfēi abfliegen, starten • Abflug, Start
起来 qǐlái ① aufstehen
起因 qǐyīn Ursache
起源 qǐyuán Ursprung • entstehen, stammen aus
起重机 qǐzhòngjī Kran

气 qì
气 qì ① Luft; Gas; Atem • ärgern • sich ärgern, böse werden
气喘 qìchuǎn Asthma
气氛 qìfēn Stimmung
气候 qìhòu ② Klima
气味 qìwèi Geruch; 有… 气味 yǒu … qìwèi nach … riechen
气温 qìwēn ② Temperatur
气象 qìxiàng ② Wettererscheinung; Szene, Atmosphäre

汽 qì
汽车 qìchē ① Wagen, Auto
汽车比赛 qìchē bǐsài Rennsport
汽车出租 qìchē chūzū Autoverleih
汽车修理厂 qìchē xiūlǐchǎng Autowerkstatt
汽水 qìshuǐ ① Sprudel; Limonade
汽油 qìyóu ② Benzin
汽油站 qìyóuzhàn Tankstelle

器 qì

器官 qìguān Organ
器具 qìjù Geräte

洽 qià
洽谈 qiàtán Verhandlungen

恰 qià
恰恰相反 qiàqià xiāngfǎn ganz im Gegenteil
恰巧 qiàqiǎo jetzt gerade; ausgerechnet

千 qiān
千 qiān ① tausend
千万 qiānwàn ② unbedingt
千兆字节 qiānzhào zìjié Gigabyte

牵 qiān
牵 qiān ② führen

铅 qiān
铅笔 qiānbǐ ① Bleistift

签 qiān
签订 qiāndìng ② abschließen, unterschreiben *Vertrag*
签名 qiānmíng Unterschrift
签证 qiānzhèng Visum
签字 qiānzì unterschreiben

前 qián
前 qián ① vor • vorne • vordere(r, -s); früher, vorhergehend • Vorderseite
前边 qiánbiān ① vorne • vor
前灯 qiándēng Scheinwerfer
前额 qián'é Stirn

前进 qiánjìn ② vorwärts gehen, vorrücken
前面 qiánmiàn ② Vorderseite; 在...前面 zài ... qiánmiàn vor ...
前年 qiánnián ② vorletztes Jahr
前天 qiántiān ② vorgestern
前途 qiántú ② Zukunft

钱 *qián*
钱 qián ① Geld; 这个多少钱？ zhège duōshǎo qián? wie viel kostet das?
钱包 qiánbāo Geldbeutel

钳 *qián*
钳子 qiánzi Zange

浅 *qiǎn*
浅 qiǎn ① seicht; einfach; oberflächlich; hell Farbe

欠 *qiàn*
欠 qiàn ② schulden

枪 *qiāng*
枪 qiāng ② Schusswaffe

强 *qiáng*
强 qiáng ② stark, kräftig
强大 qiángdà ② stark, mächtig, gewaltig
强盗 qiángdào ② Räuber, Bandit
强调 qiángdiào ② betonen, unterstreichen
强度 qiángdù ② Stärke, Intensität
强烈 qiángliè ② stark, heftig
强制 qiángzhì zwingen ● obligatorisch
强壮 qiángzhuàng kräftig, robust

墙 *qiáng*
墙 qiáng ① Wand, Mauer

抢 *qiǎng*
抢 qiǎng ② überfallen, berauben
抢劫 qiǎngjié Überfall ● überfallen

悄 *qiāo*
悄悄 qiāoqiāo ② leise

敲 *qiāo*
敲 qiāo ② schlagen, klopfen
敲门 qiāo mén an die Tür klopfen
敲竹杠 qiāo zhúgàng Wucher, Nepp

桥 *qiáo*
桥 qiáo ① Brücke
桥梁 qiáoliáng ② Brücke

瞧 *qiáo*
瞧 qiáo ② sehen

巧 *qiǎo*
巧 qiǎo ② geschickt, gewandt; zufällig
巧克力 qiǎokèlì Schokolade
巧克力糖 qiǎokèlìtáng Schokoladebonbon
巧妙 qiǎomiào ② genial, raffiniert

切 *qiē*
切 qiē ② schneiden

茄 *qié*
茄子 *qiézi* Aubergine

且 *qiě*
且 *qiě* ② und ● erst mal

侵 *qīn*
侵略 *qīnlüè* ② angreifen, einmarschieren in

亲 *qīn*
亲爱 *qīn'ài* ② lieb
亲密 *qīnmì* vertraut, eng befreundet
亲戚 *qīnqi* ② Verwandte(r)
亲切 *qīnqiè* ② nett, liebenswürdig
亲自 *qīnzì* ② persönlich, selbst

琴 *qín*
琴 *qín* Saiteninstrument; Klavier

勤 *qín*
勤奋 *qínfèn* fleißig

青 *qīng*
青 *qīng* ② grün; blau
青豆 *qīngdòu* Erbse
青年 *qīngnián* ① Jugend
青铜 *qīngtóng* Bronze
青蛙 *qīngwā* Frosch
青肿 *qīngzhǒng* blauer Fleck, Quetschung

轻 *qīng*
轻 *qīng* ① leicht
轻松 *qīngsōng* ② leicht; entspannt
轻微 *qīngwēi* leicht, gering, geringfügig

清 *qīng*
清 *qīng* ② rein, klar; deutlich ● bereinigen, begleichen
清楚 *qīngchǔ* ① klar, deutlich ● sich klar sein über
清洁 *qīngjié* rein, sauber
清洁工 *qīngjiégōng* Straßenreiniger
清水 *qīngshuǐ* reines Wasser
清晰 *qīngxī* deutlich, klar

情 *qíng*
情景 *qíngjǐng* ② Szene, Anblick
情况 *qíngkuàng* ① Umstände, Situation, Fall
情形 *qíngxíng* ② Umstände, Verhältnisse
情绪 *qíngxù* ② Laune; 他的情绪很不好 *tāde qíngxù hěn bù hǎo* er ist schlecht gelaunt; Niedergeschlagenheit, schlechte Laune

晴 *qíng*
晴 *qíng* ① heiter, klar, sonnig

请 *qǐng*
请 *qǐng* ① bitten; rufen *Arzt, Kellner usw.*; einladen

> Vor einem anderen Verb entspricht 请 *qǐng* dem deutschen *bitte*: 请进 *qǐng jìn* **Kommen Sie bitte herein**.

请假 *qǐngjià* ① um Urlaub bitten

请客 qǐngkè ② einladen *Essen bzw. Getränke bezahlen*
请求 qǐngqiú ② bitten • Bitte
请帖 qǐngtiě Einladung
请问 qǐngwèn Entschuldigung *wenn man etwas fragen will*

庆 qìng
庆祝 qìngzhù ② feiern

穷 qióng
穷 qióng ② arm

秋 qiū
秋 qiū ① Herbst
秋天 qiūtiān ① Herbst

求 qiú
求 qiú ② bitten, anflehen

球 qiú
球 qiú ① Ball
球场 qiúchǎng ② Spielfeld

区 qū
区 qū ② Zone, Bezirk
区别 qūbié ② unterscheiden • Unterschied

曲 qū
曲 qū krumm • Biegung
曲棍球 qūgùnqiú Hockey
➢ Siehe auch 曲 qǔ

驱 qū
驱蚊剂 qūwénjì Mückenschutzmittel

趋 qū
趋向 qūxiàng Trend, Tendenz

渠 qú
渠 qú Kanal, Graben

曲 qǔ
曲 qǔ Melodie
➢ Siehe auch 曲 qū

取 qǔ
取 qǔ ② nehmen, holen
取得 qǔdé ① bekommen
取钱 qǔ qián Geld abheben
取消 qǔxiāo ② absagen

去 qù
去 qù ① (hin)gehen, (hin)fahren

In Verbindung mit anderen Verben der Bewegung entspricht das Verb 去 qu (in diesem Gebrauch tonlos) dem deutschen 'hin', z. B.: 他进房间去了 *tā jìn fángjiān qu le* **Er ging ins Zimmer hinein**. 去 qu steht meistens nach dem Ziel der Bewegung, wenn dieses erwähnt wird.

Die Gegenrichtung wird mit 来 *lai* 'her' angezeigt.

去年 qùnián ① letztes Jahr
去掉某物 qùdiào mǒuwù etwas loswerden
去世 qùshì sterben

圈 quān
圈 quān ② Kreis, Ring • einkreisen, umschließen

权 *quán*
权利 *quánlì* Recht

全 *quán*
全 *quán* ① ganz; vollständig
全部 *quánbù* ① das Ganze
全国 *quánguó* landesweit, national
全麦 *quánmài* Vollkorn
全面 *quánmiàn* ② umfassend
全球化 *quánqiúhuà* Globalisierung
全体 *quántǐ* ① ganz; alle

拳 *quán*
拳击 *quánjī* Boxen
拳击运动员 *quánjī yùndòngyuán* Boxer(in)

劝 *quàn*
劝 *quàn* ② raten, zureden; ermutigen

缺 *quē*
缺 *quē* ② fehlen, mangeln

缺点 *quēdiǎn* ② Fehler, Nachteil
缺乏 *quēfá* ② fehlen, mangeln
缺少 *quēshǎo* ② fehlen, mangeln

却 *què*
却 *què* ② aber, jedoch

确 *què*
确定 *quèdìng* ② bestimmen, festlegen
确切 *quèqiè* genau
确认 *quèrèn* bestätigen
确实 *quèshí* ① wirklich, tatsächlich; zuverlässig

裙 *qún*
裙子 *qúnzi* ② Rock

群 *qún*
群 *qún* ② Menge, Herde, Schwarm, Gruppe
群众 *qúnzhòng* ② die Massen

然 rán
然而 rán'ér ② aber, jedoch
然后 ránhòu ① danach, nachher

燃 rán
燃料 ránliào Brennstoff, Treibstoff
燃烧 ránshāo ② brennen

染 rǎn
染 rǎn ② färben; sich holen, sich zuziehen Krankheit
染发 rǎnfà sich die Haare färben

嚷 rāng
嚷 rāng ② rufen, schreien; Krach machen; Krach haben

让 ràng
让 ràng ① lassen; überlassen; einladen; einladen zu, anbieten; 让某人做某事 ràng mǒurén zuò mǒushì jemanden etwas machen lassen; 让门开着 ràng mén kāizhe die Tür offen lassen

绕 rào
绕 rào ② wickeln, aufrollen; umkreisen; einen Umweg machen

惹 rě
惹 rě ② anrichten, sorgen für; provozieren, reizen

热 rè
热 rè ① warm, heiß; sehr gefragt • Wärme, Hitze • aufwärmen; 我很热 wǒ hěn rè mir ist heiß
热爱 rè'ài ② leidenschaftlich lieben
热带 rèdài die Tropen • tropisch
热烈 rèliè ② begeistert
热闹 rènao ② belebt • in Schwung kommen
热情 rèqíng ① herzlich, warm • Leidenschaft
热水瓶 rèshuǐpíng ② Thermosflasche®
热心 rèxīn ② warmherzig; hilfsbereit

人 rén
人 rén ① Mensch, Person; Leute

Als Nachsilbe bezeichnet 人 rén den Einheimischen eines Landes, einer Stadt usw., z. B.: 瑞士人 Ruìshìrén *Schweizer(in)*.

Um jemanden nach seiner Nationalität zu fragen, sagt man: 你是哪国人？ *nǐ shì nǎguó rén?* (= Sie sind Einheimischer welches Landes?) *Aus welchem Land kommen Sie?*

人才 *réncái* ② talentierte Person, fähige Person
人工 *réngōng* ② künstlich
人家 *rénjiā* ② Haushalt, Familie
人家 *rénjia* ② die anderen ● er, sie
人口 *rénkǒu* ② Bevölkerung
人类 *rénlèi* ② die Menschheit
人们 *rénmen* ② die Leute ● man
人民 *rénmín* ① Volk
人民币 *rénmínbì* ② Renminbi, RMB *chinesische Währung*
人权 *rénquán* Menschenrechte
人物 *rénwù* ② Persönlichkeit; Figur *in der Literatur, Kunst,* Charakter
人行道 *rénxíngdào* Gehsteig
人行横道 *rénxíng héngdào* Fußgängerüberweg
人员 *rényuán* ② Personal, Belegschaft
人造 *rénzào* ② künstlich
人造黄油 *rénzào huángyóu* Margarine

认 **rèn**
认 *rèn* ② erkennen; anerkennen, zugeben
认得 *rènde* ② wiedererkennen, kennen
认得路 *rènde lù* sich zurechtfinden
认识 *rènshi* ① kennen, kennenlernen ● Kenntnis
认为 *rènwéi* ① denken, meinen: 我认为 *wǒ rènwéi* meiner Meinung nach

认真 *rènzhēn* ① gewissenhaft, ernsthaft

任 **rèn**
任何 *rènhé* ① irgend, irgendein(e), irgendwelche
任务 *rènwù* ② Aufgabe, Auftrag

扔 **rēng**
扔 *rēng* ② werfen; wegwerfen
扔下 *rēngxia* fallen lassen, im Stich lassen

仍 **réng**
仍 *réng* ② noch
仍然 *réngrán* ② immer noch

日 **rì**
日 *rì* ① Sonne; Tag
日报 *rìbào* Tageszeitung
日本 *Rìběn* Japan
日常 *rìcháng* ② alltäglich, Alltags-
日程 *rìchéng* ② Zeitplan, Programm
日记 *rìjì* ② Tagebuch
日记簿 *rìjìbù* Terminkalender
日历 *rìlì* Kalender
日期 *rìqī* ② Datum; Termin
日文 *Rìwén* ② Japanisch
日用品 *rìyòngpǐn* ② Gebrauchsartikel
日语 *Rìyǔ* ② Japanisch
日元 *rìyuán* ② Yen *japanische Währung*
日子 *rìzi* ① Tag, Termin; Zeit; Leben

容 **róng**
容易 *róngyì* ① leicht, einfach

融 *róng*
融化 *rónghuà* schmelzen; auftauen

柔 *róu*
柔道 *róudào* Judo
柔和 *róuhé* sanft

肉 *ròu*
肉 *ròu* ① Fleisch
肉桂 *ròuguì* Zimt
肉片 *ròupiàn* Filet
肉铺 *ròupù* Fleischerei, Metzgerei

如 *rú*
如 *rú* ② wie, wie zum Beispiel • wenn
如果 *rúguǒ* ② falls, wenn: 如果有必要 *rúguǒ yǒu bìyào* wenn nötig
如何 *rúhé* ② wie, was
如今 *rújīn* ② heutzutage, heute

乳 *rǔ*
乳房 *rǔfáng* Brust
乳霜 *rǔshuāng* Creme
乳罩 *rǔzhào* BH

入 *rù*
入 *rù* ② hineingehen, eintreten in
入口 *rùkǒu* Eingang
入学 *rùxué* in die Schule gehen, an die Uni gehen

软 *ruǎn*
软 *ruǎn* ② weich
软磁盘 *ruǎncípán* Diskette
软件 *ruǎnjiàn* Software

瑞 *ruì*
瑞典 *Ruìdiǎn* Schweden
瑞士 *Ruìshì* Schweiz
瑞士人 *Ruìshìrén* Schweizer(in)

弱 *ruò*
弱 *ruò* ② schwach

S

撒 sā
撒 sā ② loslassen; auswerfen *Netze*

洒 sǎ
洒 sǎ ② verschütten; sprengen

赛 sài
赛 sài ② wetteifern bei, spielen
赛成平局 sàichéng píngjú unentschieden spielen
赛马 sàimǎ Pferderennen

三 sān
三 sān ① drei
三百 sānbǎi dreihundert
三分之一 sānfēn zhī yī ein Drittel
三个月 sāngèyuè Quartal
三角裤 sānjiǎokù Slip
三明治 sānmíngzhì Sandwich
三十 sānshí dreißig
三文鱼 sānwényú Lachs
三月 sānyuè März

伞 sǎn
伞 sǎn ② Regenschirm

散 sàn
散步 sànbù ① Spaziergang ● spazieren; 去散步 qù sànbù spazieren gehen

桑 sāng
桑拿浴 sāngnáyù Sauna

嗓 sǎng
嗓子 sǎngzi ② Hals
嗓子疼 sǎngzi téng Halsschmerzen ● Halsschmerzen haben

扫 sǎo
扫 sǎo ② kehren, fegen
扫描 sǎomiáo scannen
➤ Siehe auch 扫 sào

嫂 sǎo
嫂子 sǎozi ② Schwägerin *Ehefrau des älteren Bruders*

扫 sào
扫帚 sàozhou Besen
➤ Siehe auch 扫 sǎo

色 sè
色 sè Farbe
色拉 sèlā Salat
色盲 sèmáng farbenblind

森 sēn
森林 sēnlín ② Wald, Forst

僧 sēng
僧侣 sēnglǚ Mönch

杀 *shā*

杀 *shā* ② töten
杀害 *shāhài* ② töten, ermorden
杀死 *shāsǐ* töten

沙 *shā*

沙发 *shāfā* ② Sofa
沙漠 *shāmò* ② Wüste
沙子 *shāzi* ② Sand

鲨 *shā*

鲨鱼 *shāyú* Hai

晒 *shài*

晒 *shài* ② trocknen; sich sonnen
晒干 *shàigān* trocknen
晒黑 *shàihēi* braun gebrannt

山 *shān*

山 *shān* ① Berg
山洞 *shāndòng* Höhle
山谷 *shāngǔ* Tal
山脉 *shānmài* ② Gebirge, Bergkette
山区 *shānqū* ② Gebirgsgebiet
山羊 *shānyáng* Ziege

删 *shān*

删除 *shānchú* löschen, streichen

闪 *shǎn*

闪 *shǎn* ② ausweichen; verrenken, verdrehen; aufleuchten, aufblitzen
闪电 *shǎndiàn* Blitz
闪光灯 *shǎnguāngdēng* Blitzlicht

扇 *shàn*

扇子 *shànzi* Fächer

善 *shàn*

善良 *shànliáng* gutmütig, gut
善于 *shànyú* ② gut in, geschickt in

擅 *shàn*

擅长 *shàncháng* gut in, geschickt in

伤 *shāng*

伤 *shāng* ② verletzen ● Verletzung;
  受伤 *shòushāng* sich verletzen, verletzt werden
伤风 *shāngfēng* Erkältung ● sich erkälten
伤口 *shāngkǒu* Wunde
伤心 *shāngxīn* ② traurig, betrübt

商 *shāng*

商场 *shāngchǎng* ② Kaufhaus
商店 *shāngdiàn* ① Laden, Geschäft
商定 *shāngdìng* vereinbaren, aushandeln
商量 *shāngliang* ② besprechen
商品 *shāngpǐn* ② Ware, Güter
商人 *shāngrén* Händler(in), Geschäftsmann (-frau)
商务舱 *shāngwùcāng* Business-Klasse
商业 *shāngyè* ② Handel

上 *shàng*

上 *shàng* ① oben ● letzte(r, -s), vorhergehend ● hochgehen, steigen auf; gehen zu Arbeit, Schule;

betreten; auftragen Creme usw. ●
在... 上 zài ... shang auf, oben auf;
was ... betrifft

> Im Sinne von "oben auf" steht 上 shang nach dem Substantiv und wird tonlos ausgesprochen.

上班 shàngbān ② zur Arbeit gehen
上边 shàngbiān ① oben auf, über ● oberhalb von
上次 shàng cì das letzte Mal
上床 shàngchuáng ins Bett gehen
上当 shàngdàng ② hereinfallen; betrogen werden
上帝 Shàngdì Gott
上个月 shàng ge yuè letzten Monat
上级 shàngjí ② höhere Instanz, Vorgesetzte(r)
上课 shàng kè ① zum Unterricht gehen; Unterricht haben
上海 Shànghǎi Shanghai
上来 shànglái oben erwähnt; ① heraufkommen
上面 shàngmian: ② 在... 上面 zài ... shàngmian oben auf, über
上气不接下气 shàngqì bù jiē xiàqì außer Atem sein
上去 shàngqù ① hinaufgehen
上午 shàngwǔ ① Vormittag
上星期 shàng xīngqī letzte Woche
上学 shàng xué ① zur Schule gehen
上一次 shàng yícì das letzte Mal
上衣 shàngyī ② Jacke

烧 **shāo**
烧 shāo ② verbrennen; kochen; braten ● Fieber haben
烧毁 shāohuǐ abbrennen
烧伤 shāoshāng Verbrennung, Brandwunde

稍 **shāo**
稍 shāo ② ein bisschen
稍微 shāowēi ② ein bisschen

勺 **sháo**
勺子 sháozi ② Löffel

少 **shǎo**
少 shǎo ① wenig; weniger; 很少 hěn shǎo sehr wenig; selten ● fehlen; verlorengegangen sein
少数 shǎoshù ② Minderheit, kleine Anzahl
少数民族 shǎoshù mínzú ethnische Minderheit

少 **shào**
少年 shàonián Jugend; Jugendliche(r)

奢 **shē**
奢侈 shēchǐ Luxus

舌 **shé**
舌头 shétou ② Zunge

蛇 **shé**
蛇 shé ② Schlange

设 **shè**

shèbèi – shénjīng

设备 *shèbèi* ② Ausstattung, Einrichtung

设法 *shèfǎ* nach Möglichkeiten suchen

设计 *shèjì* ② entwerfen ● Entwurf, Design

设计师 *shèjìshī* Designer(in)

设计者 *shèjìzhě* Designer(in)

设施 *shèshī* Einrichtung *soziale, militärische usw.*

社 *shè*

社会 *shèhuì* ① Gesellschaft ● gesellschaftlich, sozial

射 *shè*

射 *shè* ② schießen auf; ausstrahlen

射击 *shèjī* schießen

摄 *shè*

摄 *shè* ① fotografieren

摄像机 *shèxiàngjī* Camcorder, Videokamera

摄影 *shèyǐng* Fotografie ● ein Foto machen

谁 *shéi*

谁 *shéi* wer, wen, wem

谁的 *shéide* wessen

谁也不 *shéi yě bù* niemand

➤ Siehe auch 谁 *shuí*

申 *shēn*

申报 *shēnbào* anzeigen, melden; verzollen

伸 *shēn*

伸 *shēn* ② ausstrecken, strecken

身 *shēn* ②

Zähleinheitswort für Kleidung, z. B.: 一身 西服 *yìshēn xīfú ein westliches Outfit*. [Siehe Zähleinheitswörter, S. 33]

身边 *shēnbiān* ② an jemandes Seite, bei sich

身份证 *shēnfènzhèng* Personalausweis

身体 *shēntǐ* ① Körper

深 *shēn*

深 *shēn* ① tief; tiefgehend; eng, intim

深厚 *shēnhòu* ② tief, tiefgründig

深刻 *shēnkè* ② tief, tiefgehend

深入 *shēnrù* ② tief eindringen in ● eingehend

什 *shén*

什么 *shénme* ① was; was für, welche(r, -s); 车是什么颜色的？ *chē shì shénme yánsè de?* welche Farbe hat das Auto?

什么的 *shénmede* ② und dergleichen, und so weiter

什么时候 *shénme shíhou* wann

什么也不 *shénme yě bù* nichts

神 *shén*

神 *shén* ② Gott, Gottheit

神父 *shénfù* Priester

神经 *shénjīng* ② Nerv

神秘 *shénmì* geheimnisvoll

肾 **shèn**
肾 *shèn* Niere

甚 **shèn**
甚至 *shènzhì* sogar
甚至不 *shènzhì bù* nicht einmal

升 **shēng**
升 *shēng* ② Liter ● hissen, hochziehen; befördern

生 **shēng**
生 *shēng* ① roh, ungekocht; grün, unreif ● gebären; hervorbringen; anzünden
生病 *shēngbìng* krank werden
生菜 *shēngcài* Kopfsalat
生产 *shēngchǎn* ① herstellen, produzieren ● Produktion
生词 *shēngcí* ① Neologismus, Neuwort
生动 *shēngdòng* ② lebhaft
生活 *shēnghuó* ① Leben ● leben
生面团 *shēngmiàntuán* Teig
生命 *shēngmìng* ② Leben
生啤酒 *shēng píjiǔ* Fassbier
生气 *shēngqì* ② sich ärgern, böse werden
生人 *shēngrén* Fremde(r)
生日 *shēngrì* ① Geburtstag; 生日快乐 *shēngrì kuàilè!* Herzlichen Glückwunsch zum Geburtstag!
生态学 *shēngtàixué* Ökologie
生物 *shēngwù* ② Lebewesen
生锈 *shēngxiù* rostig ● verrosten
生意 *shēngyì* ② Handel, Geschäft
生长 *shēngzhǎng* ② wachsen, aufwachsen

声 **shēng**
声 *shēng* ① Mal *wenn es um Ausrufe geht* 叫三声 *jiào sānshēng* dreimal rufen
声调 *shēngdiào* ① Ton *einer chinesischen Silbe*
声音 *shēngyīn* ① Stimme; Ton

绳 **shéng**
绳子 *shéngzi* ② Seil

省 **shěng**
省 *shěng* ① Provinz *Chinas* ● sparen; weglassen

圣 **shèng**
圣 *Shèng* Sankt
圣诞 *Shèngdàn* Weihnachten
圣经 *shèngjīng* Bibel
圣人 *shèngrén* Heilige(r)

胜 **shèng**
胜 *shèng* ② besiegen, schlagen; gewinnen
胜利 *shènglì* ① Sieg ● siegen

剩 **shèng**
剩 *shèng* ① übrigbleiben
剩下 *shèngxia* übrigbleiben

shèngxiade – shímáo

剩下的 *shèngxiade* Rest

失 *shī*
失 *shī* verlieren; brechen *Versprechen*
失败 *shībài* ② Misserfolg, Scheitern; Niederlage ● scheitern; eine Niederlage einstecken müssen
失眠 *shīmián* Schlaflosigkeit
失明 *shīmíng* blind
失去 *shīqù* ② verlieren
失去联系 *shīqù liánxì* den Kontakt verlieren
失望 *shīwàng* ② enttäuscht
失业 *shīyè* ② Arbeitslosigkeit ● arbeitslos ● arbeitslos werden
失约 *shīyuē* eine Verabredung nicht einhalten

师 *shī*
师傅 *shīfu* ① Meister(in), Handwerksmeister(in)

诗 *shī*
诗 *shī* ② Dichtung, Gedicht
诗人 *shīrén* Dichter(in)

狮 *shī*
狮子 *shīzi* ② Löwe

施 *shī*
施工 *shīgōng* ② im Bau, beim Bau

湿 *shī*
湿 *shī* ② nass, feucht
湿透 *shītòu* klatschnass

十 *shí*
十 *shí* ① zehn
十八 *shíbā* achtzehn
十二 *shí'èr* zwölf
十二月 *shí'èryuè* Dezember
十分 *shífēn* ① ganz, sehr
十九 *shíjiǔ* neunzehn
十六 *shíliù* sechzehn
十年 *shínián* Jahrzehnt
十七 *shíqī* siebzehn
十三 *shísān* dreizehn
十四 *shísì* vierzehn
十五 *shíwǔ* fünfzehn
十项全能 *shíxiàng quánnéng* Zehnkampf
十一 *shíyī* elf
十亿 *shíyì* eine Milliarde
十一月 *shíyīyuè* November
十月 *shíyuè* Oktober
十字 *shízì* Kreuz

石 *shí*
石头 *shítou* ② Stein
石油 *shíyóu* ② Erdöl, Öl

时 *shí*
时代 *shídài* ② Zeitalter
时候 *shíhou* ① Zeit ● wenn, als
时间 *shíjiān* ① Zeit
时节 *shíjié* Jahreszeit
时刻 *shíkè* ② Zeitpunkt, Moment
时刻表 *shíkèbiǎo* Fahrplan
时髦 *shímáo* modisch ● in Mode sein

时期 *shíqī* ② Periode, Zeitraum
时装 *shízhuāng* Mode
时装表演 *shízhuāng biǎoyǎn* Modenschau

实 *shí*
实际 *shíjì* ② Praxis • praktisch
实践 *shíjiàn* ① in die Tat umsetzen • Praxis
实况 *shíkuàng* live, direkt
实施 *shíshī* durchführen, verwirklichen
实习 *shíxí* Praktikum, Ausbildung
实习生 *shíxíshēng* Praktikant(in), Azubi
实现 *shíxiàn* ① verwirklichen, erreichen
实行 *shíxíng* ② durchführen; durchsetzen
实验 *shíyàn* ② Experiment, Versuch • Experimente durchführen
实验室 *shíyànshì* Labor
实用 *shíyòng* ② praktisch
实在 *shízài* aufrichtig • wirklich

拾 *shí*
拾 *shí* ① auflesen, aufheben

食 *shí*
食 *shí* Futter • essen
食品 *shípǐn* ② Lebensmittel, Nahrungsmittel
食堂 *shítáng* ① Kantine; Mensa
食物 *shíwù* ② Lebensmittel, Nahrungsmittel
食物中毒 *shíwù zhòngdú* Lebensmittelvergiftung
食欲 *shíyù* Appetit

使 *shǐ*
使 *shǐ* ② benutzen, anwenden; schicken; (jemanden etwas machen) lassen
使害怕 *shǐ hàipà* erschrecken
使联合 *shǐliánhé* vereinigen
使用 *shǐyòng* ① benutzen, gebrauchen
使用者 *shǐyòngzhě* Benutzer(in)

始 *shǐ*
始终 *shǐzhōng* ② von Anfang bis Ende, die ganze Zeit

士 *shì*
士兵 *shìbīng* einfacher Soldat

世 *shì*
世纪 *shìjì* ② Jahrhundert
世界 *shìjiè* ① Welt
世界杯 *shìjièbēi* Weltmeisterschaft
世界记录 *shìjiè jìlù* Weltrekord

市 *shì*
市 *shì* ① Stadt
市场 *shìchǎng* ② Markt
市场营销 *shìchǎng yíngxiāo* Marketing
市长 *shìzhǎng* Bürgermeister(in)
市政府 *shìzhèngfǔ* Stadtrat
市政厅 *shìzhèngtīng* Rathaus

市中心 *shìzhōngxīn* Zentrum, Stadtmitte

事 *shì*

事 *shì* ① Sache
事故 *shìgù* Unfall
事件 *shìjiàn* ② Fall, Vorfall
事情 *shìqing* ① Sache
事实 *shìshí* ② Tatsache
事物 *shìwù* ② Ding, Sache
事先 *shìxiān* ② im Voraus
事业 *shìyè* ② Sache; Unternehmen

试 *shì*

试 *shì* ① versuchen, probieren
试穿 *shìchuān* anprobieren
试卷 *shìjuàn* ② Prüfungsbogen
试验 *shìyàn* ② Test; Experiment • testen
试一下 *shì yíxià* mal versuchen, mal probieren

视 *shì*

视察 *shìchá* kontrollieren; inspizieren
视力 *shìlì* Sehkraft

柿 *shì*

柿 *shì* Persimone, Kakipflaume
柿子椒 *shìzijiāo* Paprikaschote

是 *shì*

是 *shì* ① sein

> Das Verb 是 *shì* wird oft eingefügt, um das nachfolgende Satzelement zu betonen. Die Partikel 的 *de* steht dann am Satzende: 他是昨天到的 *tā shì zuótiān dào de* **Er ist gestern angekommen**.

是的 *shìde* ja
是否 *shìfǒu* ob: 我不知道她是否会说英文 *wǒ bù zhīdào tā shìfǒu huì shuō Yīngwén* ich weiß nicht, ob sie Englisch kann.
是真的 *shì zhēnde* allerdings

适 *shì*

适当 *shìdàng* ② angebracht, geeignet
适合 *shìhé* ② passen zu, geeignet sein für, entsprechen
适应 *shìyìng* ② sich anpassen an
适用 *shìyòng* ② anwendbar

嗜 *shì*

嗜好 *shìhào* Hobby

收 *shōu*

收 *shōu* ① annehmen, aufnehmen; kassieren; einbringen, ernten
收到 *shōudào* bekommen, erhalten
收获 *shōuhuò* ② ernten • Früchte, Ergebnis
收据 *shōujù* Quittung
收起来 *shōuqǐlai* aufräumen, wegräumen
收入 *shōurù* ② aufnehmen, einbeziehen • Einkommen, Ertrag

收拾 *shōushi* ① in Ordnung bringen, aufräumen; packen Koffer; reparieren; bestrafen
收缩 *shōusuō* einlaufen *Wäsche*
收音机 *shōuyīnjī* ② Radio

手 *shǒu*

手 *shǒu* ① Hand
手表 *shǒubiǎo* ① Armbanduhr
手册 *shǒucè* Handbuch
手电筒 *shǒudiàntǒng* Taschenlampe
手段 *shǒuduàn* ② Mittel, Methode
手法 *shǒufǎ* Verfahren, Technik
手工 *shǒugōng* ② Handarbeit
手机 *shǒujī* Handy, Mobiltelefon
手绢 *shǒujuàn* ② Taschentuch
手球 *shǒuqiú* Handball
手势 *shǒushì* Geste
手术 *shǒushù* ② Operation
手套 *shǒutào* ② Handschuh
手提包 *shǒutíbāo* Handtasche
手提箱 *shǒutíxiāng* Handkoffer
手推车 *shǒutuīchē* Kofferkuli, Einkaufswagen
手腕 *shǒuwàn* Handgelenk
手续 *shǒuxù* ② Verfahren, Formalitäten
手闸 *shǒuzhá* Handbremse
手掌 *shǒuzhǎng* Handfläche
手杖 *shǒuzhàng* Spazierstock
手指 *shǒuzhǐ* ② Finger
手镯 *shǒuzhuó* Armband

守 *shǒu*

守 *shǒu* verteidigen, schützen; Wache halten, wachen; einhalten, befolgen
守门员 *shǒuményuán* Torwart

首 *shǒu* ②

Zähleinheitswort für Lieder, Gedichte, z. B.: 那首歌 *nà shǒu gē* **jenes Lied**. [Siehe Zähleinheitswörter, S. 33]

首次 *shǒucì* zum ersten Mal
首都 *shǒudū* ① Hauptstadt
首饰 *shǒushì* Schmuck
首先 *shǒuxiān* ② zuerst
首相 *shǒuxiàng* Premierminister(in)

寿 *shòu*

寿命 *shòumìng* Lebensdauer

受 *shòu*

受 *shòu* ② bekommen, erhalten; erleiden
受痛苦 *shòu tòngkǔ* leiden

授 *shòu*

授权 *shòuquán* Vollmacht erteilen, ermächtigen

售 *shòu*

售 *shòu* verkaufen
售货亭 *shòuhuòtíng* Kiosk
售货员 *shòuhuòyuán* Verkäufer(in)
售票处 *shòupiàochù* Fahrkartenschalter; Kasse *Theater, Kino*

瘦 *shòu*
瘦 *shòu* ② dünn, mager

书 *shū*
书 *shū* ① Buch
书包 *shūbāo* ② Schulranzen
书橱 *shūchú* Bücherschrank
书店 *shūdiàn* ② Buchhandlung
书法 *shūfǎ* Kalligrafie *chinesische*
书记 *shūjì* ② Sekretär(in)
书架 *shūjià* ② Bücherregal

叔 *shū*
叔叔 *shūshu* ② Onkel *jüngerer Bruder des Vaters*

梳 *shū*
梳头发 *shū tóufa* sich die Haare kämmen
梳子 *shūzi* Kamm

舒 *shū*
舒服 *shūfu* ① bequem
舒适 *shūshì* ② bequem, gemütlich

输 *shū*
输 *shū* ① befördern; verlieren *besiegt werden*
输入 *shūrù* eingeben

蔬 *shū*
蔬菜 *shūcài* ② Gemüse

熟 *shú*
熟 *shú* ① reif; gar, gekocht; bekannt
熟练 *shúliàn* ② geschickt, gewandt
熟人 *shúrén* Bekannte(r), Kontaktperson
熟悉 *shúxī* ② gut kennen, sehr vertraut sein mit

属 *shǔ*
属于 *shǔyú* ② gehören (zu)

暑 *shǔ*
暑假 *shǔjià* ② Sommerferien

鼠 *shǔ*
鼠 *shǔ* Ratte, Maus
鼠标 *shǔbiāo* Maus *für Computer*

数 *shǔ*
数 *shǔ* ① zählen; aufzählen als
➤ Siehe auch 数 *shù*

薯 *shǔ*
薯条 *shǔtiáo* Pommes frites

树 *shù*
树 *shù* ① Baum
树林 *shùlín* ② Wald

数 *shù*
数 *shù* ② Zahl, Anzahl
数额 *shù'é* Betrag
数量 *shùliàng* ② Menge
数码相机 *shùmǎ xiàngjī* Digitalkamera
数学 *shùxué* ① Mathematik
数字 *shùzì* ② Nummer, Ziffer ● digital

数字视频光盘 *shùzì shìpín guāngpán* DVD
➤ Siehe auch 数 *shǔ*

刷 *shuā*

刷 *shuā* ② bürsten, schrubben
刷牙 *shuāyá* sich die Zähne putzen
刷子 *shuāzi* Bürste

衰 *shuāi*

衰老 *shuāilǎo* altersschwach
衰退 *shuāituì* Rezession

摔 *shuāi*

摔 *shuāi* ② hinfallen; abstürzen • werfen, schmeißen
摔倒 *shuāidǎo* hinfallen

甩 *shuǎi*

甩 *shuǎi* ② schwenken; werfen, schleudern; hinter sich lassen, Schluss machen mit *Freund(in)*

率 *shuài*

率领 *shuàilǐng* ② anführen, leiten
➤ Siehe auch 率 *lǜ*

双 *shuāng* ①

Als Zähleinheitswort bedeutet es *Paar*, z. B.: 一双手套 *yìshuāng shǒutào* *ein Paar Handschuhe*. [Siehe Zähleinheitswörter, S. 33]

双胞胎 *shuāngbāotāi* Zwillinge
双倍 *shuāngbèi* das Doppelte • doppelt so viel
双方 *shuāngfāng* ② beide Seiten
双人床 *shuāngrénchuáng* Doppelbett

霜 *shuāng*

霜 *shuāng* Reif *Niederschlag*

谁 *shuí*

谁 *shuí* ① wer, wen, wem
➤ Siehe auch 谁 *shéi*

水 *shuǐ*

水 *shuǐ* ① Wasser
水坝 *shuǐbà* Staudamm
水池 *shuǐchí* Becken, Bassin
水电站 *shuǐdiànzhàn* Wasserkraftwerk
水果 *shuǐguǒ* ① Frucht, Obst
水壶 *shuǐhú* Wasserkessel
水龙头 *shuǐlóngtóu* Wasserhahn
水泥 *shuǐní* ② Zement
水泡 *shuǐpào* Luftblase *im Wasser oder auf der Wasserfläche*
水平 *shuǐpíng* ① Niveau • waagerecht
水手 *shuǐshǒu* Seeman
水桶 *shuǐtǒng* Eimer

税 *shuì*

税 *shuì* Steuer, Abgabe

睡 *shuì*

睡 *shuì* ① schlafen in
睡觉 *shuìjiào* ① schlafen
睡衣 *shuìyī* Schlafanzug, Nachthemd
睡着 *shuìzháo* einschlafen

顺 *shùn*
顺便 *shùnbiàn* ② nebenbei
顺利 *shùnlì* ② problemlos
顺序 *shùnxù* Reihenfolge

说 *shuō*
说 *shuō* ① sagen, sprechen: 你说什么? *nǐ shuō shénme?* Was haben Sie gesagt?
说话 *shuōhuà* sprechen; 跟某人说话 *gēn mǒurén shuōhuà* mit jemandem sprechen
说谎 *shuōhuǎng* lügen
说谎者 *shuōhuǎngzhě* Lügner(in)
说明 *shuōmíng* ① erklären; aufzeigen ● Erklärung

硕 *shuò*
硕士学位 *shuòshì xuéwèi* Magister *akademischer Grad*

丝 *sī*
丝 *sī* ② Seide
丝绸 *sīchóu* Seide

司 *sī*
司机 *sījī* ② Fahrer(in)

私 *sī*
私人 *sīrén* ② privat, persönlich

思 *sī*
思想 *sīxiǎng* ① Gedanke, Idee
思考方式 *sīkǎo fāngshì* Denkweise

斯 *sī*
斯图加特 *Sītújiātè* Stuttgart

撕 *sī*
撕 *sī* ② zerreißen
撕破 *sīpò* zerreißen

死 *sǐ*
死 *sǐ* ① sterben ● starr
死了 *sǐ le* tot
死亡 *sǐwáng* Tod ● sterben

四 *sì*
四 *sì* ① vier
四百 *sìbǎi* vierhundert
四分之一 *sìfēn zhī yī* ein Viertel
四分之一决赛 *sìfēn zhī yī juésài* Viertelfinale
四十 *sìshí* vierzig
四月 *sìyuè* April

寺 *sì*
寺庙 *sìmiào* Tempel
寺院 *sìyuàn* Kloster

似 *sì*
似乎 *sìhu* ② anscheinend

饲 *sì*
饲养 *sìyǎng* züchten

松 *sōng*
松 *sōng* ② locker ● lockern

送 *sòng*
送 *sòng* ① schicken; bringen; schenken; hinausbegleiten, verabschieden

送行 sòngxíng ② verabschieden

艘 sōu

Zähleinheitswort für Schiffe, z. B.: 四艘船 sì sōu chuán **vier Schiffe**. [Siehe Zähleinheitswörter, S. 33]

馊 sōu

馊 sōu verdorben, schlecht *Speisen*

苏 sū
苏打水 sūdá shuǐ Sodawasser
苏黎世 Sūlíshì Zürich

素 sù
素食 sùshí vegetarisches Essen
素食者 sùshízhě Vegetarier(in)

速 sù
速度 sùdù ② Geschwindigkeit
速递员 sùdìyuán Kurier

宿 sù
宿舍 sùshè ① Wohnheim, Studentenheim

塑 sù
塑料 sùliào ② Plastik, Kunststoff

酸 suān
酸 suān ① sauer; betrübt ● Säure
酸奶 suānnǎi Joghurt

蒜 suàn
蒜 suàn Knoblauch

算 suàn

算 *suàn* ① rechnen; mitzählen, einbeziehen ● zählen, gelten
算了 suànle ② vergiss es, lass es sein, schon gut

虽 suī
虽然 suīrán ① obwohl

随 suí
随 suí ② folgen
随便 suíbiàn ② zwanglos, ungezwungen
随时 suíshí ② jederzeit

岁 suì
岁 suì ① Lebensjahr: 你多少岁了？ nǐ duōshao suì le? wie alt sind Sie? 我三十岁了 wǒ sānshí suì le ich bin 30 Jahre alt

碎 suì
碎 suì ② zerbrechen, zerspringen

隧 suì
隧道 suìdào Tunnel

孙 sūn
孙 sūn Enkel, Enkelkinder
孙女 sūnnǚ Enkelin *Tochter des Sohnes*
孙子 sūnzi Enkel *Sohn des Sohnes*

损 sǔn
损坏 sǔnhuài schaden, beschädigen
损伤 sǔnshāng beschädigen; verletzen
损失 sǔnshī ② verlieren ● Verlust

缩 *suō*

缩 *suō* ② sich zusammenziehen, zusammenschrumpfen • zurückziehen

所 *suŏ* ②

Zähleinheitswort für Häuser, Schulen, Krankenhäuser, usw., z. B.: 那所房子 *nà suŏ fángzi **jenes Haus**.* [Siehe Zähleinheitswörter, S. 33]

所谓 *suŏwèi* ② sogenannt

所以 *suŏyĭ* ① also; deswegen

所有 *suŏyŏu* ① alle

所长 *suŏzhăng* Direktor(in) *einer Anstalt usw.*

索 ***suŏ***

索引 *suŏyĭn* Index

锁 ***suŏ***

锁 *suŏ* Schloss • abschließen

T

他 *tā*
他 *tā* ① er, ihn, ihm
他的 *tāde* sein(e)
他们 *tāmen* ① sie, ihnen
他们的 *tāmende* ihr(e)

它 *tā*
它 *tā* ① er, sie, es, ihn, ihm *wenn es um eine Sache geht*
它们 *tāmen* ① sie, ihnen

她 *tā*
她 *tā* ① sie, ihr
她的 *tāde* ihr(e)
她们 *tāmen* ① sie, ihnen *für mehrere weibliche Personen*
她们的 *tāmende* ihr(e)

塔 *tǎ*
塔 *tǎ* ② Turm; Pagode

台 *tái* ②
Zähleinheitswort für Geräte, Maschinen und Theatervorführungen, z. B.: 这台电视 *zhè tái diànshì* **dieser Fernseher**. [Siehe Zähleinheitswörter, S. 33]

台 *tái* ② Plattform, Tribüne
台北 *Táiběi* Taipeh
台风 *táifēng* Taifun
台球 *táiqiú* Billard

台湾 *Táiwān* Taiwan

抬 *tái*
抬 *tái* ① heben, aufheben
抬起 *táiqǐ* heben

太 *tài*
太 *tài* ① zu, allzu
太好 *tài hǎo* hervorragend, toll
太空 *tàikōng* Weltraum
太太 *tàitai* ② Frau *Anrede für verheiratete Frau;* Ehefrau
太阳 *tàiyáng* ① Sonne

态 *tài*
态度 *tàidù* ① Verhalten; Haltung, Einstellung

泰 *tài*
泰国 *Tàiguó* Thailand

贪 *tān*
贪污 *tānwū* Korruption
贪赃 *tānzāng* sich bestechen lassen

谈 *tán*
谈 *tán* ① besprechen
谈话 *tánhuà* ② Gespräch
谈论某事 *tánlùn mǒushì* sich über etwas unterhalten
谈判 *tánpàn* ② verhandeln *Vertrag*

弹 *tán*

弹 *tán* ② schießen *mit einer Schleuder;* spielen *Saiteninstrument*

弹钢琴 *tán gāngqín* Klavier spielen

毯 *tǎn*

毯子 *tǎnzi* ② Bettdecke

探 *tàn*

探 *tàn* ② auskundschaften; sondieren; ausstrecken

碳 *tàn*

碳水化合物 *tànshuǐ huàhéwù* Kohlenhydrat

汤 *tāng*

汤 *tāng* ① Suppe

堂 *táng*

Zähleinheitswort für Unterrichtsstunden, z. B.: 三堂课 *sān táng kè drei Stunden*. [Siehe Zähleinheitswörter, S. 33]

堂弟 *tángdì* Cousin, Vetter *jüngerer, väterlicherseits*

堂姐 *tángjiě* Cousine *ältere, väterlicherseits*

堂妹 *tángmèi* Cousine *jüngere, väterlicherseits*

堂兄 *tángxiōng* Cousin, Vetter *älterer, väterlicherseits*

糖 *táng*

糖 *táng* ① Zucker; Bonbon, Süßigkeiten

糖醋 *tángcù* süßsauer

糖尿病 *tángniàobìng* Zuckerkrankheit

躺 *tǎng*

躺 *tǎng* ① liegen

躺倒 *tǎngdào* sich hinlegen

烫 *tàng*

烫 *tàng* ② sich verbrennen; sich eine Dauerwelle machen lassen ● kochend heiß

烫伤 *tàngshāng* Brandwunde

趟 *tàng*

趟 *tàng* ② Mal

掏 *tāo*

掏 *tāo* ② herausnehmen

逃 *táo*

逃 *táo* ② fliehen, davonlaufen

逃跑 *táopǎo* fliehen, davonlaufen

桃 *táo*

桃子 *táozi* Pfirsich

陶 *táo*

陶器 *táoqì* Keramik

淘 *táo*

淘气 *táoqì* unartig

讨 *tǎo*

讨论 *tǎolùn* ① besprechen, debattieren ● Diskussion, Debatte

讨厌 *tǎoyàn* ② lästig

套 *tào*
套 *tào* ② anziehen, überziehen; anspannen; herausbekommen
套间 *tàojiān* Suite *in Hotel*
套头衫 *tàotóushān* Pulli
套装 *tàozhuāng* Anzug

特 *tè*
特别 *tèbié* ① besondere(r, -s) ● besonders
特别喜欢 *tèbié xǐhuan* Lieblings-
特此 *tècǐ* ② hiermit
特点 *tèdiǎn* ② Merkmal, Kennzeichen, Besonderheit
特定 *tèdìng* bestimmt, spezifisch
特殊 *tèshū* ② speziell, ungewöhnlich
特意 *tèyì* speziell, extra
特色食品 *tèsè shípǐn* Spezialität *zum Essen*

疼 *téng*
疼 *téng* ① schmerzen, wehtun; sehr lieb haben
疼痛 *téngtòng* schmerzen

梯 *tī*
梯级 *tījí* Stufe

踢 *tī*
踢 *tī* ① mit dem Fuß treten
踢足球 *tī zúqiú* Fußball spielen

提 *tí*
提 *tí* tragen *in der Hand*; vorverlegen; zur Sprache bringen

提案 *tí'àn* Vorschlag
提倡 *tíchàng* ② eintreten für, befürworten
提高 *tígāo* ① steigern; erhöhen
提供 *tígōng* ② liefern, anbieten, zur Verfügung stellen
提款 *tíkuǎn* Abhebung ● Geld abheben
提起 *tíqǐ* hochheben
提前 *tíqián* ② vorverlegen ● vorverlegt werden
提醒某人做某事 *tíxǐng mǒurén zuò mǒushì* jemanden daran erinnern, etwas zu tun
提议 *tíyì* vorschlagen

题 *tí*
题 *tí* ② Thema; Titel
题目 *tímù* ② Thema

体 *tǐ*
体操 *tǐcāo* Turnen
体操运动员 *tǐcāo yùndòngyuán* Turner(in)
体会 *tǐhuì* ② aus Erfahrung lernen ● Erfahrung
体积 *tǐjī* ② Volumen, Rauminhalt
体面 *tǐmiàn* ehrenhaft; würdevoll ● Würde
体贴 *tǐtiē* liebevoll ● sich kümmern um
体温 *tǐwēn* Körpertemperatur
体系 *tǐxì* ② System

体育 tǐyù ① Sport
体育场 tǐyùchǎng ② Stadion
体育馆 tǐyùguǎn ② Turnhalle
体育运动 tǐyù yùndòng Sport
体重 tǐzhòng Gewicht, Körpergewicht

替 **tì**
替 tì ② ersetzen ● für, im Namen von

天 **tiān**
天 tiān ① Himmel; Tag; Wetter

Das Wort 天 tiān kann ohne Zähleinheitswort an ein Zahlwort angehängt werden, z. B.: 十天 shí tiān *zehn Tage*. [Siehe Zähleinheitswörter, S. 33]

天才 tiāncái Genie
天地万物 tiāndìwànwù Weltall, Universum
天鹅 tiān'é Schwan
天黑了 tiān hēile dunkel werden
天花板 tiānhuābǎn Zimmerdecke
天空 tiānkōng Himmel
天气 tiānqì ① Wetter
天然 tiānrán natürlich
天堂 tiāntáng Himmel Paradies
天线 tiānxiàn Antenne
天真 tiānzhēn ② naiv, arglos
天主教 tiānzhǔjiào Katholizismus ● katholisch
天主教徒 tiānzhǔjiàotú Katholiker(in)

添 **tiān**

添 tiān ② hinzufügen

田 **tián**
田 tián ② Feld, Ackerland
田地 tiándì Feld
田径运动 tiánjìng yùndòng Leichtathletik
田野 tiányě ② Felder, Land

甜 **tián**
甜 tián ② süß
甜菜 tiáncài Zuckerrübe
甜食 tiánshí Nachtisch, Dessert; Süßigkeiten

填 **tián**
填 tián ② füllen mit; ausfüllen
填写 tiánxiě ausfüllen

舔 **tiǎn**
舔 tiǎn lecken

挑 **tiāo**
挑 tiāo ② auswählen; aussuchen; tragen
挑选 tiāoxuǎn auswählen

条 **tiáo** ①

Zähleinheitswort für lange, dünne Gegenstände: Hosen, Röcke; Handtücher; Ärme, Beine; Flüsse, Straßen; Boote; Schlangen, Fische; Hunde; Nachrichten, Gesetze, Ideen. Z. B.: 这条大街 zhè tiáo dàjiē *diese Hauptstraße*. [Siehe Zähleinheitswörter, S. 33]

条件 tiáojiàn ① Bedingung, Voraus-

setzung
条纹 *tiáowén* Streifen
条约 *tiáoyuē* ② Vertrag

调 *tiáo*
调味品 *tiáowèipǐn* Gewürz
调整 *tiáozhěng* ② einstellen; regulieren
调制解调器 *tiáozhì jiětiáoqì* Modem
➤ Siehe auch 调 *diào*

挑 *tiǎo*
挑战 *tiǎozhàn* Herausforderung

跳 *tiào*
跳 *tiào* ① springen
跳水 *tiàoshuǐ* ins Wasser springen
跳舞 *tiàowǔ* ① tanzen

贴 *tiē*
贴 *tiē* ② kleben; sich anschmiegen an

铁 *tiě*
铁 *tiě* ② Eisen
铁路 *tiělù* ② Eisenbahn

厅 *tīng*
厅 *tīng* Halle, Saal

听 *tīng*
听 *tīng* ① zuhören; hören auf
听到 *tīngdào* hören, erfahren
听见 *tīngjiàn* ① hören
听讲座 *tīng jiǎngzuò* ② einen Vortrag anhören
听说 *tīngshuō* ① hören, erfahren
听写 *tīngxiě* ① diktieren ● Diktat
听音乐 *tīng yīnyuè* Musik zuhören

停 *tíng*
停 *tíng* ① anhalten; aufhören ● anhalten, parken
停车 *tíngchē* parken
停车场 *tíngchēchǎng* Parkplatz
停电 *tíngdiàn* Stromausfall
停止 *tíngzhǐ* ② einstellen, ein Ende machen

挺 *tǐng*
挺 *tǐng* ① sich aufrichten ● aufrecht, gerade

通 *tōng*
通 *tōng* ① führen zu; beherrschen, Bescheid wissen; frei machen ● logisch; fließend
通道 *tōngdào* Passage, Durchgang
通告 *tōnggào* Mitteilung, Bekanntmachung ● bekannt machen
通过 *tōngguò* ① durchgehen, gehen durch; verabschieden *Gesetz;* bestehen *Prüfung* ● durch, mittels
通货膨胀 *tōnghuò péngzhàng* Inflation
通讯 *tōngxùn* ② Kommunikation; Bericht
通讯社 *tōngxùnshè* Nachrichtenagentur
通知 *tōngzhī* ① Mitteilung ● mitteilen, informieren

同 tóng

同 tóng ② gleich • zusammen mit • und
同... 对抗 tóng ... duìkàng gegen
同情 tóngqíng ② mitfühlen mit
同时 tóngshí ① gleichzeitig
同事 tóngshì Arbeitskollege (-in)
同屋 tóngwū ② Zimmergenosse (-in), Mitbewohner(in)
同性恋者 tóngxìngliànzhě Homosexuelle(r)
同学 tóngxué ① Klassenkamerad(in)
同样 tóngyàng ② auf gleiche Weise, gleich
同一个公司 tóngyīge gōngsī dieselbe Firma
同意 tóngyì ① derselben Meinung sein, zustimmen; 同意某人的意见 tóngyì mǒurén de yìjiàn jemandem zustimmen
同志 tóngzhì ① Kamerad(in)

铜 tóng

铜 tóng ② Kupfer

童 tóng

童话 tónghuà Märchen, Kindererzählung
童年 tóngnián Kindheit

统 tǒng

统计 tǒngjì Statistik • zusammenrechnen
统一 tǒngyī ② vereinigen, vereinheitlichen • einheitlich
统治 tǒngzhì ② herrschen, regieren

桶 tǒng

桶 tǒng ② Eimer

痛 tòng

痛 tòng ② schmerzen, wehtun
痛苦 tòngkǔ ② Leiden • leiden • schmerzlich
痛快 tòngkuai ① sehr fröhlich, heiter; offen, gerade *Mensch*

偷 tōu

偷 tōu ② stehlen
偷偷 tōutōu ② heimlich, verstohlen, insgeheim

头 tóu

Zähleinheitswort für große Tiere: Kühe, Schafe, Schweine, Elefanten, Löwen usw., z. B.: 六头牛 *liù tóu niú sechs Kühe*. [Siehe Zähleinheitswörter, S. 33]

头 tóu ② Kopf
头等 tóuděng erste Klasse • erstklassig
头发 tóufa ② Haare
头盔 tóukuī Helm
头脑 tóunǎo Gehirn; Verstand, Geist
头皮屑 tóupíxiè Haarschuppen
头疼 tóuténg Kopfschmerzen
头晕 tóuyūn Schwindelgefühl

投 tóu

投 tóu ② werfen; einwerfen

投递 *tóudì* austragen *Post*
投入 *tóurù* ② einsetzen
投资 *tóuzī* Investition • investieren

透 *tòu*
透 *tòu* ② durchkommen, durchdringen

秃 *tū*
秃顶 *tūdǐng* Glatze • kahl, glatzköpfig

突 *tū*
突出 *tūchū* ② hervorheben • hervorstehen, hervorragen • hervorragend
突击 *tūjī* ② bestürmen; sich voll einsetzen, um … schnell zu erledigen
突然 *tūrán* ① plötzlich

图 *tú*
图 *tú* ② Bild, Karte
图符 *túfú* Icon
图画 *túhuà* Bild
图书馆 *túshūguǎn* ① Bibliothek
图像 *túxiàng* Bild *am Fernsehschirm usw.*

徒 *tú*
徒劳 *túláo* vergeblich

途 *tú*
途经 *tújīng* über, mit Zwischenstopp in

涂 *tú*
涂 *tú* ② auftragen, beschmieren; streichen

土 *tǔ*
土 *tǔ* Erde, Erdboden • lokal; unkultiviert
土地 *tǔdì* ② Land, Grundstücke; 一块土地 *yíkuài tǔdì* ein Grundstück
土豆 *tǔdòu* ② Kartoffel
土豆泥 *tǔdòuní* Kartoffelbrei
土耳其 *Tǔěrqí* Türkei

吐 *tǔ*
吐 *tǔ* ② spucken
吐痰 *tǔtán* spucken
➤ Siehe auch 吐 *tù*

吐 *tù*
吐 *tù* ② sich übergeben
➤ Siehe auch 吐 *tǔ*

兔 *tù*
兔子 *tùzi* ② Kaninchen

团 *tuán*
团 *tuán* ② Gruppe, Verein; Regiment
团结 *tuánjié* ① sich vereinigen, sich zusammenschließen

推 *tuī*
推 *tuī* ① schieben; mahlen
推出 *tuīchū* lancieren
推动 *tuīdòng* ② fördern, promoten
推荐 *tuījiàn* empfehlen
推销员 *tuīxiāoyuán* Promoter(in)

腿 *tuǐ*
腿 *tuǐ* ① Bein

退 *tuì*
退 *tuì* ① zurückgeben; zurückbringen; zurückziehen; aufheben, auflösen • zurücktreten; sich zurückziehen
退步 *tuìbù* zurückfallen • Spielraum
退款 *tuìkuǎn* Erstattung
退色 *tuìsè* verblassen
退休 *tuìxiū* in Rente gehen • in Rente
退休者 *tuìxiūzhě* Rentner(in)

吞 *tūn*
吞下 *tūnxià* schlucken

臀 *tún*
臀部 *túnbù* Hüfte

托 *tuō*
托 *tuō* ② auf der Handfläche tragen; anvertrauen
托盘 *tuōpán* Tablett

拖 *tuō*
拖 *tuō* ② ziehen, schleppen

脱 *tuō*
脱 *tuō* ① ausziehen
脱离 *tuōlí* ② sich distanzieren von
脱毛 *tuōmáo* Enthaarung
脱下 *tuōxia* ausziehen *Kleider*, Schuhe;
脱下衣服 *tuōxia yīfu* sich ausziehen
脱脂棉 *tuōzhīmián* Watte
脱脂乳 *tuōzhīrǔ* Magermilch

妥 *tuǒ*
妥协 *tuǒxié* Kompromiss

挖 *wā*
挖 *wā* ② graben, ausgraben

娃 *wá*
娃娃 *wáwa* Puppe; Baby

袜 *wà*
袜子 *wàzi* ① Strumpf

哇 *wa*
哇 *wa* ② *Form der Partikel* 啊 *a nach u- oder ao-Laut*

歪 *wāi*
歪 *wāi* ② schief, krumm; unanständig

外 *wài*
外 *wài* ① außerhalb, außen ● äußere(r, -s); andere(r, -s); Auslands-
外币 *wàibì* Devisen
外边 *wàibiān* ① außerhalb ● Außenseite ● auswärts
外地 *wàidì* ② auswärts
外国 *wàiguó* ① Ausland ● ausländisch
外国人 *wàiguórén* Ausländer(in)
外行 *wàiháng* Laie
外汇兑换 *wàihuì duìhuàn* Geldwechsel
外汇兑换部 *wàihuì duìhuànbù* Wechselstube
外加 *wàijiā* zusätzlich
外交 *wàijiāo* ② Diplomatie
外交官 *wàijiāoguān* Diplomat(in)
外科医生 *wàikē yīshēng* Chirurg(in)
外面 *wàimiàn* ② Außenseite; ● draußen; 在房子外面 *zài fángzi wàimiàn* draußen vor dem Haus
外人 *wàirén* Außenstehende(r)
外甥 *wàisheng* Neffe *Sohn der Schwester*
外甥女 *wàishengnǚ* Nichte *Tochter der Schwester*
外孙 *wàisūn* Enkel *Sohn der Tochter*
外孙女 *wàisūnnǚ* Enkelin *Tochter der Tochter*
外套 *wàitào* Mantel, Jacke
外文 *wàiwén* ① Fremdsprache
外语 *wàiyǔ* ① Fremdsprache
外曾祖父 *wàizēngzǔfù* Urgroßvater *mütterlicherseits*
外曾祖母 *wàizēngzǔmǔ* Urgroßmutter *mütterlicherseits*

弯 *wān*
弯 *wān* ② biegen ● gebogen, krumm
弯腰 *wānyāo* sich bücken

完 *wán* ①

> 完 *wán* wird an andere Verben angehängt und bedeutet 'fertig, zu Ende': 看完 *kànwán* **zu Ende lesen**; 吃完 *chīwán* **fertig essen, aufessen**.

完 *wán* zu Ende gehen • vollenden
完成 *wánchéng* ① vollenden, beenden
完美 *wánměi* perfekt
完全 *wánquán* ① vollkommen, vollständig
完整 *wánzhěng* ② komplett; integriert

玩 *wán*

玩个痛快 *wán ge tòngkuai* sich amüsieren
玩具 *wánjù* ② Spielzeug
玩儿 *wánr* ① spielen • spielen mit
玩笑 *wánxiào* ② Witz, Scherz

晚 *wǎn*

晚 *wǎn* ① spät
晚餐 *wǎncān* Abendessen
晚饭 *wǎnfàn* ① Abendessen
晚会 *wǎnhuì* ① Abendgesellschaft, Party
晚礼服 *wǎnlǐfú* Abendkleidung
晚上 *wǎnshang* ① Abend

碗 *wǎn*

碗 *wǎn* ① Schale, Schüssel
碗橱 *wǎnchú* Geschirrschrank

万 *wàn* ①

> Die Zahleinheit 万 *wàn* entspricht 'zehntausend', also 一万 *yíwàn* (1 wàn) = **zehntausend**; 二万 *èrwàn* (2 wàn) = **zwanzigtausend**; 三万 *sānwàn* (3 wàn) = **dreißigtausend**; 十万 *shíwàn* (10 wàn) = **hunderttausend**; 百万 *bǎiwàn* (100 wàn) = **eine Million**; 千万 *qiān wàn* (1000 wàn) = **zehn Millionen**. Dann folgt die Einheit 亿 *yì*, die 'hundert Millionen' entspricht.

王 *wáng*

王 *wáng* König

网 *wǎng*

网 *wǎng* Netz; Web, Internet; 上网 *shàngwǎng* (im Internet) surfen
网络用户 *wǎngluò yònghù* Internetnutzer(in), User(in)
网球 *wǎngqiú* ② Tennis
网上冲浪 *wǎngshàng chōnglàng* surfen
网站 *wǎngzhàn* Website

往 *wǎng*

往 *wǎng* ① in Richtung auf • gehen
往往 *wǎngwǎng* ② oft; meistens
往右 *wǎng yòu* nach rechts
往左 *wǎng zuǒ* nach links

忘 *wàng*

忘 *wàng* ① vergessen
忘带 *wàngdài* vergessen, liegen lassen
忘记 *wàngjì* ② vergessen; übersehen

望 **wàng**
望 *wàng* ② blicken auf; erwarten, erhoffen
望远镜 *wàngyuǎnjìng* Fernglas

危 **wēi**
危害 *wēihài* ② gefährden; schaden ● Gefährdung
危机 *wēijī* ② Krise
危险 *wēixiǎn* ① Gefahr ● gefährlich

威 **wēi**
威士忌 *wēishìjì* Whisky

微 **wēi**
微波炉 *wēibōlú* Mikrowellenherd
微风 *wēifēng* Brise
微笑 *wēixiào* ② Lächeln ● lächeln

为 **wéi**
为 *wéi* ① dienen als; gelten als; sein; werden zu ● von *in Passivsatz*
➤ Siehe auch 为 *wèi*

违 **wéi**
违反 *wéifǎn* ② zuwiderlaufen, verstoßen gegen

围 **wéi**
围 *wéi* ② umgeben; umkreisen
围巾 *wéijīn* Schal
围绕 *wéirào* ② um, rund um ● sich drehen um

唯 **wéi**
唯一 *wéiyī* einzig

维 **wéi**
维护 *wéihù* ② wahren, schützen
维也纳 *Wéiyěnà* Wien

伟 **wěi**
伟大 *wěidà* ① groß, großartig

尾 **wěi**
尾巴 *wěiba* ② Schwanz

委 **wěi**
委员 *wěiyuán* ② Ausschussmitglied
委员会 *wěiyuánhuì* Ausschuss

卫 **wèi**
卫生 *wèishēng* ② Hygiene ● hygienisch
卫星 *wèixīng* ② Satellit

为 **wèi** ①

Präposition, die dem deutschen 'für' entspricht: 我们为他开了一个酒会 *wǒmen wèi tā kāi le yí ge jiǔhuì* **Wir haben für ihn eine Party gegeben**.

为了 *wèile* ① damit, um … zu ● für
为什么 *wèishénme* ① warum, wieso
➤ Siehe auch 为 *wéi*

未 **wèi**
未 *wèi* ② noch nicht
未成年 *wèi chéngnián* minderjährig
未婚夫 *wèihūnfū* Verlobter
未婚妻 *wèihūnqī* Verlobte
未来 *wèilái* ② Zukunft

位 **wèi** ①

> Zähleinheitswort für Personen, denen man Respekt erweist: Kunden, Lehrer usw., z. B.: 十位客人 *shí wèi kèrén* **zehn Gäste**. [Siehe Zähleinheitswörter, S. 33]

位置 *wèizhi* ② Stellung, Standort
位子 *wèizi* Sitz, Sitzplatz

味 **wèi**
味道 *wèidào* ② Geschmack

胃 **wèi**
胃 *wèi* ② Magen
胃灼痛 *wèizhuótòng* Sodbrennen

喂 **wèi**
喂 *wèi* ① hallo *am Telefon*

温 **wēn**
温 *wēn* ② warm, lauwarm ● erwärmen, aufwärmen
温度 *wēndù* ② Temperatur
温暖 *wēnnuǎn* ② Wärme ● warm
温柔 *wēnróu* süß, lieb; sanft
温室 *wēnshì* Treibhaus
温室效应 *wēnshì xiàoyìng* Treibhauseffekt

文 **wén**

> In Zusammensetzungen bezeichnet 文 *wén* eine Sprache, z. B. 英文 *Yīngwén* **Englisch**; 中文 *Zhōngwén* **Chinesisch**.

文档 *wéndàng* Dokument *in Informatik*
文化 *wénhuà* ① Kultur ● kulturell
文化大革命 *Wénhuà Dàgémìng* Kulturrevolution
文件 *wénjiàn* ② Dokument; Datei
文具店 *wénjùdiàn* Schreibwarenhandlung
文明 *wénmíng* ② Zivilisation
文凭 *wénpíng* Diplom
文身 *wénshēn* Tätowierung, Tattoo
文物 *wénwù* ② Kulturerbe
文学 *wénxué* ① Literatur
文学家 *wénxuéjiā* ① Literat(in)
文艺 *wényì* ① Kunst und Literatur
文章 *wénzhāng* ① Artikel, Aufsatz
文字 *wénzì* ② Schrift

闻 **wén**
闻 *wén* ② hören ● riechen
闻名 *wénmíng* ② bekannt, berühmt
闻起来 *wénqǐlái* riechen

蚊 **wén**
蚊子 *wénzi* Stechmücke, Moskito

吻 **wěn**
吻 *wěn* Kuss ● küssen

稳 **wěn**
稳 *wěn* ② fest, sicher, stabil
稳定 *wěndìng* ② stabil, solide ● stabilisieren

问 **wèn**
问 *wèn* ① fragen; 问是否 *wèn shìfǒu* fragen, ob …; 问问题 *wèn wèntí* eine Frage stellen
问好 *wènhǎo* ① grüßen lassen

问候 wènhòu ② grüßen
问题 wèntí Frage; Problem

蜗 **wō**
蜗牛 wōniú Schnecke

我 **wǒ**
我 wǒ ① ich, mich, mir
我的 wǒde mein(e): 我的东西 wǒde dōngxi meine Sachen
我们 wǒmen ① wir, uns
我们的 wǒmende unser(e)

卧 **wò**
卧铺车厢 wòpù chēxiāng Schlafwagen
卧室 wòshì Schlafzimmer

握 **wò**
握 wò ② fassen, greifen
握手 wòshǒu ① sich die Hände schütteln; 和某人握手 hé mǒurén wòshǒu jemandem die Hand schütteln

污 **wū**
污点 wūdiǎn Fleck
污染 wūrǎn ② verschmutzen • Verschmutzung

屋 **wū**
屋 wū ② Haus; Zimmer
屋顶 wūdǐng Dach
屋里 wūlǐ im Zimmer 在屋里 zài wūlǐ drinnen

屋子 wūzi ① Zimmer

无 **wú**
无 wú ② ohne
无法相信 wúfǎ xiāngxìn unglaublich
无非 wúfēi bloß; nichts anderes als
无花果 wúhuāguǒ Feige
无咖啡因 wú kāfēiyīn koffeinfrei
无礼 wúlǐ unhöflich
无论 wúlùn ② ganz gleich, ungeachtet
无论如何 wúlùn rúhé wie dem auch sei
无数 wúshù ② zahllos
无味 wúwèi fade
无限 wúxiàn ② unbegrenzt, grenzenlos
无效 wúxiào ungültig
无知 wúzhī unwissend
无罪 wúzuì unschuldig

五 **wǔ**
五 wǔ ① fünf
五百 wǔbǎi fünfhundert
五金店 wǔjīndiàn Eisenwarenhandlung
五千 wǔqiān fünftausend
五十 wǔshí fünfzig
五月 wǔyuè Mai

午 **wǔ**
午饭 wǔfàn ① Mittagessen
午夜 wǔyè Mitternacht

武 *wǔ*

武器 *wǔqì* ② Waffen

武术 *wǔshù* Kampfsport, Wushu

舞 *wǔ*

舞 *wǔ* Tanz ● tanzen; schwenken

舞蹈家 *wǔdǎojiā* Tänzer(in)

舞会 *wǔhuì* Tanzveranstaltung

舞台 *wǔtái* Bühne

物 *wù*

物价 *wùjià* ② Preis

物理 *wùlǐ* ① Physik, Naturgesetze

物理疗法 *wùlǐ liáofǎ* Physiotherapie

物理学 *wùlǐxué* Physik

物品 *wùpǐn* Gegenstand, Sache; Artikel, Ware

物质 *wùzhì* ② Materie, Substanz ● materiell

误 *wù*

误 *wù* verpassen, versäumen

误会 *wùhuì* ② missverstehen ● Missverständnis

雾 *wù*

雾 *wù* ② Nebel

西 *xī*

西 *xī* ① Westen ● West-
西班牙 *Xībānyá* Spanien
西班牙语 *Xībānyáyǔ* Spanisch
西北 *xīběi* ② Nordwesten
西边 *xībiān* ① Westen; Westseite
西部 *xībù* ② Westen
西餐 *xīcān* ② westliches Essen
西方 *xīfāng* ② Westen
西服 *xīfú* westliche Kleidung, Anzug
西瓜 *xīguā* ② Wassermelone
西红柿 *xīhóngshì* ② Tomate
西面 *xīmiàn* ② Westen
西南 *xīnán* ② Südwesten
西式 *xīshì* westlichen Stils
西藏 *Xīzàng* Tibet

吸 *xī*

吸 *xī* ② einatmen; saugen, aufsaugen
吸管 *xīguǎn* Trinkhalm
吸收 *xīshōu* ② in sich aufnehmen
吸烟 *xīyān* ② rauchen
吸烟区 *xīyānqū* Raucherzone
吸引 *xīyǐn* ② anziehen

希 *xī*

希腊 *Xīlà* Griechenland
希望 *xīwàng* ① hoffen ● Hoffnung

昔 *xī*

昔日 *xīrì* früher, in früheren Zeiten

牺 *xī*

牺牲 *xīshēng* ② opfern ● sich opfern, als Märtyrer sterben

锡 *xī*

锡 *xī* Zinn

蜥 *xī*

蜥蜴 *xīyì* Eidechse

膝 *xī*

膝盖 *xīgài* Knie

习 *xí*

习惯 *xíguàn* ① Gewohnheit ● gewöhnt an ● sich gewöhnen; 习惯于 *xíguànyú* sich gewöhnen an

洗 *xǐ*

洗 *xǐ* ① waschen; entwickeln *Fotos*
洗净 *xǐjìng* sich waschen
洗礼 *xǐlǐ* Taufe ● taufen
洗脸盆 *xǐliǎnpén* Waschbecken
洗淋浴 *xǐ línyù* duschen
洗钱 *xǐqián* Geldwäsche
洗碗 *xǐ wǎn* abwaschen
洗衣店 *xǐyīdiàn* Wäscherei

洗衣房 xǐyīfáng Waschküche, Waschsalon
洗衣粉 xǐyīfěn Waschmittel
洗衣服 xǐ yīfu Wäsche waschen
洗衣机 xǐyījī ② Waschmaschine
洗澡 xǐzǎo ① baden, ein Bad nehmen

喜 xǐ
喜欢 xǐhuan ① mögen, gern haben
喜剧 xǐjù Komödie

戏 xì
戏 xì ② Theaterstück

系 xì
系 xì ① Abteilung, Fakultät
系统 xìtǒng ② System

细 xì
细 xì ① fein; dünn; sorgfältig, eingehend
细节 xìjié Einzelheiten, Details
细菌 xìjūn ② Keim, Bakterie
细小 xìxiǎo klein, gering, winzig
细心 xìxīn ② sorgfältig, aufmerksam

下 xià
下 xià ① unten, unter; nach unten
在... 下 zài ... xià unter ● hinuntergehen; hinabsteigen; gehen zu; erteilen ● nächste(r, -s) ● Mal
下巴 xiàba Kinn
下班 xiàbān ② Feierabend machen
下边 xiàbiān ① unter ● unten ● untere(r, -s)
下车 xià chē aussteigen
下次 xiàcì ② das nächste Mal
下飞机 xià fēijī aussteigen *aus Flugzeug*
下个月 xià ge yuè nächsten Monat
下降 xiàjiàng sinken, fallen *Preis, Temperatur usw.* ● Senkung
下课 xià kè ① die Unterrichtsstunde beenden
下来 xiàlái ① herunterkommen
下面 xiàmian ② unter ● unten ● untere(r, -s)
下去 xiàqù ① hinuntergehen
下午 xiàwǔ ① Nachmittag
下星期 xià xīngqī nächste Woche
下雪 xiàxuě ① schneien
下雨 xiàyǔ ① regnen: 正在下雨 zhèngzài xiàyǔ es regnet
下载 xiàzài herunterladen

吓 xià
吓 xià ② erschrecken, verängstigen

夏 xià
夏 xià ① Sommer
夏季 xiàjì Sommer
夏天 xiàtiān ① Sommer

先 xiān
先 xiān ① zuerst, voraus, früher; erst
先后 xiānhòu ② der Reihe nach; nacheinander
先进 xiānjìn ② fortgeschritten
先生 xiānsheng ① Herr;

王先生 *Wáng xiānsheng* Herr Wang

纤 *xiān*
纤维 *xiānwéi* ② Faser

掀 *xiān*
掀 *xiān* ② hochziehen, hochheben

鲜 *xiān*
鲜 *xiān* ② frisch; leuchtend; lecker
鲜花 *xiānhuā* ② frische Blumen
鲜艳 *xiānyàn* leuchtend *Farbe*

闲 *xián*
闲 *xián* ② beschäftigungslos; leer stehend; unbewohnt; ungenutzt

咸 *xián*
咸 *xián* salzig
咸猪肉 *xián zhūròu* Speck

衔 *xián*
衔接的班机 *xiánjiē de bānjī* Anschlussflug

显 *xiǎn*
显得 *xiǎnde* ② aussehen, scheinen
显然 *xiǎnrán* ② offensichtlich, offenbar
显著 *xiǎnzhù* ② bemerkenswert

县 *xiàn*
县 *xiàn* ② Kreis *Verwaltungseinheit*

现 *xiàn*
现场 *xiànchǎng* Ort, Tatort
现代 *xiàndài* ① modern ● die moderne Zeit
现代化 *xiàndàihuà* ② modernisieren ● Modernisierung
现实 *xiànshí* ② wirklich, real ● Wirklichkeit, Realität
现象 *xiànxiàng* ② Phänomen, Erscheinung
现在 *xiànzài* ① jetzt, im Moment ● Gegenwart ● gegenwärtig

限 *xiàn*
限度 *xiàndù* Grenze
限期 *xiànqī* Frist ● befristen
限制 *xiànzhì* ② einschränken, beschränken ● Einschränkung, Beschränkung

线 *xiàn*
线 *xiàn* ② Linie; Faden
线绳 *xiànshéng* Schnur, Bindfaden

馅 *xiàn*
馅儿饼 *xiànrbǐng* Pastete, Torte
馅子 *xiànzi* Füllung

羡 *xiàn*
羡慕 *xiànmù* ② beneiden

献 *xiàn*
献 *xiàn* ② darbieten, zeigen
献血 *xiàn xuè* Blut spenden

腺 *xiàn*
腺 *xiàn* Drüse

乡 *xiāng*

乡 *xiāng* ② Gemeinde, Dorf
乡下 *xiāngxià* ② auf dem Land

相 *xiāng*

相 *xiāng* ② einander, gegenseitig
相当 *xiāngdāng* ② ebenbürtig sein, gleich sein • angebracht • ziemlich; 钱相当多 *qián xiāngdāng duō* ziemlich viel Geld
相等 *xiāngděng* gleich, gleichwertig
相反 *xiāngfǎn* ② im Gegenteil; entgegengesetzt
相互 *xiānghù* ② gegenseitig
相似 *xiāngsì* ② sich gleichen
相同 *xiāngtóng* ② gleich
相信 *xiāngxìn* ① glauben
➢ Siehe auch 相 *xiàng*

香 *xiāng*

香 *xiāng* ① wohlriechend, duftend; appetitlich; beliebt • tief *schlafen* • Appetit haben
香槟酒 *xiāngbīnjiǔ* Champagner, Sekt
香草 *xiāngcǎo* Vanille
香肠 *xiāngcháng* ② Wurst
香港 *Xiānggǎng* Hongkong
香蕉 *xiāngjiāo* ① Banane
香水 *xiāngshuǐ* Parfüm
香烟 *xiāngyān* Zigarrette
香烟店 *xiāngyāndiàn* Tabakladen
香皂 *xiāngzào* ② Toilettenseife

箱 *xiāng*

箱子 *xiāngzi* ② Kasten; Kiste

详 *xiáng*

详细 *xiángxì* ② detailliert
详细叙述 *xiángxì xùshù* ins Detail gehen

享 *xiǎng*

享受 *xiǎngshòu* ② genießen • Genuss

响 *xiǎng*

响 *xiǎng* ① läuten, klingeln • laut
响声 *xiǎngshēng* Geräusch
响应 *xiǎngyìng* ② erwidern, Folge leisten

想 *xiǎng*

想 *xiǎng* ① denken (an); vermissen; wollen, mögen
想法 *xiǎngfǎ* ② Gedanke, Idee
想家 *xiǎngjiā* Heimweh haben
想念 *xiǎngniàn* ② vermissen
想起 *xiǎngqǐ* sich erinnern an, denken an
想像 *xiǎngxiàng* ② sich vorstellen • Vorstellung
想像力 *xiǎngxiànglì* Fantasie, Vorstellungskraft
想要 *xiǎngyào* wollen

向 *xiàng*

向 *xiàng* ① in Richtung, gegen • gehen nach, fahren in Richtung; Partei ergreifen für
向后 *xiànghòu* nach hinten

向日葵 *xiàngrìkuí* Sonnenblume

向外 *xiàng wài* nach außen

项 ***xiàng*** ②

Zähleinheitswort für Arbeiten, Aufgaben, Projekte, Beschlüsse und Mitteilungen, z.B.: 这项任务 *zhè xiàng rènwù* **diese Aufgabe**. [Siehe Zähleinheitswörter, S. 33]

项 *xiàng* Nacken

项链 *xiàngliàn* Halskette

项目 *xiàngmu* ② Posten, Punkt; Projekt

相 ***xiàng***

相片 *xiàngpiàn* ② Foto

➤ Siehe auch 相 *xiāng*

象 ***xiàng***

象 *xiàng* ② Elefant

象棋 *xiàngqí* Schach *chinesisches*

像 ***xiàng*** ①

1. Als Verb bedeutet 像 *xiàng* 'aussehen wie', z.B.: 孩子像妈妈 *háizi xiàng māma* **Das Kind sieht aus wie seine Mutter**.

2. Als Präposition bedeutet 像 *xiàng* 'wie', z.B.: 他说中文像中国人一样 *tā shuō Zhōngwén xiàng Zhōngguórén yíyàng* **Er spricht Chinesisch wie ein Chinese**.

橡 ***xiàng***

橡胶 *xiàngjiāo* Gummi

橡皮 *xiàngpí* Radiergummi

橡皮筏 *xiàngpífá* Gummiboot

削 ***xiāo***

削...皮 *xiāo ... pí* schälen

削笔刀 *xiāobǐdāo* Taschenmesser

消 ***xiāo***

消毒剂 *xiāodújì* Desinfektionsmittel

消防队 *xiāofángduì* Feuerwehr

消防队员 *xiāofáng duìyuán* Feuerwehrmann

消费 *xiāofèi* ② verbrauchen ● Verbrauch

消费者 *xiāofèizhě* Verbraucher

消化 *xiāohuà* ② verdauen ● Verdauung

消灭 *xiāomiè* ② ausrotten, vernichten

消失 *xiāoshī* ② verschwinden

消息 *xiāoxi* ① Information, Nachricht

销 ***xiāo***

销售 *xiāoshòu* Verkauf, Absatz

潇 ***xiāo***

潇洒 *xiāosǎ* schick

小 ***xiǎo***

小 *xiǎo* ① klein; jung

小扁豆 *xiǎobiǎndòu* Linsen

小吃 *xiǎochī* Imbiss, Snack

小费 *xiǎofèi* Trinkgeld

小姑子 *xiǎogūzi* Schwägerin *jüngere Schwester des Ehemanns*

小孩 *xiǎohái* ① Kind, Kleinkind

小伙子 *xiǎohuǒzi* ② Junge, Bursche

小姐 *xiǎojie* ① Fräulein

小麦 xiǎomài ② Weizen
小牛肉 xiǎoniúròu Kalbfleisch
小女孩 xiǎonǚhái Mädchen
小朋友 xiǎopéngyǒu ② Kinder
小时 xiǎoshí ① Stunde
小说 xiǎoshuō ② Roman
小提琴 xiǎotíqín Violine
小偷 xiǎotōu Dieb(in)
小心 xiǎoxīn ② Vorsicht ● vorsichtig ● aufpassen auf
小心的 xiǎoxīn de vorsichtig
小学 xiǎoxué ② Grundschule
小姨子 xiǎoyízi Schwägerin *jüngere Schwester der Ehefrau*

晓 *xiǎo*
晓得 xiǎode ② wissen

校 *xiào*
校长 xiàozhǎng ② Schulleiter(in), Rektor(in)

笑 *xiào*
笑 xiào ① lachen ● lachen über; auslachen
笑话 xiàohuà ② Witz

效 *xiào*
效果 xiàoguǒ ② Wirkung
效率 xiàolǜ ② Effizienz, Leistungsfähigkeit
效率低 xiàolǜ dī ineffizient

些 *xiē* ①

Pluralsuffix für Demonstrativ- und Fragepronomina: 那些书 *nèixiē shū jene Bücher*; 哪些? *nǎxiē? Welche?*

Das Wort 一些 yīxiē bedeutet 'einige, einiges', z. B.: 我买了一些书 *wǒ mǎi le yīxiē shū Ich habe einige Bücher gekauft*.

歇 *xiē*
歇 xiē ② sich ausruhen

协 *xié*
协会 xiéhuì Verein, Verband
协议 xiéyì Vereinbarung, Einigung

斜 *xié*
斜 xié ② schräg, schief
斜坡 xiépō Neigung, Gefälle, Hang
斜体 xiétǐ Kursivdruck

鞋 *xié*
鞋 xié ① Schuh
鞋底 xiédǐ Sohle

写 *xiě*
写 xiě ① schreiben
写信 xiě xìn (einen Brief) schreiben

血 *xiě*
血 xiě ② Blut
➢ Siehe auch 血 *xuè*

谢 *xiè*
谢谢 xièxie ① danke

蟹 *xiè*
蟹 xiè Krabbe

心 *xīn*

心 *xīn* ① Herz; Geist
心得 *xīndé* ② ideeller Gewinn
心情 *xīnqíng* ② Stimmung, Laune
心脏 *xīnzàng* Herz
心脏病发作 *xīnzàngbìng fāzuò* Herzanfall

辛 *xīn*

辛苦 *xīnkǔ* ① mühsam, anstrengend • sich anstrengen

新 *xīn*

新 *xīn* ① neu
新加坡 *Xīnjiāpō* Singapur
新年 *xīnnián* ① Neujahr
新年除夕 *xīnnián chúxī* Silvester
新闻 *xīnwén* ① Nachrichten
新闻工作 *xīnwén gōngzuò* Journalismus
新闻界 *xīnwénjiè* Presse
新闻媒介 *xīnwén méijiè* Medien
新西兰 *Xīnxīlán* Neuseeland
新鲜 *xīnxiān* ② frisch; neu
新颖 *xīnyǐng* originell

信 *xìn*

信 *xìn* ② Brief • glauben, glauben an
信封 *xìnfēng* ① Briefumschlag
信号 *xìnhào* Signal
信号灯 *xìnhàodēng* Leuchtsignal
信件 *xìnjiàn* Post, Briefe und Drucksachen
信任 *xìnrèn* vertrauen • Vertrauen
信箱 *xìnxiāng* Briefkasten
信心 *xìnxīn* ② Zuversicht
信息学 *xìnxīxué* Informatik
信用卡 *xìnyòngkǎ* Kreditkarte

兴 *xīng*

兴奋 *xīngfèn* ② aufgeregt
➢ Siehe auch 兴 *xìng*

星 *xīng*

星 *xīng* Stern
星期 *xīngqī* ① Woche
星期二 *xīngqī'èr* ① Dienstag
星期六 *xīngqīliù* ① Samstag, Sonnabend
星期日 *xīngqīrì* ① Sonntag
星期三 *xīngqīsān* ① Mittwoch
星期四 *xīngqīsì* ① Donnerstag
星期天 *xīngqītiān* ① Sonntag
星期五 *xīngqīwǔ* ① Freitag
星期一 *xīngqīyī* ① Montag
星相 *xīngxiàng* Horoskop
星星 *xīngxing* ② Sterne

行 *xíng*

行 *xíng* ① gehen; 明天不行 *míngtiān bù xíng* morgen geht es nicht • okay, das geht • tüchtig, fähig *Mensch*
行动 *xíngdòng* ② sich bewegen; handeln • Handlung, Einsatz
行李 *xíngli* ② Gepäck
行李寄存处 *xíngli jìcúnchù* Gepäckaufbewahrung
行李箱 *xínglǐxiāng* Kofferraum

行人 xíngrén Fußgänger(in)
行星 xíngxīng Planet
➤ Siehe auch 行 háng

形 xíng
形成 xíngchéng ② bilden, sich formen
形容 xíngróng ② beschreiben, schildern
形式 xíngshì ② Form
形势 xíngshì ② Verhältnisse, Situation
形象 xíngxiàng ② Image
形状 xíngzhuàng ② Form, Gestalt

型 xíng
型号 xínghào Modell, Typ

醒 xǐng
醒 xǐng ② wieder zu sich kommen; aufwachen; wach sein
醒来 xǐnglái aufwachen
醒目 xǐngmù auffällig

兴 xìng
兴趣 xìngqù ② Interesse; 对...感兴趣 duì ... gǎn xìngqù sich interessieren für ...
➤ Siehe auch 兴 xīng

杏 xìng
杏 xìng Aprikose
杏仁 xìngrén Mandel

幸 xìng
幸福 xìngfú ① Glück
幸亏 xìngkuī glücklicherweise
幸运 xìngyùn glücklich ● (großes) Glück
幸运的是 xìngyùn de shì glücklicherweise

性 xìng
性格 xìnggé Charakter
性交 xìngjiāo Sex, Geschlechtsverkehr
性质 xìngzhì ② Eigenschaft, Wesen

姓 xìng
姓 xìng ① Nachname, Familienname ● mit Nachnamen heißen
姓名 xìngmíng ② Vor- und Nachname

兄 xiōng
兄弟 xiōngdì ② Bruder jüngerer; Brüder

Wird auch als freundliche Anredeform für jüngere Männer verwendet.

匈 xiōng
匈牙利 Xiōngyálì Ungarn

胸 xiōng
胸 xiōng ② Brust
胸针 xiōngzhēn Brosche

雄 xióng
雄伟 xióngwěi ② stattlich, imposant

熊 xióng
熊 xióng Bär
熊猫 xióngmāo ② Panda

休 *xiū*
休假一天 *xiūjià yìtiān* einen Tag freinehmen
休息 *xiūxi* ① Ruhe, Ruhepause ● sich ausruhen
休息室 *xiūxishì* Erfrischungsraum

修 *xiū*
修 *xiū* ② reparieren; bauen; stutzen, beschneiden
修改 *xiūgǎi* ② renovieren; überarbeiten
修理 *xiūlǐ* ② reparieren, instandsetzen
修女 *xiūnǚ* Nonne
修鞋匠 *xiūxiéjiàng* Schusterwerkstatt
修指甲 *xiūzhījia* Maniküre ● maniküren

袖 *xiù*
袖扣 *xiùkòu* Manschettenknopf
袖子 *xiùzi* Ärmel

锈 *xiù*
锈 *xiù* Rost

须 *xū*
须后水 *xūhòushuǐ* Rasierwasser, Aftershave

虚 *xū*
虚心 *xūxīn* ② bescheiden, aufgeschlossen

需 *xū*
需要 *xūyào* ① brauchen 需要做 *xūyào zuò* tun müssen; erfordern ● Bedarf, Bedürfnisse

许 *xǔ*
许 *xǔ* ② erlauben ● vielleicht
许多 *xǔduō* ① viele
许可 *xǔkě* erlauben ● Erlaubnis

宣 *xuān*
宣布 *xuānbù* ② erklären, bekannt geben, verkünden
宣传 *xuānchuán* ② Propaganda ● Propaganda machen für, propagieren

选 *xuǎn*
选 *xuǎn* ② wählen
选举 *xuǎnjǔ* ② Wahl ● wählen *durch Abstimmung*
选择 *xuǎnzé* ② Wahl ● auswählen

靴 *xuē*
靴子 *xuēzi* Stiefel

学 *xué*
学 *xué* ① studieren, lernen; imitieren
学费 *xuéfèi* ② Studiengebühren; Schulgeld
学年 *xuénián* Schuljahr
学期 *xuéqī* ② Semester
学生 *xuéshēng* ① Student(in), Schüler(in)
学时 *xuéshí* ① Unterrichtsstunde
学术 *xuéshù* ② Bildung
学问 *xuéwèn* ② Bildung, Wissen

学习 *xuéxí* ① studieren, lernen • Studium

学校 *xuéxiào* ① Schule

学业 *xuéyè* Studium

学院 *xuéyuàn* ① Institut

雪 ***xuě***

雪 *xuě* ① Schnee

血 ***xuè***

血 *xuè* Blut

血统 *xuètǒng* gleiche Abstammung, Blutsverwandtschaft

血液 *xuèyè* ② Blut

➢ Siehe auch 血 *xiě*

熏 ***xūn***

熏制 *xūnzhì* geräuchert, Räucher-

寻 ***xún***

寻找 *xúnzhǎo* ② suchen

巡 ***xún***

巡航 *xúnháng* Kreuzfahrt

训 ***xùn***

训练 *xùnliàn* ② trainieren

迅 ***xùn***

迅速 *xùnsù* ② schnell, rasch

压 yā
压 yā ② pressen, drücken; sich beherrschen; unterdrücken; Druck ausüben auf; hinausschieben, unerledigt lassen
压迫 yāpò ② unterdrücken; ein Druckgefühl im Körper verursachen

呀 yā
呀 yā ① ah! oh!
➤ Siehe auch 呀 ya

鸭 yā
鸭子 yāzi Ente

牙 yá
牙 yá ② Zahn
牙膏 yágāo Zahnpasta
牙签 yáqiān Zahnstocher
牙刷 yáshuā ② Zahnbürste
牙线 yáxiàn Zahnseide
牙医 yáyī Zahnarzt (-ärztin)

亚 yà
亚麻布 yàmábù Leinen
亚洲 Yàzhōu Asien • asiatisch
亚洲人 Yàzhōurén Asiate(-tin)

呀 ya
呀 ya ① *Form der Partikel* 啊 *a nach a-, e-, i-, o- oder ü-Laut*
➤ Siehe auch 呀 yā

烟 yān
烟 yān Rauch: Tabak; Zigarette
烟斗 yāndǒu Tabakspfeife
烟灰缸 yānhuīgāng Aschenbecher
烟气 yānqì Rauch

胭 yān
胭脂 yānzhi Rouge

延 yán
延长 yáncháng ② verlängern
延期 yánqī verschieben *Termin*
延误 yánwù versäumen

严 yán
严格 yángé ② streng
严肃 yánsù ② ernst, ernsthaft
严重 yánzhòng ② ernst, schlimm

言 yán
言辞 yáncí Ausdruck

沿 yán
沿 yán ② entlang

研 *yán*
研究 *yánjiū* ① untersuchen, forschen; studieren; sich befassen mit, nachdenken über ● Forschung
研究所 *yánjiūsuǒ* ② Forschungsinstitut

盐 *yán*
盐 *yán* ② Salz

颜 *yán*
颜色 *yánsè* ① Farbe

眼 *yǎn*
眼 *yǎn* ② Auge; (kleines) Loch
眼睑 *yǎnjiǎn* Augenlid
眼睛 *yǎnjing* ① Auge
眼镜 *yǎnjìng* ② Brille
眼镜店 *yǎnjìngdiàn* Optiker *Laden*
眼镜商 *yǎnjìngshāng* Brillenunternehmen
眼泪 *yǎnlèi* ② Träne
眼前 *yǎnqián* ② vor den Augen; im Augenblick, momentan
眼药水 *yǎnyàoshuǐ* Augentropfen
眼影 *yǎnyǐng* Lidschatten

演 *yǎn*
演 *yǎn* ② vorführen, aufführen, inszenieren
演出 *yǎnchū* ① Vorführung, Aufführung
演员 *yǎnyuán* ② Schauspieler(in)
演奏 *yǎnzòu* spielen *Musikinstrument*

咽 *yàn*
咽 *yàn* ② schlucken

宴 *yàn*
宴会 *yànhuì* ① Bankett, Festessen

艳 *yàn*
艳丽 *yànlì* bunt

羊 *yáng*
羊 *yáng* ① Schaf
羊肉 *yángròu* Hammelfleisch

阳 *yáng*
阳光 *yángguāng* ② Sonne, Sonnenlicht

洋 *yáng*
洋 *yáng* Ozean
洋葱 *yángcōng* Zwiebel

仰 *yǎng*
仰 *yǎng* ② nach oben richten

养 *yǎng*
养 *yǎng* ② ernähren; züchten; großziehen; gebären; sich erholen von

氧 *yǎng*
氧气 *yǎngqì* Sauerstoff

样 *yàng*
样 *yàng* ② Aussehen; Modell; Art, Sorte
样子 *yàngzi* ① Aussehen; Anschein; Form; Muster; Modell

要 *yāo*
要求 *yāoqiú* ① verlangen
➤ Siehe auch 要 *yào*

腰 *yāo*
腰 *yāo* ② Taille; (Hosen)tasche
腰带 *yāodài* Gürtel

邀 *yāo*
邀请 *yāoqǐng* ② Einladung ● einladen

摇 *yáo*
摇 *yáo* ② schütteln; winken mit
摇晃 *yáohuàng* schwanken

咬 *yǎo*
咬 *yǎo* ② beißen; aussprechen

药 *yào*
药 *yào* ① Medikament; 一片药 *yípiàn yào* eine Tablette
药方 *yàofāng* Rezept
药房 *yàofáng* Apotheke
药棉 *yàomián* Watte

要 *yào*
要 *yào* ① wollen, werden; müssen; brauchen; 要某人做某事 *yào mǒurén zòu mǒushì* wollen, dass jemand etwas macht; jemanden bitten, etwas zu machen ● wenn *in Konditionalsatz*
要紧 *yàojǐn* ② wichtig; ernst, kritisch
要取决于某事 *yào qǔjué yú mǒushì* von etwas abhängen

要是 *yàoshì* ① wenn *in Konditionalsatz*
➤ Siehe auch 要 *yāo*

钥 *yào*
钥匙 *yàoshi* Schlüssel

椰 *yē*
椰子 *yēzi* Kokosnuss

爷 *yé*
爷爷 *yéye* ② Großvater *väterlicherseits*
爷爷奶奶 *yéye nǎinai* Großeltern *väterlicherseits*

也 *yě*
也 *yě* auch
也许 *yěxǔ* ① vielleicht

野 *yě*
野餐 *yěcān* Picknick

叶 *yè*
叶子 *yèzi* ② Blatt

业 *yè*
业务 *yèwù* ② Beruf
业余 *yèyú* ② Freizeit

页 *yè*
页 *yè* ① Seite *im Buch;* 在第三页 *zài dìsānyè* auf Seite 3

夜 *yè*
夜 *yè* ① Nacht
夜里 *yèli* ② in der Nacht
夜晚 *yèwǎn* Nacht
夜总会 *yèzǒnghuì* Nachtlokal

腋 *yè*

腋窝 *yèwō* Achselhöhle

一 *yī, yí, yì* ②

> Das Wort 一 bedeutet 'eins'. Es wird beim Zählen, in Telefonnummern usw. im ersten Ton (*yī*) ausgesprochen. In solchen Fällen wird 一 auch oft *yāo* ausgesprochen, um Verwechslungen zu vermeiden.
>
> Zwischen 一 und dem Substantiv muss ein Zähleinheitswort eingefügt werden. 一 wird im zweiten Ton (*yí*) ausgesprochen, wenn das Zähleinheitswort den vierten Ton hat, anderenfalls im vierten Ton (*yì*). [Siehe Zähleinheitswörter, S. 33]
>
> 一 *yì* (oder *yí*) kann wegfallen, wenn Zähleinheitswort + Substantiv als direktes Objekt vorkommen, z.B.: 我想买本书 *wǒ xiǎng mǎi běn shū* **ich will ein Buch kaufen**.

一...就... *yī ... jiù ...* ① kaum ... als ..., sobald

一百 *yìbǎi* ① hundert

一般 *yìbān* ① allgemein, normalerweise

一半 *yíbàn* ② Hälfte ● halb

一边 *yìbiān* ② eine Seite

一边... 一边... *yìbiān ... yìbiān ...* ① gleichzeitig ... und ...

一部分 *yíbùfen* ein Teil

一层 *yīcéng* Erdgeschoss

一次性 *yícìxìng* Wegwerf-

一道 *yídào* ② zusammen

一等 *yīděng* erste Klasse

一点不错 *yìdiǎn búcuò!* genau!

一点儿 *yìdiǎnr* ① ein bisschen

一定 *yídìng* ① bestimmt, sicher

一方面... 一方面... *yìfāngmiàn ... yìfāngmiàn ...* ② einerseits ... andererseits ...

一共 *yígòng* ① insgesamt

一会儿 *yíhuìr* ① eine Weile

一块儿 *yíkuàir* ① zusammen

一楼 *yīlóu* Erdgeschoss

一齐 *yìqí* ② gleichzeitig

一起 *yìqǐ* ① zusammen 和...一起 *hé ... yìqǐ* zusammen mit ...

一切 *yíqiè* ① alle ● alles

一生 *yìshēng* ② das ganze Leben

一时 *yìshí* ② eine Weile; bald ... bald ...

一同 *yìtóng* ② zusammen, gleichzeitig

一下 *yíxià* ① mal, einmal; auf einmal, im Nu

一下子 *yíxiàzi* ② auf einmal

一些 *yìxiē* ① einige

一样 *yíyàng* ① gleich

一月 *yīyuè* Januar

一直 *yìzhí* ① immer; geradeaus

一致 *yízhì* ② gleich, einig

一种 *yìzhǒng* eine Art, eine Sorte

衣 *yī*

衣橱 *yīchú* Kleiderschrank

衣服 *yīfu* ① Kleider, Kleidung

衣柜 *yīguì* Kleiderschrank

衣架 *yījià* Kleiderbügel

伊 *yī*

伊斯兰教 *Yīsīlánjiào* Islam

医 *yī*

医生 *yīshēng* ① Arzt (Ärztin)
医务室 *yīwùshì* ② Behandlungszimmer
医学 *yīxué* ② Medizin
医院 *yīyuàn* ① Krankenhaus

依 *yī*

依靠 *yīkào* ② sich verlassen auf

仪 *yí*

仪器 *yíqì* ② Instrument, Apparat

姨 *yí*

姨父 *yífu* Onkel *Ehemann der Schwester der Mutter*
姨母 *yímǔ* Tante *Schwester der Mutter*

胰 *yí*

胰岛素 *yídǎosù* Insulin

移 *yí*

移 *yí* ② verschieben, versetzen
移动 *yídòng* ② umstellen, versetzen
移民 *yímín* Einwanderer; Auswanderer ● Umsiedlung

遗 *yí*

遗传 *yíchuán* erblich
遗传学 *yíchuánxué* Genetik, Vererbungslehre
遗憾 *yíhàn* schade sein; 真遗憾 *zhēn yíhàn* wie schade!

疑 *yí*

疑问 *yíwèn* ② Frage, Zweifel

已 *yǐ*

已 *yǐ* ② schon
已经 *yǐjīng* ① schon

以 *yǐ*

以 *yǐ* ② durch, mittels; wegen ● um … zu
以后 *yǐhòu* ① nachher ● nach
以及 *yǐjí* ② sowie, und
以来 *yǐlái* ② seit
以内 *yǐnèi* ② innerhalb
以前 *yǐqián* ① vorher; früher ● vor ● bevor
以上 *yǐshàng* ② mehr als, über ● das Obige
以外 *yǐwài* ② außerhalb, außer
以为 *yǐwéi* ① meinen, denken, glauben
以下 *yǐxià* ② weniger als, unter ● Folgendes

椅 *yǐ*

椅子 *yǐzi* ① Stuhl

亿 *yì*

亿 *yì* ① hundert Millionen

义 *yì*

义务 *yìwù* Pflicht, Verpflichtung

艺 *yì*

艺术 *yìshù* ① Kunst

艺术家 *yìshùjiā* Künstler(in)

议 *yì*
议论 *yìlùn* ② diskutieren, besprechen
议员 *yìyuán* Abgeordnete(r)

异 *yì*
异常 *yìcháng* ② ungewöhnlich, abnormal • äußerst, besonders
异性恋 *yìxìngliàn* heterosexuell

译 *yì*
译配 *yìpèi* synchronisiert • synchronisieren *Film*
译文 *yìwén* Übersetzung

抑 *yì*
抑郁症 *yìyùzhèng* Depression

易 *yì*
易碎 *yìsuì* zerbrechlich

意 *yì*
意大利 *Yìdàlì* Italien
意大利粉 *yìdàlì fěn* Pasta
意见 *yìjiàn* ① Meinung; Einwand; Beanstandung
意思 *yìsi* ① Bedeutung; Meinung; Wille; 是...意思 *shì ... yìsi* bedeuten: 这是什么意思？ *zhè shì shénme yìsi?* Was bedeutet das?
意图 *yìtú* Absicht
意外 *yìwài* ② unerwartet
意义 *yìyì* ① Sinn, Bedeutung
意志 *yìzhì* ② Wille, Wunsch

因 *yīn*
因此 *yīncǐ* ② deshalb; folglich
因而 *yīn'ér* ② darum, deswegen
因素 *yīnsù* ② Faktor
因特网 *yīntèwǎng* Internet
因特网联接 *yīntèwǎng liánjiē* Internetanschluss
因为 *yīnwèi* ① weil, denn • wegen

阴 *yīn*
阴 *yīn* ① Schatten *schattige Stelle*

音 *yīn*
音调 *yīndiào* Ton
音量 *yīnliàng* Lautstärke
音乐 *yīnyuè* ① Musik
音乐队 *yīnyuèduì* Orchester
音乐会 *yīnyuèhuì* Konzert
音乐家 *yīnyuèjiā* Musiker(in)
音乐节 *yīnyuèjié* Festspiele
音乐剧 *yīnyuè jù* Musical

银 *yín*
银 *yín* ② Silber
银行 *yínháng* ① Bank *Geldinstitut*
银行账户 *yínháng zhànghù* Bankkonto

引 *yǐn*
引进 *yǐnjìn* einführen
引起 *yǐnqǐ* ② herbeiführen, verursachen
引擎盖 *yǐnqínggài* Motorhaube

饮 *yǐn*

饮料 *yǐnliào* Getränk
饮食 *yǐnshí* Essen und Trinken *im Alltag*
饮用水 *yǐnyòngshuǐ* Trinkwasser

隐 *yǐn*
隐藏 *yǐncáng* verstecken
隐形眼镜 *yǐnxíng yǎnjìng* Kontaktlinsen

印 *yìn*
印 *yìn* ② drucken
印度 *Yìndù* Indien
印度尼西亚 *Yìndùníxīyà* Indonesien
印刷 *yìnshuā* ② drucken
印刷所 *yìnshuāsuǒ* Druckerei
印象 *yìnxiàng* ② Eindruck
印象深刻 *yìnxiàng shēnkè* eindrucksvoll

应 *yīng*
应 *yīng* ② sollen
应当 *yīngdāng* ② sollen
应该 *yīnggāi* ① sollen
➤ Siehe auch 应 *yìng*

英 *yīng*
英国 *Yīngguó* Großbritannien
英俊 *yīngjùn* gutaussehend
英文 *Yīngwén* ① Englisch
英雄 *yīngxióng* ② Held(in)
英勇 *yīngyǒng* ② heroisch, heldenhaft
英语 *Yīngyǔ* ① Englisch

婴 *yīng*
婴儿 *yīng'ér* Baby

樱 *yīng*
樱桃 *yīngtáo* Kirsche

鹦 *yīng*
鹦鹉 *yīngwǔ* Papagei

迎 *yíng*
迎接 *yíngjiē* ② begrüßen

营 *yíng*
营养 *yíngyǎng* ② Ernährung
营业 *yíngyè* ② Geschäfte machen

赢 *yíng*
赢 *yíng* ① siegen; gewinnen
赢得 *yíngdé* gewinnen *Preis usw.*

影 *yǐng*
影响 *yǐngxiǎng* ① Einfluss • beeinflussen, sich auswirken auf
影子 *yǐngzi* ② Schatten

应 *yìng*
应用 *yìngyòng* ② anwenden, gebrauchen
➤ Siehe auch 应 *yīng*

硬 *yìng*
硬 *yìng* ② hart; fest
硬币 *yìngbì* Münze
硬件 *yìngjiàn* Hardware

拥 *yōng*
拥抱 *yōngbào* ② umarmen
拥护 *yōnghù* ② unterstützen

yōngyǒu – yóusū miàntuán

拥有 *yōngyǒu* besitzen

永 *yǒng*
永远 *yǒngyuǎn* ① auf immer, ewig
永远不 *yǒngyuǎn bù* nie

勇 *yǒng*
勇敢 *yǒnggǎn* ② mutig, tapfer
勇气 *yǒngqì* ② Mut

用 *yòng*
用 *yòng* ① benutzen, gebrauchen

> Als Präposition bezeichnet 用 *yòng* das Mittel. Es entspricht dem deutschen 'mit', z. B.: 用叉子吃饭 *yòng chāzi chī fàn* **mit der Gabel essen**
> 用 *yòng* bedeutet 'auf', wenn es um eine Sprache geht, z. B.: 用中文唱歌 *yòng Zhōngwén chànggē* **auf Chinesisch singen**

用不着 *yòngbuzháo* ② nicht nötig
用处 *yòngchu* ② Nutzen, Verwendungszweck
用功 *yònggōng* ② fleißig 用力 *yònglì* ② sich anstrengen
用量 *yòngliàng* Dosis

优 *yōu*
优点 *yōudiǎn* ② Vorteil
优良 *yōuliáng* ② gut
优美 *yōuměi* ② herrlich; graziös
优秀 *yōuxiù* ② ausgezeichnet, hervorragend

忧 *yōu*
忧愁 *yōuchóu* Kummer, Besorgnis
忧伤 *yōushāng* Kummer ● kummervoll

幽 *yōu*
幽默 *yōumò* Humor
幽默感 *yōumògǎn* Sinn für Humor

悠 *yōu*
悠久 *yōujiǔ* ② langjährig

尤 *yóu*
尤其 *yóuqí* ① besonders, insbesondere

由 *yóu*
由 *yóu* ② von, ab *räumlich, zeitlich*; von *in Passivsatz*; aus *Zusammensetzung* ● liegen an 由你决定 *yóu nǐ juédìng* das liegt bei Ihnen
由于 *yóuyú* wegen, infolge, aufgrund ● da, weil

邮 *yóu*
邮递 *yóudì* per Post
邮递员 *yóudìyuán* Briefträger(in)
邮局 *yóujú* ① Postamt
邮票 *yóupiào* ① Briefmarke

犹 *yóu*
犹太 *Yóutài* jüdisch
犹太人 *Yóutàirén* Jude (Jüdin)
犹豫 *yóuyù* zögern

油 *yóu*
油 *yóu* ② Öl
油漆 *yóuqī* Farbe *zum Streichen*
油酥面团 *yóusū miàntuán* Kuchenteig

油箱 *yóuxiāng* Benzintank

游 *yóu*

游客 *yóukè* Tourist(in), Besucher(in)

游览 *yóulǎn* ② Ausflug, Besuch • besuchen 去游览 *qù yóulǎn* einen Ausflug machen

游乐天车 *yóulètiānchē* Achterbahn

游戏 *yóuxì* Spiel

游行 *yóuxíng* Umzug, Festzug

游泳 *yóuyǒng* ① schwimmen • Schwimmen

游泳池 *yóuyǒngchí* ② Schwimmbad

游泳裤 *yóuyǒngkù* Badehose

游泳衣 *yóuyǒngyī* Badeanzug

游泳者 *yóuyǒngzhě* Schwimmer(in)

友 *yǒu*

友好 *yǒuhǎo* ① freundlich • enge(r) Freund(in)

友情 *yǒuqíng* Freundschaft

友谊 *yǒuyì* ① Freundschaft

有 *yǒu*

有 *yǒu* ① haben; es gibt

Im Unterschied zu allen anderen chinesischen Verben wird das Verb 有 *yǒu* nicht mit 不 *bù*, sondern mit 没 *méi* verneint.

有的 *yǒude* ① einige

有的是 *yǒudeshì* ② jede Menge ... haben; es gibt jede Menge ...

有点 *yǒudiǎn* ② etwas, ein bisschen

有关 *yǒuguān* ② angehen, betreffen • betreffend

有轨电车 *yǒuguǐ diànchē* Straßenbahn

有空 *yǒu kòng* frei haben

有力 *yǒulì* ② kräftig, kraftvoll; energisch

有利 *yǒulì* ② nützen, von Vorteil sein

有礼貌 *yǒu lǐmào* höflich

有名 *yǒumíng* ① berühmt

有趣 *yǒuqù* ② interessant; unterhaltsam

有时 *yǒushí* ② manchmal

有时候 *yǒu shíhou* ① manchmal

有效 *yǒuxiào* ② effektiv; gültig

有些 *yǒuxiē* ① manche, einige

有意思 *yǒuyìsi* ① interessant; unterhaltsam

有用 *yǒuyòng* ② nützlich

有罪 *yǒuzuì* schuldig

又 *yòu*

又 *yòu* ① wieder; außerdem; doch • und; aber; 又...又... *yòu ... yòu ...* sowohl ... als auch ...

又 *yòu* wird auch in Gruppen von Zahlen gebraucht, z. B.: 四小时又十分 *sì xiǎoshí yòu shí fēn* **vier Stunden und zehn Minuten**

右 *yòu*

右 *yòu* ① rechte(r, -s) *Seite, Hand usw.* • rechts

右边 *yòubian* ② rechts: 在右边 *zài yòubian* rechts, auf der rechten Seite

于 *yú*

于 *yú* ② in *in Zeit- oder Ortsangaben*; von

于是 *yúshì* ② also

鱼 *yú*

鱼 *yú* ① Fisch

鱼刺 *yúcì* Fischgräte

娱 *yú*

娱乐 *yúlè* Unterhaltung, Vergnügen

愉 *yú*

愉快 *yúkuài* ① froh

愚 *yú*

愚蠢 *yúchǔn* dumm ● Dummheit

瑜 *yú*

瑜伽 *yújiā* Yoga

与 *yǔ*

与 *yǔ* ② mit ● und

宇 *yǔ*

宇航员 *yǔhángyuán* Astronaut(in)

宇宙 *yǔzhòu* Weltall

宇宙飞船 *yǔzhòu fēichuán* Raumschiff

羽 *yǔ*

羽毛 *yǔmáo* Feder

羽毛球 *yǔmáoqiú* ② Federball

雨 *yǔ*

雨 *yǔ* ① Regen

雨伞 *yǔsǎn* Regenschirm

雨衣 *yǔyī* ① Regenmantel

语 *yǔ*

Nachgestellt bezeichnet 语 *yǔ* eine Sprache, z. B.: 日语 *Rìyǔ* **Japanisch**; 德语 *Déyǔ* **Deutsch**

语调 *yǔdiào* ② Intonation

语法 *yǔfǎ* ① Grammatik

语气 *yǔqì* ② Sprechweise, Tonfall; Modus *in der Grammatik*

语言 *yǔyán* ① Sprache

语音 *yǔyīn* ② Aussprache

玉 *yù*

玉 *yù* Jade

玉米 *yùmǐ* ② Mais

浴 *yù*

浴盆 *yùpén* Badewanne

浴室 *yùshì* Badezimmer

浴衣 *yùyī* Bademantel

预 *yù*

预备 *yùbèi* ② vorbereiten

预订 *yùdìng* Reservierung, Buchung ● reservieren, buchen

预防 *yùfáng* vorbeugen

预算 *yùsuàn* Budget

预习 *yùxí* ① vorbereiten ● sich vorbereiten

预约 *yùyuē* sich einen Termin geben lassen

遇 *yù*

遇 *yù* ② treffen, begegnen

遇到 *yùdào* ① treffen, begegnen

遇见 *yùjiàn* ② treffen, begegnen

元 *yuán*

元 *yuán* ① Yuan *chinesische Währung*
元音 *yuányīn* Vokal

员 *yuán*

员 *yuán* Angestellte(r)

原 *yuán*

原来 *yuánlái* ① ursprünglich, ehemalig, eigentlich
原谅 *yuánliàng* ① entschuldigen
原料 *yuánliào* ② Rohstoff
原因 *yuányīn* ② Grund, Ursache
原则 *yuánzé* ② Prinzip; 原则上 *yuánzé shàng* im Prinzip

圆 *yuán*

圆 *yuán* ① rund
圆满 *yuánmǎn* befriedigend
圆圈 *yuánquān* Kreis
圆珠笔 *yuánzhūbǐ* ② Kugelschreiber

远 *yuǎn*

远 *yuǎn* ① weit

院 *yuàn*

院 *yuàn* ② Hof
院长 *yuànzhǎng* ② Direktor(in), Rektor(in)
院子 *yuànzi* ② Hof

愿 *yuàn*

愿望 *yuànwàng* ② Wunsch
愿意 *yuànyì* ① wollen, sich wünschen; bereit sein, gewillt sein

约 *yuē*

约 *yuē* ② abmachen; sich verabreden ● ungefähr
约会 *yuēhuì* ② sich verabreden ● Verabredung, Treffen

月 *yuè*

月 *yuè* ① Monat

> Zu beachten ist der Unterschied zwischen 一月, 二月, 三月 *yīyuè, èryuè, sānyuè* … 'Januar', 'Februar', 'März' usw., und 一个月, 两个月, 三个月 *yíge yuè, liǎngge yuè, sānge yuè* … 'ein Monat', 'zwei Monate, 'drei Monate' usw.

月经 *yuèjīng* Menstruation, Periode
月经棉拴 *yuèjīng miánshuān* Tampon
月亮 *yuèliàng* ① Mond *von der Erde aus gesehen*
月球 *yuèqiú* ① Mond *Satellit*

乐 *yuè*

乐队 *yuèduì* Band *Musiker*
乐器 *yuèqì* Musikinstrument
➢ Siehe auch 乐 *lè*

岳 *yuè*

岳父 *yuèfù* Schwiegervater *Vater der Ehefrau*
岳母 *yuèmǔ* Schwiegermutter *Mutter der Ehefrau*

阅 *yuè*

阅读 *yuèdú* ② lesen

阅读材料 yuèdú cáiliào Lektüre, Lesestoff
阅览室 yuèlǎnshì ② Lesesaal

越 yuè

越... 越... yuè ... yuè ... ② je ... desto ...
越过 yuèguò überqueren; überwinden
越来越多 yuèlái yuèduō ② immer mehr
越南 Yuènán Vietnam

云 yún

云 yún ① Wolke

允 yǔn

允许 yǔnxǔ ② erlauben

孕 yùn

孕妇 yùnfù werdende Mutter

运 yùn

运 yùn ② transportieren

运动 yùndòng ① in Bewegung sein, sich bewegen ● Bewegung; Kampagne; Sport; 一种运动 yìzhǒng yùndòng eine Sportart
运动会 yùndònghuì ② Spiele, Sportveranstaltung
运动鞋 yùndòngxié Turnschuhe
运动员 yùndòngyuán ② Sportler(in), Athlet(in)
运河 yùnhé Kanal
运气 yùnqi Glück
运输 yùnshū ② transportieren ● Transport
运送 yùnsòng versenden, transportieren
运用 yùnyòng ② anwenden, verwenden; handhaben

Z

杂 *zá*

杂 *zá* ② vielfältig, verschieden
杂技 *zájì* ② Akrobatik
杂志 *zázhì* ② Zeitschrift

灾 *zāi*

灾 *zāi* ② Katastrophe
灾害 *zāihài* ② Katastrophe

再 *zài*

再 *zài* ① wieder, noch einmal; noch mehr; erst dann
再见 *zàijiàn* ① (Auf) Wiedersehen!, Tschüs!

在 *zài* ①

1. Als Verb bedeutet 在 *zài* 'sein in, sich befinden in' bei Standortangaben, z. B.: 他在德国 *tā zài Déguó* **Er ist in Deutschland**.

2. Als Präposition entpricht 在 *zài* "in, auf," usw., z. B.: 在苏黎世 *zài Sūlíshì* **in Zürich**; 在家 *zài jiā* **zu Hause**; 在哪儿? *zài nǎr?* **wo?**

在 *zài* kommt auch in verschiedenen präpositionalen Wortgruppen vor. In solchen Fällen steht das zweite Element der Wortgruppe hinter dem jeweiligen Substantiv, z. B.: 在车站对面 *zài chēzhàn duìmian* (= am Bahnhof gegenüber) **gegenüber dem Bahnhof**.

Wenn ein solcher präpositionaler Ausdruck am Satzanfang steht, fällt 在 *zài* meistens weg, z. B.: 车站对面有一个邮局 *chēzhàn duìmian yǒu yíge yóujú* **Gegenüber dem Bahnhof gibt es ein Postamt**.

3. Vor einem Verb weist 在 *zài* auf eine gerade in Gang befindliche Handlung hin, z. B.: 我在学中文 *wǒ zài xué Zhōngwén* **Ich studiere Chinesisch**.

咱 *zán*

咱 *zán* ② wir, uns *der/die Angeredeten inbegriffen*
咱们 *zánmen* ① wir, uns *der/die Angeredeten inbegriffen*

暂 *zàn*

暂时 *zànshí* ② vorläufig
暂停 *zàntíng* (Spiel)Pause ● zeitweilig unterbrechen

赞 *zàn*

赞成 *zànchéng* ② zustimmen
赞扬 *zànyáng* loben

脏 *zāng*

脏 *zāng* ① schmutzig, dreckig

葬 *zàng*

葬 *zàng* beerdigen
葬礼 *zànglǐ* Beerdigung

遭 *zāo*
遭到 *zāodào* ② erleiden
遭受 *zāoshòu* ② erleiden

糟 *zāo*
糟糕 *zāogāo* ② verflucht!

早 *zǎo*
早 *zǎo* ① früh
早晨 *zǎochén* ① Morgen
早饭 *zǎofàn* ① Frühstück
早上 *zǎoshang* ① Morgen ● 早上好 *zǎoshang hǎo* Guten Morgen!

造 *zào*
造 *zào* ② bauen; anfertigen; erfinden, aushecken
造船厂 *zàochuánchǎng* Werft
造句 *zàojù* ② einen Satz bilden

噪 *zào*
噪音 *zàoyīn* Lärm

则 *zé*
则 *zé* ② dann

责 *zé*
责备 *zébèi* ausschelten; vorwerfen, tadeln
责任 *zérèn* ② Verantwortung

怎 *zěn*
怎么 *zěnme* ① wie
怎么样 *zěnmeyàng* ① wie; wie wär's?, was meinst du?; 我们去看电影怎么样 *wǒmen qù kàn diànyǐng zěnmeyàng?* wie wär's, wenn wir ins Kino gehen?
怎样 *zěnyàng* ① wie

曾 *zēng*
曾孙 *zēngsūn* Urenkel
曾祖父 *zēngzǔfù* Urgroßvater väterlicherseits
曾祖母 *zēngzǔmǔ* Urgroßmutter väterlicherseits
➤ Siehe auch 曾 *céng*

增 *zēng*
增 *zēng* zunehmen; steigern
增加 *zēngjiā* ① erhöhen, vermehren
增加体重 *zēngjiā tǐzhòng* zunehmen Körpergewicht
增长 *zēngzhǎng* ② verlängern, zunehmen

憎 *zēng*
憎 *zēng* hassen
憎恨 *zēnghèn* hassen

扎 *zhā*
扎 *zhā* ② stechen

闸 *zhá*
闸 *zhá* Bremse; Schleuse

炸 *zhá*
炸 *zhá* frittiert ● frittieren
➤ Siehe auch 炸 *zhà*

炸 *zhà*
炸 *zhà* explodieren; platzen ●

sprengen

炸弹 zhàdàn Bombe

➤ Siehe auch 炸 zhá

摘 zhāi

摘 zhāi ② pflücken; abnehmen *Hut, Brille*; auswählen *Text*

摘下 zhāixia abnehmen *Hut, Brille*

窄 zhǎi

窄 zhǎi ② eng

债 zhài

债 zhài Schulden

占 zhān

占星 zhānxīng ein Horoskop erstellen

粘 zhān

粘 zhān ② kleben

展 zhǎn

展出 zhǎnchū ② ausstellen, zur Schau stellen

展开 zhǎnkāi ② entfalten; entwickeln

展览 zhǎnlǎn ① ausstellen, zur Schau stellen • Ausstellung

展览会 zhǎnlǎnhuì ② Ausstellung

盏 zhǎn

Zähleinheitswort für Lampen, z. B.: 两盏灯 liǎng zhǎn dēng *zwei Lampen*. [Siehe Zähleinheitswörter, S. 33]

占 zhàn

占 zhàn ① besetzen, einnehmen; in Anspruch nehmen; ausmachen *Prozentsatz*; belegen *Platz*

占线 zhànxiàn besetzt *Telefon*

战 zhàn

战斗 zhàndòu ② Kampf; militärischer Konflikt • kämpfen

战胜 zhànshèng ② besiegen, schlagen

战士 zhànshì ② Soldat; Kämpfer(in)

战争 zhànzhēng ② Krieg

站 zhàn

站 zhàn ① Station, Haltestelle • stehen; stehen bleiben, anhalten

站起来 zhànqǐlai aufstehen

站台 zhàntái Bahnsteig

站着 zhànzhe stehen

张 zhāng ①

Zähleinheitswort für blattförmige Gegenstände: Papier, Tisch, Bett, Foto, Karte, Briefmarke usw., z. B.: 四张纸 sì zhāng zhǐ *vier Blatt Papier*. [Siehe Zähleinheitswörter, S. 33]

张 zhāng ① öffnen

张开 zhāngkāi öffnen

章 zhāng

章 zhāng ② Kapitel; Siegel, Stempel

蟑 zhāng

蟑螂 zhāngláng Kakerlake, Schabe

长 zhǎng

长 zhǎng ① wachsen; sich entwickeln; entstehen • entwickeln, fördern •

älter ● Leiter(in), Chef(in)

长大 zhǎngdà aufwachsen

长子 zhǎngzǐ ältester Sohn

➢ Siehe auch 长 cháng

涨 zhǎng

涨 zhǎng ② steigen *Preise usw.*

涨价 zhǎngjià Preisanstieg ● den Preis erhöhen

掌 zhǎng

掌 zhǎng Handfläche

掌管 zhǎngguǎn verwalten

掌握 zhǎngwò ① begreifen, beherrschen; kontrollieren

丈 zhàng

丈 zhàng ② *Maßeinheit = 3,33 Meter*

丈夫 zhàngfu ② Ehemann

帐 zhàng

帐篷 zhàngpeng Zelt

账 zhàng

账单 zhàngdān Rechnung

障 zhàng

障碍 zhàng'ài Hindernis

招 zhāo

招待 zhāodài ② empfangen, bedienen, bewirten

招待会 zhāodàihuì ② Empfang Veranstaltung

招呼 zhāohu ② Gruß; Begrüßung ● grüßen; sorgen für, sich kümmern um

着 zháo

着 zháo ② berühren; getroffen werden durch

着火 zháohuǒ Feuer fangen, in Brand geraten

着急 zháojí ① sich Sorgen machen, besorgt sein

着凉 zháoliáng sich erkälten

➢ Siehe auch 着 zhe und 着 zhuó

找 zhǎo

找 zhǎo ① suchen; als Wechselgeld herausgeben

找到 zhǎodào finden

找钱 zhǎoqián Wechselgeld ● Wechselgeld geben

召 zhào

召开 zhàokāi ② einberufen, abhalten

兆 zhào

兆字节 zhàozìjié Megabyte

照 zhào

照 zhào ② scheinen; beleuchten; widerspiegeln; aufnehmen, fotografieren ● gemäß; in Richtung, gegen

照常 zhàocháng ② wie üblich

照顾 zhàogù ① aufpassen auf; sorgen für; berücksichtigen

照片 zhàopiàn ② Foto

照相 zhàoxiàng ① ein Foto machen, fotografieren

照相机 *zhàoxiàngjī* ② Fotoapparat

照样 *zhàoyàng* ② wie immer, wie schon immer

照张相片 *zhào zhāng xiàngpiàn* ein Foto machen

遮 *zhē*

遮盖 *zhēgài* bedecken

折 *zhé*

折 *zhé* ② brechen; falten • umkehren

折叠式躺椅 *zhédiéshì tǎngyǐ* Liegestuhl

折断 *zhéduàn* brechen

折扣 *zhékòu* Rabatt, Skonto

折磨 *zhémó* quälen, plagen

哲 *zhé*

哲学 *zhéxué* ② Philosophie

者 *zhě*

者 *zhě* bezeichnet eine Person und entspricht oft der deutschen Endung '-er(in)', z. B.: 游泳者 *yóuyǒngzhě* **Schwimmer(in)**; 消费者 *xiāofèizhě* **Verbraucher(in)**.

这 *zhè*

这 *zhè* oder *zhèi* ① diese(r, -s); das, dies; jetzt

Zwischen 这 *zhè/zhèi* und dem Substantiv muss ein Zähleinheitswort eingefügt werden, z. B.: 这本书 *zhèi běn shū* **dieses Buch**. [Siehe Zähleinheitswörter, S. 33]

Vor einem Substantiv mit Pluralbedeutung verwendet man 这些 *zhè xiē* oder *zhèixiē*, z. B.: 这些书 *zhèixiē shū* **diese Bücher**.

Das Substantiv kann wegfallen, das Zähleinheitswort jedoch nicht, z. B.: 我要买这本 *wǒ yào mǎi zhèi běn* **ich werde dieses kaufen**. (gemeint ist 'Buch').

这边 *zhèbiān* ② diese Seite, hier

这次 *zhècì* diesmal

这个 *zhège* ① diese(r, -s)

这里 *zhèlǐ* ① hier

这么 *zhème* ① so; auf diese Weise

这么多 *zhème duō* so viel(e)

这儿 *zhèr* ① hier

这些 *zhèxiē* ① diese

这样 *zhèyàng* ① auf diese Weise, so

着 *zhe* ①

➢ Siehe auch 着 *zháo* und 着 *zhuó*

着 *zhe* ist ein Verbalsuffix, das unterschiedlich gebraucht wird:

1. Es bezeichnet einen Zustand, der als Folge einer Handlung verstanden werden kann, vgl.: 她穿了一条蓝裙子 *tā chuān le yì tiáo lán qúnzi* **Sie hat einen blauen Rock angezogen** und 她穿着一条蓝裙子 *tā chuān zhe yì tiáo lán qúnzi* **Sie hat/hatte einen blauen Rock an**.

2. Es bezeichnet eine Handlung, die gleichzeitig mit der Handlung des Hauptverbes geschieht, z. B.: 他看着我说... *tā kàn zhe wǒ shuō* ... **indem er mich anschaute, sagte er ...**

3. 着 *zhe* wird auch gebraucht, um ein einsilbiges Verb oder Präposition phonetisch zu vervollständigen, z. B.: 他们互相爱着 *tāmen hùxiāng àizhe* **Sie lieben einander.**

针 *zhēn*

针 *zhēn* ② Nadel; Stich; Spritze
针对 *zhēnduì* ② ausgerichtet sein auf
针灸 *zhēnjiǔ* ② Akupunktur- und Moxenbehandlung *Techniken der traditionellen chinesischen Medizin*

真 *zhēn*

真 *zhēn* ① echt, wirklich; deutlich
真的 *zhēnde* wirklich, tatsächlich;
  真的吗？ *zhēnde ma?* wirklich?
真理 *zhēnlǐ* ② Wahrheit
真实 *zhēnshí* ② wahrhaftig, wahr, echt
真正 *zhēnzhèng* ① echt

诊 *zhěn*

诊所 *zhěnsuǒ* Arztpraxis, Klinik

枕 *zhěn*

枕头 *zhěntou* Kopfkissen

阵 *zhèn* ②

Zähleinheitswort für Windbewegungen, Regenschauer und Geräusche, z. B.: 一阵风 *yī zhèn fēng* **ein Windstoß**; 一阵笑声 *yī zhèn xiàoshēng* **ein Lachanfall**

震 *zhèn*

震动 *zhèndòng* erschüttern; beben
震惊 *zhènjīng* ② schockieren, erschrecken ● schockiert werden

镇 *zhèn*

镇静 *zhènjìng* gelassen
镇静剂 *zhènjìngjì* Beruhigungsmittel

正 *zhēng*

正月 *zhēngyuè* erster *Monat des chinesischen Jahres*
➤ Siehe auch 正 *zhèng*

争 *zhēng*

争 *zhēng* ② wetteifern ● streiten
争论 *zhēnglùn* ② Streit, Diskussion
争取 *zhēngqǔ* ② streben nach; gewinnen

征 *zhēng*

征求 *zhēngqiú* ② bitten um, erbitten

睁 *zhēng*

睁 *zhēng* ② öffnen *Augen*

整 *zhěng*

整 *zhěng* ② ordnen, aufräumen; ausbessern; verfolgen *wegen einer Schuld* ● ganz; ordentlich, aufgeräumt
整个 *zhěnggè* ② ganz
整洁 *zhěngjié* ordentlich; sauber
整理 *zhěnglǐ* ② aufräumen *Zimmer*; ordnen
整齐 *zhěngqí* ① ordentlich

正 *zhèng*

正 *zhèng* ① gerade, aufrecht; aufrichtig; Haupt- ● gerade, im Moment; 正要做某事 *zhèng yào zuò mǒushì* etwas gerade tun wollen ● berichtigen, richtigstellen

正常 *zhèngcháng* ② normal

正方形 *zhèngfāngxíng* quadratisch, Quadrat

正好 *zhènghǎo* ② genau richtig, genau rechtzeitig

正气 *zhèngqì* positive Energie *in der chinesischen Heilkunde*

正确 *zhèngquè* ① richtig, korrekt

正式 *zhèngshì* ② formell, offiziell

正午 *zhèngwǔ* Mittag

正义 *zhèngyì* Gerechtigkeit ● gerecht

正在 *zhèngzài* ① gerade *bezeichnet eine Handlung, die gerade im Moment vor sich geht* ● im Gang sein

▶ Siehe auch 正 *zhēng*

证 *zhèng*

证件 *zhèngjiàn* Ausweis, Papiere

证明 *zhèngmíng* ② Beweis; Zeugnis ● beweisen

证券交易所 *zhèngquàn jiāoyìsuǒ* Börse

政 *zhèng*

政策 *zhèngcè* ② Politik *Vorgehen*

政党 *zhèngdǎng* politische Partei

政府 *zhèngfǔ* ① Regierung

政治 *zhèngzhì* ① Politik *Bereich*

政治家 *zhèngzhìjiā* Politiker(in)

挣 *zhèng*

挣 *zhèng* verdienen

挣钱 *zhèngqián* Geld verdienen

症 *zhèng*

症状 *zhèngzhuàng* Symptom

之 *zhī*

之 *zhī* ① *Partikel, die in der Schriftsprache die Genitiv-Beziehung ausdrückt*

之后 *zhīhòu* ② nachher ● nachdem ● 在...之后 *zài ... zhīhòu* nach ...

之间 *zhījiān* zwischen; ① 在...之间 *zài ... zhījiān* zwischen ...; 六点到午夜之间 *liù diǎn dào wǔyè zhījiān* zwischen sechs Uhr und Mitternacht

之前 *zhīqián* ② vorher ● bevor ● 在...之前 *zài ... zhīqián* vor ...

之上 *zhīshàng* ② über

之下 *zhīxià* ② unter

之一 *zhīyī* ② eine(r), eins von

之中 *zhīzhōng* ② mitten in

支 *zhī* ①

Zähleinheitswort für Stifte, Zigaretten, Essstäbchen, Kerzen, Schusswaffen, sowie Lieder und Mannschaften, z. B.: 哪支笔? *nǎ zhī bǐ?* **Welcher Stift?** [Siehe Zähleinheitswörter, S. 33]
Synonym: 枝 *zhī*

支 *zhī* ① stützen; aushalten; wegschicken; zahlen

支持 *zhīchí* ② unterstützen; aushalten;

unterhalten *Familie* • Unterstützung

支持者 *zhīchízhě* Unterstützer(in)

支付 *zhīfù* zahlen • Zahlung

支票 *zhīpiào* Scheck

支气管炎 *zhīqìguǎnyán* Bronchitis

支援 *zhīyuán* ② unterstützen, helfen

汁 *zhī*

汁 *zhī* Saft

芝 *zhī*

芝麻 *zhīma* Sesam

只 *zhī* ①

➤ Siehe auch 只 *zhǐ*

Zähleinheitswort für mittelgroße Tiere (Hühner, Affen, Vögel, Katzen usw.), Schüsseln, und alles, was paarweise vorkommt (Schuhe, Socken, Handschuhe, Augen, Ohren, Hände usw.), z. B.: 一只袜子 *yì zhī wàzi* **eine Socke**. [Siehe Zähleinheitswörter, S. 33]

枝 *zhī*

枝 *zhī* Ast, Zweig

Als Zähleinheitswort austauschbar mit 支 *zhī* [Siehe Zähleinheitswörter, S. 33]

知 *zhī*

知道 *zhīdào* ① wissen

知识 *zhīshi* ① Kenntnisse, Wissen

知识分子 *zhīshi fènzǐ* Intellektuelle(r)

织 *zhī*

织 *zhī* ② weben, stricken

指 *zhī*

指甲 *zhījia* Nagel

指甲挫 *zhījiacuò* Nagelfeile

指甲钳 *zhījiaqián* Nagelknipser

➤ Siehe auch 指 *zhǐ*

脂 *zhī*

脂肪 *zhīfáng* Fett

蜘 *zhī*

蜘蛛 *zhīzhū* Spinne

执 *zhí*

执行 *zhíxíng* ② durchführen, ausführen

执照 *zhízhào* Genehmigung, Lizenz

直 *zhí*

直 *zhí* ① gerade *Linie*; offen; gerade; senkrecht • aufrichten • direkt; ununterbrochen

直达 *zhídá* direkt

直达飞行 *zhídá fēixíng* Direktflug

直到 *zhídào* ② bis

直接 *zhíjiē* ② unmittelbar

直升飞机 *zhíshēng fēijī* Hubschrauber

侄 *zhí*

侄女 *zhínǚ* Nichte *Tochter des Bruders*

侄子 *zhízi* Neffe *Sohn des Bruders*

值 *zhí*

值 *zhí* wert sein • zufällig

值得 *zhídé* ② sich lohnen; 这是值得的 *zhè shì zhídé de* es lohnt sich

值钱 zhíqián wertvoll

职 *zhí*

职工 zhígōng ② Belegschaft; Mitarbeiter(in)
职能 zhínéng Funktion
职位 zhíwèi Stelle, Posten
职业 zhíyè ② Beruf • Berufs-

植 *zhí*

植物 zhíwù ② Pflanze

止 *zhǐ*

止 zhǐ ② stoppen, stillen
止咳药 zhǐkéyào Hustenmittel
止痛药 zhǐtòngyào Schmerzmittel

只 *zhǐ*

只 zhǐ ① nur
只好 zhǐhǎo ① müssen • notgedrungen
只是 zhǐshì ② nur, einfach; aber
只要 zhǐyào ② vorausgesetzt, dass
只有 zhǐyǒu ② nur • nur wenn
➤ Siehe auch 只 *zhī*

纸 *zhǐ*

纸 zhǐ ① Papier
纸牌 zhǐpái Spielkarte

指 *zhǐ*

指 zhǐ ① mit dem Finger zeigen auf; hinweisen auf
指出 zhǐchū ② hinweisen auf
指导 zhǐdǎo ② anleiten

指挥 zhǐhuī ② befehlen; leiten; dirigieren • Kommandeur; Dirigent(in)
指南针 zhǐnánzhēn Kompass
指示 zhǐshì ② Anweisung • anweisen
指引 zhǐyǐn anleiten, führen
指责 zhǐzé anklagen, beschuldigen
➤ Siehe auch 指 *zhī*

至 *zhì*

至 zhì ② bis
至今 zhìjīn ② bis heute
至少 zhìshǎo ② wenigstens, mindestens

制 *zhì*

制订 zhìdìng ② formulieren, ausarbeiten
制定 zhìdìng ② festlegen, formulieren
制度 zhìdù ② System
制服 zhìfú Uniform
制造 zhìzào ② herstellen; erzeugen • Herstellung
制造商 zhìzàoshāng Hersteller

质 *zhì*

质量 zhìliàng ② Qualität

治 *zhì*

治 zhì ② heilen, behandeln; regulieren; regieren
治好 zhìhǎo heilen
治理 zhìlǐ verwalten; regulieren
治疗 zhìliáo heilen, behandeln •

Behandlung, Therapie; 接受治疗 jiēshòu zhìliáo behandelt werden

秩 *zhì*
秩序 *zhìxù* ② Ordnung

智 *zhì*
智慧 *zhìhuì* Weisheit
智力 *zhìlì* Intelligenz

中 *zhōng*
中 *zhōng* ① Mitte; 在...中 *zài ... zhōng* unter: 在德国人中 *zài Déguórén zhōng* unter den Deutschen ● China, Chinesisch als Abkürzung
中餐 *zhōngcān* ② chinesisches Essen
中等 *zhōngděng* mittlere(r, -s), mittelgroß
中东 *zhōngdōng* der Mittlere Osten
中断 *zhōngduàn* unterbrechen
中国 *Zhōngguó* ① China ● chinesisch
中国人 *Zhōngguórén* ① Chinese (-in)
中级 *zhōngjí* Zwischenstufe
中间 *zhōngjiān* ① mitten in; unter
中年 *zhōngnián* mittleres Alter
中世纪 *zhōngshìjì* Mittelalter
中文 *Zhōngwén* ① Chinesisch
中午 *zhōngwǔ* ① Mittag
中心 *zhōngxīn* ② Zentrum, Mittelpunkt
中学 *zhōngxué* ② Mittelschule
中旬 *zhōngxún* Mitte *eines Monates* 五月中旬 *wǔyuè zhōngxún* Mitte Mai
中央 *zhōngyāng* ② Zentrum; Zentrale ● zentral
中药 *zhōngyào* chinesisches Medikament
中医 *zhōngyī* ② traditionelle chinesische Medizin; Arzt (Ärztin) *für traditionelle chinesische Medizin*
中转 *zhōngzhuǎn* umsteigen
➤ Siehe auch 中 *zhòng*

忠 *zhōng*
忠诚 *zhōngchéng* treu, loyal

终 *zhōng*
终点站 *zhōngdiǎnzhàn* Endstation
终于 *zhōngyú* ② endlich

钟 *zhōng*
钟 *zhōng* ① Uhr; 四点钟 *sì diǎn zhōng* (um) vier Uhr
钟头 *zhōngtóu* ① Stunde

肿 *zhǒng*
肿大 *zhǒngdà* anschwellen ● geschwollen
肿胀 *zhǒngzhàng* anschwellen

种 *zhǒng*
种 *zhǒng* ① Art, Sorte; Rasse; 这种... *zhè zhǒng* ... diese Art ...; 那种... *nà zhǒng* ... jene Art ...
种子 *zhǒngzi* ② Samen, Saat
种族 *zhǒngzú* Rasse
种族歧视 *zhǒngzú qíshì* Rassismus
➤ Siehe auch 种 *zhòng*

中 *zhòng*

中毒 *zhòngdú* vergiftet
中风 *zhòngfēng* Schlaganfall
中暑 *zhòngshǔ* Sonnenstich
➤ Siehe auch 中 *zhōng*

种 *zhòng*

种 *zhòng* ① anbauen, pflanzen
➤ Siehe auch 种 *zhǒng*

重 *zhòng*

重 *zhòng* ① schwer *auch Krankheit;* wichtig• wiegen: 手提箱重十公斤 *shǒutíxiāng zhòng shí gōngjīn* der Koffer wiegt 10 kg
重大 *zhòngdà* ② bedeutend, groß, schwerwiegend
重点 *zhòngdiǎn* ② Schwerpunkt
重量 *zhòngliàng* ② Gewicht
重视 *zhòngshì* ② Wert legen auf, beachten, schätzen
重要 *zhòngyào* ① wichtig; bedeutend
重要性 *zhòngyàoxìng* Wichtigkeit; Bedeutung
➤ Siehe auch 重 *chóng*

州 *zhōu*

州 *zhōu* Land, Teilstaat, Verwaltungsbezirk

周 *zhōu*

周 *zhōu* ① Woche; Runde, Zirkel
周到 *zhōudào* ② umsichtig, rücksichtsvoll
周末 *zhōumò* Wochenende
周围 *zhōuwéi* ① Umgebung ● 在... 周围 *zài ... zhōuwéi* um ... herum, rund um ...
周转 *zhōuzhuǎn* ② ausreichen

珠 *zhū*

珠宝 *zhūbǎo* Juwelen
珠宝店 *zhūbǎodiàn* Juweliergeschäft

株 *zhū* ②

Zähleinheitswort für Baumarten, z. B.: 四株桑树 *sì zhū sāngshù* **vier Maulbeerbäume**

猪 *zhū*

猪 *zhū* ① Schwein
猪肉 *zhūròu* Schweinefleisch

竹 *zhú*

竹 *zhú* Bambus
竹笋 *zhúsǔn* Bambussprossen
竹子 *zhúzi* ② Bambus

逐 *zhú*

逐步 *zhúbù* ② schrittweise
逐渐 *zhújiàn* ② allmählich

主 *zhǔ*

主动 *zhǔdòng* ② Initiative ● aktiv
主观 *zhǔguān* ② subjektiv
主管 *zhǔguǎn* ② verantwortlich sein für
主管人员 *zhǔguǎn rényuán* Manager(in)
主人 *zhǔrén* ② Gastgeber(in);

Inhaber(in), Besitzer(in)

主任 zhǔrèn ② Direktor(in), Leiter(in)

主席 zhǔxí ② Vorsitzende(r)

主要 zhǔyào ① hauptsächlich, Haupt-

主意 zhǔyì ② Entschluss; Idee; Rat

主张 zhǔzhāng ② befürworten, eintreten für ● Standpunkt, Meinung

煮 zhǔ

煮 zhǔ ② gekocht ● kochen

煮饭 zhǔ fàn Reis kochen

煮鸡蛋 zhǔ jīdàn gekochtes Ei

嘱 zhǔ

嘱咐 zhǔfù ② ermahnen

住 zhù

住 zhù ① wohnen ● anhalten

住处 zhùchù Unterkunft; Wohnsitz

住院 zhùyuàn ② im Krankenhaus liegen

注 zhù

注册 zhùcè registrieren, eintragen ● sich einschreiben ● Einschreibung ● Register

注射器 zhùshèqì Spritze

注意 zhùyì ① achtgeben; aufpassen auf

祝 zhù

祝 zhù ① wünschen; 祝某人某事 zhù mǒurén mǒushì jemandem etwas wünschen; 祝你也一样 zhù nǐ yě yīyàng gleichfalls

祝贺 zhùhè ② gratulieren

祝贺你 zhùhè nǐ gratuliere, herzlichen Glückwunsch

祝酒 zhùjiǔ Toast ● anstoßen auf, trinken auf

著 zhù

著名 zhùmíng ② bekannt, berühmt

著作 zhùzuò ② Werk *literarisches*

抓 zhuā

抓 zhuā ② packen, ergreifen; erwischen; kratzen; den Schwerpunkt legen auf

抓紧 zhuājǐn ② sich intensiv befassen mit; ausnutzen *Zeit*

抓住 zhuāzhù packen; ergreifen

爪 zhuǎ

爪子 zhuǎzi Pfote

专 zhuān

专家 zhuānjiā ② Spezialist(in), Fachmann (-frau)

专门 zhuānmén ② Fach-

专心 zhuānxīn ② sich konzentrieren ● aufmerksam

专业 zhuānyè ② Spezialgebiet, Fachgebiet

砖 zhuān

砖 zhuān Backstein

转 zhuǎn

转 zhuǎn ② kehrtmachen; wenden;

sich verändern; weitergeben

转变 zhuǎnbiàn ② sich verändern; umwandeln

转告 zhuǎngào ② weiterleiten, weitersagen

转机停留 zhuǎnjī tíngliú Zwischenlandung

转身 zhuǎnshēn sich umdrehen

转弯处 zhuǎnwānchù Kurve

转移 zhuǎnyí verlegen, verlagern

➢ Siehe auch 转 zhuàn

转 **zhuàn**

转 zhuàn ② sich drehen; herumlaufen

➢ Siehe auch 转 zhuǎn

庄 **zhuāng**

庄稼 zhuāngjia ② Getreide

庄严 zhuāngyán ② feierlich

装 **zhuāng**

装 zhuāng ① sich verkleiden als; sich ausgeben als; vortäuschen; laden, aufladen; montieren

装满 zhuāngmǎn füllen, auffüllen

装配 zhuāngpèi montieren

装饰 zhuāngshì Schmuck, Dekoration ● dekorieren, schmücken

壮 **zhuàng**

壮观 zhuàngguān spektakulär

状 **zhuàng**

状况 zhuàngkuàng ② Zustand, Verhältnisse

状态 zhuàngtài ② Zustand, Lage

撞 **zhuàng**

撞 zhuàng ② fahren gegen, laufen gegen; treffen, begegnen

撞车 zhuàngchē Autounfall

撞压 zhuàngyā überfahren *Fußgänger*

追 **zhuī**

追 zhuī ② nachjagen, nachlaufen; (einer Sache) auf den Grund gehen

准 **zhǔn**

准 zhǔn ② genau ● erlauben ● bestimmt

准备 zhǔnbèi ① vorbereiten; vorhaben ● Vorbereitung

准备好 zhǔnbèi hǎo bereit

准确 zhǔnquè ② genau, exakt

准时 zhǔnshí ② pünktlich

捉 **zhuō**

捉 zhuō ② fangen, festnehmen

桌 **zhuō**

桌子 zhuōzi ① Tisch

着 **zhuó**

着陆 zhuólù landen ● Landung

➢ Siehe auch 着 zháo und 着 zhe

资 **zī**

资本 zīběn Kapital

资料 zīliào ② Mittel; Daten; Material; Unterlagen

资源 zīyuán ② Ressourcen

子 *zǐ*

子 *zǐ* Sohn
子弹 *zǐdàn* Kugel, Geschoss
子宫 *zǐgōng* Gebärmutter

仔 *zǐ*

仔细 *zǐxì* ② sorgfältig

紫 *zǐ*

紫 *zǐ* ② violett
紫色 *zǐsè* violett
紫外线 *zǐwàixiàn* ultraviolette Strahlen

自 *zì*

自 *zì* ② von; von … aus ● selbst
自从 *zìcóng* ② seit ● seitdem
自动 *zìdòng* ② von selbst; automatisch
自动取款机 *zìdòng qǔkuǎnjī* Geldautomat
自费 *zìfèi* ② auf eigene Kosten
自己 *zìjǐ* ① selbst; 我自己的 *wǒ zìjǐ de* mein(e) eigene(r, -s)
自觉 *zìjué* ② selbstbewusst
自然 *zìrán* ② natürlich ● Natur
自然界 *zìránjiè* Natur, die Welt der Natur
自我 *zìwǒ* ② selbst
自行车 *zìxíngchē* ① Fahrrad
自行车道 *zìxíngchēdào* Radweg
自行车运动 *zìxíngchē yùndòng* Radsport
自学 *zìxué* ② im Selbststudium lernen
自由 *zìyóu* ② frei ● Freiheit
自愿 *zìyuàn* freiwillig
自治 *zìzhì* Selbstverwaltung

字 *zì*

字 *zì* ① Schriftzeichen
字迹 *zìjì* Handschrift
字母 *zìmǔ* Buchstabe
字幕 *zìmù* Untertitel *Film*

宗 *zōng*

宗教 *zōngjiào* Religion

棕 *zōng*

棕色 *zōngsè* braun

综 *zōng*

综合 *zōnghé* ② zusammenfassen ● umfassend

总 *zǒng*

总 *zǒng* ① zusammenfassen ● total ● General-, Chef- ● immer 总部 *zǒngbù* Zentrale
总裁 *zǒngcái* Direktor(in)
总额 *zǒng'é* Gesamtbetrag
总机 *zǒngjī* Telefonzentrale
总结 *zǒngjié* ② zusammenfassen ● Zusammenfassung
总理 *zǒnglǐ* ② Regierungschef(in), Premierminister(in)
总是 *zǒngshì* ① immer
总数 *zǒngshù* Gesamtzahl
总统 *zǒngtǒng* ② Präsident(in)
总之 *zǒngzhī* kurz gesagt

走 zǒu

走 zǒu ① gehen; weggehen

> 走 zǒu wird im Sinne von "weg" in Verbindung mit anderen Verben verwendet, z. B.: 跑走 pǎo zǒu **weglaufen, davonrennen**

走道 zǒudào ② Gehsteig
走廊 zǒuláng Gang, Korridor
走路 zǒulù gehen, spazieren

租 zū

租 zū mieten
租车 zūchē Autovermietung
租金 zūjīn Miete
租用 zūyòng mieten, pachten

足 zú

足 zú genug, genügend
足够 zúgòu genug; 足够了 zúgòu le! es reicht!
足球 zúqiú ① Fußball
足球场 zúqiúchǎng Fußballplatz

阻 zǔ

阻止 zǔzhǐ verhindern

组 zǔ

组 zǔ ② Team, Gruppe
组合音响 zǔhé yīnxiǎng Stereoanlage
组织 zǔzhī ① Organisation ● bilden; organisieren

祖 zǔ

祖国 zǔguó ① Vaterland, Heimatland

钻 zuān

钻 zuān sich vertiefen in, gründlich erforschen
钻研 zuānyán sich vertiefen in, gründlich erforschen

钻 zuàn

钻 zuàn ② bohren; eindringen in, durchdringen
钻石 zuànshí Diamant

嘴 zuǐ

嘴 zuǐ ① Mund

最 zuì ①

> 最 zuì dient zur Bildung des Superlativs.

最迟 zuìchí spätestens
最初 zuìchū ① allererste(r, -s), ursprünglich
最大 zuìdà größte(r, -s)
最低 zuìdī niedrigste(r, -s)
最高 zuìgāo höchste(r, -s)
最好 zuìhǎo ② beste(r, -s) ● am besten 我们最好坐出租车去 wǒmen zuìhǎo zuò chūzūchē qù am besten fahren wir mit dem Taxi
最后 zuìhòu ① zuletzt ● letzte(r, -s)
最后一次 zuìhòu yícì das letzte Mal
最近 zuìjìn ① nächste(r, -s) ● in letzter Zeit; in nächster Zukunft
最少 zuì shǎo wenigste(r, -s), mindeste(r, -s)
最糟 zuìzāo schlechteste(r, -s), schlimmste(r, -s)

罪 *zuì*

罪 *zuì* Verbrechen

罪犯 *zuìfàn* Verbrecher(in)

罪行 *zuìxíng* Verbrechen, Straftat

醉 *zuì*

醉 *zuì* ② betrunken

尊 *zūn*

尊敬 *zūnjìng* ② respektieren, verehren

遵 *zūn*

遵守 *zūnshǒu* ② befolgen, einhalten

昨 *zuó*

昨天 *zuótiān* ① gestern

昨天晚上 *zuótiān wǎnshang* gestern Abend

左 *zuǒ*

左 *zuǒ* ① linke(r, -s) ● links

左边 *zuǒbiān* ② links, linke Seite;
在左边 *zài zuǒbiān* links, auf der linken Seite

左右 *zuǒyòu* ② ungefähr, etwa ● beeinflussen, kontrollieren

作 *zuò*

作 *zuò* ① machen, tun; verfassen; fungieren als

作弊 *zuòbì* betrügen

作家 *zuòjiā* ② Schriftsteller(in)

作品 *zuòpǐn* ② Werk

作为 *zuòwéi* ② als 作为律师，我觉得... *zuòwéi lǜshī, wǒ juéde* ... als Rechtsanwalt meine ich ... ● halten für, betrachten als

作文 *zuòwén* ② Aufsatz

作业 *zuòyè* ① Hausaufgaben; Arbeit, Operation

作用 *zuòyòng* ② Funktion; Wirkung ● wirken auf

作者 *zuòzhě* ② Schriftsteller(in)

坐 *zuò*

坐 *zuò* ① sitzen; fahren mit; aufsetzen *Wasser zum Kochen* ● sich setzen

Als Präposition entspricht 坐 *zuò* dem deutschen 'mit', wenn es um Verkehrsmittel geht, z. B.: 我坐火车去北京 *wǒ zuò huǒchē qù Běijīng* **ich fahre mit dem Zug nach Peking**

坐班 *zuòbān* ② im Büro arbeiten

坐下 *zuòxia* sich setzen

座 *zuò* ①

Zähleinheitswort für Berge und große Bauwerke: Kinos, Paläste, Brücken usw., z. B.: 这座电影院 *zhèi zuò diànyǐngyuàn* **dieses Kino**. [Siehe Zähleinheitswörter, S. 33]

座谈 *zuòtán* ② besprechen *im Rahmen einer offiziellen Sitzung*

座位 *zuòwèi* ② Sitzplatz

做 *zuò*

做 *zuò* ① machen, tun; zubereiten; sein als Beruf; dienen als

做法 *zuòfǎ* ② Verfahren, Praktik

做饭 *zuòfàn* kochen

做客 *zuòkè* ② zu Gast sein
做梦 *zuòmèng* ② träumen
做生日 *zuò shēngrì* Geburtstag feiern

做手术 *zuòshǒushù* operiert werden
做准备 *zuò zhǔnbèi* sich vorbereiten

Deutsch – Chinesisch

ab 从 cóng *ab morgen* cóng míngtiān 从明天 *ab Berlin* cóng Bólín 从柏林 *ab und zu* yǒu shíhòu 有时候
abbiegen guǎiwān 拐弯
Abend wǎnshang 晚上 *am Abend* wǎnshang 晚上 *heute Abend* jīntiān wǎnshang 今天晚上 *gestern Abend* zuótiān wǎnshang 昨天晚上 *zu Abend essen* chī wǎnfàn 吃晚餐饭 *guten Abend!* wǎnshang hǎo! 晚上好!
Abendessen wǎncān 晚餐
Abendkleidung wǎnlǐfú 晚礼服
abends wǎnshang 晚上
Abenteuer màoxiǎn 冒险
aber dànshì 但是
abfahren líkāi 离开
Abfahrt chūfā 出发
Abfahrtszeit qǐchéng shíjiān 启程时间
Abfall lājī 垃圾
Abfalleimer lājītǒng 垃圾桶
Abfertigung *am Flughafen* bànlǐ chéngjī shǒuxù 办理乘机手续
abfliegen qǐfēi 起飞
Abflug *Start* qǐfēi 起飞 *Flughafenhalle* líjìng 离境
Abflughalle hòujīshì 候机室
Abfluss *des Waschbeckens usw.* páishuǐguǎn 排水管 chūshuǐkǒu 出水口
Abgase fèiqì 废气
Abgeordnete(r) yìyuán 议员
Abhang xiépō 斜坡
abhängen *von etwas abhängen* yào qǔjué yú mǒushì 要取决于某事 *Es hängt davon ab.* Zhè děi kàn qíngkuàng. 这得看情况 *Das hängt von Ihnen ab.* nǐ lái juédìng 你来决定
abheben *Geld abheben* qǔ qián 取钱 zhīqǔ 支取
abholen *jemanden* jiē 接
Abitur zhōngxué bìyè 中学毕业 gāozhōng bìyè kǎoshì 高中毕业考试
Abkommen xiéyì 协议
abkühlen *Kaffee, Suppe usw.* liáng le 凉了
Abkürzung *für ein Wort* suōxiě 缩写 *kürzerer Weg* jiéjìng 捷径
ablehnen jùjué 拒绝
abmachen ānpái 安排 shuōdìng 说定 *Abgemacht!* chéngjiāo! 成交!
abnehmen *Hut, Brille usw.* zhāixia 摘下 • *weniger werden* xiàjiàng 下降 *Gewicht verlieren* jiǎnqīng tǐzhòng 减轻体重
Abreise chūfā 出发
abreisen chūfā 出发
abreißen *Gebäude* chāihuǐ 拆毁 chāichú 拆除
absagen qǔxiāo 取消
Absatz *eines Textes* duànluò 段落 *Schuhabsatz* xiéhòugēn 鞋后跟 *Verkauf* xiāoshòu 销售
abschalten *Gerät, Lampe usw.* guānshang 关上
abschicken *per Post* yóujì 邮寄
Abschied gàobié 告别
abschließen *mit Schlüssel* suǒ 锁
Abschluss *Diplom usw.* bìyè 毕业
Absicht yìtú 意图

absichtlich – Alpen

absichtlich gùyì 故意
Abstand *Distanz* jiàngé 间隔
Abteil fēngéjiān 分隔间
Abteilung *einer Firma usw.* bùmén 部门 *in Warenhaus* bù 部
Abtreibung réngōng liúchǎn 人工流产/duòtāi 堕胎
abwärts xiàpō 下坡/xiàngxià 向下
abwaschen yòngshuǐqīngxǐ 用水清洗
abwechseln *sich abwechseln* lúnliú zuò 轮流做/tìhuàn 替换
Abwechslung *zur Abwechslung* huàn kǒuwèi 换口味
Abwertung *einer Währung* biǎnzhí 贬值
abwesend quēxí 缺席
abziehen *Geldbetrag* jiǎnqù 减去
Achselhöhle yèwō 腋窝
acht bā 八 ➢ Siehe Übersicht *Zahlen* S. 291/292
achte(r,s) dìbā 第八 ➢ Siehe Übersicht *Zahlen* S. 291/292
achten *achten (auf)* zhùyì 注意
achthundert bābǎi 八百 ➢ Siehe Übersicht *Zahlen* S. 291/292
Achtung *Achtung!* dāngxīn! 当心! zhùyì! 注意!
achtzehn shíbā 十八 ➢ Siehe Übersicht *Zahlen* S. 291/292
achtzig bāshí 八十 ➢ Siehe Übersicht *Zahlen* S. 291/292
Ader xuèguǎn 血管
Adjektiv xíngróngcí 形容词
Adressbuch tōngxùn lù 通讯录 dìzhǐběn 地址本
Adresse dìzhǐ 地址
Affe hóuzi 猴子
Afghanistan Āfùhàn 阿富汗
Afrika Fēizhōu 非洲
Afrikaner(in) Fēizhōurén 非洲人
afrikanisch fēizhōude 非洲的
Aftershave xūhòushuǐ 须后水
Agentur dàilǐchù 代理处 dàibànchù 代办处
ähneln *(jemandem) ähneln* kànshangqu (xiàng mǒurén) 看上去（像某人）
ähnlich *einander* xiāngsì 相似 *etwas anderem* lèisì 类似 *jemandem ähnlich sehen* xiàng mǒurén 像某人
Ahnung *keine Ahnung!* bù zhīdào 不知道
Aids Àizībìng 艾滋病
Akku diànchí 电池
Aktentasche gōngwénbāo 公文包
Aktivität huódòng 活动
aktuell mùqián 目前 dāngxiàde 当下的
Akupunktur zhēnjiǔ 针灸
Akzent kǒuyīn 口音
Album *CD* chàngpiān 唱片 *für Fotos* yǐngjí 影集
Alkohol jiǔ 酒
alkoholfrei wú jiǔjīng 无酒精
alle *vor Verb* dōu 都 *Wir studieren alle Chinesisch* wǒmen dōu xué Zhōngwén 我们都学中文. *vor Substantiv* suǒyǒu de 所有的 *jedermann* dàjiā 大家
Allee dàjiē 大街 línyīndào 林荫道
allein dúzì 独自
Allergie guòmǐn 过敏
allergisch *allergisch gegen ...* duì ... guòmǐn 对...过敏
alles *auf Tatsachen usw. bezüglich* měijiàn shìr 每件事儿 *auf Gegenstände bezüglich* shénme dōu 什么都 suǒyǒu de dōngxi 所有的东西
allgemein yìbān 一般 *im Allgemeinen* dàtǐshang 大体上
allmählich zhújiàn 逐渐
Alpen, die Āěrbēisī shānmài 阿尔卑斯山脉

Alphabet zìmǔbiǎo 字母表

Alptraum èmèng 恶梦

als *zu der Zeit ...* de shíhòu 的时候 *Als ich in China war, habe ich die Chinesische Mauer besucht.* wǒ zài Zhōngguó de shíhòu qù yóulǎn le Chángchéng. 我在中国的时候去游览了长城 ● *in der Eigenschaft* zuòwéi 作为 *Als Lehrer meine ich ...* zuòwéi jiàoshī, wǒ rènwéi ... 作为教师，我认为 ... *bei Vergleichen* bǐ 比

Die chinesischen Adjektive und Adverbien haben keine Komparativform. Es wird meistens aus dem Zusammenhang klar, dass es um einen Vergleich geht, besonders wenn im gleichen Satz das Wort 比 bǐ „als" vorkommt: *Er ist größer als ich tā bǐ wǒ gāo* 他比我高 (= *er als ich groß*); *Sie spricht besser Chinesisch als ich tā Zhōngwén shuō de bǐ wǒ hǎo* 她中文说得比我好 (= *sie Chinesisch reden 得 als ich gut*)

Der Superlativ wird mit 最 *zuì* gebildet, z. B., *die größte Stadt Deutschlands Déguó zuìdà de chéngshì* 德国最大的城市

also *folglich* suǒyǐ 所以 *als Satzeinleitung* nà 那 *Also, wo gehen wir hin?* nà wǒmen qù nǎr? 那我们去哪儿？

alt *Gegenstand* jiù 旧 *Person* lǎo 老 *altmodisch* lǎoshì 老式 *antik* gǔdài 古代 *ehemalig* yǐqián 以前 *bei Altersvergleichen* dà 大 *Sie ist älter als ich* tā bǐ wǒ dà 她比我大 *älterer Bruder* gēge 哥哥 *ältere Schwester* jiějie 姐姐

Alter niánjì 年纪

Alter

Bei Altersangaben verwendet man das Wort 岁 *suì* „Jahre alt", ohne das Verb 'sein' zu übersetzen. Meistens steht dabei die Partikel 了 *le* am Satzende: *Ich bin 30 Jahre alt wǒ sānshí suì le* 我三十岁了 (= *ich 30 Jahre alt* 了).

Wenn man jemanden nach seinem Alter fragt, hängt die Formulierung vom relativen Alter des Gesprächspartners ab.

Bei jemandem, der jünger oder ungefähr gleichaltrig ist, sagt man: nǐ duōshǎo suì le? 你多少岁了？
Bei jemandem, der älter ist, sagt man: nǐ duō dà niánjì le? 你多大年纪了？
Bei Kindern sagt man: nǐ jǐ suì le? 你几岁了？

Andere Ausdrücke:
ein fünfjähriges Kind yíge wǔ suì de xiǎohái 一个五岁的小孩
Sie ist mit zwanzig nach Deutschland gekommen tā èrshí suì lái Déguó le 她二十岁来德国了

altmodisch *Maschine usw.* lǎoshì 老式 *veraltet* guòshí 过时

Ameise mǎyǐ 蚂蚁

Amerika *die USA* Měiguó 美国

Amerikaner(in) Měiguórén 美国人

amerikanisch *der USA* Měiguóde 美国的

Ampel hónglǜdēng 红绿灯

Amt *Dienststelle* bùmén 部门 *Aufgabe* zhíwù 职务

amüsieren *sich amüsieren* wán de tòngkuai 玩得痛快

an *zeitlich* zài 在 *am Freitag* zài xīngqīwǔ 在星期五 *am 1. April* zài sìyuè yīhào 在四月一号 *am Abend* wǎnshang 晚上 *am Wochenende* zài zhōumò

在周末 *örtlich* ... shang ... 上 *an der/die Wand* zài qiáng shang 在墙上 *an der Uni* zài dàxué 在大学 *am Meer* zài hǎibiān 在海边 ● *Licht* kāidēng 开灯
Ananas bōluó 菠萝
anbauen *Getreide usw.* zhòng 种
anbieten tígōng 提供 *als Zahlung* chūjià 出价
Andenken jìniànpǐn 纪念品
andere(r,s) biéde 别的 *etwas anderes* biéde dōngxi 别的东西 *die anderen Leute* biéren 别人
ändern gǎibiàn 改变 *sich ändern* biànhuà 变化
anders bùtóng 不同 bù yīyàng 不一样 *anders als* ... yǔ ... bùtóng 与…不同
anderswo zài lìngwài yíge dìfang 在另外一个地方
anderthalb yíge bàn 一个半
Anfang kāishǐ 开始 *von Anfang an* cóng yì kāishǐ 从一开始 *am Anfang* kāishǐ de shíhòu 开始的时候 *Anfang Mai* wǔyuè chū 五月初
anfangen kāishǐ 开始 *anfangen, etwas zu tun* kāishǐ zuò mǒushì 开始做某事
Anfänger(in) chūxuézhě 初学者 xīnshǒu 新手
anfassen mō 摸
Angaben *wie man ankommt* chēcì xìnxī 车次信息 *(Zug, Bus)* hángbān xìnxī 航班信息 *(Flug)*
angeben *zollpflichtige Waren* shēnbào 申报
Angebot *Vorschlag* tíyì 提议 *an Waren usw.* gōngyìng 供应
Angelegenheit shìqing 事情
Angeln diàoyú 钓鱼
angenehm hǎo 好, lìng rén yúkuài 令人愉快 *bei Vorstellungen Sehr angenehm!* hěn gāoxìng! 很高兴！

Angestellte(r) gùyuán 雇员
angreifen *attackieren* pēngjī 抨击 *im Krieg* xíjī 袭击
Angst hàipà 害怕 *Angst haben vor* hàipà 害怕
anhaben *Kleider* chuānzhe 穿着
anhalten tíng 停
Anhang *bei E-Mail* fùjiàn 附件
Anhänger(in) zhīchízhě 支持者
anklagen zhǐzé 指责
ankommen *kommen* dàodá 到达 *auf etwas ankommen* yào qǔjué yú mǒushì 要取决于某事 *Es kommt darauf an.* zhè děi kàn qíngkuàng 这得看情况
Ankunft dàodá 到达 *Flughafenhalle* dàodá 到达
Ankunftszeit dàodá shíjiān 到达时间
anmachen *Gerät, Licht usw.* dǎkāi 打开 *das Licht anmachen* dǎkāi dēng 打开灯
anmelden *sich anmelden für Kurs usw.* zhùcè 注册
Anmeldung *für Kurs usw.* zhùcè 注册
annehmen *Vorschlag, Geschenk usw.* jiēshòu 接受 *Kreditkarte, Euro usw.* shōu 收 *vermuten* jiǎshè 假设 / shèxiǎng 设想
anpassen gǎiyòng 改用 *sich anpassen* shìyìng 适应
Anprobe *Kabine* shìyī 试衣
anprobieren *Kleider, Schuhe* shìchuān 试穿
Anruf diànhuà 电话
Anrufbeantworter lùyīn diànhuà 录音电话
anrufen dǎ diànhuà 打电话 *jemanden anrufen* gěi mǒurén dǎ diànhuà 给某人打电话
anschalten *Gerät, Licht usw.* kāi 开
anschauen kàn 看

Anschluss *Flug* xiánjiē de bānjī 衔接的班机 *Zug* zhōngzhuǎn 中转 *ans Internet usw.* liánjiē 联接 *Telefon* diànhuà xiàn 电话线
Anschrift dìzhǐ 地址
ansehen kàn 看
Ansicht kànfa 看法 *meiner Ansicht nach* wǒ rènwéi 我认为
Ansichtskarte míngxìnpiàn 明信片
anständig tǐmiàn 体面
anstatt érbùshì 而不是
anstrengen *sich anstrengen* nǔlì 努力
anstrengend lèi rén 累人 fèilìde 费力的, xīnkǔde 辛苦的
Anteil fèn´é 份额
Antenne tiānxiàn 天线
Antibiotikum kàngjūnsù 抗菌素
Antihistamin kàngguòmǐn yào 抗过敏药
Antiquität *Gegenstand* gǔwù 古物, gǔdǒng 古董
antiseptisch fángfǔjì 防腐剂 kàngjūnde 抗菌的
Antwort dáfù 答复 huídá 回答
antworten huídá 回答
Anwalt (-wältin) lǜshī 律师
Anweisungen zhǐshì 指示
Anzahl shùliàng 数量 shùmù 数目
Anzeige guǎnggào 广告
Anzeigetafel *bei Spiel* jìfēnpái 记分牌 xiǎnshìpái 显示牌
anziehen *Kleider* chuān 穿 *sich anziehen* chuān yīfu 穿衣服
Anzug xīfú 西服, tàozhuāng 套装
anzünden *Zigarette, Gas usw.* diǎn 点
Aperitif kāiwèijiǔ 开胃酒
Apfel píngguǒ 苹果
Apfelsaft píngguǒzhī 苹果汁
Apfelsine júzi 橘子
Apotheke yàofáng 药房
Apparat Gerät qìxiè 器械 *Wer ist am Apparat?* qǐngwèn nín shì nǎ wèi? 请问您是哪位？
Appetit shíyù 食欲 *Guten Appetit!* chī hǎo! 吃好！ jìncān yúkuài! 进餐愉快！
Appetithappen xiǎochī 小吃
Aprikose xìng 杏
April sìyuè 四月 ➤ Siehe Übersicht *Monate* S. 246
Araber(in) Ālābórén 阿拉伯人
arabisch Ālābó 阿拉伯 ● *Arabisch Sprache* Ālābóyǔ 阿拉伯语
Arbeit gōngzuò 工作
arbeiten gōngzuò 工作
Arbeiter(in) gōngrén 工人
Arbeitgeber(in) gùzhǔ 雇主
Arbeitsblatt biǎogé 表格
Arbeitskraft láodònglì 劳动力
arbeitslos shīyède 失业的
Arbeitslosigkeit shīyè 失业
Arbeitsplatz *Stelle* gōngzuò 工作/ gǎngwèi 岗位 *Büro usw.* gōngzuò chǎngsuǒ 工作场所
Arbeitszimmer shūfáng 书房
Archäologie kǎogǔxué 考古学
Architekt(in) jiànzhùshī 建筑师
Architektur *Fachgebiet* jiànzhùxué 建筑学 *Stil* jiànzhù fēnggé 建筑风格
Ärger *Probleme* máfán 麻烦 *Unruhe* hùnluàn 混乱
ärgerlich *gereizt* fánzào 烦躁 tǎoyànde 讨厌的 *das einen nervt* nǎorén 恼人
ärgern shǐ fánzào 使烦躁 *sich ärgern* fánzào le 烦躁了
arm qióngde 穷的
Arm gēbo 胳膊 shǒubì 手臂
Armband shǒuzhuó 手镯
Armbanduhr shǒubiǎo 手表
Armee jūnduì 军队
Ärmel xiùzi 袖子
Armreif shǒuzhuó 手镯

Armut pínkùn 贫困

Art *Weise* fāngshì 方式 *Sorte* lèixíng 类型 zhǒnglèi 种类 *eine Art ...* yìzhǒng ... 一种... *diese Art ...* zhè zhǒng ... 这种... *jene Art ...* nà zhǒng ... 那种...

Artikel *Ware* wùpǐn 物品 *in Zeitung, Zeitschrift* wénzhāng 文章

Arzt (Ärztin) yīshēng 医生

ärztlich *ärztliche Behandlung* zhìliáo 治疗

Asche huī 灰 huījìn 灰烬

Aschenbecher yānhuīgāng 烟灰缸

Asiat(in) Yàzhōurén 亚洲人

asiatisch Yàzhōu 亚洲

Asien Yàzhōu 亚洲

Aspirin® āsīpǐlín 阿司匹林

Ast shùzhī 树枝

Asthma qìchuǎn 气喘 xiàochuǎn 哮喘

Astronaut(in) yǔhángyuán 宇航员

Atem qìxī 气息 *außer Atem sein* shàngqì bù jiē xiàqì 上气不接下气 chuǎn bùguò qǐlai 喘不过起来

Athlet(in) yùndòngyuán 运动员

Atlantik Dàxīyáng 大西洋

Atlas dìtújí 地图集

atmen hūxī 呼吸

Atmosphäre *der Erde* dàqì 大气 *Stimmung* qìfen 气氛

Atom- hé 核 *Atomenergie* héněng 核能

Atomkraftwerk hédiànzhàn 核电站 hédiànchǎng 核电厂

attraktiv yǒu xīyǐnlìde 有吸引力的

Aubergine qiézi 茄子

auch *ebenfalls* yě 也 *Ich bin auch Deutscher* wǒ yě shì Déguórén 我也是德国人 *außerdem* hái 还 *Ich kann auch ein bisschen Japanisch* wǒ hái huì shuō yìdiǎnr Rìyǔ 我还会说一点儿日语 *auch wenn* jíshǐ 即使

Wenn man ich auch oder ich auch nicht usw. sagen will, muss man im Chinesischen das jeweilige Verb wiederholen: *Ich will Kaffee trinken – Ich auch* wǒ xiǎng hē kāfēi – wǒ yě xiǎng 我想喝咖啡 – 我也想 (= *ich will trinken Kaffee – ich auch will*); *Ich esse kein Fleisch und mein Bruder auch nicht* wǒ bù chī ròu, wǒ gēge yě bù chī 我不吃肉, 我哥哥也不吃 (= *ich nicht essen Fleisch, mein Bruder auch nicht essen*).

auf *oben auf* zài ... shang 在...上 *auf dem/den Tisch* zài zhuōzi shang 在桌子上 *das Buch auf den Tisch legen* bǎ shū fàng zài zhuōzi shang 把书放在桌子上 *auf der Post* zài yóujú 在邮局 *auf die Bank gehen* qù yínháng 去银行

aufbauen *Projekt usw.* jiànlì 建立

aufbewahren bǎocún 保存

Aufenthalt dòuliú 逗留

Aufgabe *Arbeit* rènwù 任务

aufgeben *aufhören mit* fàngqì 放弃 *Gepäck* tuōyùn 托运

aufhängen guà 挂 guàqǐ 挂起

aufheben *vom Boden* jiǎnqǐ 拣起 shíqǐ 拾起

aufhören tíng 停 *mit etwas aufhören* tíngzhǐ mǒushì 停止某事 *aufhören, etwas zu tun* tíngzhǐ zuò mǒushì 停止做某事

auflegen *Telefon* guàduàn 挂断

aufmachen *Tür, Fenster usw.* dǎkāi 打开
• *Geschäft* kāimén 开门 *Um wieviel Uhr macht die Bank auf?* yínháng jǐ diǎn kāimén? 银行几点开门？

aufnehmen *auf Tonband* lùyīn 录音

aufpassen zhùyì 注意 *Pass auf!* dāngxīn! 当心！ *auf jemanden aufpassen* zhàogù mǒurén 照顾某人

aufräumen *Zimmer usw.* zhěnglǐ 整理
aufregend lìng rén jīdòng 令人激动 jǐnzhāngde 紧张的
Aufregung jīdòng 激动
aufschreiben xiěxià 写下
aufsetzen *Hut, Brille* dài 戴 dàishang 戴上
Aufsichtsrat *einer Firma* jiānshìhuì 监事会
aufstehen *vom Sitzen* zhànqǐlai 站起来 *aus dem Bett* qǐchuáng 起床
aufstellen *Zelt usw.* dāqǐ 搭起
auftragen *Creme, Salbe usw.* cāyòng 擦用
auftreiben *finden* nòngdào 弄到
aufwachen xǐnglái 醒来 shuìxǐng 睡醒
aufwärmen *Essen* rè 热 bǎ …jiārè 把…加热
aufwärts shàngpō 上坡
aufwenden *Geld, Zeit* huā 花 huāfèi 花费 hàofèi 耗费
aufziehen *Vieh, Haustiere usw.* sìyǎng 饲养
Aufzug diàntī 电梯
Auge yǎnjing 眼睛
Augenblick piànkè 片刻 shùnjiān 瞬间 *im Augenblick* xiànzài 现在 *Einen Augenblick, bitte* qǐng děng yíhuìr 请等一会儿
Augenbraue méimao 眉毛
Augenlid yǎnjiǎn 眼睑 yǎnpí 眼皮
Augenwasser yǎnyàoshuǐ 眼药水
Augenwimper jiémáo 睫毛
August bāyuè 八月 ➤ Siehe Übersicht Monate S. 246
aus *Bewegung* chū 出 *aus dem Haus hinaus* chū fángzi qu 出房子去 *Herkunft* láizì 来自 *Ich komme aus Zürich* wǒ láizì Sūlìshì 我来自苏黎世 *Material* …zuò de 做的 yòng … zuòde 用…做的 *aus Holz gemacht* mùtou zuò de 木头做的

Ausbildung shíxí 实习
ausbleichen tuìsè 退色
Ausdauer nàilì 耐力
Ausdruck *Wort* yáncí 言辞 *sprachlicher* biǎodá fāngshì 表达方式 *Gesicht* biǎoqíng 表情 *vom Drucker* dǎyìnchū de zīliào 打印出的资料 dǎyìn 打印
ausdrucken yìnchū 印出
ausdrücken biǎodá 表达 *sich ausdrücken* biǎodá zìjǐ de yìsi 表达自己的意思
Auseinandersetzung *Streit* zhēnglùn 争论
Ausfall *einer Maschine usw.* gùzhàng 故障
ausfallen *Veranstaltung, Flug usw.* qǔxiāo 取消
Ausflug chūyóu 出游
Ausfuhr chūkǒu 出口
ausfüllen *Formular usw.* tiánxiě 填写
Ausgang chūkǒuchù 出口处
ausgeben *Geld* huā 花 huāfèi 花费
ausgehängt *Telefon* bú guà diànhuà 不挂电话
ausgehen *am Abend usw.* chūqu 出去 wàichū 外出 *vermuten* xiǎngxiàng 想象 *ich gehe davon aus, dass …* wǒ xiǎngxiàng… 我想象…
ausgezeichnet yōuxiù 优秀 jiéchūde 杰出的
aushandeln *Vertrag usw.* tánpàn 谈判
auskommen *(mit jemandem) gut auskommen* (gēn mǒurén) xiāngchǔ de hěn hǎo （跟某人）相处得很好
Auskunft *Information* xìnxī 信息 *Schalter* wènxùnchù 问讯处
auslachen xiàohua 笑话
Ausland wàiguó 外国 *im Ausland* guówài 国外 *ins Ausland fahren* chūguó 出国
Ausländer(in) wàiguórén 外国人
Auslands- wàiguó 外国
ausleihen *geben* jiègěi 借给 *sich etwas*

ausleihen jiè mǒuwù 借某物
ausmachen *Gerät, Lampe usw.* guānshang 关上 *das Licht ausmachen* guān dēng 关灯 *Preis, Datum usw.* shāngdìng 商定 *etwas zu tun* ānpái 安排 *ausmachen, zusammen auszugehen* ānpái yìqǐ chūqu 安排一起出去 *Das macht nichts aus.* bú yàojǐn 不要紧
Ausnahme lìwài 例外
ausnutzen lìyòng 利用
auspacken *Geschenk, Koffer* dǎkāi 打开
auspressen zhà 榨
ausrechnen suànchū 算出
Ausrede jièkǒu 借口
ausrichten gàosu 告诉 zhuǎn'gào 转告 *Soll ich ihr etwas ausrichten?* nǐ yào wǒ gěi tā liúyán ma? 你要我给她留言吗？
ausruhen *sich ausruhen* xiūxi 休息
Ausrüstung zhuāngbèi 装备
ausrutschen huádǎo 滑倒
ausschimpfen zébèi 责备 zémà 责骂 tòngmà 痛骂
ausschlafen shuì lǎnjiào 睡懒觉 shuìzú 睡足
ausschließlich jǐnjǐn 仅仅
Ausschuss wěiyuánhuì 委员会
aussehen kànqǐlái 看起来 *Er sieht müde aus* tā kànqǐlái hěn lèi 他看起来很累
außen zài wàimiàn 在外面 *nach außen* xiàng wàimiàn 向外面
außer *ausgenommen* chúle ... yǐwài 除了...以外 *Außer ihm sind wir alle Deutsche.* chúle tā yǐwài wǒmen dōu shì Déguórén 除了他以外我们都是德国人
außerhalb zài ... wàimiàn 在...外面
äußerst fēicháng 非常
Aussicht *Blick* guānkàn 观看
ausspannen fàngsōng 放松

Aussprache fāyīn 发音
aussprechen fā ... de yīn 发...的音
aussteigen *aus Bus, Zug* xià chē 下车
Ausstellung zhǎnlǎnhuì 展览会
aussterben *Tierart* mièjué 灭绝
Austausch *Wechsel* jiāohuàn 交换 *zwischen Ländern usw.* jiāoliú 交流
austauschen jiāohuàn 交换
Auster mǔlì 牡蛎
Australien Àodàlìyà 澳大利亚
ausüben *Beruf* zhíyè 执业
Ausverkauf jiànmài 贱卖 dàshuǎimài 大甩卖
ausverkauft màiguāng 卖光 shòuwán 售完
Auswahl xuǎnzé 选择
auswählen tiāoxuǎn 挑选
ausweichen huíbì 回避
Ausweis shēnfènzhèng 身份证
Ausweisplakette cǎifǎngzhèng 采访证
auswendig *auswendig lernen* jìzhù 记住 *auswendig wissen* shóujì 熟记
ausziehen *Kleider* tuōxia 脱下 *sich ausziehen* tuō yīfu 脱衣服
Auszubildende(r) shíxíshēng 实习生
Auto qìchē 汽车 *Auto fahren* kāichē 开车
Autobahn gāosù gōnglù 高速公路
Automat zìdòng shòuhuòjī 自动售货机
automatisch zìdòng 自动
Autorennsport sàichē 赛车
Autounfall chēhuò 车祸 *einen Autounfall haben* zhuàng chē 撞车
Autoverleih *Büro* zūchē méndiàn 租车门店
Autovermietung qìchē chūzū 汽车出租
Autowerkstatt qìchē xiūlǐchǎng 汽车修理厂 qìchē xiūlǐzhàn 汽车修理站
Avocado èlí 鳄梨

Baby yīng'ér 婴儿
Babysitter(in) bǎomǔ 保姆
Backe miànjiá 面颊
backen kǎo 烤
Bäckerei miànbāodiàn 面包店
Backofen kǎoxiāng 烤箱 kǎolú 烤炉
Backstein zhuān 砖
Bad *ein Bad nehmen* xǐzǎo 洗澡 pàozǎo 泡澡
Badeanzug yóuyǒngyī 游泳衣
Badehose yóuyǒngkù 游泳裤
Bademantel yùyī 浴衣
baden *in der Badewanne* xǐzǎo 洗澡 *im Meer usw.* yóuyǒng 游泳
Badewanne yùpén 浴盆
Badezimmer yùshì 浴室
Bahn *mit der Bahn* zuò huǒchē 坐火车
Bahnhof huǒchēzhàn 火车站, chēzhàn 车站
Bahnsteig zhàntái 站台
bald hěn kuài 很快
Ball qiú 球
Ballett bāléiwǔ 芭蕾舞
Bambus zhú 竹
Bambussprossen zhúsǔn 竹笋
Banane xiāngjiāo 香蕉
Band *Musiker* yuèduì 乐队
Bande *Verbrecherbande* tuánhuǒ 团伙
Bandmaß juǎnchǐ 卷尺
Bangladesh Mèngjiālāguó 孟加拉国
Bank *Geldinstitut* yínháng 银行 *zum Sitzen* chángyǐ 长椅
Bankautomat qǔkuǎnjī 取款机
Bankett yànhuì 宴会
Bankkonto yínháng zhànghù 银行账户
bankrott pòchǎn le 破产了
Bankrott pòchǎn 破产 *Bankrott machen* pòchǎn le 破产了
bar *bar zahlen* fù xiànjīn 付现金
Bar jiǔbā 酒吧
Bär xióng 熊
Baracke péngwū 棚屋
Bargeld xiànjīn 现金
Barmann jiǔbā shìzhě 酒吧侍者
Barriere *Hindernis* zhàng'ài 障碍
Bart húzi 胡子
Baseball bàngqiú 棒球
Basketball lánqiú 篮球
basteln *machen* zìzhuāng 自装 • *als Zeitvertreib* zuò shǒugōng 做手工
Batterie diànchí 电池
Bau jiànshè 建设 jiànzhù 建筑
Bauarbeiten gōngchéng 工程 shīgōng 施工
Bauch *Unterleib* fùbù 腹部 *Magen* wèi 胃
Bauchschmerzen dùzi téng 肚子疼
bauen jiànzào 建造
Bauer(in) nóngmín 农民
Bauernhof nóngchǎng 农场
Baum shù 树
Baumwolle miánhuā 棉花
Bayern Bāfálìyà 巴伐利亚
Beamte (-in) guānyuán 官员
beantworten *Frage* huídá 回答 *Brief, E-mail usw.* huí 回
Becher dàbēi 大杯 bēizi 杯子
bedanken *sich bedanken* dàoxiè 道谢
Bedarf xūyào 需要
bedecken zhēgài 遮盖

bedeuten shì ... yìsi 是...意思 *Was bedeutet dieses Wort?* zhèi ge cí shì shénme yìsi? 这个词是什么意思?
Bedeutung yìsi 意思
bedienen *in einem Laden usw.* jiēdài 接待 *sich bedienen beim Essen* suíbiàn chī 随便吃
Bedienung fúwù 服务
Bedingung tiáojiàn 条件
beeilen *sich beeilen* kuàidiǎnr 快点儿 gǎnkuài 赶快
beenden jiéshù 结束
Beerdigung zànglǐ 葬礼
Befehl mìnglìng 命令
befehlen mìnglìng 命令
befestigen gùdìng 固定
begegnen yùjiàn 遇见
begeistert rèqíng 热情
Beginn kāishǐ 开始
beginnen kāishǐ 开始 *beginnen, etwas zu tun* kāishǐ zuò mǒushì 开始做某事
begleiten péitóng 陪同
begreifen lǐjiě 理解
Begriff *im Begriff sein, etwas zu tun* zhèngyào zuò mǒushì 正要做某事
begrüßen yíngjiē 迎接
behalten *nicht weggeben* bǎoliú 保留 *nicht vergessen* jìde 记得
behandeln duìdài 对待 *gut behandeln* duìdài hěn hǎo 对待很好 *schlecht behandeln* duìdài bù hǎo 对待不好
Behandlung *ärztliche* zhìliáo 治疗
behindert shāngcán 伤残 yǒu cánjīde 有残疾的
Behinderung cánjī 残疾
Behörde dāngjú 当局
bei *im Hause von* zài ... de jiā 在...的家 *bei mir zu Hause* zài wǒ jiā 在我家 *bei uns in unserem Land* zài wǒguó 在我国
beibringen *jemandem etwas beibringen* jiāo mǒurén mǒushì 教某人某事
beide *die zwei* liǎngge 两个 *alle beide* shuāngfāng 双方 liǎngzhě dōu 两者都
beige huīzōngsè 灰棕色
beilegen *einem Brief* fùjiàn 附件
Bein tuǐ 腿
beinahe jīhū 几乎
Beispiel lìzi 例子 *zum Beispiel* lìrú 例如
beißen yǎo 咬
bekannt *berühmt* zhùmíng 著名
Bekannte(r) shúrén 熟人
beklagen *sich beklagen* bàoyuàn 抱怨
bekommen dédào 得到
belebt fánmáng 繁忙 *Straße, Stadt* rènaode 热闹的
Beleg píngjù 凭据 *Quittung* fāpiào 发票
beleidigen màofàn 冒犯
Beleidigung màofàn 冒犯 wǔrǔ 侮辱
Belgien Bǐlìshí 比利时
beliebt shòu rén huānyíng 受人欢迎
bellen jiào 叫 fèi 吠
Belletristik chún wénxué 纯文学
bemerken *beobachten* zhùyì 注意 *sagen* pínglùn 评论 fājué 发觉 *wahrnehmen* chájué 察觉 *äußern* shuōchū 说出
bemühen *sich bemühen* nǔlì 努力
benutzen yòng 用
Benutzer(in) shǐyòngzhě 使用者
Benzin qìyóu 汽油
bequem shūshì 舒适 shūfude 舒服的
beraten zhǐyǐn 指引
Beratung zhǐdǎo 指导
berauben qiǎng 抢 qiǎngjié 抢劫 *Ich bin beraubt worden.* wǒ gěi rén qiǎng le 我给人抢了
berechnen *Geldbetrag* shōu 收 *evtl.* jiésuàn 结算
bereit *vorbereitet* zhǔnbèihǎo 准备好 *gewillt* yuànyì 愿意

bereits yǐjīng 已经
bereuen hòuhuǐ 后悔
Berg shān 山
Bergbau cǎikuàng 采矿
Bergwerk kuàng 矿
Bericht *in Zeitung, Zeitschrift* bàodào 报道 *Gutachten* bàogào 报告
Berlin Bólín 柏林
Bern Bó'ěrní 伯尔尼
Beruf zhíyè 职业
beruflich zhíyède 职业的
Beruhigungsmittel zhènjìngjì 镇静剂
berühmt zhùmíngde 著名的
berühren *anfassen* mō 摸
Besatzung *im Flugzeug* jīzǔ rényuán 机组人员
beschädigen huǐhuài 毁坏
beschäftigt máng 忙
Bescheid *jemandem Bescheid geben* gàosu mǒurén 告诉某人
beschleunigen jiā kuài 加快 *sich beschleunigen* jiā sù 加速
beschließen juédìng 决定
beschreiben *mündlich* miáoshù 描述 *schriftlich* miáoxiě 描写
Beschreibung *mündliche* miáoshù 描述 *schriftliche* miáoxiě 描写
Beschwerde bàoyuàn 抱怨
beschweren *sich beschweren* bàoyuàn 抱怨
Besen sàozhǒu 扫帚
besetzen *Platz* zhàn 占
besetzt *Telefon* zhànxiàn 占线 *Toilette* bèi zhànyòng 被占用
besichtigen *Fabrik usw.* cānguān 参观
besitzen yǒu 有
Besitzer(in) zhǔrén 主人
besondere(r,s) tèbié 特别
besonders tèbié 特别
besorgen nòngdào 弄到

besorgt dānxīn 担心 dānyōude 担忧的
besprechen *reden über* tánlùn 谈论 *debattieren* tǎolùn 讨论
besser gèng hǎo 更好 *Mein Wörterbuch ist besser als deins.* wǒ de cídiǎn bǐ nǐ de hǎo 我的词典比你的好 *Sie spricht Chinesisch besser als ich.* tā Hànyǔ shuō de bǐ wǒ hǎo 她汉语说得比我好 *gesundheitsmäßig Mir geht es besser.* wǒ hǎo xiē le 我好些了 *besser werden* hǎozhuǎn 好转
bestätigen *Reservierung* quèrèn 确认
beste(r, -s) zuì hǎo 最好 *Wir fahren am besten mit dem Taxi.* zuì hǎo zuò chūzūchē qù 最好坐出租车去
Besteck cānjù 餐具
bestehen *Prüfung* jígé 及格 *darauf bestehen* jiānchí 坚持
besteigen pá 爬 dēngshàng 登上
bestellen *Waren* dìnggòu 定购 ● *in Restaurant usw.* diǎncài 点菜
Bestellung *Waren* dìnghuò 定货 *im Restaurant* diǎncài 点菜
Bestimmen *entscheiden* juédìng 决定
bestimmt *sicher* yídìng 一定
bestimmte(r, -s) *ein gewisser* tèdìng 特定
bestrafen chéngfá 惩罚
Besuch *bei jemandem* bàifǎng 拜访 *als Tourist* yóulǎn 游览 *offizieller* fǎngwèn 访问 *Besucher* kèrén 客人
besuchen *jemanden* kàn 看 *als Tourist* yóulǎn 游览 cānguān 参观 *offiziell* fǎngwèn 访问
Besucher(in) yóukè 游客
Bete *rote Bete* tiáncài 甜菜
Beton hùnníngtǔ 混凝土
Betonung yǔdiào 语调 zhòngyīn 重音
Betrag *Geldbetrag* shù'é 数额
betrunken hēzuìde 喝醉的

Bett – Blinddarmentzündung

Bett chuáng 床 *ins Bett gehen* shàng chuáng shuìjiào 上床睡觉 qù shuìjiào 去睡觉
Bettler(in) qǐgài 乞丐
beurteilen duàndìng 断定
Bevölkerung rénkǒu 人口
bevor zhīqián 之前 *bevor Sie gehen* nǐ zǒu zhīqián 你走之前
bewegen dòng 动 *sich bewegen* dòng 动
Bewegung *Sport* duànliàn 锻炼 *des Körpers* dòngzuò 动作 *politische usw.* yùndòng 运动
Beweis zhèngmíng 证明
beweisen zhèngmíng 证明
bewölkt yǒuyún 有云 duōyúnde 多云的
bezahlen *Rechnung usw.* fù 付 • *zahlen* fùqián 付钱
Beziehung guānxì 关系
bezweifeln huáiyí 怀疑 *Ich bezweifle, dass er kommt.* wǒ huáiyí tā bú huì lái 我怀疑他不会来
BH rǔzhào 乳罩
Bhutan Bùdān 不丹
Bibel shèngjīng 圣经
Bibliothek túshūguǎn 图书馆
Bidet zuòyùpén 坐浴盆
Biene mìfēng 蜜蜂
Bier píjiǔ 啤酒 *ein Bier* yìbēi píjiǔ 一杯啤酒
Bikini bǐjīní 比基尼
Bild *Fotografie* túpiàn 图片 *Gemälde* huà 画 *im Fernsehen usw.* túxiàng 图像
Bildschirm píngmù 屏幕
Billard táiqiú 台球
billig piányide 便宜的
Biologie shēngwùxué 生物学
Biotechnik shēngwù kējì 生物科技

Birne *Frucht* lí 梨 *Glühbirne* dēngpào 灯泡
bis dào 到 *bis zum Bahnhof gehen* dào chēzhàn qu 到车站去 *bis zehn Uhr* dào shí diǎn 到十点 *Bis gleich!* dāihuir jiàn! 待会儿见! • *bis sie zurückkommt* dào tā huílai 到她回来
bisschen *ein bisschen* yìdiǎnr 一点儿 *Ich spreche ein bisschen Chinesisch.* wǒ huì shuō yìdiǎnr Hànyǔ 我会说一点儿汉语
bitte *bei Bitte* qǐng *Können Sie das bitte wiederholen?* qǐng nǐ zài shuō yíbiàn, hǎo ma? 请你再说一遍，好吗？ *Einen Kaffee, bitte.* qǐng lái yìbēi kāfēi 请来一杯咖啡 *auf Danke* nǎlǐ 哪里 *Wie bitte?* nǐ shuō shénme? 你说什么？
Bitte qǐngqiú 请求
bitten qiú 求 *jemanden um etwas bitten* qiú mǒurén yào mǒuwù 求某人要某物 *jemanden bitten, etwas zu tun* qiú mǒurén zuò mǒushì 求某人做某事
bitter kǔ 苦
Blase *im Wasser usw.* shuǐpào 水泡 *auf der Haut* pāo 疱
blass cāngbái 苍白
Blatt *einer Pflanze* yèzi 叶子 *ein Blatt Papier* yìzhāng zhǐ 一张纸
blau lán 蓝, lánsède 蓝色的
Blech xī 锡 (= Zinn) jīnshǔpiàn 金属片
bleiben *an einem Ort* dāi 待 *Wir werden zwei Wochen in China bleiben.* wǒmen zài Zhōngguó dāi liǎng ge xīngqī 我们在中国待两个星期
bleich cāngbái 苍白
Bleistift qiānbǐ 铅笔
blind máng 盲, shīmíng 失明 xiāde 瞎的
Blinddarmentzündung lánwěiyán 阑尾炎

Blitz Licht shǎndiàn 闪电 Blitzschlag léijī 雷击
Blitzlicht shǎnguāngdēng 闪光灯
Block zwischen Straßen Häuser jiēqū 街区
blöd dumm bènde 笨的, yúchǔn 愚蠢
Blog bókè 博客
blond Haare jīnsè 金色 jīnhuángde 金黄的, jīnfàde 金发的 Sie ist blond. tāde tóufa shì jīnsè de 她的头发是金色的
bloß nur zhǐyǒu 只有
Blume huā 花
Blumengeschäft huādiàn 花店
Blumenkohl càihuā 菜花
Blumenstrauß huāshù 花束
Blumentopf huāpén 花盆
Bluse chènshān 衬衫
Blut xuèyè 血液
bluten chūxiě 出血
Blutgruppe xuèxíng 血型
Boden dì 地
Bohne dòuzi 豆子 grüne Bohne càidòu 菜豆
Bombe zhàdàn 炸弹
Bonbon tángguǒ 糖果
Boot chuán 船
Bord an Bord eines Bootes zài chuán shang 在船上 eines Flugzeuges zài fēijī shang 在飞机上 an Bord gehen dēngshàng 登上 von Bord gehen aus Flugzeug xià fēijī 下飞机 von Boot lí chuán 离船
Bordkarte dēngjīkǎ 登机卡
Börse jiāoyìsuǒ 交易所
böse verärgert shēngqì 生气
Botschaft mündliche kǒuxìn 口信 schriftliche tiáozi 条子 eines Landes dàshǐguǎn 大使馆
Botschafter(in) dàshǐ 大使
Boutique shízhuāng shāngdiàn 时装商店

Bowling bǎolíngqiú 保龄球
Boxen quánjī 拳击
Branche hángyè 行业
Brand huǒzāi 火灾
braten im Backofen kǎo 烤 in der Pfanne jiān 煎
Bratpfanne jiānguō 煎锅
brauchen xūyào 需要 nicht zu tun brauchen búbì zuò 不必做
braun zōngsè 棕色 braun gebrannt shàihēi le 晒黑了
Braut xīnniáng 新娘
Bräutigam xīnláng 新郎
Brautpaar xīnhūn fūfù 新婚夫妇
brechen Arm, Bein usw. nòngduàn 弄断 dǎsuì 打碎 einen Rekord brechen dǎpò jìlù 打破纪录
breit kuān 宽
Breitband kuāndài 宽带
Breite kuāndù 宽度
Bremse shāchē 刹车
bremsen shāchē 刹车
brennen Feuer ránshāo 燃烧 Haus usw. shāozhe 烧着 Augen, Wunde usw. zhuótòng 灼痛
Brennstoff ránliào 燃料
Brief xìn 信
Brieffreund(in) bǐyǒu 笔友
Briefkasten xìnxiāng 信箱
Briefmarke yóupiào 邮票
Brieftasche qiánbāo 钱包
Briefträger(in) yóudìyuán 邮递员
Briefumschlag xìnfēng 信封
Brille yǎnjìng 眼镜
bringen etwas dài 带 hierher dàilai 带来 jemanden lǐng 领
Brise wēifēng 微风
Brokkoli huāyēcài 花椰菜 xīlánhuā 西兰花
Brombeere hēiméi 黑莓

Bronchitis – Butter

Bronchitis zhīqìguǎnyán 支气管炎
Bronze qīngtóng 青铜
Brosche xiōngzhēn 胸针
Brot miànbāo 面包
Brötchen miànbāojuǎn 面包卷 xiǎomiànbāo 小面包
Brücke qiáo 桥
Bruder *älterer* gēge 哥哥 *jüngerer* dìdi 弟弟
Brunnen pēnquán 喷泉 jǐng 井
Brust xiōng 胸 *einer Frau* rǔfáng 乳房
Brustumfang xiōng 胸
Buch shū 书
buchen *Reise, Flug usw.* yùdìng 预定
Buchhaltung kuàijì 会计
Buchhandlung shūdiàn 书店
Büchse guàntou 罐头
Büchsenöffner kāiguànqì 开罐器
Buchstabe zìmǔ 字母
buchstabieren pīnxiě 拼写
Bucht hǎiwān 海湾
bücken *sich bücken* wānxia shēnzi 弯下身子 wānyāo 弯腰
Buddhismus Fójiào 佛教
Buddhist(in) Fójiàotú 佛教徒
buddhistisch Fójiàode 佛教的
Budget yùsuàn 预算
Büfett *mit Selbstbedienung* zìzhùcān 自助餐
Bügeleisen yùndǒu 熨斗
bügeln *Kleidungsstücke* yùn 熨
Bühne wǔtái 舞台
Bundes- liánbāng 联邦
bunt yànlì 艳丽 cǎisède 彩色的
Burg chéngbǎo 城堡
Bürger(in) gōngmín 公民
Bürgermeister(in) shìzhǎng 市长
Bürgersteig rénxíngdào 人行道
Büro bàngōngshì 办公室
Bürokratie guānliáo zuòfēng 官僚作风
Bürste shuāzi 刷子
bürsten shuā 刷
Bus gōnggòng qìchē 公共汽车 *mit dem Bus fahren* zuò gōnggòng qìchē qù 坐公共汽车去
Busbahnhof chángtú qìchē zhàn 长途汽车站
Bushaltestelle qìchēzhàn 汽车站
Businessclass shāngwù cāng 商务舱
Butter huángyóu 黄油

Café kāfēiguǎn 咖啡馆
Camcorder shèxiàngjī 摄像机
campen lùyíng 露营
Camping yěyíng 野营
Campingplatz yíngdì 营地
CD guāngpán 光盘
CD-ROM guāngpán 光盘
CD-Spieler guāngpán bōfàngjī 光盘播放机
Cent fēn 分
Champagner xiāngbīnjiǔ 香槟酒
Champignon mógū 蘑菇
Chance *Möglichkeit* kěnéng 可能
  Gelegenheit jīhuì 机会
Charakter *in Film, Roman* rénwù 人物
  Wesenszug xìnggé 性格
Chef(in) lǎobǎn 老板 shàngsi 上司
Chemie huàxué 化学
Chemikalien huàxué zhìpǐn 化学制品 huàxué yàopǐn 化学药品
chemisch *chemische Reinigung Geschäft* gānxǐdiàn 干洗店
China Zhōngguó 中国
Chinese (-in) Zhōngguórén 中国人
chinesisch Zhōngguóde 中国的 ●
  Chinesisch Schriftsprache Zhōngwén 中文 *Umgangssprache* Hànyǔ 汉语

Chinesisch

Mit Chinesisch wird die Sprache des Han-Volkes bezeichnet, das ungefähr 94% der Bevölkerung Chinas ausmacht. Der Überbegriff Chinesisch bezieht jedoch mehrere überregionale Dialekte und regionale Mundarten ein, die untereinander teilweise unverständlich sind. Der vereinheitlichende Faktor sind die Schriftzeichen, die im Grunde genommen nicht Laute, sondern Begriffe darstellen. Deswegen können sie ohne Rücksicht auf die oft sehr unterschiedliche Aussprache von allen Chinesen verwendet und verstanden werden.

Im Westen wird der Begriff Chinesisch meistens gebraucht, um speziell die chinesische Hochsprache, oft auch Mandarin genannt, zu bezeichnen, die auf dem Dialekt einer weiten Region rund um Peking basiert. Auf Chinesisch heißt diese Sprachform 普通话 *pǔtōnghuà*, „gewöhnliche Sprache". Als nationale Amtssprache wird sie landesweit in den Schulen unterrichtet. Der Ausländer kann sich damit also überall in der Volksrepublik China und auch in Taiwan verständigen.

Chirurg(in) wàikē yīshēng 外科医生
Christ(in) jīdūjiàotú 基督教徒
Christentum jīdūjiào 基督教
christlich jīdūjiàode 基督教的
Christus Jīdū 基督
Club jùlèbù 俱乐部

Cocktail – Creme

Cocktail jīwěijiǔ 鸡尾酒
Cola® kěkǒukělè 可口可乐
Comics liánhuán mànhuà 连环漫画
Computer diànnǎo 电脑
Container *zum Transport* jízhuāngxiāng 集装箱
Convenience-Store biànlì diàn 便利店
Cousin *älterer, väterlicherseits* tánggē 堂哥 *jüngerer, väterlicherseits* tángdì 堂弟 *älterer, mütterlicherseits* biǎogē 表哥 *jüngerer, mütterlicherseits* biǎodì 表弟
Cousine *ältere, väterlicherseits* tángjiě 堂姐 *jüngere, väterlicherseits* tángmèi 堂妹 *ältere, mütterlicherseits* biǎojiě 表姐 *jüngere, mütterlicherseits* biǎomèi 表妹
Creme rǔshuāng 乳霜 rùnfūgāo 润肤膏

D

da *dort* nàr 那儿 *von da an* cóng nà shí qǐ 从那时起 ● *weil* jìrán 既然 yīnwèi 因为

Dach wūdǐng 屋顶

damals nàshí 那时

Dame nǔshì 女士

damit *Zweck* wèile 为了 *damit wir rechtzeitig ankommen* wèile wǒmen lái de jí 为了我们来得及

Dampf zhēngqì 蒸汽

danach *nachher* yǐhòu 以后

Dänemark Dānmài 丹麦

dank *glücklicherweise* xìngkuī 幸亏 yóuyú 由于

Dank *Vielen Dank.* duōxiè 多谢

dankbar gǎnjī 感激 gǎnxiède 感谢的

danke xièxie, wǒ bú yào … / búyòngle 谢谢，我不要… / 不用了 *Danke sehr.* duōxiè 多谢 *Ja, danke. bei Annahme* hǎo de, xièxie 好的，谢谢 *Danke, nein.*

danken gǎnxiè 感谢 *jemandem danken* gǎnxiè mǒurén 感谢某人

dann *danach* jiēzhe 接着 *in dem Moment* nàshí 那时 (= damals)

Darlehen dàikuǎn 贷款

Darm chángzi 肠子

das *das da* nà 那 *das hier* zhè 这 ➤ Siehe *der, die, das*

dass

Im Chinesischen gibt es keine Konjuktion, die dem deutschen „dass" entspricht. Der Nebensatz folgt unmittelbar auf den Hauptsatz: *Er hat gesagt, dass er nicht kommt* tā shuō tā bù lái 他说他不来 (= *er sagt er nicht kommt*) *Ich hoffe, dass es nicht regnet* wǒ xīwàng bú xià yǔ 我希望不下雨 (= *ich hoffe nicht regnen*) *Es ist wichtig, dass Sie bei der Sitzung dabei sein* nín cānjiā huìyì shì hěn zhòngyào de 您参加会议是很重要的 (= *Sie teilnehmen Sitzung ist wichtig*).

Daten *EDV* shùjù 数据
Datum rìqī 日期

Daten

Im Chinesischen gibt man das Datum in der Reihenfolge Jahr, Monat, Tag an: *der 14. Oktober 1995* yī jiǔ jiǔ wǔ nián shíyuè shísì hào 一九九五年十月十四号 (= *1995 Jahr Oktober 14 Tag*).

Bei Jahreszahlen wird jede Ziffer für sich gelesen. Darauf folgt das Wort 年 *nián* "Jahr": *2008* èr líng líng bā nián 二〇〇八年 (= *zwei Null Null acht Jahr*) *1976* yī jiǔ qī liù nián 一九七六年 (= *eins neun sieben sechs Jahr*).

dauern – Dessert

Bei Angabe des Tages hängt man das Wort 号 hào „Tag eines Monats" an die Grundzahl an: *der 25. April* sìyuè èrshí wǔ hào 四月二十五号 (= *April 25 Tag*) *der 7. September* jiǔyuè qī hào 九月七号 (= *September 7 Tag*). In der Schriftsprache wird statt 号 hào das Wort 日 rì gebraucht: *8.11.2005* 2005年11月8日

Das Datum wird meistens ohne Präposition angegeben: *Ich werde am 10. März dort ankommen.* wǒ sānyuè shí hào dào nàr 我三月十号到那儿 (= *ich März 10 Tag ankommen dort*).

'Der wie vielte' heißt 几号 jǐ hào: *Der wie vielte ist heute?* jīntiān jǐ hào? 今天几号？

dauern chíxù 持续 *lange dauern* xūyào hěn cháng shíjiān 需要很长时间
davon *von dort* cóng nàr 从那儿
deshalb yīncǐ 因此
Daumen mǔzhǐ 拇指
Debatte biànlùn 辩论
Decke *Bettdecke* bèizi 被子 *Zimmerdecke* tiānhuābǎn 天花板
Deckel gàizi 盖子
Defekt sǔnhuài 损坏
definitiv *Beschluss, Antwort* míngquè 明确 *Lösung* chíjiǔ 持久
dein(e) nǐde 你的
Dekoration zhuāngshì 装饰
Delegation dàibiǎotuán 代表团
Delfin hǎitún 海豚
Demokratie mínzhǔ 民主
denken *nachdenken* xiǎng 想, sīkǎo 思考 *meinen* juéde 觉得
Denkmal jìniànbēi 纪念碑
Denkweise xiǎngfǎ 想法
denn yīnwèi 因为

Deodorant chúchòujì 除臭剂
deprimierend lìng rén jǔsàng 令人沮丧

der, die, das[1] *Artikel*
Im Chinesischen gibt es keinen bestimmten Artikel. Die Bestimmtheit eines Substantivs wird meistens aus dem Zusammenhang klar.

der, die, das[2] *Demonstrativpronomen*
➤ Siehe *jene(r, -s)*

der, die, das[3] *Relativpronomen*
Im Chinesischen gibt es keine Relativpronomina. Der Relativsatz steht vor dem jeweiligen Substantiv und als Verbindung dient die Partikel 的 de: *der Film, den ich gesehen habe* wǒ kàn de diànyǐng 我看的电影 (= *ich sehen* 的 *Film*) *die Kollegin, die mit mir gekommen ist* gēn wǒ yìqǐ lái de tóngshì 跟我一起来的同事 (= *mit mir zusammen kommen* 的 *Kollegin*) *die Frage, über die wir reden* wǒmen tánlùn de wèntí 我们谈论的问题 (= *wir reden* 的 *Frage*) *der Tag, an dem sie weggegangen ist* tā zǒu de nà tiān 她走的那天 (= *sie weggehen* 的 *jener Tag*).

der (die, das) selbe *genau derselbe* tóngyīge 同一个 *Wir arbeiten in derselben Firma.* wǒmen zài tóngyīge gōngsī gōngzuò 我们在同一个公司工作 *der gleichen Art* yíyàng 一样
deshalb yīncǐ 因此
Design shèjì 设计
Designer(in) shèjìzhě 设计者 shèjìshī 设计师
Desinfektionsmittel xiāodújì 消毒剂
Dessert tiándiǎn 甜点

deswegen yīncǐ 因此
Detail xìjié 细节 *ins Detail gehen* xiángxì xùshù 详细叙述 shèjí xìjié 涉及细节
Detektiv zhēntàn 侦探
deuten *deuten auf* zhǐchū 指出
deutlich míngxiǎn 明显 míngquède 明确的; *verständlich* qīngchǔde 清楚的
deutsch Déguóde 德国的 ● *Deutsch Sprache* Déyǔ 德语 *Sprechen Sie Deutsch?* nín huì shuō Déyǔ ma? 您会说德语吗？
Deutsche(r) Déguórén 德国人
Deutschland Déguó 德国
Devisen wàibì 外币
Dezember shí'èryuè 十二月 ➤ Siehe Übersicht *Monate* S. 246
Dia huàndēngpiàn 幻灯片
Diabetiker(in) *Ich bin Diabetiker.* wǒ yǒu tángniàobìng 我有糖尿病
Diagramm túbiǎo 图表
Dialekt fāngyán 方言
Diamant zuànshí 钻石 jīngāngshí 金刚石
Diät yǐnshí 饮食 yǐnshí chǔfāng 饮食处方 *eine Diät machen* jié shí 节食
dich nǐ 你 *Ich liebe dich* wǒ ài nǐ 我爱你
dicht *Nebel* nóngde 浓的 *Verkehr* yōngjǐ 拥挤 chóumìde 稠密的
Dichter(in) shīrén 诗人
Dichtung shī 诗
dick *breit* hòude 厚的 *fett* pàngde 胖的
die ➤ Siehe *der, die, das*
Dieb(in) xiǎotōu 小偷
Diele qiántīng 前厅
dienen *beim Militär* fúyì 服役
Dienstag xīngqī'èr 星期二 ➤ Siehe Übersicht *Wochentage* S. 289/290
diese(r,s) zhè 这

Das Demonstrativpronomen 这 *zhè* (umgangssprachlich auch *zhèi* ausgesprochen) kann nicht unmittelbar vor einem Substantiv stehen. Dazwischen muss ein Zähleinheitswort eingefügt werden, z. B., *dieser Rock* zhèi tiáo qúnzi 这条裙子. [Siehe Zähleinheitswörter, S. 33]

Wenn sich das Substantiv auf eine Mehrzahl bezieht, verwendet man bei allen Substantiven das Zähleinheitswort für den Plural xiē 些: *diese Personen* zhèi xiē rén 这些人.

Das Substantiv kann weggelassen werden, der jeweilige Klassifikator nicht: *Ich nehme diesen* (nämlich „Rock") wǒ mǎi zhèi tiáo le 我买这条了.

diesmal zhè cì 这次
Digital- shùzì 数字 shùmǎ 数码
Digitalkamera shùmǎ xiàngjī 数码相机
Ding *Gegenstand* dōngxi 东西
Diplom wénpíng 文凭
Diplomat(in) wàijiāoguān 外交官
Diplomatie wàijiāo 外交
dir gěi nǐ 给你
direkt *Zug, Bus* zhídá 直达 ● *ohne Umwege* jìngzhí de 径直地 zhíjiēde 直接的
Direktflug zhífēi hángbān 直飞航班 zhídá fēixíng 直达飞行
Direktor(in) *einer Firma* zǒngcái 总裁 *eines Instituts* suǒzhǎng 所长 *einer Schule* xiàozhǎng 校长
Diskette ruǎncípán 软磁盘
Disko dísīkē 迪斯科
Diskriminierung qíshì 歧视
Diskussion tǎolùn 讨论
diskutieren tǎolùn 讨论

doch *als Antwort* bù 不 jiùshì 就是 *Sie verstehen wohl nicht? – Doch, ich verstehe schon* nín bù dǒng ba?— bù, wǒ dǒng de 您不懂吧？- 不，我懂的 *dennoch* tā háishì láile 他还是来了 *Er ist doch gekommen* tā shì lái de 他是来的 *auffordernd* ... ba ...吧 *Iss doch noch ein bisschen!* duō chī yìdiǎn ba 多吃一点吧

Doktor *Anredeform für Ärzte* yīshēng 医生 *Herr Doktor Wang* wáng yīshēng 王医生

Dokument *Papier* wénjiàn 文件 *EDV* wéndàng 文档

Dollar *US-Dollar* měiyuán 美元

dolmetschen kǒuyì 口译

Dolmetscher(in) kǒuyìzhě 口译者 yìyuán 译员

Dom dàjiàotáng 大教堂

Donner léi 雷

Donnerstag xīngqīsì 星期四 ➤ Siehe Übersicht *Wochentage* S. 289/290

Doppelbett shuāngrénchuáng 双人床

doppelt *das Doppelte* shuāngbèi 双倍

Doppelzimmer shuāngrénfáng 双人房

Dorf cūnzhuāng 村庄

dort nàr 那儿

Dose guàntou 罐头

Dosenöffner kāiguànqì 开罐器

Dosis yòngliàng 用量 jiliàng 剂量

Dozent(in) jiǎngshī 讲师

Drache lóng 龙

Drachen *Spielzeug* fēngzheng 风筝

Draht *Leitungsdraht* diànxiàn 电线

Drahtseilbahn lǎnchē 缆车

draußen zài wàimiàn 在外面 *nach draußen* dào wàimiàn 到外面

dreckig āngzāngde 肮脏的

drei sān 三 ➤ Siehe Übersicht *Zahlen* S. 291/292

dreihundert sānbǎi 三百 ➤ Siehe Übersicht *Zahlen* S. 291/292

dreißig sānshí 三十 ➤ Siehe Übersich *Zahlen* S. 291/292

dreizehn shísān 十三 ➤ Siehe Übersicht *Zahlen* S. 291/292

dringend jǐnjíde 紧急的, jíqiè 急切

Drink jiǔ 酒

drinnen zài wūlǐ 在屋里 zài lǐmiàn 在里面

dritte(r,s) dìsān 第三 ➤ Siehe Übersicht *Zahlen* S. 291/292

Drittel sānfēn zhī yī 三分之一

Droge dúpǐn 毒品

Drogenhandel dúpǐn mǎimai 毒品买卖 fàndú 贩毒

Drogerie wèishēngyòngpǐn shāngdiàn 卫生用品商店

drüben zài nàr 在那儿 zài nàbiān 在那边

drucken yìnshuā 印刷

drücken *Knopf usw.* àn 按 *in der Hand* jǐnwò 紧握

Drucker dǎyìnjī 打印机

Druckerei yìnshuā suǒ 印刷所 yìnshuāchǎng 印刷厂

du nǐ 你

dumm bènde 笨的

Dummheit *Handlung* chǔnshì 蠢事

dunkel hēi'àn 黑暗 *es wird dunkel* tiān hēixiàlai 天黑下来 tiān hēile 天黑了 *Haare* hēisè 黑色

dünn *Mensch* shòude 瘦的

durch guò 过 *Person* tōngguò 通过

Durcheinander luànqībāzāo 乱七八糟

Durchfall lā dùzi 拉肚子

durchfallen *in Prüfung* bù jígé 不及格 kǎoshì méi guò 考试没过

durchführen *Plan usw.* shíshī 实施 shíxíng 实行

Durchgang tōngdào 通道
durchgebraten shútòu 熟透
Durchsage tōnggào 通告
Durchschnitt píngjūn 平均
durchschnittlich píngjūnde 平均的
durchsichtig tòumíngde 透明的
dürfen kěyǐ 可以 *Darf ich hier rauchen?* wǒ zài zhèr kěyǐ xīyān ma? 我在这儿可以吸烟吗?
Durst *Durst haben* kě 渴 gānkě 干渴

durstig kě 渴 kǒukěde 口渴的
Dusche línyù 淋浴 *duschen* xǐ línyù 洗淋浴
Dutzend *ein Dutzend* yìdá 一打
DVD shùzì shìpín guāngpán 数字视频光盘 shùmǎ guāngpán 数码光盘
DVD-Spieler *DVD* bōfàngjī *DVD* 播放机 shùmǎ guāngpán bōfàngqì 数码光盘播放器

Eau *de Cologne* gǔlóngshuǐ 古龙水
eben *vor kurzem* gāng 刚 jiùshì 就是 *Ja, eben.* shì zhēn de 是真的
echt zhēnde 真的
Ecke jiǎo 角 *Straßenecke* jiējiǎo 街角 guǎijiǎo 拐角
Economyklasse jīngjìcāng 经济舱
Edelstahl búxiùgāng 不锈钢
egal *Das ist egal* méi guānxi 没关系 *Das ist mir egal* wǒ bú zàihu 我不在乎
egoistisch zìsīde 自私的
Ehe hūnyīn 婚姻
Ehefrau fūrén 夫人 qīzi 妻子
Ehemann zhàngfu 丈夫
Ehepaar fūfù 夫妇
Ehering jiéhūn jièzhi 结婚戒指
Ehescheidung líhūn 离婚
Ehre guāngróng 光荣 róngyù 荣誉
ehrlich *aufrichtig* chéngshíde 诚实的 *offen* zhēnchéng 真诚
Ei jīdàn 鸡蛋 *gekochtes Ei* zhǔ jīdàn 煮鸡蛋
Eichhörnchen sōngshǔ 松鼠
Eidechse xīyì 蜥蜴 bìhǔ 壁虎
eifersüchtig dùjì 妒忌 jídùde 嫉妒的
eigen zìjǐ de 自己的 *mein eigener/meine eigene/mein eigenes* wǒ zìjǐ de 我自己的 *Zimmer* dāndú 单独
eigentlich *in Wirklichkeit* shíjì shàng 实际上
Eigentum cáichǎn 财产
eilen *Es eilt nicht* bú yòng zháojí 不用着急
eilig jímáng 急忙 *es eilig haben* hěn cōngmáng 很匆忙

Eimer shuǐtǒng 水桶

ein(e)
Die Zahl 一 'eins' wird alleinstehend oder beim Zählen yī im ersten Ton ausgesprochen. Bei Telefonnummern usw. sagt man oft yāo, um Verwechslungen zu vermeiden.
Vor einem Substantiv muss zwischen 一 'ein(e)' und das Substantiv ein Zähleinheitswort eingefügt werden. 一 'ein(e)' wird dann yí im zweiten Ton ausgesprochen, wenn das Zähleinheitswort den vierten Tonträgt, ansonsten im vierten Ton yì. [Siehe auch Zähleinheitswörter, S. 33]

Da die chinesischen Substantive nicht verändert werden und deshalb als Einzahl oder als Mehrzahl aufgefasst werden können, gebraucht man 一 yī 'ein(e)' +Zähleinheitswort, um klarzustellen, dass es um eine einzelne Person oder einen einzelnen Gegenstand geht. Diese Verwendung ist dem deutschen unbestimmten Artikel sehr ähnlich: 我吃了一个香蕉 *wǒ chī le yí ge xiāngjiāo Ich habe eine Banane gegessen.*

Das Substantiv kann weggelassen werden, das jeweilige Zähleinheitswort jedoch nicht: *Wie viele Bücher? – Eins. jǐ běn shū? - yìběn* 几本书？– 一本.

➤ Siehe auch Übersicht *Zahlen* S. 291/292.

einander hùxiāng 互相

Einbahnstraße dānxíngdào 单行道
Eindruck yìn xiàng 印象
eindrucksvoll gěi rén shēnkè yìnxiàng 给人深刻印象 yìnxiàng shēnkède 印象深刻的
einfach jiǎndānde 简单得 *einfache Fahrkarte* dānchéng piào 单程票 • *schlichtweg* jiǎnzhí 简直
Einfluss yǐngxiǎng 影响
Einfuhr jìnkǒu 进口
einführen *Waren* jìnkǒu 进口 *System, Sitte usw.* yǐnjìn 引进
Eingang rùkǒu 入口
Eingangshalle méntīng 门厅
eingeschrieben *Brief usw.* guàhào 挂号
einhängen *Telefon* guàduàn 挂断
Einheimische(r) běndìrén 本地人
Einheit *Organisation* dānwèi 单位
einige *ein paar* yìxiē 一些 *einige Bücher* yìxiē shū 一些书 *nicht alle* yǒuxiē 有些 *Einige Zimmer haben Klimaanlage* yǒuxiē fángjiān yǒu kōngtiáo 有些房间有空调
einkaufen mǎi dōngxi 买东西
Einkaufswagen shǒutuīchē 手推车
Einkaufszentrum gòuwù zhōngxīn 购物中心
Einkommen shōurù 收入
einladen *Gäste* yāoqǐng 邀请
Einladung *mündliche* yāoqǐng 邀请 *Karte* qǐngtiě 请帖
einlaufen *Kleider* shōusuō 收缩
einmal *ein einziges Mal* yícì 一次 *einst* céngjīng 曾经 *nicht einmal* shènzhì bù 甚至不 *Sie hat nicht einmal geantwortet* tā shènzhì méi dáfù 她甚至没答复 *noch einmal in der Vergangenheit* yòu 又 *in Zukunft* zài 再
einmischen *sich einmischen* gānshè 干涉
einpacken bāo 包

einprägen *sich einprägen sich merken* jìzhù 记住
Einrichtung *militärisch, sozial* shèshī 设施 *Institution* gōnggòng jīgòu 公共机构
eins yī 一 ➢ Siehe Übersicht *Zahlen* S. 291/292
einsam gūdúde 孤独的
einschätzen *Vorschlag usw.* píngjià 评价
einschlafen shuìzháo 睡着
einschließlich bāokuò 包括
Einschreibebrief guàhàoxìn 挂号信
einschreiben *sich einschreiben für Kurs usw.* zhùcè 注册
Einschreibung *für Kurs usw.* zhùcè 注册
einsteigen shàngchē 上车
einstellen *Gerät usw.* tiáozhěng 调整
Einstellung *Standpunkt* kànfǎ 看法 shūrù 输入
einteilen *Arbeit, Zeit usw.* zǔzhī 组织 *Zeit* guīhuà 规划
Eintritt *Zutritt* rùchǎng 入场
Eintrittskarte piào 票 ménpiào 门票
einverstanden zànchéng 赞成
Einwanderer (-in) yímín 移民
Einwanderung yímín 移民 yíjū 移居
Einwohner(in) jūmín 居民
Einzelbett dānrénchuáng 单人床
Einzelheit xìjié 细节 *auf Einzelheiten eingehen* xiángxì xùshù 详细叙述
einzeln *nur ein* yígè 一个 *allein* dāndúde 单独的
einzig wéiyīde 唯一的
Eis bīng 冰 *Eiscreme* bīngqílín 冰淇淋 *Eis am Stiel* bīnggùn 冰棍
Eisdiele lěngyǐndiàn 冷饮店
Eisen tiě 铁
Eisenbahn tiělù 铁路
Eisenwarengeschäft wǔjīndiàn 五金店
Eishockey bīngqiú 冰球

eiskalt jí lěng 极冷 bīnglěngde 冰冷的
ekelhaft lìng rén ěxinde 令人恶心的
Elefant dàxiàng 大象
elegant gāoyǎ 高雅
elektrisch diànde 电的
Elektrogeräte diànqì 电器
elektronisch diànzǐ 电子
Elektrizität diàn 电
elf shíyī 十一 ➤ Siehe Übersicht Zahlen S. 291/292
Ellbogen gébozhǒu 胳膊肘
Eltern fùmǔ 父母
E-Mail *System, Nachricht* diànzǐ yóujiàn 电子邮件 *eine E-mail schicken* fā diànzǐ yóujiàn 发电子邮件
E-Mail-Adresse diànzǐ xìnxiāng 电子信箱 diànyóu dìzhǐ 电邮地址
Emigrant(in) yímín 移民 *Auslandschinese* huáqiáo 华侨
Empfang *Veranstaltung* zhāodàihuì 招待会
empfangen *Brief usw.* shōudào 收到 *Gäste* jiēdài 接待
Empfangschef (-dame) *im Hotel* dàtángjīnglǐ 大堂经理
empfehlen tuījiàn 推荐
empfinden juéde 觉得, gǎndào 感到
empfindlich mǐngǎn 敏感
Ende *Schluss* jiéwěi 结尾 *zu Ende sein* wánjié le 完结了
enden jiéshù 结束
endlich *adv* zhōngyú 终于
Energie *Strom, Gas usw.* néngyuán 能源 *Kräfte* jīnglì 精力
eng *schmal* zhǎi 窄 *Kleider, Schuhe* jǐn 紧 *ein enger Freund* qīnmì de péngyou 亲密的朋友
England Yīngguó 英国
Engländer(in) Yīngguórén 英国人
englisch Yīngguóde 英国的 • *Englisch Sprache* Yīngyǔ 英语 *Sprechen Sie Englisch?* nǐ huì shuō Yīngyǔ ma? 你会说英语吗？
Enkel *Sohn des Sohnes* sūnzi 孙子 *Sohn der Tochter* wàisūn 外孙 *Enkel(kinder)* sūn 孙
Enkelin *Tochter des Sohnes* sūnnǚ 孙女 *Tochter der Tochter* wàisūnnǚ 外孙女
enorm jùdà 巨大
entdecken fāxiàn 发现
Ente yāzi 鸭子
Entfernung jùlí 距离
entgegengesetzt xiāngfǎnde 相反的
enthalten *als Inhalt haben* zhuāng 装 *als Bestandteil haben* hányǒu 含有
entlang yánzhe 沿着 *hier entlang* zhè tiáolù 这条路 *da entlang* nèi tiáolù 那条路
entlassen *Angestellten* jiěgù 解雇
entscheiden *sich entscheiden* juédìng 决定
Entscheidung juédìng 决定 *eine Entscheidung treffen* zuò yíge juédìng 做一个决定
entschuldigen yuánliàng 原谅 *sich entschuldigen* dàoqiàn 道歉 *Entschuldigen Sie mich bitte! Verzeihung* duìbuqǐ! 对不起!
Entschuldigung *Erklärung* jièkǒu 借口 *Entschuldigung! wenn man vorbei will wenn jemand im Weg steht* láojià 劳驾 *wenn man etwas fragen will* qǐng wèn 请问 *Verzeihung* duìbuqǐ 对不起 *Entschuldigung, dass ich zu spät komme.* duìbuqǐ, wǒ lái wǎnle 对不起，我来晚了.
entsetzlich kěpàde 可怕的
entsprechen xiāngdāngyú 相当于
enttäuscht shīwàngde 失望的
Enttäuschung shīwàng 失望

entweder *entweder ... oder* huòzhě ... huòzhě 或者…或者
entwickeln *Markt, Region, Produkt usw.* kāifā 开发 *Film* chōngxǐ 冲洗 *sich entwickeln Land usw.* fāzhǎn 发展
Entwicklung *eines Landes* fāzhǎn 发展
Entwurf *eines Vertrags usw.* cǎogǎo 草稿
Entzündung fāyán 发炎
er tā 他
erbrechen *(sich) erbrechen* ǒutù 呕吐
Erbse qīngdòu 青豆 wāndòu 豌豆
Erdbeben dìzhèn 地震
Erdbeere cǎoméi 草莓
Erde *Erdboden* tǔ 土 *die Erde Planet* dìqiú 地球
Erdgeschoss yīlóu 一楼, yīcéng 一层

> In China wird das Erdgeschoss als 一层 *yīcéng* oder 一楼 *yīlóu* (= erster Stock) bezeichnet, der erste Stock als 二层 *èrcéng* oder 二楼 *èrlóu* (= zweiter Stock) und so weiter.

Erdkunde dìlǐ 地理 dìlǐxué 地理学
Erdnuss huāshēng 花生
Erdöl shíyóu 石油
erfahren *jemand, der Erfahrung hat* yǒu jīngyànde 有经验的
Erfahrung jīngyàn 经验
erfinden fāmíng 发明
Erfindung fāmíng 发明
Erfolg chénggōng 成功
erfolgreich chénggōngde 成功的
erhalten *bekommen* shōudào 收到
erhöhen zēngjiā 增加
erholen *sich erholen* huīfù 恢复
erinnern *sich erinnern (an)* jìde 记得 *Ich erinnere mich nicht* wǒ bú jìde 我不记得 *Erinnerst du dich an sie?* nǐ jìde tā ma? 你记得她吗?
Erinnerung huíyì 回忆

erkälten *sich erkälten* gǎnmào 感冒
Erkältung gǎnmào 感冒
erkennen *wieder erkennen* rènchū 认出
erklären *erläutern* jiěshì 解释
Erklärung *Erläuterung* jiěshì 解释
erkundigen *sich erkundigen* dǎting 打听
erlauben yǔnxǔ 允许
Erlaubnis xǔkě 许可 *Schriftstück* zhízhào 执照
erleben tǐyàn 体验
Erlebnis jīnglì 经历
erledigen chǔlǐ 处理
ermorden móushā 谋杀
ernst *Gesicht usw.* rènzhēn 认真 *schlimm* yánzhòng 严重
eröffnen *Geschäft* kāi 开 *Gebäude, Veranstaltung usw.* kāimù 开幕
Eröffnung kāizhāng 开张
erreichen *Zug, Flug* gǎnshàng 赶上 *Person* liánluò 联络 *Ort* dàodá 到达
erschöpft jīng pílì jié 精疲力竭 píbèi 疲惫
erschrecken *Angst machen* shǐ hàipà 使害怕 ● *Angst bekommen* hàipà 害怕
ersetzen dàitì 代替
erst cái 才
Erstattung tuìkuǎn 退款
Erstaufführung shǒucì gōngyǎn 首次公演
erste(r,s) dìyī 第一 *das erste Mal* dìyī cì 第一次 *der erste April* sìyuè yī hào 四月一号 *erster Klasse* tóuděng 头等
Erwachsene(r) dàrén 大人, chéngniánrén 成年人
erwähnen tídào 提到
Erwärmung *globale Erwärmung* quánqiú biànnuǎn 全球变暖
erwarten děngdài 等待
Erz kuàngshí 矿石

erzählen *Geschichte, Witz* jiǎng 讲
  jemandem erzählen(, dass ...) gàosu mǒurén (shuō ...) 告诉某人（说...）
Erziehung *Bildung* jiàoyù 教育
essen *mit Objekt* chī 吃 • *ohne Objekt* chī fàn 吃饭
Essen *Nahrung* shíwù 食物
Essig cù 醋
Esszimmer fàntīng 饭厅
Etage céng 层, lóu 楼 *in der ersten Etage* èrlóu 二楼
Etappe *zeitlich* jiēduàn 阶段
Etikett biāoqiān 标签
etwa *ungefähr* dàyuē 大约
etwas *Gegenstand* dōngxi 东西 *Sache* yíjiàn shì 一件事 *ein wenig* yìdiǎnr 一点儿 *etwas Geld* yìdiǎnr qián 一点儿钱 • *als Adverb* yǒu diǎnr 有点儿 *Das ist etwas schwer* yǒu diǎnr nán 有点儿难
euch *Akkusativ* nǐmen 你们 *Dativ* gěi nǐmen 给你们
euer nǐmen de 你们的
Eule māotóuyīng 猫头鹰
Euro ōuyuán 欧元
Europa Ōuzhōu 欧洲
Europäer(in) Ōuzhōurén 欧洲人
europäisch Ōuzhōude 欧洲的
existieren cúnzài 存在
explodieren bàozhà 爆炸
Explosion bàozhà 爆炸
Export chūkǒu 出口
exportieren chūkǒu 出口
extra *speziell* tèdì 特地

Fabrik gōngchǎng 工厂
Fach *Schulfach* kēmù 科目
Fächer shànzi 扇子
Fachmann (-frau) zhuānjiā 专家
Faden xiàn 线
fähig *begabt* yǒu nénglì 有能力
Fahne qí 旗
Fähre dùchuán 渡船
fahren qù 去 *mit dem Auto* kāichē 开车 *mit dem Boot* hángxíng 航行
Fahrer(in) sījī 司机
Fahrgast chéngkè 乘客
Fahrkarte piào 票 chēpiào 车票
 einfache Fahrkarte dānchéng piào 单程票 dānchéng chēpiào 单程车票
Fahrkartenschalter shòupiàochù 售票处
Fahrplan shíkèbiǎo 时刻表
Fahrrad zìxíngchē 自行车
Fahrradständer zìxíngchē jià 自行车架
Fahrschein piào 票 chēpiào 车票
Fahrspur hángdào 行道 chēdào 车道
Fahrstuhl diàntī 电梯
Fahrt *mit Taxi usw.* lǚtú 旅途
Fahrzeug jīdòngchē 机动车
fair gōngpíngde 公平的
Faktor yīnsù 因素
fakultativ kě xuǎn 可选
Fall *Ereignis* shìjiàn 事件 *Situation, Möglichkeit* qíngkuàng 情况 *auf jeden Fall zusichernd* yídìng 一定 *zusammenfassend* zǒngzhī 总之 *wie auch immer* wúlùn rúhé 无论如何

fallen *Person* shuāidǎo 摔倒 *Gegenstand* diào 掉 *Preise, Temperatur usw.* xiàjiàng 下降 *fallen lassen* rēngxia 扔下
falls jiǎshǐ 假使
falsch *Antwort usw.* cuò 错 *nicht echt* jiǎ 假
fälschen *Dokumente* wěizào 伪造 *Unterschrift* mófǎng 模仿
Familie jiātíng 家庭
Familienname xìng 姓
Fan mí 迷
fangen *Ball* jiēzhù 接住 *Fisch* diàodào 钓到
Fantasie *Vorstellungskraft* xiǎngxiànglì 想象力
fantastisch *sehr gut* tài hǎo 太好
Farbe yánsè 颜色 *zum Streichen* yóuqī 油漆
Fasching kuánghuānjié 狂欢节
Fassbier shēng píjiǔ 生啤酒
fast jīhū 几乎
Fastnacht kuánghuānjié 狂欢节
faszinierend mírén 迷人
faul lǎn 懒
Fax *Dokument* chuánzhēn 传真 *Gerät* chuánzhēnjī 传真机
faxen yòng chuánzhēn chuán 用传真传 fā chuánzhēn 发传真
Februar èryuè 二月 ➢ Siehe Übersicht *Monate* S. 246
Feder *eines Vogels* yǔmáo 羽毛
Federball yǔmáoqiú 羽毛球
fegen dǎsǎo 打扫
fehlen *abwesend sein* búzài 不在 *nicht vorhanden sein* quē 缺

Fehler – Flaschenöffner

Fehler *Irrtum* cuòwù 错误 *Charakterfehler* quēdiǎn 缺点
fehlerhaft bú zhèngquè 不正确
Fehlgeburt liúchǎn 流产
Feier qìngzhùhuì 庆祝会
Feierabend xiàbān 下班
feiern qìngzhù 庆祝
Feiertag jiàrì 假日
Feige wúhuāguǒ 无花果
fein dünn, fein gemahlen xì 细
Feind(in) dírén 敌人
Feld *Bodenfläche* tiándì 田地 *Spielfeld* chǎngdì 场地 *Fachbereich* lǐngyù 领域
Feminismus nǚquán zhǔyì 女权主义
Fenster chuānghu 窗户
Ferien jià 假 jiàqī 假期 *Ferien haben* xiūjià 休假
fern *Land usw.* yáoyuǎnde 遥远的
Ferngespräch chángtú diànhuà 长途电话
Fernglas wàngyuǎnjìng 望远镜
fernsehen kàn diànshì 看电视
Fernsehen diànshì 电视
Fernsehserie diànshì liánxùjù 电视连续剧
Ferse jiǎohòugēn 脚后跟
fertig *beendet* wán 完 *bereit* zhǔnbèi hǎo 准备好 *etwas fertig machen, mit etwas fertig werden* wánchéng mǒushì 完成某事
Fest qìngzhùhuì 庆祝会
Festland dàlù 大陆
Festplatte yìngpán 硬盘
festsetzen *Treffen, Termin usw.* ānpái 安排 guīdìng 规定
Festspiele yīnyuèjié 音乐节
fett *Person* pàng 胖
Fett zhīfáng 脂肪
fetthaltig hán zhīfáng duō 含脂肪多

fettig *Haut* yóunìde 油腻的
feucht cháoshīde 潮湿的
Feuchtigkeitscreme bǎoshīshuāng 保湿霜
Feuer huǒ 火 *Feuer fangen* zháohuǒ 着火 *Haben Sie Feuer?* nǐ yǒu huǒ ma? 你有火吗？
Feuerlöscher mièhuǒqì 灭火器
Feuerwehr xiāofángduì 消防队
Feuerwehrmann (-frau) xiāofáng duìyuán 消防队员
Feuerwerk yānhuǒ 烟火
Feuerzeug dǎhuǒjī 打火机
Fieber fāshāo 发烧 *Fieber haben* fāshāo 发烧
Filet *Fleisch* ròupiàn 肉片 *Fisch* yúpiàn 鱼片
Filiale fēn bù 分部 fēnzhī jīgòu 分支机构
Film *Kinofilm* diànyǐng 电影 *für Fotoapparat* jiāojuǎn 胶卷
filmen pāishè 拍摄
Finale *Endspiel* juésài 决赛
Finanz- cáizhèng 财政
Finanzen cáilì 财力 cáiwù 财务
finanzieren wèi ... tígōng zījīn 为...提供资金
finden *nach Suche* zhǎodào 找到 *denken* juéde 觉得 rènwéi 认为
Finger shǒuzhǐ 手指
Fingernagel zhǐjiǎ 指甲
Finnland Fēnlán 芬兰
Firma gōngsī 公司
Fisch yú 鱼
flach píng 平
Fläche *Flächenausdehnung* miànjī 面积
Flamme huǒyàn 火焰
Flasche píngzi 瓶子 *eine Flasche Bier* yìpíng píjiǔ 一瓶啤酒
Flaschenöffner kāipíngqì 开瓶器

Fleck wūdiǎn 污点 *blauer Fleck* qīngzhǒng 青肿
Fledermaus biānfú 蝙蝠
Fleisch ròu 肉
Fleischerei ròupù 肉铺 ròu diàn 肉店
fleißig qínfènde 勤奋的
flexibel línghuó 灵活
Fliege cāngying 苍蝇
fliegen fēi 飞
fliehen táopǎo 逃跑
fließen liúdòng 流动
fließend liúlìde 流利地
Flipflops® tuōxié 拖鞋
Flöte chángdí 长笛
Flug hángbān 航班, bānjī 班机
Flügel *eines Vogels* chìbǎng 翅膀
Fluggesellschaft hángkōng gōngsī 航空公司
Flughafen fēijīchǎng 飞机场
Flugzeug fēijī 飞机
Fluss hé 河
Flüssigkeit yètǐ 液体
flüstern dīshēng shuō 低声说
Folge *Ergebnis* jiéguǒ 结果
folgen gēnsuí 跟随
folgende(r,s) *Tag, Monat usw.* dì'èr 第二
Folklore mínsú 民俗
Fön® chuīfàjī 吹发机
fönen chuīgān 吹干
Form *Gestalt* xíngzhuàng 形状
formell zhèngshì 正式
förmlich zhèngshì 正式
Formular biǎogé 表格
Forschung yánjiū 研究
Forst sēnlín 森林
Fortschritt jìnbù 进步
fortsetzen jìxù 继续
Foto zhàopiàn 照片 *ein Foto machen* zhào yìzhāng xiàng 照一张相
Fotoapparat zhàoxiàngjī 照相机
Fotograf(in) shèyǐngshī 摄影师
Fotografie *Foto* zhàopiàn 照片 *Kunstform* shèyǐng 摄影 shèyǐngshù 摄影术
fotografieren *jemanden, etwas* gěi … pāizhào 给…拍照
Fotokopie fùyìnjiàn 复印件
fotokopieren fùyìn 复印
Fotokopiergerät yǐngyìnjī 影印机
Frage wèntí 问题 *eine Frage stellen* wèn wèntí 问问题 tí wèntí 提问题
Fragebogen wèndájuàn 问答卷
fragen wèn 问 *fragen, ob …* wèn shìfǒu… 问是否…
Franken *Schweizer* Ruìshì fǎláng 瑞士法郎
Frankfurt Fǎlánkèfú 法兰克福
Frankreich Fǎguó 法国
Franzose (-in) Fǎguórén 法国人
französisch Fǎguóde 法国的 ● *Französisch Sprache* Fǎyǔ 法语
Frau fùnǚ 妇女 *Ehefrau* qīzi 妻子 *mit Namen* fūrén 夫人 *Frau Wang* Wáng fūrén 王夫人
Frauen- nǚ 女
Frauenarzt (-ärztin) fùkē yīshēng 妇科医生
Fräulein *junge Dame* xiǎonǚ 小女 *mit Namen* xiǎojiě 小姐 *Fräulein Wang* Wáng xiǎojiě 王小姐
frei *in Freiheit* zìyóude 自由的 *gratis* miǎnfèide 免费的 *Platz, Zimmer* kòngde 空的 *Stelle* kòngquē 空缺 yǒu kòng 有空 *im Freien* lùtiān 露天
freihaben *nicht arbeiten* xiūxi 休息
Freiheit zìyóu 自由
Freitag xīngqīwǔ 星期五 ➤ Siehe Übersicht *Wochentage* S. 289/290
freiwillig zìyuànde 自愿的
Freizeit kòngxián 空闲
Freizeitkleidung biànfú 便服
fremd *ausländisch* wàiguóde 外国的

Fremde(r) *Unbekannter* shēngrén 生人
Fremdenführer(in) dǎoyóu 导游
Fremdenverkehrsbüro lǚyóu xìnxī fúwùchù 旅游信息服务处 lǚyóujú 旅游局
Fremdsprache wàiyǔ 外语
Freude kuàilè 快乐
freuen *sich freuen* gǎndào gāoxìng 感到高兴
Freund *Bekannter* péngyou 朋友 *in Liebesbeziehung* nánpéngyou 男朋友
Freundin *Bekannte* péngyou 朋友 *in Liebesbeziehung* nǚpéngyou 女朋友
freundlich *Atmosphäre* yǒuhǎode 友好的
Freundschaft yǒuqíng 友情 yǒuyì 友谊
Frieden hépíng 和平
Friedhof gōngmù 公墓
frieren *Wasser usw.* nínggù 凝固 *Person* dòngsǐ 冻死
frisch xīnxiānde 新鲜的
Friseur(in) lǐfàshī 理发师
Frist xiànqī 限期
Frisur fàxíng 发型
frittieren zhá 炸
froh gāoxìngde 高兴的
Frosch qīngwā 青蛙
Frucht shuǐguǒ 水果
früh zǎo 早 *zu früh* tàizǎo 太早
früher *in der Vergangenheit* cóngqián 从前 *in alten Zeiten* xīrì 昔日
frühestens zuìzǎo 最早
Frühling chūntiān 春天
Frühlingsrolle chūnjuǎn 春卷
Frühlingszwiebel cōng 葱
Frühstück zǎocān 早餐
frühstücken chī zǎocān 吃早餐
fühlen juéde 觉得, gǎndào 感到 *sich fühlen* gǎnjué 感觉 *Wie fühlst du dich?* nǐ gǎnjué zěnmeyàng? 你感觉怎么样?

Führer(in) lǐngdǎorén 领导人
Führerschein jiàshǐ zhízhào 驾驶执照
Führung *in Wettlauf usw.* lǐngxiān 领先
füllen zhuāngmǎn 装满 *sich füllen mit Leuten* jǐmǎn 挤满
Füllung *für Zahn* bǔyá 补牙
fünf wǔ 五 ➢ Siehe Übersicht *Zahlen* S. 291/292
fünfhundert wǔbǎi 五百 ➢ Siehe Übersicht Zahlen S. 291/292
fünfte(r,s) dìwǔ 第五 ➢ Siehe Übersicht *Zahlen* S. 291/292
fünfzehn shíwǔ 十五 ➢ Siehe Übersicht *Zahlen* S. 291/292
fünfzig wǔshí 五十 ➢ Siehe Übersicht *Zahlen* S. 291/292
Funke huǒhuā 火花
funktionieren *Gerät usw.* gōngzuò 工作 yùnxíng 运行
für *zwecks* wèile 为了 *zugunsten* gěi 给 *Das ist für dich* zhè shì gěi nǐ de 这是给你的 *zeitlich für drei Monate* sān ge yuè 三个月 *Preis usw. Ich habe das für 25 Euro gekauft* wǒ huāle èrshíwǔ ōuyuán mǎi de 我花了二十五欧元买的
furchtbar zāogāo 糟糕 kěpàde 可怕的
fürchterlich zāogāo 糟糕 kěpàde 可怕的
Fuß jiǎo 脚 *zu Fuß* bùxíng 步行
Fußball zúqiú 足球
Fußballplatz zúqiúchǎng 足球场
Fußballspieler(in) zúqiú yùndòngyuán 足球运动员
Fußboden dìbǎn 地板
Fußgänger(in) xíngrén 行人
Fußgängerüberweg rénxíng héngdào 人行横道
Fußgelenk jiǎobózi 脚脖子

Gabel chāzi 叉子
Gabelung chàlù 岔路
gähnen dǎ hāqian 打哈欠
Gang *in Gebäude* zǒuláng 走廊 *in Flugzeug, Zug* guòdào 过道 *des Getriebes* dǎng 挡
Gans é 鹅
ganz zhěnggède 整个的 *den ganzen Tag* zhěngtiān 整天 ● *sehr* jí 极 *Sie war ganz froh* tā gāoxìng jí le 她高兴极了
gar *gar nicht* bìng bù 并不 *gar nichts* shénme yě méi yǒu 什么也没有
Garage chēkù 车库
Garantie bǎo xiū kǎ 保修卡 bǎo xiū shū 保修书
garantieren bǎozhèng 保证
garantiert *bestimmt* yídìng 一定
Garderobe *im Theater usw.* yīmàojiān 衣帽间
Garküche xiǎo fànpù 小饭铺
Garnele duìxiā 对虾
Garten huāyuán 花园 *botanischer Garten* zhíwùyuán 植物园
Gas méiqì 煤气
Gast kèrén 客人
gastfreundlich hàokè 好客
Gastfreundschaft hàokè 好客
Gastgeber(in) zhǔrén 主人
gebacken kǎo 烤
Gebäude jiànzhùwù 建筑物
geben gěi 给 *jemandem etwas geben* gěi mǒurén mǒuwù 给某人某物 *es gibt* yǒu 有 *Gibt es hier in der Nähe eine Apotheke?* fùjìn yǒu yàofáng ma? 附近有药房吗?

Gebet dǎogào 祷告
Gebiet *Gegend* dìqū 地区 *Fachbereich* lǐngyù 领域
Gebirge shānqū 山区
geboren *geboren werden* chūshēng 出生
gebraten *im Backofen* kǎo 烤 *in der Pfanne* jiān 煎
gebrauchen shǐyòng 使用
Gebrauchtwarenladen jiùhuòdiàn 旧货店
Gebühr fèiyòng 费用
Geburt chūshēng 出生
gebürtig *Er ist gebürtiger Münchner* tā chūshēngyú Mùníhēi 他出生于慕尼黑.
Geburtsdatum chūshēng rìqī 出生日期
Geburtstag shēngrì 生日 *Herzlichen Glückwunsch zum Geburtstag!* shēngrì kuàilè! 生日快乐！ *Geburtstag haben* guò shēngrì 过生日
Geburtsurkunde chūshēng zhèngmíng 出生证明
Gedächtnis jìyìlì 记忆力
Gedanke xiǎngfǎ 想法
Gedicht shī 诗
geduldig yǒu nàixīnde 有耐心的
Gefahr wēixiǎn 危险
gefährlich wēixiǎnde 危险的
gefallen *... gefällt mir* wǒ xǐhuan ... 我喜欢... *Es gefällt uns sehr in China* wǒmen hěn xǐhuan Zhōngguó 我们很喜欢中国
Gefallen *jemandem einen Gefallen tun* bāng mǒurén yíge máng 帮某人一个忙 gěi mǒurén bānggemáng 给某人帮个忙

Gefängnis – geräuchert

Gefängnis jiānyù 监狱
Geflügel *Tiere* jiāqín 家禽 *zum Essen* jiāqínròu 家禽肉
Gefühl gǎnqíng 感情
gegen *nicht übereinstimmend* fǎnduì 反对 *gegen etwas sein* fǎnduì mǒushì 反对某事 *in Richtung auf* shàng 上 *angelehnt an* kào 靠 *in Wettbewerb mit* tóng … duìkàng 同…对抗 *gegen zehn Uhr* dàyuē shí diǎn 大约十点
Gegend dìqū 地区
Gegenstand dōngxi 东西
Gegenteil xiāngfǎn 相反 fǎnmiàn 反面 *ganz im Gegenteil* qiàqià xiāngfǎn 恰恰相反
gegenüber duìmiàn 对面 *gegenüber dem Bahnhof* zài chēzhàn duìmiàn 在车站对面
Gegenwart xiànzài 现在 xiàndài 现代
gegenwärtig mùqián 目前
Gegner(in) duìshǒu 对手
gegrillt kǎo 烤
Gehalt *Bezahlung* xīnshuǐ 薪水
Geheimnis mìmì 秘密
geheimnisvoll shénmìde 神秘的
gehen *laufen* zǒu 走 *hingehen* qù 去 *weggehen* zǒu 走 *gesundheitlich Wie geht es?* nǐ hǎo ma? 你好吗? *Mir geht es gut* wǒ hěn hǎo 我很好 *in Ordnung sein* xíng 行 *Das geht* xíng 行 *Morgen geht es nicht* míngtiān bù xíng 明天不行 *gut genug sein* jiùxíng 就行 *mit jemandem gehen als Freund(in)* gēn mǒurén yuēhuì 跟某人约会
Gehirn nǎozi 脑子
gehören *Besitz sein von* shǔyú 属于
gekocht zhǔ 煮 zhǔshúde 煮熟的
gelb huáng 黄, huángsè 黄色
Geld qián 钱
Geldautomat qǔkuǎnjī 取款机
Geldschein chāopiào 钞票

Geldstrafe fákuǎn 罚款
Geldwechsel wàihuì duìhuàn 外汇兑换
Gelegenheit *günstiger Augenblick* shíjī 时机 *Chance* jīhuì 机会
gelingen chénggōng 成功
Gemälde túhuà 图画
Gemeinde zìzhìxiàn 自治县
Gemeindeverwaltung xiànzhèngfǔ 县政府
gemeinsam *etwas gemeinsam haben* yǒu xiē gòngtóng diǎn 有些共同点 yǒu gòngtóng zhī chù 有共同之处
Gemüse cài 菜
gemütlich *Stimmung* huānkuài 欢快 shūshìde 舒适的
genau *exakt* zhǔnquède 准确的 *präzise* quèqiè 确切 *Genau!* yìdiǎn búcuò! 一点不错! *Ja, genau* shì zhēnde 是真的
Genehmigung pīzhǔn 批准
Generaldirektor(in) *einer Firma* huìzhǎng 会长
Generation yídàirén 一代人
Genie tiāncái 天才
genießen xiǎngshòu 享受
genug zúgòu 足够
genügen gòu 够
Geografie dìlǐxué 地理学
Geologie dìzhìxué 地质学
Gepäck xíngli 行李
Gepäckaufbewahrung xíngli jìcúnchù 行李寄存处
Gepäckträger *Person* bānyùngōng 搬运工
gerade *Linie usw.* zhíde 直的 ● *gleich* lìjí 立即 *gerade dort* jiù zài nàr 就在那儿 *eben* gāng 刚 *Ich bin gerade angekommen* wǒ gāng dào 我刚到
Gerät qìjù 器具
geräuchert xūnzhìde 熏制的

Geräusch xiǎngshēng 响声
gerecht gōngpíng 公平
Gericht *Essen* cài 菜 *Gerichtshof* fǎtíng 法庭
gern *bereitwillig* hěn yuànyì 很愿意 *mit Vergnügen* xǐhuan 喜欢 *etwas gern machen* xǐhuan zuò mǒushì 喜欢做某事
gernhaben xǐhuan 喜欢
Geruch qìwèi 气味
Gerücht yáoyán 谣言
Gesamt- zǒng 总
Gesamtbetrag zǒng'é 总额
Gesamtzahl zǒngshù 总数
Geschäft *Laden* shāngdiàn 商店 *Transaktion* mǎimai 买卖 *mit jemandem Geschäfte machen* hé mǒurén zuò shēngyì 和某人做生意
geschäftlich *geschäftlich reisen* chūchāi 出差
Geschäftsführer(in) jīnglǐ 经理
Geschäftsmann (-frau) shāngrén 商人
Geschäftsreise chūchāi 出差
geschehen fāshēng 发生 *Was ist geschehen?* fāshēng shénme shì le? 发生什么事了?
Geschenk lǐwù 礼物
Geschichte *Erzählung* gùshi 故事 *die Vergangenheit, Studienfach* lìshǐ 历史
geschieden líyì 离异 líhūnde 离婚的
Geschirr táoqì 陶器 cānjù 餐具
Geschirrspülmaschine xǐwǎnjī 洗碗机
Geschlecht xìngbié 性别
geschlossen *Tür, Laden usw.* guānmén 关门
Geschmack wèidào 味道
Geschwindigkeit sùdù 速度
Geschwister xiōngdì jiěmèi 兄弟姐妹
geschwollen zhǒng 肿
Gesellschaft *Allgemeinheit* shèhuì 社会 *Firma* gōngsī 公司 *jemandem Gesellschaft leisten* péibàn mǒurén 陪伴某人
Gesetz fǎlǜ 法律
Gesicht liǎn 脸
Gesichtsbehandlung miànbù měiróng 面部美容
Gespenst guǐ 鬼
Gespräch tánhuà 谈话
Gestank chòuqì 臭气
Geste *mit der Hand* shǒushì 手势
gestern zuótiān 昨天 *gestern Abend* zuótiān wǎnshang 昨天晚上
gestreift yǒu tiáowénde 有条纹的
gesund *Essen, Tätigkeit usw.* yǒuyì yú jiànkāngde 有益于健康的
Gesundheit jiànkāng 健康
Gesundheitsfürsorge bǎojiàn 保健
Getränk yǐnliào 饮料
Getreide zhuāngjia 庄稼
Getreideflocken gǔlèi shípǐn 谷类食品
getrennt *Rechnungen usw.* fēnkāi 分开 *vom Ehepartner* fēnjū 分居 ● *zahlen usw.* fēnkāide 分开地
Gewalt bàolì 暴力
Gewerkschaft gōnghuì 工会
Gewicht *eines Gegenstandes* zhòngliàng 重量 *einer Person* tǐzhòng 体重
Gewinn lìrùn 利润
gewinnen *Preis usw.* yíngdé 赢得 *Spiel, Wahl usw.* zài … zhōng huòshèng 在…中获胜 ● *siegen* huòshèng 获胜
Gewinner(in) huòshèngzhě 获胜者
Gewitter léiyǔ 雷雨
gewöhnen *sich gewöhnen (an …)* (duì …) xíguàn (对…)习惯 xíguànyú 习惯于
Gewohnheit xíguàn 习惯. xísú 习俗
gewöhnlich pǔtōng 普通
gewöhnt xíguànde 习惯的
Gewürz tiáowèipǐn 调味品

Gezeiten – Großvater

Gezeiten cháo 潮
Gift dúwù 毒物 dúyào 毒药
Gigabyte qiānzhào zìjié 千兆字节
Giraffe chángjǐnglù 长颈鹿
Gitarre jítā 吉他 *elektrische* diànjítā 电吉他 *Gitarre spielen* tán jítā 弹吉他
Glas *Material* bōli 玻璃 *Trinkglas* bōlibēi 玻璃杯 *ein Glas Milch* yìbēi niúnǎi 一杯牛奶
glatt guānghuáde 光滑的 *Haare* zhí 直
glauben xiāngxìn 相信
gleich *genau derselbe* tóngyīge 同一个 *Wir arbeiten in der gleichen Firma* wǒmen zài tóngyīge gōngsī gōngzuò 我们在同一个公司工作 *derselben Art* yíyàng 一样 *gleichwertig* xiāngděng 相等 *Mir ist es gleich* wǒ wúsuǒwèi 我无所谓 ● *auf gleiche Weise* yíyàng 一样, tóngyàng 同样 *bald* yíhuìr 一会儿
gleichfalls *Gleichfalls!* zhù nǐ yě yíyàng! 祝你也一样！ tóngyàng 同样
Gleichgewicht pínghéng 平衡
gleichzeitig tóngshíde 同时的
Gleis zhàntái 站台 *Gleis 4* dìsì zhàntái 第四站台
glitschig huá 滑
Globalisierung quánqiúhuà 全球化
Glocke zhōng 钟
Glück *Freude* xìngfú 幸福 *Schicksal* yùnqi 运气 *Glück haben* hěn xìngyùn 很幸运
glücklich gāoxìng 高兴
glücklicherweise xìngyùn de shì 幸运的是 xìngkuī 幸亏
Glückwunsch *Herzlichen Glückwunsch!* zhùhè! 祝贺！ *zum Geburtstag* shēngrì kuàilè! 生日快乐！
Glühbirne dēngpào 灯泡
Gold jīn 金
Goldmedaille jīnpái 金牌

Golf gāo'ěrfūqiú 高尔夫球
Golfplatz gāo'ěrfūqiú chǎng 高尔夫球场
Gott *Gottheit* shén 神 *Gott im Himmel* Shàngdì 上帝 *Gott sei Dank!* xiètiān xièdì! 谢天谢地！
Grab fénmù 坟墓
Grad *Einheit* dù 度 *Maß* chéngdù 程度
Gramm kè 克
Grammatik yǔfǎ 语法
Gras cǎo 草
Gräte yúcì 鱼刺
gratis miǎnfèi 免费
gratulieren zhùhè 祝贺 *ich gratuliere!* zhùhè nǐ 祝贺你
grau huīsède 灰色的 *Haar* huībái 灰白
grauhaarig huībái tóufa de 灰白头发的 tóufa huībáide 头发灰白的
grausam cánrěn 残忍
Grenze *Begrenzung* xiàndù 限度 *Landesgrenze* biānjiè 边界
Griechenland Xīlà 希腊
Grill kǎojià 烤架
Grillfleisch shāokǎo ròu 烧烤肉
Grillparty shāokǎo yěcān 烧烤野餐
Grippe liúgǎn 流感
groß dà 大 *berühmt* wěidàde 伟大的
großartig hěn hǎo 很好 liǎobùqǐde 了不起的
Großbritannien Yīngguó 英国
Größe *von Kleidern* chǐcùn 尺寸 *von Gegenständen* dàxiǎo 大小
Großeltern *väterlicherseits* yéye nǎinai 爷爷奶奶 zǔfùmǔ 祖父母 *mütterlicherseits* lǎolao lǎoyé 姥姥姥爷 wàizǔfùmǔ 外祖父母
Großmutter *väterlicherseits* nǎinai 奶奶 *mütterlicherseits* lǎolao 姥姥 zǔmǔ 祖母
Großvater *väterlicherseits* yéye 爷爷 *mütterlicherseits* lǎoyé 姥爷 zǔfù 祖父

großziehen *Kinder* fúyǎng 抚养
großzügig kāngkǎi 慷慨
grün lǜ 绿, lǜsède 绿色的
Grund *Ursache* yuányīn 原因 *im Grunde genommmen* dàzhì shuōlái 大致说来 qíshí 其实
gründen jiànlì 建立
Grundkenntnisse *einer Sprache* jīchǔ zhīshí 基础知识
Grundschule xiǎoxué 小学
Grundstück *ein Grundstück* yíkuài tǔdì 一块土地
Gruppe zǔ 组
Gruß zhāohū 招呼 wènhǎo 问好 *Viele Grüße an deine Schwester* dài wǒ wènhòu nǐ mèimei 代我问候你妹妹
grüßen zhāohū 招呼
gucken kàn 看
gültig yǒuxiàode 有效的

Gummi *Material* xiàngjiāo 橡胶
 Radiergummi xiàngpí 橡皮
Gummiband xiàngpíjīn 橡皮筋
Gummiboot xiàngpífá 橡皮筏
günstig *preiswert* liánjià 廉价 *vorteilhaft* yǒulìde 有利的
Gurke huángguā 黄瓜
Gürtel yāodài 腰带
gut hǎo 好 *begabt* shàncháng 擅长 *gut in Mathe* shàncháng shùxué 擅长数学 • *als Adverb* de hěn hǎo 得很好 *Sie spricht gut Chinesisch* tā Zhōngwén shuō de hěn hǎo 她中文说得很好 *gut aussehend Mann* yīngjùn 英俊
Gymnasium zhōngxué 中学
Gymnastik jiànshēn yùndòng 健身运动 tǐcāo 体操

Haar *auf dem Kopf* tóufa 头发 *am Körper* máo 毛 *sich die Haare schneiden lassen Mann* lǐfà 理发 ràng rén lǐfà 让人理发 *Frau* jiǎn tóufà 剪头发
Haargel fàjiāo 发胶
Haarklammer fàjiā 发夹
Haarspray dìng fàjiāo 定发胶
Haartrockner chuīfēngjī 吹风机
Haarwaschmittel xǐfà shuǐ 洗发水
haben yǒu 有 *Ich habe kein Geld* wǒ méi yǒu qián 我没有钱
Hafen gǎngkǒu 港口
Hafer yànmàipiàn 燕麦片 yànmài 燕麦
Hagel bīngbáo 冰雹
Hähnchen jī 鸡
Hai shāyú 鲨鱼
Haken guàgōu 挂钩 xiǎogōu 小钩
halb bàn 半 *ein halber Meter* bàn mǐ 半米 *eine halbe Stunde* bàngè xiǎoshí 半个小时 *um halb vier* sān diǎn bàn 三点半 *auf halbem Wege* dào yíbàn 到一半 bànlùshàng 半路上
Halbfinale bànjuésài 半决赛
Halbzeit *Pause im Spiel* bànchǎng 半场
Hälfte bàn 半
Halle tīng 厅
hallo *am Telefon* wèi 喂 *als Gruß* nǐ hǎo 你好
Hals bózi 脖子 *Kehle* sǎngzi 嗓子
Halskette xiàngliàn 项链
Halsschmerzen sǎngziténg 嗓子疼
halten *in den Händen* názhe 拿着 *nicht ändern* bǎochí 保持 • *anhalten* tíng 停
Haltestelle chēzhàn 车站

Hamburg Hànbǎo 汉堡
Hamburger *zum Essen* hànbǎobāo 汉堡包
Hammelfleisch yángròu 羊肉
Hammer chuízi 锤子
Hand shǒu 手 *jemandem die Hand geben* hé mǒurén wò shǒu 和某人握手
Handball shǒuqiú 手球
Handbremse shǒuzhá 手闸
Handbuch shǒucè 手册
Handel màoyì 贸易
handeln *um Preis* jiǎng jiàqián 讲价钱
Handgelenk shǒuwàn 手腕
handgemacht shǒugōng zhìzuò 手工制作
handhaben cāozòng 操纵
Händler(in) shāngrén 商人
Handschuh shǒutào 手套
Handtasche shǒutíbāo 手提包
Handteller shǒuzhǎng 手掌
Handtuch máojīn 毛巾
Handy shǒujī 手机
Handzettel chuándān 传单
Hängematte diàochuáng 吊床
hängen guà 挂
Hardware yìngjiàn 硬件
harmlos wúhàide 无害的
hart *nicht weich* yìngde 硬的 *beschwerlich* jiānnán 艰难
Hass zēnghèn 憎恨
hassen *nicht mögen* bù xǐhuan 不喜欢 *Hass empfinden* hèn 恨
hässlich chǒulòu 丑陋
häufig *üblich* pínfánde 频繁的 • *oft* chángcháng 常常

Haupt- zhǔyào 主要
hauptsächlich zhǔyàode 主要地
Hauptstadt shǒudū 首都
Haus *Gebäude* fángzi 房子 *Zuhause* jiā 家 *nach Hause gehen* huí jiā 回家 *zu Hause* zài jiā 在家 *bei mir zu Hause* wǒ jiā 我家 *Fühlen Sie sich wie zu Hause* bié kèqi 别客气
Hausaufgaben zuòyè 作业
Hausfrau jiātíng fùnǚ 家庭妇女
hausgemacht zìzhìde 自制的
Haustier chǒngwù 宠物
Haut pífū 皮肤
heben *den Arm usw.* jǔqǐ 举起
Heft liànxíběn 练习本
Hefter dìngshūjī 订书机
Heftpflaster jiāobù 胶布
heilen zhìhǎo 治好
heilig shénshèng 神圣
Heiligabend Shèngdànyè 圣诞夜
Heilige(r) shèngrén 圣人
Heim *Haus* jiā 家 *Anstalt* yuàn 院
Heimat- *Heimatland* gùtǔ 故土 *meine Heimatstadt* wǒde gùxiāng 我的故乡
Heimweh *Heimweh haben* xiǎngjiā 想家
heiraten jiéhūn 结婚 ● *jemanden heiraten* gēn mǒurén jiéhūn 跟某人结婚
heiß rè 热 *Mir ist heiß* wǒ hěn rè 我很热
heißen *mit Vornamen* jiào 叫 *Wie heißen Sie? mit Vornamen* nǐ jiào shénme míngzi? 你叫什么名字? *Ich heiße …* wǒ jiào … 我叫…
Heizung gōngnuǎn xìtǒng 供暖系统 nuǎnqì shèbèi 暖气设备
Hektar gōngqǐng 公顷
hektisch *sehr beschäftigt* mánglù 忙碌
Held yīngxióng 英雄
helfen bāngzhù 帮助 *jemandem helfen, etwas zu tun* bāngzhù mǒurén zuò mǒushì 帮助某人做某事

hell *mit viel Licht* míngliàngde 明亮的 *Farbe* dàn 淡
Helm tóukuī 头盔
Hemd chènshān 衬衫

> **her**
> Das chinesische Verb 来 *lái* ‚kommen' wird in Verbindung mit anderen Bewegungsverben verwendet, um die Richtung der Bewegung anzugeben. Es entspricht dem deutschen ‚her'. In dieser Verwendung wird 来 *lai* ohne Ton ausgesprochen: *Er ist hereingekommen* tā jìn lai 他进来 *Sie ist aus der Küche herausgekommen* tā chū chúfáng lai 她出厨房来

Herausforderung tiǎozhàn 挑战
herausnehmen náchū 拿出
herausziehen *Zahn, Unkraut usw.* bá 拔
Herberge lǚdiàn 旅店
Herbst qiūtiān 秋天
Herd lúzào 炉灶
hereinkommen jìnlai 进来
Herkunft chūshēn 出身
Herr *als Anrede* nín 您 *mit Name* xiānsheng 先生 *Herr Wang* Wáng xiānsheng 王先生
Herrenfriseur *Geschäft* lǐfàdiàn 理发店 lǐjàtīng 理发厅 *Angestellter* fàxíngshī 发型师 lǐfàshī 理发师
herrlich lìngrén yúkuài 令人愉快 měihǎode 美好的
herstellen zhìzào 制造
Hersteller zhìzàoshāng 制造商 zhìzàozhě 制造者
Herstellung zhìzào 制造
herunterladen *aus dem Internet usw.* xiàzài 下载
hervorragend jiéchū 杰出
Herz xīnzàng 心脏

Herzinfarkt – Horizont

Herzinfarkt xīnjīgěngsè 心肌梗塞
herzkrank xīnzàng bù hǎo 心脏不好 huàn xīnzàngbìngde 患心脏病的
Heuschnupfen huāfěnrè 花粉热
heute jīntiān 今天 *heute Abend* jīnwǎn 今晚
heutzutage xiànjīn 现今
hier zhèr 这儿 *hierher* dào zhèr lái 到这儿来 *von hier* cóng zhèr 从这儿
Hilfe bāngzhù 帮助 *jemanden um Hilfe bitten* qǐng mǒurén bāngzhù 请某人帮助 *Hilfe!* jiùmìng! 救命! Erste Hilfe jíjiù 急救
Himbeere mùméi 木莓 fùpénzi 覆盆子
Himmel *Luft* tiānkōng 天空 *Himmelreich* tiāntáng 天堂

> **hin**
> Das chinesische Verb 去 *qù* ,gehen' wird in Verbindung mit anderen Bewegungsverben verwendet, um die Richtung der Bewegung anzugeben. Es entspricht dem deutschen ,hin'. In dieser Verwendung wird 去 *qu* ohne Ton ausgesprochen: *Er ist hineingegangen tā jìn qu* 他进去 *Sie ist aus der Küche hinausgegangen tā chū chúfáng qu* 她出厨房去

hinausgehen chūqu 出去
hindern zǔzhǐ 阻止 *jemanden daran hindern, etwas zu tun* zǔzhǐ mǒurén zuò mǒushì 阻止某人做某事
Hindernis zhàng'ài 障碍
hineingehen jìnqu 进去
Hinfahrt chūxíng 出行 qùchéng 去程
hingehen qù 去
hinlegen *sich hinlegen* tǎngdǎo 躺倒
hinsetzen *sich hinsetzen* zuòxia 坐下
hinten zài hòumian 在后面 *nach hinten* xiànghòu 向后

hinter zài ... hòumian 在…后面 *hinter der Mauer* zài qiáng hòumian 在墙后面
hinterlassen liúxia 留下
Hintertür hòumén 后门
Hinweis *Tipp* gàojiè 告诫 ànshì 暗示
hinzufügen jiā 加
historisch lìshǐxìng 历史性
Hitze rè 热
Hobby shìhào 嗜好
hoch gāo 高
Hochhaus lóufáng 楼房
hochheben tíqǐ 提起, táiqǐ 抬起
Hochsaison wàngjì 旺季
höchstens zhìduō 至多
Hochzeit hūnlǐ 婚礼
Hochzeitsreise mìyuè lǚxíng 蜜月旅行
Hockey qūgùnqiú 曲棍球
hoffen xīwàng 希望 *Ich hoffe es* wǒ xīwàng shì zhèi yàng 我希望是这样
hoffentlich wǒ xīwàng 我希望 dànyuàn 但愿 *Ja, hoffentlich* wǒ xīwàng shì zhèi yàng 我希望是这样 *hoffentlich nicht* wǒ xīwàng bú shì zhèi yàng 我希望不是这样
Hoffnung xīwàng 希望
höflich yǒu lǐmàode 有礼貌的
Höflichkeit lǐmào 礼貌
Höhe gāodù 高度
Höhle shāndòng 山洞 dòngxué 洞穴
holen qù ná 去拿 *sich holen Krankheit* dé 得
Holland Hélán 荷兰
Holz mùtou 木头
Hongkong Xiānggǎng 香港
Honig fēngmì 蜂蜜
hören tīngjiàn 听见 *Musik, Radio* tīng 听 *erfahren* tīngdào 听到 *sagen hören* tīngshuō 听说
Horizont dìpíngxiàn 地平线

Horoskop zhānxīng 占星 xīngxiàng 星相
Horrorfilm kǒngbù diànyǐng 恐怖电影
Hose kùzi 裤子
Hotdog règǒu 热狗
Hotel *groß* bīnguǎn 宾馆 *klein* lǚguǎn 旅馆
hübsch piàoliang 漂亮
Hubschrauber zhíshēng fēijī 直升飞机
Hüfte túnbù 臀部 kuān 髋
Huhn jī 鸡
Hühnerfleisch jīròu 鸡肉
Hummer lóngxiā 龙虾
Humor yōumò 幽默 *Sinn für Humor* yōumògǎn 幽默感
Hund gǒu 狗
hundert yìbǎi 一百 ➢ Siehe Übersicht *Zahlen S. 291/292*
Hunger *Hunger haben* è 饿 *keinen Hunger haben* bú è 不饿
hungrig è 饿
Hupe lǎbā 喇叭
hupen àn lǎbā 按喇叭
hurra hǎowa 好哇
husten késòu 咳嗽
Husten késòu 咳嗽
Hustensaft zhǐkéyào 止咳药
Hut màozi 帽子
Hygiene wèishēng 卫生
hygienisch wèishēngde 卫生的

I

ich wǒ 我
ideal lǐxiǎng 理想
Idee *Gedanke* sīxiǎng 思想 *Einfall* zhǔyì 主意 *Gute Idee!* hǎo zhǔyì! 好主意！
identisch yīmú yíyàng 一模一样
Idiot(in) báichī 白痴
ignorieren *jemanden* bù lǐ 不理 *Problem usw.* hūshì 忽视
ihm gěi tā 给他
ihn tā 他
ihnen gěi tāmen 给他们 *nur Frauen* gěi tāmen 给她们
Ihnen *eine Person* gěi nín 您 *mehrere Personen* gěi nǐmen 给你们
ihr *Dativ* gěi tā 给她 • *ihr seid usw.* nǐmen 你们
ihr(e) *von ihr* tāde 她的 *von ihnen* tāmen de 他们的
Ihr(e) *einer Person* nín de 您的 *mehrerer Personen* nǐmen de 你们的
illegal fēifǎde 非法的
Image xíngxiàng 形象
Imbiss xiǎochī 小吃 diǎnxīn 点心
immer zǒngshì 总是 *immer noch* réngrán 仍然 *immer besser* yuèlái yuè hǎo 越来越好
Immobilien fángdìchǎn 房地产
Immobilienagentur fángchǎn dàilǐ 房产代理
impfen jiēzhòng yìmiáo 接种疫苗
Impfstoff yìmiáo 疫苗
Impfung yùfángzhēn 预防针
Import jìnkǒu 进口
Importgesellschaft jìnkǒu gōngsī 进口公司
importieren jìnkǒu 进口
Importwaren jìnkǒu shāngpǐn 进口商品
in *innen* in zài ... li 在…里 *in der Schachtel* zài hézi li 在盒子里 *in Deutschland* zài Déguó 在德国 *in Peking* zài Běijīng 在北京 *nach* guò 过 *in zwei Tagen* guò liǎng tiān 过两天 *innerhalb von zwei Tagen* liǎng tiān nèi 两天内
inbegriffen bāokuò 包括
Indien Yìndù 印度
Indonesien Yìndùníxīyà 印度尼西亚
Industrie gōngyè 工业
industriell gōngyède 工业的 • *Industrielle(r)* shíyèjiā 实业家
Infektion chuánrǎn 传染
infiziert gǎnrǎn 感染
Inflation tōnghuò péngzhàng 通货膨胀
Informatik xìnxī jìshù 信息技术 xìnxīxué 信息学
Information xiāoxi 消息
informell *Sprache* rìcháng shǐyòng 日常使用
informieren gàosù 告诉
Infostand wènxùnchù 问讯处
Ingenieur(in) gōngchéngshī 工程师
Ingwer jiāng 姜
Inhalt nèiróng 内容
Initiative chàngyì 倡议
Injektion zhùshè 注射
inklusive *alles inklusive* yíqiè bāokuò zàinèi 一切包括在内
Inland guónèi 国内

Inlandsflug guónèi hángbān 国内航班
innen zài lǐmiàn 在里面 *innen im Hotel* zài lǚguǎn lǐmiàn 在旅馆里面
inoffiziell *Treffen, Abkommen usw.* fēizhèngshì 非正式
Insekt kūnchóng 昆虫
Insel dǎo 岛
insgesamt yīgòng 一共
Installateur ānzhuānggōng 安装工
installieren ānzhuāng 安装
Institut xuéyuàn 学院
Institution gōnggòng jīgòu 公共机构
Instrument *für Musik* yuèqì 乐器 *Werkzeug* gōngjù 工具
Insulin yídǎosù 胰岛素
Intellektuelle(r) zhīshí fènzǐ 知识分子
intelligent cōngmíngde 聪明的
intensiv *Kälte, Schmerz usw.* jùliè 剧烈
Intensivkurs qiánghuàbān 强化班
interaktiv jiāohù 交互
interessant yǒuqù 有趣
Interesse *Aufmerksamkeit* xìngqù 兴趣
interessieren *jemanden interessieren* shǐ mǒurén gǎn xìngqù 使某人感兴趣 *sich interessieren für* ... duì ... gǎn xìngqù 对...感兴趣
international guójìde 国际的
Internet yīntèwǎng 因特网
Internetanschluss yīntèwǎng liánjiē 因特网联接

Internetprovider wǎngluò tígōngshāng 网络提供商
Internetzugang liánshàng yīntèwǎng 联上因特网 shàngwǎng 上网
Interview cǎifǎng 采访
investieren tóuzī 投资
Investition tóuzī 投资
inzwischen tóngshí 同时 zài zhè qījiān 在这期间
irgendein(e) rènhé 任何
irgendetwas *Sache* rènhé shì 任何事 *Gegenstand* shénme 什么
irgendjemand rènhé rén 任何人
irgendwann rènhé shíhòu 任何时候
irgendwelche rènhé 任何
irgendwie xiǎng bànfa 想办法
irgendwo zài mǒu ge dìfang 在某个地方
irren *sich irren* fàn cuòwù 犯错误
Irrtum cuòwù 错误
Islam Yīsīlánjiào 伊斯兰教
islamisch Yīsīlánjiàode 伊斯兰教的
Israel Yǐsèliè 以色列
Italien Yìdàlì 意大利
Italiener(in) Yìdàlìrén 意大利人
italienisch Yìdàlìde 意大利的 ● *Italienisch Sprache* Yìdàlìyǔ 意大利语

ja shìde 是的 *Ja? am Telefon* wèi 喂

> Um eine Frage zu bejahen, wiederholt man einfach das Verb, das in der Frage verwendet wurde, z. B. *Haben Sie ein Auto? – Ja nǐ yǒu qìchē ma? – yǒu* 你有汽车吗？– 有 *Sprechen Sie Englisch? – Ja nǐ huì shuō Yīngyǔ ma? – huì* 你会说英语吗？– 会. Will man mit 'ja' seine Zustimmung ausdrücken, so sagt man 是的 *shìde*, etwa 'ja, so ist das'.

Jacht yóutǐng 游艇
Jacke shàngyī 上衣
Jackett xīzhuāng shàngyī 西装上衣
Jagd dǎliè 打猎
Jahr nián 年 *letztes Jahr* qùnián 去年 *nächstes Jahr* míngnián 明年 *dieses Jahr* jīnnián 今年 *pro Jahr* měinián 每年 *bei Altersangaben* suì 岁 *Ich bin 30 Jahre alt* wǒ sānshí suì le 我三十岁
Jahreszeit jìjié 季节
Jahrhundert shìjì 世纪 *das 21. Jahrhundert* èrshíyī shìjì 二十一世纪
jährlich *Ereignis, Feier usw.* měiniánde 每年的 *Einkommen, Umsatz usw.* niándù de 年度的 ● *jedes Jahr* měinián 每年
Jahrzehnt shínián 十年
Jalousie bǎiyèchuāng 百叶窗
Januar yīyuè 一月 ➢ Siehe Übersicht *Monate* S. 246
Japan Rìběn 日本
Japaner(in) Rìběnrén 日本人
japanisch Rìběnde 日本的 ● *Japanisch Sprache* Rìyǔ 日语

Jasmintee mòlìhuāchá 茉莉花茶
je *jemals* céngjīng 曾经 *jeweils* měige 每个 *je nach* ànzhào 按照 *je nachdem* àn qíngkuàng ér dìng 按情况而定 *je schneller, desto besser* yuè kuài yuè hǎo 越快越好
Jeans niúzǎikù 牛仔裤
jede(r,s) měi 每

> Zwischen 每 *měi* 'jede(r,-s)' und einem nachfolgenden Substantiv wird in den meisten Fällen ein Zähleinheitswort eingefügt: 每个人 *měi ge rén jede Person*, 每本书 *měi běn shū jedes Buch*. Eine Ausnahme bilden einige Substantive, die Zeiteinheiten bezeichnen, z. B.: 每天 *měi tiān jeden Tag*, 每年 *měi nián jedes Jahr*, 每次 *měi cì jedes Mal* [Siehe *Zähleinheitswörter*, S. 33]
> Im Sinne von 'jede Person' sagt man *měi ge rén* 每个人: *die Verpflichtungen von jedem měi ge rén de yìwù* 每个人的义务 *jeder von uns wǒmen měi ge rén* 我们每个人

jedermann dàjiā 大家, shéi dōu 谁都
jedoch dànshì 但是
Jeep® jípǔchē 吉普车
jemand mǒu rén 某人
jene(r,-s) nà 那

Das Demonstrativpronomen 那 *nà* (umgangssprachlich auch nèi ausgesprochen) kann nicht unmittelbar vor einem Substantiv stehen. Es muss ein Zähleinheitswort eingefügt werden, z.B., *jenes Buch nà běn shū* 那本书. [Siehe *Zähleinheitswörter, S. 33*]

Wenn sich das Substantiv auf eine Mehrzahl bezieht, verwendet man bei allen Substantiven das Zähleinheitswort 些 *xiē*: *jene Personen nà xiē rén* 那些人. Das Substantiv kann weggelassen werden, das jeweilige Zähleinheitswort jedoch nicht: *Ich will dieses* (gemeint ist 'Buch') *wǒ yào nà běn* 我要那本

Jesus Yēsū 耶稣
Jetlag shíchā fǎnyìng 时差反应
jetzt xiànzài 现在 *bis jetzt* zhídào xiànzài 直到现在 *von jetzt an* cóng xiànzài qǐ 从现在起
Job gōngzuò 工作
Joga yújiā 瑜伽
Jogging mànpǎo 慢跑
Joghurt suānnǎi 酸奶

Journalismus xīnwén gōngzuò 新闻工作 xīnwényè 新闻业
Journalist(in) jìzhě 记者
jucken fāyǎng 发痒
Jude (Jüdin) Yóutàirén 犹太人
jüdisch Yóutài 犹太
Judo róudào 柔道
Jugend *Alter* qīngnián 青年 *Jugendliche* niánqīng rén 年轻人
Jugendherberge qīngnián zhāodàisuǒ 青年招待所 qīngnián lǚshè 青年旅社
Jugendliche(r) qīngshàonián 青少年
Juli qīyuè 七月 ➢ Siehe Übersicht *Monate* S. 246
jung niánqīngde 年轻的 *bei Altersangaben* xiǎo 小 *Er ist drei Jahre jünger als ich* tā bǐ wǒ xiǎo sān suì 他比我小三岁 *jüngerer Bruder* dìdi 弟弟 *jüngere Schwester* mèimei 妹妹
Junge nánháir 男孩儿
Juni liùyuè 六月 ➢ Siehe Übersicht *Monate* S. 246
Juweliergeschäft zhūbǎodiàn 珠宝店

Kabel *von Gerät* diànxiàn 电线
Kabelfernsehen yǒuxiàn diànshì 有线电视
Kabine *in Boot, Schiff* chuáncāng 船舱
Käfer jiǎchóng 甲虫
Kaffee kāfēi 咖啡 *Kaffee mit Milch* jiānǎide kāfēi 加奶的咖啡
Käfig lóng 笼
kahl tūdǐngde 秃顶的
Kai mǎtóu 码头
Kaiser(in) huángdì 皇帝
kaiserlich huángdìde 皇帝的
Kakao kěkěfěn 可可粉
Kakerlake zhāngláng 蟑螂
Kalbfleisch xiǎoniúròu 小牛肉
Kalender rìlì 日历
Kalligrafie *chinesische* shūfǎ 书法
Kalorie kǎlùlǐ 卡路里
kalt lěng 冷 *Es ist kalt heute* jīntiān hěn lěng 今天很冷 *Mir ist kalt* wǒ hěn lěng 我很冷
Kambodscha Jiǎnpǔzhài 柬埔寨
Kamel luòtuo 骆驼
Kamera *Fotoapparat* zhàoxiàngjī 照相机
Kamin bìlú 壁炉
Kamm shūzi 梳子
kämmen *sich kämmen* shū tóufa 梳头发
Kampagne yùndòng 运动
Kampf *beim Boxen usw.* jiàoliàng 较量 *Schlacht* zhàndòu 战斗 *Bemühen* dòuzhēng 斗争
kämpfen *beim Boxen usw.* jiāofēng 交锋 *sich bemühen* zuò dòuzhēng 作斗争
Kampfsport wǔshù 武术

Kanada Jiānádà 加拿大
Kanal *im Fernsehen* píndào 频道 *Wasserstraße* yùnhé 运河
Kaninchen tùzi 兔子
Kante biān 边
Kantine shítáng 食堂
Kapital zīběn 资本
Kapitalismus zīběn zhǔyì 资本主义
Kapitel yìzhāng 一章
kaputt huài 坏
kaputtgehen huài le 坏了
Karaoke kǎlā OK 卡拉 OK kǎlā'oūkè 卡拉欧克
Karate kōngshǒudào 空手道
Karies qǔchǐ 龋齿
Karneval kuánghuānjié 狂欢节
Karotte húluóbo 胡萝卜
Karriere zhíyè shēngyá 职业生涯
Karte *Fahrkarte, Eintrittskarte* piào 票 *Landkarte* dìtú 地图 *zum Geburtstag usw.* kǎpiàn 卡片 *Visitenkarte* míngpiàn 名片 *Speisekarte* càidān 菜单 *Karten spielen* dǎ pūkèpái 打扑克牌
Kartenspiel pūkèpái 扑克牌
Kartoffel tǔdòu 土豆
Kartoffelchips shǔpiàn 薯片
Kartoffelpüree tǔdòu ní 土豆泥
Kasachstan Hāsàkèsītǎn 哈萨克斯坦
Käse nǎilào 奶酪
Kasse *in Laden* jiāokuǎnchù 交款处 *in Theater, Kino* shòupiàochù 售票处
Kastanie lìzi 栗子
Kasten hézi 盒子
Katalog mùlù 目录
Katastrophe zāinàn 灾难

Kater *nach Alkoholgenuss* xǐng jiǔ hòu 醒酒后
Kathedrale dàjiàotáng 大教堂
Katholik(in) tiānzhǔjiàotú 天主教徒
katholisch tiānzhǔjiàode 天主教的
Katze māo 猫
kauen jiáo 嚼
Kauf gòumǎi 购买
kaufen mǎi 买
Kaufhaus bǎihuò shāngdiàn 百货商店
Kaugummi kǒuxiāngtáng 口香糖
kaum jīhū bù 几乎不 *Ich kann kaum laufen* wǒ jīhū bù néng zǒu le 我几乎不能走了
Kaution yājīn 押金
Kehlkopfentzündung hóuyán 喉炎
kehren *fegen* dǎsǎo 打扫

> **kein(e)**
> Vor einem Substantiv wird kein(e) nicht übersetzt. Dafür wird das Verb des Satzes verneint (siehe Übersicht *nicht*, S. 250), z. B. *Ich habe kein Geld* wǒ méi yǒu qián 我没有钱
> Im Sinne von „niemand" heißt keine(r) *shéi yě bù* 谁也不, z. B. *Keiner spricht Deutsch shéi yě bú huì shuō déyǔ* 谁也不会说德语. „*Keiner von ihnen, keiner von uns usw.*" übersetzt man „*sie alle nicht, wir alle nicht usw.*", z. B. *Keiner von uns spricht Englisch wǒmen dōu bú huì shuō yīngyǔ* 我们都不会说英语

Keks bǐnggān 饼干
Kellner fúwùyuán 服务员
Kellnerin nǚzhāodài 女招待
kennen *jemanden* rènshi 认识
kennenlernen rènshi 认识
Kenntnisse zhīshi 知识
Keramik táoqì 陶器
Kerl *abwertend* jiāhuo 家伙

Kern hé 核
Kern- hé 核 *Kernenergie* hénéng 核能
Kernkraftwerk hédiànzhàn 核电站
Kerze làzhú 蜡烛
Ketschup fānqiéjiàng 番茄酱
Kette *Fahrrad* liàntiáo 链条 *von Läden, Hotels usw.* liánsuǒdiàn 连锁店
Kilo, Kilogram gōngjīn 公斤
Kilometer gōnglǐ 公里
Kind xiǎoháir 小孩儿 *Kinder Nachkommen* háizi 孩子
Kinder- tóng 童
Kinderbett xiǎohái chuáng 小孩床
Kindergarten yòu'éryuán 幼儿园
Kinderkrippe tuō'érsuǒ 托儿所
Kindermädchen bǎomǔ 保姆
Kinderwagen yīng'ér chē 婴儿车
Kindheit tóngnián 童年
Kinn xiàba 下巴
Kino diànyǐngyuàn 电影院 *ins Kino gehen* qù kàn diànyǐng 去看电影
Kiosk bàokāntíng 报刊亭
Kirche *Gebäude* jiàotáng 教堂 *Institution* jiàohuì 教会
Kirgisistan Jí'ěrjísīsītǎn 吉尔吉斯斯坦
Kirsche yīngtáo 樱桃
Kissen diànzi 垫子
Kiwi míhóutáo 猕猴桃
Klage bàoyuàn 抱怨
klagen bàoyuàn 抱怨
klar *sichtbar, verständlich* qīngchu 清楚 *Na klar!* dāngrán 当然 *sich klar werden* rènshidào 认识到 *Alles klar?* míngbái le ma? 明白了吗？
klarstellen chéngqīng 澄清
Klasse *Schüler* bān 班 *in der Gesellschaft* jiējí 阶级 *erster Klasse* yīděng 一等 *Klasse!* hǎo jí le! 好极了！
Klassenzimmer jiàoshì 教室
Klatsch *Geschwätz* liúyán 流言

klatschen gǔzhǎng 鼓掌
klatschnass shītòu 湿透
Klavier gāngqín 钢琴 *Klavier spielen* tán gāngqín 弹钢琴
Klebeband jiāobù 胶布
kleben zhān 粘
Klebstoff jiāo 胶
Kleid liányīqún 连衣裙 *Kleider* yīfu 衣服
Kleiderbügel yījià 衣架
Kleiderschrank yīguì 衣柜, yīchú 衣橱
Kleidung yīfu 衣服
klein xiǎo 小 *körperlich* ǎi 矮
Kleingeld língqián 零钱
Klempner *Installateur* guǎndàogōng 管道工
klettern pá 爬
klicken *EDV* diǎnjī 点击
Klima qìhòu 气候
Klimaanlage kōngtiáo 空调
klimatisiert yǒu kōngtiáo 有空调
klingeln *Telefon* xiǎng 响 *an der Tür* àn ménlíng 按门铃
klingen tīngqǐlái 听起来
Klinik yīwùshì 医务室 yīyuàn 医院
Klo cèsuǒ 厕所
klopfen *an die Tür klopfen* qiāo mén 敲门
Kloster sìyuàn 寺院
Klub *Nachtlokal* yèzǒnghuì 夜总会
klug cōngmíng 聪明
knabbern *etwas zum Knabbern* xiǎochī 小吃
knapp *unzulänglich* duǎnquē 短缺 *zeitlich* jǐncòu 紧凑 *Sieg* miǎnqiáng 勉强
Kneipe jiǔbā 酒吧
Knie xīgài 膝盖
Knoblauch dàsuàn 大蒜
Knochen gǔtou 骨头

Knopf *an Kleidung* niǔkòu 钮扣 *an Apparat usw.* diànniǔ 电钮
Knospe huālěi 花蕾
Knoten jié 结
kochen *zubereiten* pēngtiáo 烹调 *mit Wasser* zhǔ 煮 *sieden* kāi 开 *Tee, Kaffee* chōng 冲 ● *Essen zubereiten* zuò fàn 做饭
Kochkunst pēngrènfǎ 烹饪法
Kochtopf tāngguō 汤锅
koffeinfrei wú kāfēiyīn de 无咖啡因的
Koffer shǒutíxiāng 手提箱
Kofferkuli shǒutuīchē 手推车
Kofferraum xínglixiāng 行李厢
Kognak báilándì 白兰地
Kohl juǎnxīncài 卷心菜
Kohle méi 煤
Kokosnuss yēzi 椰子
Kollege (-in) tóngshì 同事
Köln Kēlóng 科隆
komisch *lustig* hǎowánr 好玩儿 *seltsam* gǔguàide 古怪的
kommen lái 来 *Wie komme ich zum Bahnhof?* dào chēzhàn zěnme zǒu? 到车站怎么走？ *kommen aus* láizì 来自 *Ich komme aus Hamburg* wǒ láizì Hànbǎo 我来自汉堡
Kommunismus gòngchǎnzhǔyì 共产主义
Kommunist(in) gòngchǎnzhǔyìzhě 共产主义者
Komödie xǐjù 喜剧
Kompass zhǐnánzhēn 指南针
Kompliment zànyáng 赞扬
kompliziert fùzáde 复杂的
Kompromiss tuǒxié 妥协
Konditorei dàngāodiàn 蛋糕店
Kondom bìyùntào 避孕套
Konferenz dàhuì 大会
Konfitüre guǒjiàng 果酱
konfus nòng hútu le 弄糊涂了

Kongress *Konferenz* dàibiǎo dàhuì 代表大会 *Parlament* guóhuì 国会
König guówáng 国王
Königin nǚwáng 女王
Konkurrenz *Wettbewerb* jìngzhēng 竞争 *Konkurrent* duìshǒu 对手
Konkurs pòchǎn 破产 *Konkurs machen* pòchǎn le 破产了
können *fähig sein* néng 能 *Können Sie mir helfen?* nǐ néng bāng ge máng ma? 你能帮个忙吗？ *dürfen* kěyǐ 可以 *Kann ich hier rauchen?* wǒ zài zhèr kěyǐ xīyān ma? 我在这儿可以吸烟吗？
Konsulat lǐngshìguǎn 领事馆
Kontakt *Verbindung* liánxì 联系 *Kontakt aufnehmen (mit …)* (yǔ …) liánxì （与…）联系 *den Kontakt verlieren* shīqù liánxì 失去联系 *Person* shúrén 熟人
Kontaktlinse yǐnxíng yǎnjìng 隐形眼镜
Kontinent dàlù 大陆
Konto *Bankkonto* zhànghù 账户
kontrollieren *überprüfen* shìchá 视察
Konzert yīnyuèhuì 音乐会
Kopf tóu 头
Kopfhörer ěrjī 耳机
Kopfkissen zhěntou 枕头
Kopfkissenbezug zhěntào 枕套
Kopfsalat shēngcài 生菜
Kopfschmerzen tóutòng 头痛
Kopftuch tóujīn 头巾
Kopie *Fotokopie* fùyìnjiàn 复印件 *eine Kopie machen* fùyìn 复印
Korb lánzi 篮子
Korea *Nordkorea* Běicháoxiǎn 北朝鲜 *Südkorea* Hánguó 韩国
Koreaner(in) *Nordkoreaner* Běicháoxiǎnrén 北朝鲜人 *Südkoreaner* Hánguórén 韩国人

koreanisch *nordkoreanisch* Běicháoxiǎnde 北朝鲜的 *südkoreanisch* Hánguóde 韩国的 • *Koreanisch Sprache* Cháoxiǎnyǔ 朝鲜语
Korkenzieher píngsāizuàn 瓶塞钻
Körper shēntǐ 身体
korrigieren gǎizhèng 改正
Korruption tānwū 贪污
Kosmetika huàzhuāngpǐn 化妆品
Kosmetikerin nǚ měiróngshī 女美容师
kosten *Geld* huā 花 *Wieviel kostet das?* zhège duōshǎo qián? 这个多少钱？
Kosten fèiyòng 费用
kostenlos miǎnfèide 免费的
Kostenvoranschlag gūjià 估价
köstlich *Essen* hěn hǎochī 很好吃
Kotelett *Fleisch* páigǔ 排骨
Krabbe xiè 蟹
Kraft lìliàng 力量
Kragen lǐngzi 领子
Krampf chōujīn 抽筋
Kran qǐzhòngjī 起重机
krank yǒu bìng 有病
kränken shǐshāngxīn 使伤心
Krankenhaus yīyuàn 医院
Krankenkasse jiànkāng bǎoxiǎn jīgòu 健康保险机构
Krankenpfleger hùshì 护士
Krankenschwester hùshì 护士
Krankenversicherung jiànkāng bǎoxiǎn 健康保险 jíbìng bǎoxiǎn 疾病保险
Krankenwagen jiùhùchē 救护车 *einen Krankenwagen rufen* jiào jiùhùchē 叫救护车
Krankheit jíbìng 疾病
kratzen *mit den Fingern* sāo 搔 • *jucken* fāyǎng 发痒
Kräutertee yàocǎochá 药草茶
Krawatte lǐngdài 领带

kreativ yǒu chuàngzàolì 有创造力
Krebs *Krankheit* áizhèng 癌症
Kredit *Darlehen* dàikuǎn 贷款
Kreditkarte xìnyòngkǎ 信用卡
Kreis yuánquān 圆圈
Kreuz shízì 十字
Kreuzfahrt xúnyóu 巡游
Kreuzung *von Linien* jiāochādiǎn 交叉点
Krieg zhànzhēng 战争
kriegen *bekommen* dédào 得到
Krimi *Roman* zhēntàn xiǎoshuō 侦探小说
Kriminalität zuìxíng 罪行
Krise wēijī 危机
Kritik pīpíng 批评
kritisieren pīpíng 批评
Krokodil èyú 鳄鱼
Krug guànzi 罐子
krumm wānqū 弯曲
Kubik- lìfāng 立方 *ein Kubikmeter* yì lìfāngmǐ 一立方米
Küche *Zimmer* chúfáng 厨房 *Kochkunst* pēngrènfǎ 烹饪法
Kuchen dàngāo 蛋糕
Kugel *Geschoss* zǐdàn 子弹
Kugelschreiber yuánzhūbǐ 圆珠笔
Kuh mǔniú 母牛
kühl liángkuai 凉快
Kühlschrank bīngxiāng 冰箱
Kuli yuánzhūbǐ 圆珠笔

Kultur wénhuà 文化
kulturell wénhuàde 文化的
Kulturrevolution wénhuà gémìng 文化革命 Wénhuà Dàgémìng 文化大革命
Kunde (-in) gùkè 顾客
künftig jiānglái 将来
Kung-Fu gōngfu 功夫
Kunst yìshù 艺术
Kunstgalerie měishùguǎn 美术馆
Kunsthandwerk gōngyìpǐn 工艺品 gōngyì měishù 工艺美术
Künstler(in) *allgemein* yìshùjiā 艺术家 *Maler, Bildhauer* měishùjiā 美术家
künstlich rénzào 人造
Kunstwerk yìshùpǐn 艺术品
Kupfer tóng 铜
Kürbis nánguā 南瓜
Kurierdienst sùdìyuán 速递员
Kurort liáoyǎngdì 疗养地
Kurs *Lehrgang* kèchéng 课程
Kurve *Biegung* zhuǎnwānchù 转弯处
kurz *nicht lang* duǎn 短 *kurz und bündig* jiǎnduǎn 简短 *vor Kurzem* bù jiǔ qián 不久前 • *kurz vorher* lín zhīqián 临之前 *kurz darauf* jiù zhīhòu 就之后
kurzfristig duǎnqī 短期
kurzsichtig jìnshìde 近视的
Kuss wěn 吻
küssen wěn 吻
Küste hǎi'àn 海岸

Labor shíyànshì 实验室
lächeln wēixiào 微笑
lachen xiào 笑
lächerlich kěxiào 可笑
Lachs sānwényú 三文鱼
laden *Batterie, Handy usw.* gěi ... chōngdiàn 给...充电
Laden shāngdiàn 商店
Ladung zhuāngzài 装载
Lage *Standort* wèizhi 位置
Lager *Lagerhaus* cāngkù 仓库
Laken chuángdān 床单
Lammfleisch yángròu 羊肉
Lampe dēng 灯
Lampion dēnglong 灯笼
Land *Nation* guójiā 国家 *ländlicher Raum* nóngcūn 农村, xiāngxia 乡下 *auf dem Land* zài nóngcūn 在农村 xiāngxià 乡下 *Bundesland* zhōu 州 *Festland* lùdì 陆地 *Grundstück* tǔdì 土地

> **Land, Einwohner, Sprache**
> Das Wort 人 *rén* 'Person, Mensch' wird an Namen von Ländern, Regionen und Städten angehängt, um deren Einwohner zu bezeichnen:
> 德国 *Déguó* >
> 德国人 *Déguórén Deutsche(r)*
> 中国 *Zhōngguó* >
> 中国人 *Zhōngguórén Chinese (-in)*
> 科隆 *Kēlóng* >
> 科隆人 *Kēlóngrén Kölner(in)*

> Die Ländernamen werden auch adjektivisch gebraucht, z. B. 美国歌手 *Měiguó gēshǒu ein amerikanischer Sänger* 日本饭 *Rìběn fàn japanisches Essen*.

> Das Wort 文 *wén* bezeichnet die Schriftsprache, das Wort 语 *yǔ* die Umgangssprache: 英文, 英语 *Yīngwén, Yīngyǔ* 'Englisch'; 德文, 德语 *Déwén, Déyǔ* 'Deutsch'. Beim Chinesischen sagt man 中文 *Zhōngwén* oder 汉语 *Hànyǔ* (= Sprache des Han-Volkes).

> Die erste Silbe des Ländernamens wird oft als Abkürzung verwendet und kann entweder das Land oder die Sprache bezeichnen, z. B.: 德 *Dé* 'Deutsch(land)', 美 *Měi* 'Amerika, amerikanisch', 德中词典 *Dézhōng cídiǎn* 'Deutsch-Chinesisches Wörterbuch', 日美关系 *Rìměi guānxì* 'japanisch-amerikanische Beziehungen'.

landen *Flugzeug* jiàngluò 降落
Landkarte dìtú 地图
Landschaft fēngjǐng 风景
Landung zhuólù 着陆
Landwirtschaft nóngyè 农业
lang cháng 长 *drei Meter lang* sān mǐ cháng 三米长 ● *zwei Monate lang* liǎng ge yuè 两个月
lange cháng shíjiān 长时间 *lange her* hěn jiǔ yǐqián 很久以前 *wie lange?* duō cháng shíjiān? 多长时间?
Länge chángdù 长度

langfristig chángqīde 长期的
langsam màn 慢 ● *als Adverb* mànmān de 慢慢地 *Langsamer, bitte!* màn yìdiǎnr! 慢一点儿!
langweilig wúliáode 无聊的 méijìn 没劲
Laos Lǎowō 老挝
Laptop shǒutídiànnǎo 手提电脑
Lärm zàoyīn 噪音
lärmend cáozá 嘈杂
Laser jīguāng 激光
lassen fàng 放 *erlauben, verursachen* ràng 让 *jemanden etwas machen lassen* ràng mǒurén zuò mǒushì 让某人做某事 *die Tür offen lassen* ràng mén kāizhe 让门开着

Bei Aufforderungen hängt man die Partikel 吧 ba ans Satzende an: *Lass uns gehen!* wǒmen zǒu ba! 我们走吧!

lästig *Mensch* tǎoyàn 讨厌
Lastwagen kǎchē 卡车
Latein Lādīngyǔ 拉丁语
Lauch jiǔcōng 韭葱 dàcōng 大葱
laufen *rennen* pǎo 跑 *joggen* qù pǎobù 去跑步 *gehen* zǒu 走 *Film im Kino* shàngyìng 上映
Laune qíngxù 情绪
laut *Geräusch, Musik* xiǎngliàng 响亮 *lärmend* cáozá 嘈杂 ● *mit lauter Stimme* dàshēng de 大声地
Laut shēngyīn 声音
Lautstärke yīnliàng 音量
lauwarm wēnrède 温热的
leben huó 活
Leben shēngmìng 生命 *Lebensweise* shēnghuó 生活 *am Leben sein* huózhe 活着
lebendig *lebend* huó 活 *lebhaft* huóyuè 活跃

Lebenslauf jiǎnlì 简历
Lebensmittel shípǐn 食品
Lebensmittelvergiftung shíwù zhòngdú 食物中毒
Lebensstandard shēnghuó shuǐzhǔn 生活水准 shēnghuó shuǐpíng 生活水平
Leber *Organ* gānzàng 肝脏 *zum Essen* gān 肝
lebhaft huóyuè 活跃
leck lòu 漏
lecken tiǎn 舔
lecker *Essen* hǎochī 好吃 *Getränk* hǎohē 好喝
Leder pígé 皮革
ledig dúshēn 独身
leer kōng 空
legal héfǎ 合法
legen fàng 放 *sich legen* tǎngdào 躺倒 tǎngxia 躺下
Legende chuánqí 传奇
lehnen kào 靠 *sich an etwas lehnen* kào zài mǒuwù shang 靠在某物上 yīkào zhe... 倚靠着...
Lehnstuhl fúshǒuyǐ 扶手椅
Lehrbuch kèběn 课本
lehren jiāo 教 *jemanden etwas lehren* jiāo mǒurén mǒushì 教某人某事
Lehrer(in) jiàoshī 教师, lǎoshī 老师
Leibwächter bǎobiāo 保镖
leicht *einfach* róngyì 容易 *an Gewicht* qīng 轻 *wenig ausgeprägt* qīngwēi 轻微
Leichtathletik tiánjìng yùndòng 田径运动
leiden shòu tòngkǔ 受痛 *ich kann ihn nicht leiden* wǒ wúfǎ róngrěn tā 我无法容忍他
leider búxìng de shì 不幸的是 kěxī 可惜 *leider nicht* kǒngpà bú shì de 恐怕不是的

leidtun *es tut mir leid mitfühlend* hěn yíhàn 很遗憾 *sich entschuldigend* duìbuqǐ 对不起 *sie tut mir leid* wǒ wèi tā gǎndào nánguò 我为她感到难过

leihen jiè 借 *sich etwas leihen* jiè mǒuwù 借某物 *jemandem etwas leihen* jiègěi mǒurén mǒuwù 借给某人某物

Leinen yàmábù 亚麻布

Leinwand yínmù 银幕

leise qīngshēngde 轻声地 *leiser stellen Radio, TV* guānxiǎo 关小

leisten *vollbringen* qǔdé 取得 *sich etwas nicht leisten können* mǎi bù qǐ 买不起

Leistung biǎoxiàn 表现 *bemerkenswerte* chéngjiù 成就

leistungsfähig gāo xiàolǜ 高效率

leiten *Firma* guǎnlǐ 管理

Leiter tīzi 梯子

Leiter(in) *in Firma* zhǔguǎn rényuán 主管人员

Leitung *Management* guǎnlǐ 管理

Lektion kè 课

Lektüre *Lesestoff* yuèdú cáiliào 阅读材料

Lenkrad fāngxiàngpán 方向盘

lernen xué 学

lesbar *leserlich* yìbiànrèn 易辨认 yìdúde 易读的

Lesbe nǚ tóngxìngliànzhě 女同性恋者

lesen *Buch, Zeitung usw.* kàn 看 ● *ohne Objekt* kàn shū 看书

Lesen *als Zeitvertreib* dúshū 读书

Leser(in) dúzhě 读者

leserlich yìbiànrèn 易辨认 yìdúde 易读的

letzte(r, -s) *Woche, Monat usw.* shàng ge 上个 *letztes Jahr* qùnián 去年 *letzten Samstag* shàng ge xīngqī liù 上个星期六 *vorig* zuìjìn 最近 *allerletzt* zuìhòu 最后 *das letzte Mal das vorige Mal* shàng yícì 上一次 *das allerletzte Mal* zuìhòu yícì 最后一次

leuchtend *Farbe* xiānyàn 鲜艳

Leuchtreklame níhóng dēng 霓虹灯

Leuchtturm dēngtǎ 灯塔

leugnen fǒurèn 否认

Leute rénmen 人们

Licht *natürliches* guāng 光 *elektrisches* dēng 灯 *das Licht anmachen* dǎkāi dēng 打开灯 *das Licht ausmachen* guān diàndēng 关电灯

Lichtschutzfaktor fángshài xìshù 防晒系数

Lidschatten yǎnyǐng 眼影

lieb *nett* yǒuhǎo 友好 *geliebt* qīn'ài 亲爱

In Briefen wird „liebe(r)" normalerweise nicht übersetzt. Man schreibt einfach den Namen des Empfängers mit Doppelpunkt, z.B. *Liebe Linlin* 琳琳：

Liebe àiqíng 爱情

lieben ài 爱

liebenswürdig qīnqiède 亲切的

lieber *ich trinke lieber Kaffee* wǒ gèng xǐhuānhē kāfēi 我更喜欢喝咖啡 *ich würde lieber hier bleiben* wǒ qíngyuàn zài zhèr zhù 我情愿在这儿住

liebevoll tǐtiēde 体贴的

Lieblings- zuì xǐhuān 最喜欢 zuì xǐ'àide 最喜爱的

Liechtenstein Lièzhīdūnshìdēng 列支敦士登

Lied gē 歌

Lieferant(in) gōngyìngshāng 供应商

liefern *Waren* yùnsòng 运送 *zur Verfügung stellen* gōngyìng 供应

liegen *auf Bett usw.* tǎng 躺 *sich befinden* zài 在

Liegestuhl tǎngyǐ 躺椅

Likör lièxìngjiǔ 烈性酒

lila dànzǐsède 淡紫色的

Limonade níngméngzhī 柠檬汁
Lineal chǐzi 尺子
Linie xiàn 线
linke(r, -s) zuǒde 左的
links zài zuǒbiān 在左边 *nach links* wǎng zuǒ 往左
Linkshänder(in) guànyòng zuǒshǒu de rén 惯用左手的人 zuǒpiězi 左撇子
Lippe chún 唇
Lippenstift kǒuhóng 口红
Liste mùlù 目录
Liter shēng 升
Literatur wénxué 文学
Litschi lìzhī 荔枝
live shíkuàng 实况
Lizenz tèxǔ jīngyíng 特许经营
loben chēngzàn 称赞
Loch *im Boden* kēng 坑 *Öffnung* kǒng 孔
Löffel sháozi 勺子
Loge *im Theater* bāoxiāng 包厢
Lohn gōngzī 工资
lohnen *es lohnt sich* zhè shì zhídé de 这是值得的 *es lohnt sich, etwas zu tun* zhídé zuò mǒushì 值得做某事
Lohnsteuer suǒdéshuì 所得税
lokal dāngdì 当地
London Lúndūn 伦敦

los *Was ist los?* zěnme le? 怎么了？
löschen *streichen* shānchú 删除 *Feuer* xīmiè 熄灭
lösen *Problem* jiějué 解决
loslassen fàngkāi 放开
Lösung jiějué bànfǎ 解决办法
loswerden qùdiào 去掉 tuōlí 脱离
Lotterie cǎipiào 彩票
Lounge xiūxishì 休息室
Löwe shīzi 狮子
Luft kōngqì 空气
Luftballon qìqiú 气球
Luftverschmutzung kōngqì wūrǎn 空气污染
Luftwaffe kōngjūn 空军
Lüge huǎnghuà 谎话
lügen shuō huǎng 说谎
Lunge fèi 肺
Lungenentzündung fèiyán 肺炎
Lust *Lust haben, etwas zu tun* xiǎngyào zuò mǒushì 想要做某事
lustig *Aktivität, Mensch* yǒuqùde 有趣的 *komisch* hǎowánr 好玩儿
Luxemburg *Staat* Lúsēnbǎo 卢森堡
luxuriös háohuá 豪华
Luxus shēchǐ 奢侈
Luxushotel háohuá bīnguǎn 豪华宾馆

Macau Àomén 澳门
machen zuò 做 *Wie viel macht das?* zǒnggòng duōshao qián? 总共多少钱?
Mädchen nǚhái 女孩
Magen wèi 胃
Magenschmerzen dùzi téng 肚子疼
Magenverstimmung *Magenverstimmung haben* xiāohuà bùliáng 消化不良
mager *dünn* shòude 瘦的 *fettarm* dīzhīfáng 低脂肪
Magermilch tuōzhī niúnǎi 脱脂牛奶 tuōzhīrǔ 脱脂乳
Magister shuòshì xué wèi 硕士学位
Mahlzeit fàn 饭
Mai wǔyuè 五月 ➤ Siehe Übersicht *Monate* S. 246
mailen *jemandem mailen* gěi mǒurén fā diànzǐ yóujiàn 给某人发电子邮件
Mais yùmǐ 玉米
Make-up huàzhuāng 化妆
mal *eben* yíxià 一下 bei *Maßangaben* chéng 乘 *20 cm mal 10 cm* èrshí límǐ chéng shí límǐ 二十厘米乘十厘米

In Ausdrücken wie „mal sehen, mal abwarten" usw. kann „mal" mit *yíxià* 一下 übersetzt werden. Die gleiche Bedeutung hat die Wiederholung des jeweiligen Verbes, wobei zwischen einsilbige Verben meistens *yī* 一 einfügt wird, z. B. 看一看 *kàn yī kàn mal sehen*, 等一等 *děng yī děng mal abwarten*.

Mal cì 次, huí 回 *das erste Mal* dìyī cì 第一次 *das nächste Mal* xià cì 下次 *das letzte Mal das vorige* shàng yícì 上一次 *das allerletzte* zuìhòu yícì 最后一次
Malaysia Mǎláixīyà 马来西亚
malen huà 画

man
Bei allgemeinen Aussagen wird einfach ein Verb ohne Subjekt gebraucht, z. B. *In Österreich spricht man Deutsch zài Àodìlì shuō Déyǔ* 在奥地利说德语 *Wie sagt man … auf Chinesisch? yòng Zhōngwén zěnme shuō …?* 用中文怎么说 …?

manchmal yǒushí 有时
Mandel *Frucht* xìngrén 杏仁
Mangel quēshǎo 缺少
Mango mángguǒ 芒果
Manieren lǐmào 礼貌
Mann nánrén 男人 *Ehemann* zhàngfu 丈夫
Männer- *für Männer* nán 男
Mannschaft duì 队
Manschettenknopf xiùkòu 袖扣
Mantel dàyī 大衣
Mappe *für Dokumente* wénjiànjiā 文件夹
Maracuja bǎixiāngguǒ 百香果 jīdànguǒ 鸡蛋果
Marathonlauf mǎlāsōng sàipǎo 马拉松赛跑
Märchen shénhuà gùshì 神话故事
Margarine rénzào huángyóu 人造黄油
Marihuana dàmá 大麻
marineblau hǎijūn lán 海军蓝
Marke *eines Produktes* páizi 牌子
Marketing shìchǎng yíngxiāo 市场营销

Markt shìchǎng 市场
Marmelade guǒjiàng 果酱
März sānyuè 三月 ➤ Siehe Übersicht *Monate* S. 246
Mascara jiémáogāo 睫毛膏
Maschine *Apparat* jīqì 机器
Maß *Größe* chǐcùn 尺寸
Massage ànmó 按摩
Maßnahme cuòshī 措施 *Maßnahmen ergreifen* cǎiqǔ xíngdòng 采取行动
Match bǐsài 比赛
Material *Stoff* cáiliào 材料 *Informationsmaterial* zīliào 资料
Mathematik shùxué 数学
Matratze chuángdiàn 床垫
Mauer qiáng 墙 *die Chinesische Mauer* Chángchéng 长城
Maus *Tier* lǎoshǔ 老鼠 *Informatik* shǔbiāo 鼠标
Maximum zuìduō 最多
Mayonnaise dànhuángjiàng 蛋黄酱
Mechaniker(in) jīxiègōng 机械工
mechanisch jīxiède 机械的
Medaille jiǎngzhāng 奖章
Medien xīnwén méijiè 新闻媒介 méitǐ 媒体
Medikament yào 药
Medizin *Wissenschaft* yīxué 医学 *chinesische Medizin* zhōngyào 中药
Meer hǎi 海 *am Meer* zài hǎi biān 在海边 hǎishang 海上
Meeresfrüchte hǎichǎnpǐn 海产品 hǎixiān 海鲜
Megabyte zhàozìjié 兆字节
Mehl miànfěn 面粉
mehr *als Adverb* duō 多 *Ich muss mehr studieren* wǒ xūyào duō xuéxí 我需要多学习 *Darf es etwas mehr sein?* nǐ hái yào diǎnr ma? 你还要点儿吗? *mehr als hundert Personen* yībǎi duō ge rén 一百多个人 *nicht ... mehr* búzài ... le 不再... 了 *Ich rauche nicht mehr* wǒ búzài xīyān le 我不再吸烟了 *mehr oder weniger* huò duō huò shǎo 或多或少 ● *mit Substantiv* gèng duō 更多 *mehr Leute* gèng duō de rén 更多的人 *mehr Geld* gèng duō de qián 更多的钱
mehrere jǐ 几

Zwischen 几 *jǐ* 'mehrere' und einem Substantiv muss ein Zähleinheitswort stehen: *Ich habe mehrere Zeitschriften gekauft.* wǒ mǎi le jǐ běn zázhì 我买了几本杂志. [Siehe Zähleinheitswörter, S. 33]

Mehrheit duōshù 多数
mehrmals *mehr als einmal* jǐcì 几次 *wiederholt* xǔduō cì 许多次
mein(e) wǒde 我的
meinen rènwéi 认为
meinetwegen *von mir aus* wǒ wúsuǒwèi 我无所谓
Meinung kànfa 看法 *meiner Meinung nach* wǒ rènwéi 我认为 *anderer Meinung sein* bù tóngyì 不同意
meist *die meisten Deutschen* dàduōshù Déguórén 大多数德国人 *die meisten von ihnen* tāmen zhōng de duōshù 他们中的多数
meistens zhǔyào 主要
Meister(in) *Sportler usw.* guànjūn 冠军
Meisterschaft jǐnbiāosài 锦标赛
Meisterwerk jiézuò 杰作
melden *sich melden erscheinen* bàodào 报到 *Kontakt aufnehmen* liánxì 联系
Melone *Frucht* xiāngguā 香瓜
Menge *Quantität* shùliàng 数量 *eine (ganze) Menge* hěn duō 很多 *Menschenmenge* yìqún rén 一群人

Mensch rén 人
Menschenmenge yìqún rén 一群人
Menschenrechte rénquán 人权
Menschheit rénlèi 人类
Mentalität xìngqíng qìzhì 性情气质
Menü *Informatik* xuǎnzé càidān 选择菜单 *in Restaurant* tàocān 套餐
Messe *Warenmesse* màoyìhuì 贸易会 bólǎnhuì 博览会 *in der Kirche* mísa 弥撒
messen liáng 量
Messer dāo 刀
Metall jīnshǔ 金属
Meter mǐ 米
Methode fāngfǎ 方法
Metzgerei ròupù 肉铺 ròudiàn 肉店
mich wǒ 我 *Er kennt mich* tā rènshi wǒ 他认识我
Miete zūjīn 租金
mieten *Haus, Wohnung* zū 租 *Auto, Fahrrad* zūyòng 租用
Migräne piāntóutòng 偏头痛
Mikrofon màikèfēng 麦克风
Mikrowellenherd wēibōlú 微波炉
Milch niúnǎi 牛奶
Militär jūnduì 军队
Milliarde shíyì 十亿 ➢ Siehe Übersicht *Zahlen* S. 291/292
Millimeter háomǐ 毫米
Million *eine Million* yìbǎiwàn 一百万 *zehn Millionen* yìqiānwàn 一千万 ➢ Siehe Übersicht *Zahlen* S. 291/292
Millionär(in) bǎiwàn fùwēng 百万富翁
Minderheit *Anzahl* shǎoshù 少数 *Volk* shǎoshù mínzú 少数民族
Minderjährige(r) értóng 儿童
Mindest- *Grad* zuìdī 最低 *Menge* zuìshǎo 最少
mindestens zhìshǎo 至少
Mineral kuàngwù 矿物
Mineralwasser kuàngquánshuǐ 矿泉水

Minimum zuìdī xiàndù 最低限度
Minister(in) bùzhǎng 部长
Ministerium bù 部
Minute fēnzhōng 分钟
mir gěi wǒ 给我 *Sie hat mir eine E-mail geschickt* tā gěi wǒ fā le yíge diànzǐ yóujiàn 她给我发了一个电子邮件 *mir ist kalt* wǒ hěn lěng 我很冷 *von mir aus* wǒ wúsuǒwèi 我无所谓
mischen hùn 混
Mischung hùnhéwù 混合物
Misserfolg shībài 失败
Misstrauen huáiyí 怀疑
Missverständnis wùjiě 误解
missverstehen wùjiě 误解
mit *zusammen mit* gēn ... yìqǐ 跟...一起, hé ... yìqǐ 和...一起 *Ich gehe mit Ihnen* wǒ gēn nǐ yìqǐ qù 我跟你一起去 *mittels* yòng 用 *Kann ich mit Kreditkarte zahlen?* kěyǐ yòng xìnyòngkǎ zhīfù ma? 可以用信用卡支付吗？ *Verkehrsmittel* zuò 坐 *Ich fahre mit dem Zug nach Shanghai* wǒ zuò huǒchē qù Shànghǎi 我坐火车去上海
Mitarbeiter *einer Firma* gùyuán 雇员
Mitglied *eines Vereins* huìyuán 会员 *einer Gruppe* chéngyuán 成员 *eines Teams* duìyuán 队员
mitfahren *in jemandes Auto* dāchē 搭车
mitgehen yìqǐ qù 一起去 tóngqù 同去
mitkommen yìqǐ lái 一起来 tónglái 同来
mitmachen cānjiā 参加
mitnehmen *etwas* dài 带 *jemanden* lǐng 领 *jemanden mitnehmen im Auto* ràng mǒurén dāchē 让某人搭车
Mittag zhèngwǔ 正午 zhōngwǔ 中午 *zu Mittag essen* chī wǔfàn 吃午饭
Mittagessen wǔfàn 午饭
Mittagspause wǔcān shíjiān 午餐时间

mitteilen – Monate

wǔxiū 午休
Mitte zhōngyāng 中央 zhōngxīn 中心 *Mitte Mai* wǔyuè zhōngxún 五月中旬
mitteilen *jemandem etwas mitteilen* gàosu mǒurén mǒushì 告诉某人某事
Mitteilung *Bekanntgabe* tōngzhī 通知
Mittel *Methode* fāngfǎ 方法 *Geldmittel* cáilì 财力
Mittelalter zhōngshìjì 中世纪
mittelgroß zhōnghào 中号
mitten *mitten auf dem Tisch* zài zhuōzi zhōngyāng 在桌子中央 *mitten im Sommer* zài zhōngxià 在中夏 *Mitternacht* wǔyè 午夜 *um Mitternacht* wǔyè shí 午夜时
mittlere(r,-s) *mittleres Alter* zhōngnián 中年
Mittwoch xīngqīsān 星期三 ➤ Siehe Übersicht *Wochentage* S. 289/290
Möbel jiājù 家具 *ein Möbelstück* yíjiàn jiājù 一件家具
Mobiltelefon shǒujī 手机
möbliert dài jiājùde 带家具的
Mode *Bekleidung* shízhuāng 时装 *in Mode sein* zhèng shíxīng 正时兴
Model *Mannequin* mótèr 模特儿
Modell *eines Produkts* xínghào 型号
Modem tiáozhì jiětiáoqì 调制解调器
Modenschau shízhuāng biǎoyǎn 时装表演
modern xiàndàide 现代的
Modeschöpfer(in) shèjìshī 设计师
mogeln zuòbì 作弊
mögen *gut leiden können* xǐhuan 喜欢 *ich möchte ...* wǒ xiǎng ... 我想… *Ich möchte einen Tisch für vier Personen reservieren* wǒ xiǎng yùdìng sì rénde zhuōzi 我想预订四人的桌子
möglich kěnéng 可能

Möglichkeit kěnéngxìng 可能性
möglichst *möglichst schnell* jìn kuài 尽快
Möhre húluóbo 胡萝卜
Moment piànkè 片刻 *im Moment* xiànzài 现在 *Einen Moment, bitte* qǐng děng yíhuìr 请等一会儿
Monat yuè 月

Monate		
Januar	*yīyuè*	一月
Februar	*èryuè*	二月
März	*sānyuè*	三月
April	*sìyuè*	四月
Mai	*wǔyuè*	五月
Juni	*liùyuè*	六月
Juli	*qīyuè*	七月
August	*bāyuè*	八月
September	*jiǔyuè*	九月
Oktober	*shíyuè*	十月
November	*shíyī yuè*	十一月
Dezember	*shí'èr yuè*	十二月

diesen Monat zhè ge yuè 这个月
nächsten Monat xià ge yuè 下个月
letzten Monat shàng ge yuè 上个月
jeden Monat měi ge yuè 每个月
im Juni zài liùyuè 在六月
Anfang Mai wǔyuè chū 五月初
Ende Oktober shíyuè mò 十月末
Mitte Juli qīyuè zhōngxún 七月中旬
im April nächsten Jahres míngnián sìyuè 明年四月
voriges Jahr im November qùnián shíyī yuè 去年十一月
jedes Jahr im Februar měinián èryuè 每年二月
der 1. März sānyuè yī hào 三月一号
am 25. August zài bāyuè èrshíwǔ hào 在八月二十五号

NB: Im Chinesischen steht der Monat vor dem Tag.

monatlich *jeden Monat vorkommend* měiyuède 每月的 *eines Monats* yígeyuède 一个月的
Mönch sēnglǚ 僧侣
Mond *als Himmelskörper* yuèqiú 月球 *von der Erde aus gesehen* yuèliàng 月亮
Mondschein yuèguāng 月光
Mongolei Měnggǔ 蒙古
Monitor jiānshìqì 监视器
Monopol lǒngduàn 垄断
Montag xīngqīyī 星期一 ➤ Siehe Übersicht *Wochentage* S. 289/290
montieren zhuāngpèi 装配
Moral *Sittlichkeit* měidé 美德 *Geistesverfassung* shìqì 士气
moralisch dàodé 道德
Mord móushā 谋杀
morgen míngtiān 明天 *morgen früh* míngtiān zǎoshang 明天早上
Morgen *früh* zǎochén 早晨 *Vormittag* shàngwǔ 上午 *am Morgen* zǎochén 早晨 shàngwǔ 上午
Morgengrauen língchén 凌晨
morgens *früh* zǎochén 早晨 *vormittags* shàngwǔ 上午
Moskau Mòsīkē 莫斯科
Motor fādòngjī 发动机
Motorhaube yǐnqíng gàizi 引擎盖子
Motorrad mótuōchē 摩托车
Mückenschutzmittel qūwénjì 驱蚊剂
müde lèi 累
Mühe nǔlì 努力 *sich Mühe geben* zuòchū nǔlì 作出努力

Müll lājī 垃圾
Mülleimer lājītǒng 垃圾桶
Multimedia duōméitǐ 多媒体
multinational *multinationaler Konzern* kuàguó gōngsī 跨国公司
München Mùníhēi 慕尼黑
Mund zuǐ 嘴
Münze yìngbì 硬币
Muschel gébèi 蛤贝
Museum bówùguǎn 博物馆
Musical *Theaterstück* yīnyuèjù 音乐剧 *Film* yīnyuèpiān 音乐片
Musik yīnyuè 音乐
Musiker(in) yīnyuèjiā 音乐家
Musikinstrument yuèqì 乐器
Muskel jīròu 肌肉
Muslim(in) Mùsīlín 穆斯林
muslimisch mùsīlín 穆斯林
müssen *Verpflichtung* děi 得 *ich muss gehen* wǒ děi zǒu le 我得走了 *nicht müssen* búbì 不必 *du musst nicht hingehen* nǐ búbì qù 你不必去 *Vermutung* yídìng 一定 *Sie müssen müde sein* nǐ yídìng lèi le 你一定累了
Muster *Probe* yàngběn 样本 *Stoffmuster* tú'àn 图案
Mutter māma 妈妈 mǔqīn 母亲 *werdende Mutter* yùnfù 孕妇
Muttersprache mǔyǔ 母语
Mutti mā 妈
Mütze màozi 帽子
Myanmar Miǎndiàn 缅甸

Nabel dùqí 肚脐
nach *zeitlich* yǐhòu 以后 *nach dem Abendessen* wǎncān yǐhòu 晚餐以后 *laut* ànzhào 按照

> 去 *qù* und 来 *lái* („gehen, fahren" bzw. „kommen") haben eine Doppelfunktion als Verb und Präposition, z. B. *Ich fahre nach Shanghai* wǒ qù Shànghǎi 我去上海 *Er kommt nach Deutschland* tā lái Déguó 他来德国. In Verbindung mit einem anderen Verb der Bewegung dienen 去 *qù* und 来 *lái* nicht nur als Präpositionen, sondern auch als Richtungsbezeichnung, etwa „hin" bzw. „her", z. B. *Ich fliege nach Shanghai* wǒ fēi qù Shànghǎi 我飞去上海

nachahmen mófǎng 模仿
Nachbar(in) línjū 邻居
nachdem yǐhòu 以后 *nachdem sie angekommen sind* tāmen dàole yǐhòu 他们到了以后
nachdenken kǎolǜ 考虑
nachgehen *Uhr* màn 慢 zǒumàn 走慢
nachher yǐhòu 以后
Nachmittag xiàwǔ 下午 *am Nachmittag* zài xiàwǔ 在下午 *heute Nachmittag* jīntiān xiàwǔ 今天下午 *morgen Nachmittag* míngtiān xiàwǔ 明天下午
nachmittags xiàwǔ 下午
Nachname xìng 姓
nachprüfen jiǎnchá 检查
Nachricht *Information* xiāoxi 消息 *Botschaft* kǒuxìn 口信 *eine Nachricht hinterlassen* liúyán 留言 *Nachrichten im Fernsehen usw.* xīnwén 新闻
nachschlagen *Wort* chákàn 查看
nächste(r, -s) *folgende* xià yíge 下一个 *nächste Woche* xià xīngqī 下星期 *in der Nähe* jìn 近 *Wo ist hier die nächste Bank?* zuìjìnde yínháng zài nǎr? 最近的银行在哪儿?
Nacht yè 夜 *in der Nacht* zài yè li 在夜里 *Gute Nacht!* wǎn'ān! 晚安!
Nachteil búlì zhīchù 不利之处
Nachtfalter é 蛾
Nachthemd shuìyī 睡衣
Nachtisch fànhòu tiándiǎn 饭后甜点
nachts zài yè li 在夜里 *um zwei Uhr nachts* língchén liǎng diǎn zhōng 凌晨两点钟
Nacken bózi 脖子
nackt luǒtǐ 裸体
Nadel zhēn 针
Nagel *Fingernagel* zhǐjiǎ 指甲 *den man hineinschlägt* dīng 钉
Nagelfeile zhǐjiacuò 指甲挫
Nagelknipser zhǐjiaqián 指甲钳 zhǐjiadāo 指甲刀
Nagellack zhǐjiayóu 指甲油
Nagellackentferner zhǐjiayóu qùchújì 指甲油去除剂
nah jìn 近 *nah an* lí ... hěnjìn 离...很近
Nähe fùjìn 附近 *in der Nähe von* ... zài ... fùjìn 在...附近
nähen féng 缝
Name míngzi 名字 *Wie ist Ihr Name?* nǐ jiào shénme míngzi? 你叫什么名字? *Mein Name ist ...* wǒ jiào ... 我叫...

Namen

In China wird der Familienname immer vor dem Vornamen angegeben. Der Familienname besteht jeweils aus einer Silbe, der Vorname aus einer oder zwei Silben. Der Familienname wird also mit einem Schriftzeichen geschrieben, der Vorname mit einem oder zwei. Beim Namen 陈建民 *Chén Jiànmín ist* 陈 *Chén der Familienname und* 建民 *Jiànmín der Vorname.*

Die Chinesen reden nur Familienangehörige und sehr enge Freunde mit dem Vornamen an. Bei Bekannten verwenden sie den Familiennamen, zusammen mit einer Anrede oder einem Titel, z. B.: 李夫人 *Lǐ fūrén Frau Li* 杨教授 *Yáng jiàoshòu Professor Yang.*

Nase bízi 鼻子
nass shī 湿
Nation guómín 国民
national *der Nation* guó … 国… *des ganzen Landes* quánguó … 全国…
Nationalhymne guógē 国歌
Nationalität guójí 国籍
Nationalpark guójiā gōngyuán 国家公园
Natur zìránjiè 自然界
natürlich *der Natur* zìrán 自然 *natürliche Ressourcen* zìrán zīyuán 自然资源 ● *Natürlich!* dāngrán! 当然!
Nebel wù 雾
neben zài … pángbiān 在…旁边
nebenan gébì 隔壁
Nebensaison dànjì 淡季
Neffe *Sohn des Bruders* zhízi 侄子 *Sohn der Schwester* wàisheng 外甥
negativ fǒudìng 否定
Negativ *Foto* dǐpiàn 底片

nehmen *mit der Hand* ná 拿 *Zug, Flug usw.* zuò 坐
Neid jìdù 忌妒
neidisch jìdù 忌妒

nein

Um verneinend auf eine Frage zu antworten, wiederholt man das Verb der Frage mit 不 *bù* oder 没 *méi*: 你是美国人吗？ - 不是 *nǐ shì Měiguórén ma? – bú shì Sind Sie Amerikaner? – Nein* 你去过中国吗？ - 没去过 *nǐ qùguo Zhōngguó ma? – méi qùguo Waren Sie schon mal in China? – Nein.*

Nepal Níbó'ěr 尼泊尔
Nerv shénjīng 神经
nervös *angespannt* jǐnzhāng 紧张
Nest cháo 巢
nett tǐtiē 体贴
Netz wǎng 网
Netzspannung diànyā 电压
neu xīn 新
neugierig hàoqíde 好奇的
Neuigkeit xiāoxi 消息
Neujahr xīnnián 新年 *das chinesische* chūnjié 春节
neulich zuìjìn 最近, jìnlái 近来
neun jiǔ 九 ➢ Siehe Übersicht *Zahlen* S. 291/292
neunhundert jiǔbǎi 九百 ➢ Siehe Übersicht *Zahlen* S. 291/292
neunte(r, -s) dìjiǔ 第九 ➢ Siehe Übersicht *Zahlen* S. 291/292
neunzehn shíjiǔ 十九 ➢ Siehe Übersicht *Zahlen* S. 291/292
neunzig jiǔshí 九十 ➢ Siehe Übersicht *Zahlen* S. 291/292
Neuseeland Xīnxīlán 新西兰
New York Niǔyuē 纽约

nicht
Im Allgemeinen werden Verben und Adjektive mit 不 *bù* verneint, z. B.: 我不吸烟 *wǒ bù xīyān* Ich rauche nicht 这不好 *zhè bù hǎo* Das ist nicht gut.

Zu beachten ist jedoch Folgendes:

Das Verb 有 *yǒu* 'haben, es gibt' wird mit der Partikel 没 *méi* verneint: 我们没有时间 *wǒmen méiyǒu shíjiān* Wir haben keine Zeit.

Einzelne Handlungen in der Vergangenheit werden mit 没有 *méiyou* oder 没 *méi* verneint: 她没有来 *tā méiyou lái* Sie ist nicht gekommen. 我没吃过中国饭 *wǒ méi chī guo Zhōngguó fàn* Ich habe nie chinesisch gegessen.

Bei Verboten verwendet man 别 *bié*: 别抽烟 *bié chōuyān* Nicht rauchen!

Die Partikel 吧 *ba* entspricht dem deutschen *nicht wahr?*: 你是中国人吧? *nǐ shì Zhōngguórén ba?* Sie sind Chinese, nicht wahr?

Nichte *Tochter des Bruders* zhínǚ 侄女 *Tochter der Schwester* wàishengnǚ 外甥女
Nichtraucher bùxīyānzhě 不吸烟者
Nichtraucherzone fēi xīyān qū 非吸烟区 jìnyānqū 禁烟区
nichts shénme yě bù 什么也不 *Danke, ich will nichts* wǒ shénme yě búyào, xièxie 我什么也不要，谢谢 *Er hat nichts gesagt* tā shénme yě méiyou shuō 他什么也没有说 *Nichts zu danken* bú xiè 不谢 bú yòng kèqi! 不用客气!
Nickel niè 镍
nicken diǎntóu 点头

nie *wenn es um Gewohnheiten geht* cónglái bù 从来不 *Ich trinke nie Alkohol* wǒ cónglái bù hē jiǔ 我从来不喝酒 *wenn es um Erfahrung geht* cónglái méi ... guo 从来没...过 *Ich war nie in China* wǒ cónglái méi qùguo Zhōngguó 我从来没去过中国 *wenn es um die Zukunft geht* juébù 决不 *Sie würde nie so etwas tun* tā juébú huì nàme zuò 她决不会那么做
niedergeschlagen jǔsàng 沮丧
Niederlage shībài 失败
Niederlande Hélán 荷兰
niedlich kě'ài 可爱
niedrig *Stufe, Temperatur, Stellung usw.* dī 低 *Mauer usw.* ǎi 矮
niemand shéi yě bù 谁也不 méirén 没人 wúrén 无人 *Niemand war derselben Meinung* shéi yě méi tóngyì 谁也没同意 *Ich kenne niemand* wǒ shéi yě bú rènshi 我谁也不认识
Niere shèn 肾
nieseln xià xiǎo yǔ 下小雨
niesen dǎ pēntì 打喷嚏
nirgendwo wúchù 无处
Niveau shuǐpíng 水平
noch hái 还 *noch ein(e)* lìng yíge 另一个 *noch ein Bier, bitte* qǐng zài lái yìbēi píjiǔ 请再来一杯啤酒 *noch nicht* hái méi 还没 *noch größer* gèng dà 更大
Nonne *Christin* xiūnǚ 修女 *Buddhistin* nígū 尼姑
Nordamerika Běiměi 北美
Norden běifāng 北方
Nordkorea Běicháoxiǎn 北朝鲜
nördlich *nördlich von ...* ... yǐběi ...以北 zài ... de běimian 在...的北面
Nordosten dōngběi 东北
Nordwesten xīběi 西北
Norm biāozhǔn 标准

normal zhèngchángde 正常的
normalerweise tōngcháng 通常
Norwegen Nuówēi 挪威
Notausgang jǐnjí chūkǒu 紧急出口
Note *Zensur* chéngjì 成绩
Notebook bǐjìběn diànnǎo 笔记本电脑
Notfall jǐnjí qíngkuàng 紧急情况
notieren jìlù xiàlái 记录下来
nötig bìxū 必须 *nicht nötig* búbì 不必
nötigenfalls rúguǒ yǒu bìyào 如果有必要
Notizblock biàntiáoběn 便条本
notwendig bìxū 必须
Notwendigkeit bìyàoxìng 必要性
November shíyīyuè 十一月 ➤ Siehe Übersicht *Monate* S. 246

Nudeln *chinesische* miàntiáo 面条 *italienische* Yìdàlì miànshí 意大利面食
Null líng 零 ➤ Siehe Übersicht *Zahlen* S. 291/292
Nummer *Zahl* shùzì 数字 *von Zimmer, Bus, Telefon usw.* hàomǎ 号码 *Größe* chǐcùn 尺寸
Nummernschild hàomǎpái 号码牌
nur zhǐyǒu 只有
Nuss *Walnuss* hétao 核桃
nützlich yǒuyòngde 有用的
nutzlos méiyǒu yòng 没有用 wúyòngde 无用的
Nylon® nílóng 尼龙

ob shìfǒu 是否 *Ich weiß nicht, ob er kommt.* wǒ bù zhīdào tā shìfǒu lái 我不知道他是否来
oben *im Haus usw.* lóushàng 楼上 *oben auf* zài … dǐngshang 在…顶上
Oberfläche *des Wassers* shuǐmiàn 水面
Oberschenkel dàtuǐ 大腿
Obst shuǐguǒ 水果
obwohl suīrán 虽然
oder huòzhě 或者 *in Fragen* háishì 还是 *Möchten Sie Tee oder Kaffee?* nǐ xiǎng hē chá háishì kāfēi? 你想喝茶还是咖啡?
offen *Geschäft, Tür usw.* kāizhe 开着 *ehrlich* tǎnshuài 坦率
offenbar míngxiǎn 明显
offensichtlich míngxiǎn 明显
öffentlich *für alle zugänglich* gōnggòng 公共 *öffentliche Toilette* gōnggòng cèsuǒ 公共厕所 *zu allgemeinem Gebrauch* gōngyòng 公用 *öffentliches Telefon* gōngyòng diànhuà 公用电话
Öffentlichkeit *die Öffentlichkeit* gōngzhòng 公众, mínzhòng 民众
offiziell guānfāng 官方
Offizier jūnguān 军官
öffnen *Tür, Fenster usw.* dǎkāi 打开 *die Augen* zhēng 睁 • *Geschäft* kāimén 开门 *Um wie viel Uhr öffnet die Bank?* yínháng jǐ diǎn kāimén? 银行几点开门?
Öffnungszeiten yíngyè shíjiān 营业时间
oft jīngcháng 经常
ohne méiyǒu 没有

Ohnmacht *in Ohnmacht fallen* hūndǎo 昏倒
Ohr ěrduo 耳朵
Ohrring ěrhuán 耳环
Ökologie shēngtàixué 生态学
Ökotourismus shēngtài lǚyóu 生态旅游
Oktober shíyuè 十月 ➢ *Siehe Übersicht Monate* S. 246
Öl yóu 油 *Erdöl* shíyóu 石油
Olive gǎnlǎn 橄榄
Olympiade Àoyùnhuì 奥运会
Olympiadorf Àoyùncūn 奥运村
olympisch Àolínpǐkè 奥林匹克 *die Olympischen Spiele* Àolínpǐkè Yùndònghuì 奥林匹克运动会
Omelett jiāndànbǐng 煎蛋饼
Onkel *älterer Bruder des Vaters* bófù 伯父 *jüngerer Bruder des Vaters* shūshu 叔叔 *Bruder der Mutter* jiùjiu 舅舅 *Ehemann der Schwester des Vaters* gūfù 姑父 *Ehemann der Schwester der Mutter* yífù 姨父
online shàngwǎng 上网
Oper gējù 歌剧 *Gebäude* gējùyuàn 歌剧院 *Pekingoper* Jīngjù 京剧
Operation *chirurgische* shǒushù 手术
operieren *operiert werden* zuò shǒushù 做手术
Opfer *eines Unfalls usw.* shòuhàizhě 受害者
Opposition *Partei* fǎnduìdǎng 反对党
Optikergeschäft yǎnjìngdiàn 眼镜店
optimistisch lèguān 乐观
Orange *Apfelsine* chéngzi 橙子 *orangefarben* chéngsè 橙色

Orangensaft chéngzhī 橙汁
Orchester guǎnxián yuèduì 管弦乐队
ordentlich *Zimmer usw.* zhěngjié 整洁
  wie es sich gehört shìdàngde 适当地
Ordner *Mappe* wénjiànjiā 文件夹
Ordnung *in Ordnung sein okay sein* xíng 行
Organ *des Körpers* qìguān 器官
Organisation zǔzhī 组织
organisieren zǔzhī 组织
Orgel fēngqín 风琴
original yuánlái 原来
originell xīnyǐng 新颖

Ort *Ortschaft* dìfang 地方 *eines Unfalls usw.* xiànchǎng 现场
Ortszeit dāngdì shíjiān 当地时间
Osten dōngfāng 东方 *der Ferne Osten* yuǎndōng 远东
Ostern Fùhuójié 复活节
Österreich Àodìlì 奥地利
Österreicher(in) Àodìlìrén 奥地利人
österreichisch Àodìlì 奥地利
östlich *östlich von…* …yǐdōng … 以东 zài …dōng 在…东
Ozean hǎiyáng 海洋
Ozonschicht chòuyǎngcéng 臭氧层

paar *ein paar* jǐge 几个 *Sie kommt in ein paar Minuten zurück.* tā guò jǐ fēnzhōng jiù huílai 她过几分钟就回来

Paar yìshuāng 一双 *ein Paar Schuhe* yìshuāng xié 一双鞋 *Ehepaar usw.* fūfù 夫妇

Päckchen yìbāo 一包 *zum Verschicken* bāoguǒ 包裹

packen *mit den Händen* zhuāzhù 抓住 *Sachen* zhuāngjìn xínglǐ 装进行李 *den Koffer packen* zhuāng xiāngzi 装箱子

Packung yìbāo 一包

Paket *zum Verschicken* bāoguǒ 包裹

Pakistan Bājīsītǎn 巴基斯坦

Palast gōngdiàn 宫殿

Panda xióngmāo 熊猫

Panne *eine Panne haben Auto usw.* huàile 坏了 gùzhàng 故障

Papagei yīngwǔ 鹦鹉

Papaya mùguā 木瓜

Papier zhǐ 纸

Papierkorb fèizhǐlǒu 废纸篓

Papiertaschentuch zhǐjīn 纸巾

Paprikaschote shìzijiāo 柿子椒

Parade *Militärparade* yuèbīng 阅兵

Parfüm xiāngshuǐ 香水

Paris Bālí 巴黎

Park gōngyuán 公园

parken *Auto* tíngfàng 停放 ● *ohne Objekt* tíngchē 停车

Parklücke chēwèi 车位

Parkplatz tíngchēchǎng 停车场

Partei *politische* zhèngdǎng 政党

Partner(in) dādàng 搭档 ● *Lebenspartner* bànlǚ 伴侣

Party jùhuì 聚会

Pass *Reisepass* hùzhào 护照

Passagier(in) chéngkè 乘客

Passbild hùzhào zhàopiàn 护照照片

passen héshì 合适 *Kleidung* héshēn 合身 *hineinpassen* fàng de xià 放得下 *nicht passen* fàng bu xià 放不下 *passen (zu …) Farben, Kleider usw.* (hé …) hěn xiāngpèi （和…）很相配

passieren fāshēng 发生 *Was ist passiert?* fāshēng shénme shì le? 发生什么事了？

Passkontrolle hùzhào jiǎnchá 护照检查

Pastete xiànbǐng 馅饼

Patient(in) bìngrén 病人

Pause *in Vorführung, Lehrstunde usw.* xiūxī 休息

Pazifik Tàipíngyáng 太平洋

PDA diànzǐ jìshìběn 电子记事本

Pech bù zǒuyùn 不走运

peinlich lìngrén gāngà 令人尴尬

Peking Běijīng 北京

Pelz máopí 毛皮

Penizillin qīngméisù 青霉素

Pension *Hotel* zhāodàisuǒ 招待所

per yòng 用 *per E-Mail* yòng diànzǐ yóujiàn 用电子邮件

perfekt jíhǎode 极好的

Periode *Zeitraum* qījiān 期间 *Menstruation* yuèjīng 月经

Perle zhēnzhū 珍珠

Person rén 人
Personal zhíyuán 职员
Personalausweis shēnfènzhèng 身份证
persönlich *individuell* gèrén 个人 *privat* sīrén 私人
Pfad xiǎodào 小道
Pfanne *Bratpfanne* jiānguō 煎锅
Pfarrer(in) mùshī 牧师
Pfeffer hújiāo 胡椒
Pfeife *Tabakspfeife* yāndǒu 烟斗
Pfeil jiàntóu 箭头
Pferd mǎ 马
Pferderennen sàimǎ 赛马
Pfirsich táozi 桃子
Pflanze zhíwù 植物
pflanzen zhòng 种
Pflaster *für Wunde* chuàngkětiē 创可贴
Pflaume lǐzi 李子
Pflegespülung *für Haare* hùfàsù 护发素
Pflicht yìwù 义务
Pfote zhuǎzi 爪子
Phase jiēduàn 阶段
Philippinen Fēilǜbīn 菲律宾
Philosophie zhéxué 哲学
Phrase xíyǔ 习语
Physik wùlǐxué 物理学
Physiotherapie wùlǐ liáofǎ 物理疗法
Pickel bāndiǎn 斑点 nóngbāo 脓包
Picknick yěcān 野餐
Pille yīpiàn yào 一片药 yàowán 药丸 *Verhütungsmittel* bìyùnyào 避孕药
Pilz *zum Essen* mógū 蘑菇
PIN mìmǎ 密码
Pinguin qǐ'é 企鹅
Pinsel *zum Malen* huàbǐ 画笔 *zum Schreiben* máobǐ 毛笔

Pinyin *pīnyīn* 拼音
Unter den verschiedenen Systemen, die zur Umschreibung der chinesischen Schrift ins Lateinalphabet entwickelt worden sind, hat sich das *Pinyin* (wörtlich 'Laute buchstabieren') auch international durchgesetzt. Es gilt seit 1957 offiziell in der Volksrepublik China und wird nicht nur in Lehrwerken verwendet, die sich an Ausländer richten, sondern auch, um chinesischen Kindern die Laute der Schriftzeichen beizubringen und die *putonghua* (Amtssprache) unter den Sprechern anderer Dialekte zu verbreiten. Mit Hilfe des *Pinyin* kann das Chinesische auch auf Tastaturen von Computern und Mobiltelefonen eingegeben werden.

Zu beachten ist, dass sich die Laute der *Pinyin*-Buchstaben teilweise erheblich von denen der entsprechenden deutschen Buchstaben unterscheiden. Der Lernende sollte sich deshalb mit der Aussprache der *Pinyin*-Buchstaben vertraut machen, am besten mit Hilfe eines Muttersprachlers oder mit Tonaufnahmen. (Siehe Hinweise zur Aussprache der *Pinyin*-Lautschrift S. 7)

In der chinesischen Schrift werden die einzelnen Wörter nicht getrennt geschrieben. Doch im *Pinyin* werden meist diejenigen Silben, die Wörter bilden, zusammengeschrieben, um das Lesen zu erleichtern.

Pinzette nièzi 镊子
Pizza bǐsàbǐng 比萨饼
Plan *Projekt* jìhuà 计划 *Abmachung* ānpái 安排 *Stadtplan* dìtú 地图
planen ānpái 安排 dǎsuàn 打算

Planet xíngxīng 行星
Plastik sùliào 塑料
Platz *Stelle, Raum* dìfang 地方 *in der Stadt* guǎngchǎng 广场 *bei Wettlauf usw.* míngcì 名次 *auf dem ersten Platz* dìyī míng 第一名
plaudern liáotiān 聊天
plötzlich tūrán 突然
Polen Bōlán 波兰
Poliklinik zhěnsuǒ 诊所
Politik *Tätigkeit* zhèngzhì 政治 *Maßnahmen* zhèngcè 政策
Politiker(in) zhèngzhìjiā 政治家 *politisch* zhèngzhì 政治
Polizei jǐngchá 警察
Polizeirevier jǐngchájú 警察局
Polizist(in) jǐngchá 警察
Pommes frites shǔtiáo 薯条
Pony *Frisur* liúhǎir 刘海儿
Popcorn bàomǐhuā 爆米花
Popmusik liúxíng yīnyuè 流行音乐
Porree jiǔcōng 韭葱 dàcōng 大葱
Portmonee qiánbāo 钱包
Portier shǒuménrén 守门人
Portion fèn 份
Portugal Pútáoyá 葡萄牙
Post *System* yóudì 邮递 *Briefe* xìnjiàn 信件 *Postamt* yóujú 邮局 *elektronische Post* diànzǐ yóujiàn 电子邮件
Post- yóudì 邮递
Postamt yóujú 邮局
Postfach yóuzhèng xìnxiāng 邮政信箱
Postkarte míngxìnpiàn 明信片
Postleitzahl yóuzhèng biānmǎ 邮政编码
praktisch *günstig, bequem* fāngbiàn 方便 *praxisnah* shíyòng 实用
Praline qiǎokèlìtáng 巧克力糖 jiāxīn qiǎokèlì 夹心巧克力
Präsentation bàogào 报告

Präservativ *Verhütungsmittel* bìyùntào 避孕套
Präsident(in) *Staatsoberhaupt* zǒngtǒng 总统
Praxis *Übung* liànxí 练习 *Arztpraxis* zhěnsuǒ 诊所
Preis *Kaufpreis* jiàgé 价格 *Belohnung* jiǎng 奖
Premierminister(in) shǒuxiàng 首相
Presse *Zeitungen und Zeitschriften* xīnwénjiè 新闻界
Priester shénfù 神父
prima *Prima!* hǎojíle! 好极了!
Prinzip yuánzé 原则 *im Prinzip* yuánzé shàng 原则上
privat *persönlich* sīréndē 私人的
Privatunternehmen mínyíng qǐyè 民营企业
pro *80 km pro Stunde* měi xiǎoshí bāshí gōnglǐ 每小时八十公里 *50 € pro Person* měirén wǔshí ōuyuán 每人五十欧元
Probe *im Theater* páiliàn 排练
probieren *Essen, Getränk* chángshì 尝试
Problem wèntí 问题 *Kein Problem* méi yǒu wèntí 没有问题
Produkt chǎnpǐn 产品
Produktion shēngchǎn 生产
produzieren *herstellen* shēngchǎn 生产
Professor(in) jiàoshòu 教授
Prognose yùcè 预测
Programm *einer Veranstaltung* jiémùdān 节目单 *für Computer* chéngxù 程序 *im Fernsehen, Radio* jiémù 节目
Projekt gōngchéng 工程
Propaganda xuānchuán 宣传
Prost *Prost!* gānbēi! 干杯!
Protokoll *einer Sitzung* jìlù 纪录
Provinz *Chinas* shěng 省
Prozent bǎifēnzhī 百分之 *zehn Prozent* bǎifēnzhī shí 百分之十

Prozentsatz bǎifēnbǐ 百分比
Prozess *vor Gericht* sùsòng 诉讼
Prüfung kǎoshì 考试, cèyàn 测验
Prügelei dòu'ōu 斗殴 ōudǎ 殴打
Publikum guānzhòng 观众
Pulli, Pullover máoyī 毛衣
Pulver fěn 粉
Pumpe *für Wasser* bèng 泵 *für Reifen* dǎqìtǒng 打气筒

Punkt *im Spiel* fēn 分 *Stelle* wèizhi 位置
　auf einer Tagesordnung lùndiǎn 论点
pünktlich zhǔnshíde 准时的
Puppe wánjù wáwa 玩具娃娃
putzen *Haus, Zimmer* dǎsǎo 打扫 *Schuhe, Zähne* shuā 刷
Pyjama shuìyīkù 睡衣裤

Quadrat- píngfāng 平方 *Quadratmeter* píngfāngmǐ 平方米
Qualität zhìliàng 质量
Quartal jìdù 季度

Quatsch húshuō 胡说
Quelle *Energiequelle, Informationsquelle usw.* láiyuán 来源
Quittung shōujù 收据

Rabatt zhékòu 折扣
Rad lúnzi 轮子 *Fahrrad* zìxíngchē 自行车 *Rad fahren* qí zìxíngchē 骑自行车
Radfahrer qí zìxíngchē de rén 骑自行车的人
Radiergummi xiàngpí 橡皮
Radieschen xiǎohóngluóbo 小红萝卜
Radio *Gerät* shōuyīnjī 收音机 *Rundfunk* guǎngbō diàntái 广播电台 *im Radio* zài guǎngbō li 在广播里
Radsport zìxíngchē yùndòng 自行车运动
Radweg zìxíngchē dào 自行车道
Rahm nǎiyóu 奶油
Rahmen *für Bild usw.* kuàng 框
Rakete huǒjiàn 火箭
Rand biān 边 *am Rande des/der ... zài ... biān* 在...边 *auf Schriftstück* kòngbái 空白
Rasen cǎopíng 草坪
Rasierapparat diàndòng tìdāo 电动剃刀 tìxūdāo 剃须刀
Rasiercreme guā hú pàomò 刮胡泡沫 tìxūgāo 剃须膏
rasieren *sich rasieren* guā liǎn 刮脸
Rasierklinge dāopiàn 刀片
Rasse rénzhǒng 人种
Rassismus zhǒngzú qíshì 种族歧视
Rat *Ratschlag* quàngào 劝告
Rate *Prozentsatz* bǐlǜ 比率
Rathaus shìzhèngtīng 市政厅
Rätsel mí 谜
Ratte lǎoshǔ 老鼠
Raub qiǎngjié 抢劫
Räuber(in) qiángdào 强盗
Raubüberfall qiǎngjié 抢劫

Rauch yānqì 烟气
rauchen *Zigarette usw.* xī 吸 ● *ohne Objekt* xīyān 吸烟
Raucher(in) xīyān de rén 吸烟的人 xīyānzhě 吸烟者
Raucherzone xīyānqū 吸烟区
Raum *Platz* kōngjiān 空间
Raumschiff yǔzhòu fēichuán 宇宙飞船
Rauschgift dúpǐn 毒品
reagieren fǎnyìng 反应
Reaktion fǎnyìng 反应
rechnen jìsuàn 计算
Rechner jìsuànqì 计算器
Rechnung *in Restaurant, Hotel* zhàngdān 账单 *Die Rechnung bitte* qǐng gěi wǒ zhàngdān 请给我账单 mǎidān 买单 *für Waren usw.* fāpiào 发票
recht *sehr* hěn 很 ● *recht haben* shì duì de 是对的 *Sie haben recht* nǐ shì duì de 你是对的
Recht *Rechtsanspruch* quánlì 权利 *Gesetze* fǎlǜ 法律
rechte(r, -s) *Seite, Hand usw.* yòu 右
rechts zài yòubian 在右边 *nach rechts* wǎng yòu 往右
Rechtsanwalt (-wältin) lǜshī 律师
Rechtswissenschaft fǎxué 法学
rechtzeitig jíshí 及时 *rechtzeitig ankommen* láidejí 来得及
Recycling huíshōu chǔlǐ 回收处理
Rede jiǎnghuà 讲话
reden jiǎnghuà 讲话 *mit jemandem reden* hé mǒurén jiǎnghuà 和某人讲话
reduzieren jiǎn 减
Reform *politische* gǎigé 改革

Regal *Brett* jiàzi 架子 *für Bücher* shūchú 书橱 shūjià 书架
Regel *bei Spiel, Grammatik usw.* guīzé 规则 *in Schule, Firma usw.* guīdìng 规定
Regen yǔ 雨
Regenbogen cǎihóng 彩虹
Regenmantel yǔyī 雨衣
Regenschirm yǔsǎn 雨伞
Regie *eines Filmes* dǎoyǎn 导演
Regierung zhèngfǔ 政府
Region dìqū 地区
regional dìqūde 地区的
Regisseur(in) *eines Filmes* dǎoyǎn 导演
Register *eines Buches* suǒyǐn 索引
regnen xiàyǔ 下雨 *Es regnet* zhèngzài xiàyǔ 正在下雨 xiàyǔle 下雨了
reich fùde 富的
Reich dìguó 帝国
reichen *genug sein* jiù gòu 就够 zúgòu 足够 *Das reicht!* zúgòu le! 足够了! ● *geben* dìgěi 递给 *Reichen Sie mir bitte das Salz* qǐng bǎ yán dìgěi wǒ 请把盐递给我
reif *Frucht* shú 熟 *Person* chéngshú 成熟
Reif *gefrorener Tau* shuāng 霜
Reifen lúntāi 轮胎
Reifenpanne bàotāi 爆胎
Reihe pái 排 *eine Reihe* yíxìliè 一系列
Reihenfolge shùnxù 顺序
reinigen nòng gānjìng 弄干净 shǐ gānjìng 使干净
Reis *Getreide* dàmǐ 大米 *gekochter* mǐfàn 米饭
Reise lǚxíng 旅行 *eine Reise machen* qù lǚxíng 去旅行 *Gute Reise!* yílùpíng'ān! 一路平安!
Reisebüro lǚxíngshè 旅行社
Reiseführer *Buch* lǚxíng zhǐnán 旅行指南
reisen lǚxíng 旅行

Reisende(r) lǚxíngzhě 旅行者
Reisepass hùzhào 护照
Reiseplan lǚxíng jìhuà 旅行计划
Reisescheck lǚxíng zhīpiào 旅行支票
Reiseziel mùdìdì 目的地
Reißverschluss lāliàn 拉链
Reiten qímǎ 骑马
Reklame guǎnggào 广告
Rekord jìlù 记录 *einen Rekord brechen* dǎpò jìlù 打破记录
Religion zōngjiào 宗教
religiös xìntú 信徒 zōngjiàode 宗教的, xìnjiàode 信教的
Rennbahn *für Laufsport* pǎodào 跑道
Rennboot kuàitǐng 快艇
rennen pǎo 跑
Rennen *Wettlauf* bǐsài 比赛
Renovierung chóngxīn zhuāngshì 重新装饰
Rente *in Rente sein* tuìxiū le 退休了 *in Rente gehen* tuìxiū 退休
Rentner(in) tuìxiūzhě 退休者
Reparatur xiūlǐ 修理
reparieren xiūlǐ 修理 *Lässt sich das noch reparieren?* kěyǐ xiū hǎo ma? 可以修好吗?
Reportage bàodào 报道
Reporter(in) jìzhě 记者
Republik gònghéguó 共和国
reservieren yùdìng 预订
Reservierung yùdìng 预订
Respekt zūnzhòng 尊重
respektieren zūnzhòng 尊重
Rest shèngxiàde 剩下的 shèngyú 剩余
Restaurant *im Hotel* cāntīng 餐厅 *großes, chinesischen Stils* fàndiàn 饭店 *kleines, chinesischen Stils* fànguǎn 饭馆
Resultat *bei Prüfung, Wettbewerb usw.* chéngjì 成绩 *bei Spiel* défēn 得分 *Folge* jiéguǒ 结果

retten jiù 救
Rettungsschwimmer(in) jiùshēngyuán 救生员
Revolution gémìng 革命
Rezept *Kochrezept* càipǔ 菜谱 *ärztliches* yàofāng 药方
Rezeption *in Hotel usw.* jiēdàichù 接待处 *Rezession* shuāituì 衰退
Rhein Láiyīnhé 莱茵河
Rhythmus jiézòu 节奏
Richter(in) fǎguān 法官
richtig duì 对 *korrekt* zhèngquè 正确
Richtung fāngxiàng 方向 *in Richtung (auf)* cháo 朝
riechen *Geruch haben* wénqilai 闻起来 *nach … riechen* yǒu … qìwèi 有…气味
riesig jùdà 巨大
Rindfleisch niúròu 牛肉
Ring jièzhi 戒指
Rippe lèigǔ 肋骨
Risiko wēixiǎn 危险
Rock qúnzi 裙子
roh *ungekocht* shēng 生
Rohrleitung guǎnzi 管子
Rohstoff yuán cáiliào 原材料
Rolle juésè 角色 *das spielt keine Rolle* méi guānxi 没关系
Rollschuhlaufen liūbīng 溜冰
Rollstuhl lúnyǐ 轮椅
Rolltreppe zìdòng fútī 自动扶梯
Roman chángpiān xiǎoshuō 长篇小说
röntgen *sich röntgen lassen* jìnxíng àikesī guāng jiǎnchá 进行埃克斯光检查
Röntgenaufnahme X guāngpiàn X光片
rosa fěnhóngsède 粉红色的
Rose méiguī(huā) 玫瑰(花)
Rosé *Wein* méiguīhóng pútaojiǔ 玫瑰红葡萄酒
Rost xiù 锈
rostig shēngxiù 生锈 xiùde 锈的
rot hóng 红, hóngsè 红色
Rotwein hóng pútaojiǔ 红葡萄酒
Rouge yānzhi 胭脂
Routine *Alltag* rìcháng suǒshì 日常琐事
Rübe *weiße* báiluóbo 白萝卜 *rote Rübe* tiáncàigēn 甜菜根
Rücken bèibù 背部
Rückenschmerzen bèitòng 背痛
Rückfahrkarte *für Hin- und Rückfahrt* láihuípiào 来回票 *für Rückfahrt* huíchéngpiào 回程票
Rückgang xiàjiàng 下降
Rückkehr fǎnhuí 返回
Rucksack bēibāo 背包
Rückspiegel hòushìjing 后视镜
Rückwärtsgang dàodǎng 倒挡
rudern huáchuán 划船
rufen *kommen lassen* jiào 叫
Ruhe *Gelassenheit* zhènjìng 镇静 *Erholung* xiūxi 休息
ruhig *gelassen* zhènjìng 镇静 *still* níngjìng 宁静
Rühreier chǎo jīdàn 炒鸡蛋 chǎodàn 炒蛋
rührend dòngrén 动人
rund yuán 圆
Rundfahrt yóulǎn 游览
Rundfunk guǎngbō 广播
Rundfunksender guǎngbō diàntái 广播电台
Rundgang cānguān 参观
Russland Éguó 俄国, Éluósī 俄罗斯

Saal tīng 厅
Sache *Angelegenheit* shìqing 事情 *meine Sachen* wǒde dōngxi 我的东西
Saft zhī 汁
sagen shuō 说 *jemandem etwas sagen* gàosù mǒurén mǒushì 告诉某人某事 *jemandem sagen, dass ...* gàosù mǒurén shuō ... 告诉某人说 ... *Was sagen Sie?* nǐ shuō shénme? 你说什么? *Wie sagt man ... auf Chinesisch?* yòng Zhōngwén zěnme shuō ...? 用中文怎么说 ...?
Sahne nǎiyóu 奶油
Saison shíjié 时节 jìjié 季节
Salat shālā 沙拉
Salz yán 盐
salzig xiánde 咸的
sammeln *Briefmarken usw.* jí 集
Samstag xīngqīliù 星期六 ➢ Siehe Übersicht Wochentage S. 289/290
Sand shā 沙
Sandale liángxié 凉鞋
Sandwich sānmíngzhì 三明治
sanft róuhé 柔和
Sänger(in) gēshǒu 歌手
Sarg guāncai 棺材
Satellit wèixīng 卫星
Satellitenfernsehen wèixīng diànshì 卫星电视
satt *gesättigt* chībǎo le 吃饱了
Sattel ānzi 鞍子
Satz *Phrase* jùzi 句子
sauber gānjing 干净
Sauberkeit qīngjié 清洁

saubermachen *mit Objekt* nòng gānjìng 弄干净 ● *ohne Objekt* zuò sǎochú 做扫除
sauer *Geschmack* suān 酸 *böse* nǎohuǒ 恼火
Sauerstoff yǎngqì 氧气
Sauna sāngnáyù 桑拿浴
S-Bahn qīngguǐ 轻轨
scannen sǎomiáo 扫描
Scanner sǎomiáoyí 扫描仪
Schach guójì xiàngqí 国际象棋
Schachtel hézi 盒子
schade *es ist schade, dass ...* kěxī ... 可惜 ... *wie schade!* zhēn yíhàn! 真遗憾!
Schädel lúgǔ 颅骨
schaden sǔnhuài 损坏
Schaden sǔnshī 损失
Schaf miányáng 绵羊
schaffen *fertigbringen* huòdé 获得 *es schaffen, etwas zu tun* shèfǎ zuòdào mǒushì 设法做到某事 *kreieren* chuàngzào 创造
Schaffner(in) lièchēyuán 列车员
Schal wéijīn 围巾
Schale *einer Frucht* guǒpí 果皮 *eines Eis* ké 壳 *Behälter* wǎn 碗
schälen *mit der Hand* bāo ... pí 剥...皮 *mit Messer* xiāo ... pí 削...皮
Schallplatte chàngpiàn 唱片
Schalter *für Auskünfte usw.* fúwùtái 服务台 *für Licht usw.* kāiguān 开关
scharf *Messer* fēnglì 锋利 *gewürzt* là 辣 *Foto usw.* qīngxī 清晰
Schatten *schattige Stelle* yīn 阴 *einer Person usw.* yǐngzi 影子

Schätzung gūjì 估计
schätzungsweise dàgài 大概
schauen kàn 看 *mal schauen* kàn yi kàn 看一看
Schaufenster chúchuāng 橱窗
Schauspiel jù 剧
Schauspieler(in) yǎnyuán 演员
Scheck zhīpiào 支票
Scheibe *eine Scheibe Brot, Käse usw.* yípiàn 一片
Scheibenwischer guāshuǐqì 刮水器
scheiden *sich scheiden lassen* líhūn 离婚
Schein *Geldschein* chāopiào 钞票
scheinen *es scheint, dass …* kànlai … 看来… *scheinen … zu sein* hǎoxiàng… 好像… *Sonne* zhàoyào 照耀
Scheinwerfer *am Auto* qiándēng 前灯
scheitern shībài 失败
Schenkel dàtuǐ 大腿
schenken zèngsòng 赠送 *jemandem etwas schenken* zèngsòng gěi mǒurén mǒuwù 赠送给某人某物
Schere jiǎnzi 剪子
Scherz wánxiào 玩笑
scherzen wánxiào 玩笑
scheußlich *hässlich* chǒulòu 丑陋
schick xiāosǎ 潇洒
schicken fāsòng 发送 *E-mail, Fax* fā 发 *per Post* jì 寄 *Person* pài 派
Schicksal mìngyùn 命运
schieben tuī 推
Schiedsrichter(in) cáipànyuán 裁判员
schief wāi 歪
schiefgehen chūxiàn wèntí 出现问题
Schienbein jìngbù 胫部
schießen *mit Waffe* shèjī 射击 ● *den Ball* tī 踢
Schießerei qiāngzhàn 枪战
Schiff chuán 船
Schild *Verkehrsschild* lùbiāo 路标 *Aushängeschild* zhāopái 招牌
Schildkröte guī 龟
Schimpfwort mà rén de huà 骂人的话
Schinken huǒtuǐ 火腿
Schirm *Regenschirm* yǔsǎn 雨伞 *Bildschirm* píngmù 屏幕
Schlacht zhànyì 战役
Schlaf shuìjiào 睡觉
Schlafanzug shuìyī 睡衣
schlafen shuìjiào 睡觉
Schlafgelegenheit chuángwèi 床位
Schlaflosigkeit shīmián 失眠
schläfrig *schläfrig sein* xiǎng shuìjiào 想睡觉
Schlafsack shuìdài 睡袋
Schlafwagen wòpù chēxiāng 卧铺车厢
Schlafzimmer wòshì 卧室
Schlaganfall zhòngfēng 中风
schlagen *treffen* dǎ 打 *besiegen* zhànshèng 战胜
Schlagsahne pàomò nǎiyóu 泡沫奶油
Schlagzeile biāotí 标题
Schlagzeug jiàzi gǔ 架子鼓
Schlamm ní 泥
Schlange *Tier* shé 蛇 *von Menschen* duì 队 *Schlange stehen* pái duì 排队
schlank shòu 瘦
schlecht *nicht gut* bù hǎo 不好 *böse* huài 坏 *unbegabt* bú shàncháng 不擅长 *unwohl* bùshì 不适 *mir ist schlecht* wǒ bù shūfu 我不舒服
schleppen tuō 拖
schließen *Tür, Fenster* guān 关 *die Augen* bìshang 闭上 *Veranstaltung, Sitzung usw.* jiéshù 结束 ● *Laden usw.* guānmén 关门 *Die Geschäfte schließen um 7 Uhr abends* shāngdiàn wǎnshang qī diǎn guānmén 商店晚上七点关门
schließlich *am Ende* zuìhòu 最后 *doch* bìjìng 毕竟
schlimm yánzhòng 严重
Schlips lǐngdài 领带

Schlitten xuěqiāo 雪橇
Schlittschuhlaufen huábīng 滑冰
Schloss *zum Abschließen* suǒ 锁 *Palast* gōngdiàn 宫殿
schluchzen chōuqì 抽泣
Schluck yìkǒu 一口
Schluckauf *Schluckauf haben* dǎgér 打嗝儿
schlucken tūnxià 吞下
Schlüpfer sānjiǎokù 三角裤
schlüpfrig *glatt* huá 滑
Schluss jiéwěi 结尾 *zum Schluss* zuìhòu 最后
Schlüssel yàoshi 钥匙
schmal xiázhǎi 狭窄
schmecken *nach ... schmecken* chīqilai wèidào xiàng ... 吃起来味道像… *gut schmecken* hǎochī 好吃 *schmeckt es Ihnen?* nǐ juéde hǎochī ma? 你觉得好吃吗？
schmeißen rēng 扔
schmelzen *Eis usw.* rónghuà 融化
schmerzen téng 疼
Schmerzen téng 疼 *Schmerzen haben* tòng 痛
schmerzhaft téngtòngde 疼痛的
Schmerzmittel zhǐtòngpiàn 止痛片
Schmetterling húdié 蝴蝶
schminken *sich schminken* huàzhuāng 化妆
Schmuck *Ohrringe usw.* shǒushì 首饰 *Juwelen* zhūbǎo 珠宝 *Zierde* zhuāngshì 装饰
schmücken zhuāngshì 装饰
schmutzig zāng 脏
Schnaps báijiǔ 白酒
schnarchen dǎhān 打鼾
Schnecke wōniú 蜗牛
Schnee xuě 雪
Schneemann xuěrén 雪人

schneiden *mit Messer trennen* qiē 切 *mit Schere* jiǎn 剪 *verletzen* gēshāng 割伤 *sich schneiden* bǎ zìjǐ gēshāng 把自己割伤
schneien xiàxuě 下雪
schnell kuài 快
Schnellimbiss kuàicānguǎn 快餐馆
Schnittwunde dāoshāng 刀伤
Schnupfen liúbítì 流鼻涕
Schnur xiànshéng 线绳
Schnurrbart bāzìhú 八字胡
Schnürsenkel xiédài 鞋带
Schock zhènjīng 震惊
Schokolade qiǎokèlì 巧克力
schon yǐjīng 已经

> Um auszudrücken, dass man etwas in der Vergangenheit schon einmal gemacht hat, hängt man *guo* 过 ans Verb des Satzes an, z. B. *Sind Sie schon einmal in Deutschland gewesen? nǐ qùguo Déguó ma?* 你去过德国吗？

schön *gut, angenehm* hǎo 好 *hübsch* piàoliang 漂亮 *bildschön* měilì 美丽 *schönes Wochenende!* zhù nín zhōumò yúkuài 祝您周末愉快
Schönheit měilì 美丽
Schönheitssalon měiróngdiàn 美容店
schräg xié 斜
Schrank *in der Küche* wǎnchú 碗橱 *für Kleider* yīguì 衣柜, yīchú 衣橱
Schraube luósī 螺丝
Schraubenzieher luósī dāo 螺丝刀
schrecklich *sehr schlecht* zāogāo 糟糕
schreiben xiě 写 *jemandem schreiben* gěi mǒurén xiě xìn 给某人写信 *einen Brief schreiben* xiě xìn 写信
Schreibtisch shūzhuō 书桌
Schreibwaren wénjù 文具
Schreibwarengeschäft wénjùdiàn 文具店

schreien jiàohǎn 叫喊
Schrift *System* wénzì 文字 *Geschriebenes* zìjì 字迹 *jds Handschrift* bǐjì 笔迹
Schriftsprache shūmiànyǔ 书面语
Schriftsteller(in) zuòzhě 作者, zuòjiā 作家
Schriftzeichen zì 字

> **Die chinesischen Schriftzeichen**
>
> Die mehrere Tausend Jahre alte chinesische Schrift entstand ursprünglich aus Piktogrammen, d. h. Abbildungen von Menschen, Tieren und Gegenständen. Mit der Zeit wurden diese Abbildungen adaptiert und differenziert, um abstrakte Ideen, Verben und grammatikalische Funktionswörter darstellen zu können. Da jedes neue Wort ein neues Schriftzeichen erforderte, wuchs die Gesamtzahl der einzelnen Schriftzeichen exponentiell auf etwa 40.000 – 50.000 (die genaue Anzahl ist nicht bekannt). Heutzutage muss man ungefähr 7.000 Schriftzeichen beherrschen, um eine Zeitung oder einen Roman lesen zu können.
>
> In den 50er Jahren führte die chinesische Regierung vereinfachte Formen der gebräuchlichsten Schriftzeichen ein, um die Lese- und Schreibfertigkeit der Bevölkerung zu fördern. Diese vereinfachten Schriftzeichen (auch Kurzzeichen genannt, *jiǎntǐzì* 简体字) werden in der Volksrepublik China allgemein verwendet, doch gelten die traditionellen Schriftzeichen (auch Langzeichen genannt, *fántǐzì* 繁体字) in Taiwan und Hong Kong immer noch als Norm.
>
> Jedes Schriftzeichen stellt nicht nur einen semantischen Begriff, sondern auch eine einzelne phonetische Silbe dar. Einige der gebräuchlichsten Schriftzeichen werden je nach Sinn und Zusammenhang verschieden ausgesprochen, doch die meisten haben nur eine mögliche Aussprache, die man auswendig lernen muss.
>
> Die Wortbildung erfolgt aus der Zusammensetzung der semantischen Begriffe der einzelnen Schriftzeichen. Das Wort 电脑 diànnǎo 'Computer' besteht zum Beispiel aus den Schriftzeichen 电 diàn 'Elektrizität' und 脑 nǎo 'Gehirn'. Wenn man die Bedeutung der einzelnen Zeichen weiß, kann man die Bedeutung eines zusammengesetzten Wortes deshalb oft erraten.

Schritt *beim Laufen* bù 步 *Schritte unternehmen* cǎiqǔ bùzhòu 采取步骤
Schublade chōuti 抽屉
schüchtern hàixiū 害羞
Schuh xié 鞋 *ein Paar Schuhe* yìshuāng xié 一双鞋
Schuhcreme xiéyóu 鞋油
Schuhgeschäft xiédiàn 鞋店
Schuhgröße hào 号 *Ich habe Schuhgröße 44* wǒ chuān sìshísì hào de 我穿44号的
Schuld *Geldbetrag* zhài 债 *Verantwortung* guòcuò 过错 *Es ist meine Schuld* shì wǒ de cuò 是我的错
schulden *Geld* qiàn 欠
schuldig *einer Straftat* yǒu zuì 有罪
Schule xuéxiào 学校
Schüler(in) xuésheng 学生
Schulfach kēmù 科目
Schuljahr xuénián 学年

Schulter jiān 肩
Schultertuch pījiān 披肩
Schuss shèjī 射击
Schüssel *Becken* pén 盆 *aus der man isst* wǎn 碗
Schusswaffe qiāng 枪
Schuster xiūxiéjiàng 修鞋匠
Schüttelfrost zháoliáng 着凉
schütteln yáohuàng 摇晃
schützen bǎohù 保护
schwach *nicht stark* ruò 弱 *schlecht* bùhǎo 不好
Schwager *Mann der jüngeren Schwester* mèifu 妹夫 *Mann der älteren Schwester* jiěfu 姐夫 *jüngerer Bruder des Ehemannes* xiǎoshū 小叔 *älterer Bruder des Ehemannes* dàbó 大伯 *jüngerer Bruder der Ehefrau* nèidì 内弟 *älterer Bruder der Ehefrau* nèixiōng 内兄
Schwägerin *Frau des älteren Bruders* sǎozi 嫂子 *Frau des jüngeren Bruders* dìmèi 弟妹 *ältere Schwester des Ehemannes* dàgūzi 大姑子 *jüngere Schwester des Ehemannes* xiǎogūzi 小姑子 *ältere Schwester der Ehefrau* dàyízi 大姨子 *jüngere Schwester der Ehefrau* xiǎoyízi 小姨子
Schwamm hǎimián 海绵
Schwan tiān'é 天鹅
schwanger huáiyùn 怀孕
Schwanz wěiba 尾巴
schwarz hēi 黑
Schwarztee hóng chá 红茶
Schwätzchen liáotiān 聊天
Schweden Ruìdiǎn 瑞典
schweigen chénmò 沉默
Schwein zhū 猪
Schweinefleisch zhūròu 猪肉
Schweiß hàn 汗
Schweiz Ruìshì 瑞士
Schweizer(in) Ruìshìrén 瑞士人
schweizerisch Ruìshì 瑞士
schwellen zhǒngzhàng 肿胀
schwer *schwierig* nán 难 *gewichtsmäßig* zhòng 重 *Krankheit, Unfall usw.* yánzhòng 严重
Schwester *ältere* jiějie 姐姐 *jüngere* mèimei 妹妹
Schwiegereltern qìngjia 亲家
Schwiegermutter *Mutter der Ehefrau* yuèmǔ 岳母 *Mutter des Ehemannes* pópo 婆婆
Schwiegersohn nǚxu 女婿
Schwiegertochter érxífu 儿媳妇
Schwiegervater *Vater der Ehefrau* yuèfù 岳父 *Vater des Ehemannes* gōnggong 公公
schwierig nán 难
Schwierigkeit kùnnan 困难 *Schwierigkeiten haben, etwas zu tun* hěn nán zuò mǒushì 很难做某事
Schwimmbad yóuyǒngchí 游泳池
schwimmen yóuyǒng 游泳
Schwimmer(in) yóuyǒngzhě 游泳者
Schwimmweste jiùshēngyī 救生衣
Schwindelgefühl tóuyūn 头晕
schwindlig tóuyūnde 头晕的
schwitzen chūhàn 出汗
schwul tóngxìngliàn 同性恋
schwül mēnrè 闷热
sechs liù 六 ➤ Siehe Übersicht *Zahlen* S. 291/292
sechshundert liù bǎi 六百 ➤ Siehe Übersicht *Zahlen* S. 291/292
sechste(r, s) dìliù 第六 ➤ Siehe Übersicht *Zahlen* S. 291/292
sechzehn shíliù 十六 ➤ Siehe Übersicht *Zahlen* S. 291/292
sechzig liùshí 六十 ➤ Siehe Übersicht *Zahlen* S. 291/292

See *Meer* hǎi 海 ● *Binnengewässer* hú 湖
seekrank yùnchuánde 晕船的
Seeman shuǐshǒu 水手
Segelboot fānchuán 帆船
Segelsport fānchuán yùndòng 帆船运动
sehen *sehen können* kànjian 看见 *anschauen, besuchen* kàn 看 *sich treffen mit* jiàn 见
sehenswert zhídékàn 值得看
Sehenswürdigkeit míngshèng 名胜
sehr hěn 很 *sehr gut* hěn hǎo 很好 *nicht sehr* bú tài 不太 *nicht sehr teuer* bú tài guì 不太贵
Sehvermögen shìlì 视力
seicht qiǎn 浅
Seide sīchóu 丝绸
Seidenraupe cán 蚕
Seife féizào 肥皂
Seilbahn lǎnchē 缆车

sein Verb
1. Das Verb sein wird mit dem chinesischen Verb 是 *shì* nur dann übersetzt, wenn das Prädikat ein Substantiv oder Pronomen ist: *Wir sind Deutsche* wǒmen shì Déguórén 我们是德国人 *Sie ist Lehrerin* tā shì jiàoshī 她是教师 *Jetzt ist es 10 Uhr* xiànzài shì shí diǎn 现在是十点 *Ich bin's* shì wǒ 是我

2. Bei Adjektivprädikaten bleibt das Verb sein unübersetzt, da die chinesischen Adjektive eigentlich Verben sind, die die Bedeutung sein schon in sich tragen. Allerdings muss normalerweise ein intensivierendes Adverb vor das Adjektivprädikat eingefügt werden.

Wenn keine besondere Intensivierung angebracht ist, gilt als Standardadverb das Wort 很 *hěn* 'sehr': *Er ist (sehr) schlank* tā hěn shòu le 他很瘦了 *Es ist wirklich warm heute* jīntiān zhēn rè 今天真热

3. Bei Ortsangaben wird sein mit 在 *zài* übersetzt: *Sie sind in Peking* tāmen zài Běijīng 他们在北京 *Ist Herr Li da?* Lǐ xiānsheng zài bu zài? 李先生在不在? *Wo ist das Postamt?* yóujú zài nǎr? 邮局在哪儿?

sein(e) tāde 他的
seit *ab* cóng … yǐlái 从…以来 *seit gestern* cóng zuótiān yǐlái 从昨天以来 *Ich wohne seit zwei Jahren hier* wǒ zài zhèr zhù le liǎng nián le 我在这儿住了两年了

Wenn man eine Handlung oder einen Zustand beschreibt, der in der Vergangenheit begonnen hat und noch andauert, verwendet man im chinesischen Satz zweimal die Partikel 了 *le*: das erste 了 steht gleich nach dem Verb und weist auf den schon vergangenen Teil der Handlung hin, während das zweite 了 am Satzende steht und auf die Fortsetzung in der Gegenwart hinweist, z. B.: *Ich studiere seit einem Jahr Chinesisch* wǒ xué le yìnián zhōngwén le 我学了一年中文了 (= *ich studiere* 了 *ein Jahr Chinesisch* 了).

seitdem zìcóng … yǐhòu 自从…以后 *seitdem Sie nach Deutschland gekommen sind* zìcóng nín lái Déguó yǐhòu 自从您来德国以后
Seite biān 边 *eines Buches usw.* yè 页 *auf Seite 3* zài dìsānyè 在第三页 *Aspekt* fāngmiàn 方面 *auf der anderen Seite*

im Gegensatz lìng yì fāngmiàn 另一方面
Seitenstraße hòujiē 后街
seither zì nà yǐhòu 自那以后
Sekretär(in) mìshū 秘书
Sekt xiāngbīnjiǔ 香槟酒
Sekunde miǎo 秒
selbst *persönlich* běnrénde 本人的 *sogar* shènzhì 甚至
Selbstbedienung zìzhù 自助
Selbstmord zìshā 自杀
Selbststudium zìxué 自学
selbstverständlich dāngrán 当然
Sellerie qíncài 芹菜
selten *nicht oft* hěn shǎo 很少 • *ungewöhnlich* hǎnjiàn 罕见
seltsam qíguài 奇怪
Semester xuéqī 学期
Sendung *Rundfunk, Fernsehen* jiémù 节目
Senf jièmo 芥末
senken *Preise usw.* jiàng 降
senkrecht chuízhí 垂直
Senkung jiǎnshǎo 减少
September jiǔyuè 九月 ➤ Siehe Übersicht *Monate* S. 246
Service *Bedienung* fúwù 服务
servieren duānshang 端上
Serviette *aus Stoff* cānjīn 餐巾 *aus Papier* cānjīnzhǐ 餐巾纸
Sesam zhīma 芝麻
Sesamöl zhīmayóu 芝麻油
setzen *sich setzen* zuòxia 坐下
Sex xìngjiāo 性交
Shampoo xǐfàshuǐ 洗发水 xǐfàlù 洗发露
Shanghai Shànghǎi 上海
Shorts duǎnkù 短裤
Show yǎnchū 演出
sich zìjǐ 自己

Es gibt keine reflexiven Verben im Chinesischen. Wenn man wirklich etwas ausdrückt, das sich auf sich selbst bezieht, wird das Wort 自己 *zìjǐ* 'sich selbst' als Objekt gebraucht, z. B. 我把自己割伤了 *wǒ bǎ zìjǐ gēshāng le Ich habe mich geschnitten*.
Bei gegenseitigen Handlungen verwendet man das Wort 互相 *hùxiāng* 'einander', das zwischen Subjekt und Verb steht, z. B. 他们互相爱着 *tāmen hùxiāng àizhe Sie lieben einander*.

sicher *ungefährlich* ānquán 安全 *sicher sein* gǎn kěndìng 敢肯定 • *bestimmt* yídìng 一定
Sicherheit ānquán 安全
Sicherheitsgurt ānquándài 安全带
Sicherheitsmaßnahmen ānquán cuòshī 安全措施
sie *Einzahl* tā 她 *Mehrzahl* tāmen 他们 *nur Frauen geht* tāmen 她们
Sie *nur eine Person geht* nǐ 你 *mehrere Personen* nǐmen 你们 *höfliche Anredeform* nín 您 *Möchten Sie Tee?* nín xiǎng bu xiǎng hē bēi chá? 您想不想喝杯茶？
sieben qī 七 ➤ Siehe Übersicht *Zahlen* S. 291/292
siebenhundert qī bǎi 七百 ➤ Siehe Übersicht *Zahlen* S. 291/292
siebte(r, -s) dìqī 第七 ➤ Siehe Übersicht *Zahlen* S. 291/292
siebzehn shíqī 十七 ➤ Siehe Übersicht *Zahlen* S. 291/292
siebzig qīshí 七十 ➤ Siehe Übersicht *Zahlen* S. 291/292
Sieg shènglì 胜利
Signal xìnhào 信号
Silber yín 银
Silvester chúxī 除夕

Singapur – Sonnenaufgang

Singapur Xīnjiāpō 新加坡
singen *Lied* chàng 唱 ● *ohne Objekt* chànggē 唱歌
sinken *Boot* chénmò 沉没 *Temperatur usw.* xiàjiàng 下降
Sinn *Bedeutung* yìyì 意义
Sitte xísú 习俗
Situation chǔjìng 处境
Sitz zuòwèi 座位
sitzen zuò 坐
Sitzgelegenheit zuòwèi 座位
Sitzung *Meeting* huìyì 会议
Skandal chǒuwén 丑闻
Skateboard huábǎn 滑板
Ski *Ski fahren* huáxuě 滑雪
Skulptur diāosù 雕塑
Slang lǐyǔ 俚语
SMS *Nachricht* duǎnxìn 短信
so *auf diese Weise* zhème 这么 *auf jene Weise* nàme 那么 *derart* nàme 那么
Die Chinesen sprechen so schnell! Zhōngguórén shuō de nàme kuài! 中国人说得那么快！ *so viel* zhème duō 这么多 *nicht so* bú tài 不太 *Die Fahrkarte ist nicht so teuer* piàojià bú tài guì 票价不太贵

---

so ... wie
Bei Gleichstellungen gebraucht man das Wort 一样 *yíyàng* 'gleich' und die Präposition 跟 *gēn* (oder 和 *hé*) 'mit', z. B. 这辆汽车跟那辆一样好 *zhèi liàng qìchē gēn nèi liàng yíyàng hǎo* (= *dieser Wagen mit jenem gleich gut*) *Dieser Wagen ist so gut wie jener.* Um die Gleichstellung zu verneinen, gebraucht man 没 *méi* 'hat nicht' und 那么 *nàme* 'so': 这辆汽车没那辆那么好 *zhèi liàng qìchē méi nèi liàng nàme hǎo* (= *dieser Wagen hat nicht jener so gut*) *Dieser Wagen ist nicht so gut wie jener.*

---

sobald yī ... jiù 一... 就
Socke duǎnwà 短袜
Sodbrennen wèi zhuórè 胃灼热
Sofa shāfā 沙发
sofort lìjí 立即
Software ruǎnjiàn 软件
sogar shènzhì 甚至
Sohle *Fußsohle* jiǎodǐ 脚底 *Schuhsohle* xiédǐ 鞋底
Sohn érzi 儿子
Soja huángdòu 黄豆
Sojabohnensprossen dòuyá 豆芽
Sojasoße jiàngyóu 酱油
solche(r, -s) zhèyàng 这样
Soldat *Militärangehöriger* jūnrén 军人 *einfacher* shìbīng 士兵
sollen *Wahrscheinlichkeit* yīnggāi 应该
Ich soll um die Mittagszeit dort ankommen zhōngwǔ wǒ yīnggāi dàodá nàr 中午我应该到达哪儿 *Empfehlung* yīnggāi 应该 *Sie sollten zum Arzt gehen* nín yīnggāi qù kàn yīshēng 您应该去看医生

Sollen wir ...? als Vorschlag drückt man mit dem Wort 怎么样 *zěnmeyàng* (etwa 'wie wär's?') aus, das ans Satzende gestellt wird: *Sollen wir japanisch essen?* wǒmen chī Rìběn fàn zěnmeyàng? 我们吃日本饭怎么样？ (= *wir essen japanisches Essen, wie wär's?*).

Sommer xiàtiān 夏天
Sommerferien shǔjià 暑假
Sommerzeit xiàlìng shí 夏令时
sonderbar qíguài 奇怪
sondern érshì 而是
Sonnabend xīngqīliù 星期六 ➤ Siehe Übersicht *Wochentage* S. 289/290
Sonne *als Himmelskörper* tàiyáng 太阳 *Sonnenlicht* yángguāng 阳光
Sonnenaufgang rìchū 日出

Sonnenblume xiàngrìkuí 向日葵
Sonnenbrille mòjìng 墨镜
Sonnenöl fángshàiyóu 防晒油
Sonnenschirm yángsǎn 阳伞
Sonnenschutzcreme fángshàirǔ 防晒乳
Sonnenstich zhòngshǔ 中暑
Sonnenuntergang rìluò 日落
Sonntag xīngqītiān 星期天 ➢ Siehe Übersicht *Wochentage* S. 289/290
sonst *andernfalls* fǒuzé 否则
Sorge *sich Sorgen machen* dānxīn 担心 *keine Sorge!* bié dānxīn! 别担心！
sorgfältig yòngxīnde 用心的
Sorte lèixíng 类型
Soße jiàngzhī 酱汁 *Bratensoße* liàotāng 料汤
Souvenir jìniànpǐn 纪念品
sowohl *sowohl ... als auch* yòu ... yòu 又…又
sozial shèhuìde 社会的
Soziussitz hòuzuò 后座
Spanien Xībānyá 西班牙
spanisch Xībānyáde 西班牙的 ● *Spanisch Sprache* Xībānyá yǔ 西班牙语
spannend lìngrén xīngfèn 令人兴奋
sparen *Geld, Zeit* jiéshěng 节省 ● *ohne Objekt* jiéyuē 节约 *Geld zurücklegen* zǎnqián 攒钱
Spargel lúsǔn 芦笋
sparsam jiéshěngde 节省的
Spaß hǎowánr 好玩儿 *Spaß haben* wán de tòngkuai 玩得痛快 *das macht Spaß* hěn kāixīn 很开心
spät wǎn 晚 *Es ist zu spät* tài wǎn le 太晚了 *verspätet* chí 迟 *zu spät kommen* chídào 迟到
später hòulái 后来
spätestens zuìchí 最迟 zuìwǎn 最晚

spazieren sànbù 散步 *spazieren gehen* qù sànbù 去散步
Spaziergang sànbù 散步 *einen Spaziergang machen* qù sànbù 去散步
Speck xián zhūròu 咸猪肉
Speicher *des Computers* cúnchǔqì 存储器
Speisekarte càidān 菜单
Speisewagen cānchē 餐车
spektakulär yǐnrén zhùmù de 引人注目的
Spesen huāfèi 花费
Spezialist(in) zhuānjiā 专家
Spezialität *Spezialgebiet* zhuānyè 专业 *Essen* tèzhìpǐn 特制品 míngcài 名菜
speziell tèyì 特意 tèbiéde 特别的
Spiegel jìngzi 镜子
Spiegelei jiān jīdàn 煎鸡蛋
Spiel *Zeitvertreib* yóuxì 游戏 *Wettkampf* bǐsài 比赛
spielen *Instrument* yǎnzòu 演奏 *CD, usw.* fàng 放 *Sport, Karten* dǎ 打 *Fußball spielen* tī zúqiú 踢足球 *Klavier spielen* tán gāngqín 弹钢琴 ● *mit Spielzeug usw.* wánr 玩儿 *als Sportler* bǐsài 比赛
Spieler(in) *Sport* yùndòngyuán 运动员
Spielfeld *Sport* yùndòngchǎng 运动场
Spielkarte zhǐpái 纸牌
Spielstand bǐfēn 比分
Spielzeug wánjù 玩具
Spinat bōcài 菠菜
Spinne zhīzhū 蜘蛛
spitze *prima* hǎojíle 好极了
Spitze *spitzer Teil* jìntóu 尽头 *oberster Teil* dǐng 顶
Sport *allgemein* tǐyù yùndòng 体育运动 *eine Sportart* yìzhǒng yùndòng 一种运动
Sportler(in) yùndòngyuán 运动员
Sprache yǔyán 语言 *Ausdrucksweise* huà 话

sprechen *Sprache* shuō 说 • shuōhuà 说话 *mit jemandem sprechen* gēn mǒurén shuōhuà 跟某人说话
Springbrunnen pēnquán 喷泉
springen tiào 跳
Spritze *Injektion* zhùshè 注射
Sprudel sūdáshuǐ 苏打水
Sprung tiào 跳
spucken tǔtán 吐痰
Spülbecken xǐwǎnchí 洗碗池
Spülen *Geschirr* qīngxǐ 清洗 *Toilette* chōng 冲
Squash bìqiú 壁球
Staat guójiā 国家
Staatsangehörigkeit guójí 国籍
Staatskonzern guóyǒu qǐyè 国有企业
Stadion tǐyùchǎng 体育场
Stadt *Großstadt* chéngshì 城市 *kleinere* chéng 城
Stadtmitte shìzhōngxīn 市中心
Stadtplan chéngshì dìtú 城市地图 shìqūtú 市区图
Stadtrundfahrt guānguāng lǚyóu 观光旅游
Stadtviertel dìqū 地区 shìqū 市区
Stahl gāng 钢, gāngtiě 钢铁
Stand *Bude* huòtān 货摊 *auf Messe* zhǎntái 展台
Standort wèizhi 位置
Standpunkt lìchǎng 立场
Stapel duī 堆
stark *Person* qiángzhuàng 强壮 *Tee, Kaffee, Geschmack* nóng 浓
Start *eines Flugzeuges* qǐfēi 起飞
starten *Flugzeug* qǐfēi 起飞
Station *U-Bahn usw.* zhàn 站
Statistik tǒngjì 统计
statt érbúshì 而不是
Statue diāoxiàng 雕像
Stau jiāotōng dǔsè 交通堵塞
Staub huīchén 灰尘

Staudamm shuǐbà 水坝
Steak niúpái 牛排
Stechmücke wénzi 蚊子
Steckdose chāzuò 插座
stecken fàng jìn 放进
Stecker chātóu 插头
Stecknadel dàtóuzhēn 大头针
stehen zhànzhe 站着
stehlen tōu 偷
steif *ein steifer Hals/Nacken* bózi jiāngzhí 脖子僵直
steigen shàng 上 *Preise usw.* zhǎng 涨
steil dǒu 陡
Stein shítóu 石头
Stelle *Ort* dìfang 地方 *bei Wettlauf usw.* míngcì 名次 *freie Stelle Arbeitsplatz* kòngquē 空缺
stellen fàng 放
Stellung *Lage* wèizhi 位置 *Posten* zhíwèi 职位
sterben sǐ 死
Stern xīng 星
Steuer *Geld* shuì 税
steuerfrei miǎnshuì 免税
Stewardess kōngzhōng xiǎojie 空中小姐
Stickerei cìxiùpǐn 刺绣品
Stiefel xuēzi 靴子
Stiel *Griff* bǎshǒu 把手
Stier gōngniú 公牛
Stift *zum Schreiben* bǐ 笔
Stiftung *Institut* jījīnhuì 基金会
Stil *Art* fēnggé 风格
still ānjìng 安静 *der Stille Ozean* Tàipíngyáng 太平洋
Stille jìjìng 寂静 *Ruhe* ānjìng 安静
Stimme *beim Sprechen* shuōhuà 说话 *des Menschen* shēngyīn 声音
stimmen *in Wahl* tóupiào 投票 *das stimmt* duì 对
Stimmung *Atmosphäre* qìfen 气氛

Stipendium jiǎngxuéjīn 奖学金
Stirn qián'é 前额
Stock *Etage* céng 层, lóu 楼 *im ersten Stock* èrlóu 二楼 *Spazierstock* shǒuzhàng 手杖

> In China wird das Erdgeschoss als 一层 *yīcéng* oder 一楼 *yīlóu* (= *erster Stock*) bezeichnet, der erste Stock als 二层 *èrcéng* oder 二楼 *èrlóu* (= *zweiter Stock*) und so weiter.

Stockwerk lóucéng 楼层
Stoff *Tuch* bùliào 布料
stolz *eingebildet* jiāo'ào 骄傲
stören dǎjiǎo 打搅
stoßen tuī 推
Stoßzeit gāofēng shíjiān 高峰时间
strafen chéngfá 惩罚
Strand shātān 沙滩, hǎitān 海滩
Straße *in der Stadt* jiē 街, jiēdào 街道 *allgemein* mǎlù 马路 *Fernstraße* dàolù 道路 *über die Straße gehen* guò mǎlù 过马路
Straßenbahn yǒuguǐ diànchē 有轨电车
Straßenseite *auf der anderen Straßenseite* zài mǎlù de nà yìbiān 在马路的那一边
streichen *mit Farbe* tú 涂
Streichholz huǒchái 火柴
Streifen *Muster* tiáowén 条纹
Streik bàgōng 罢工
Streit *Zank* zhēngchǎo 争吵
streiten *sich auseinandersetzen* zhēnglùn 争论 *zanken* zhēngchǎo 争吵
Stress jǐnzhāng 紧张
Strich *bei chinesischen Schriftzeichen* yíhuà 一画
Strom *Elektrizität* diàn 电
Stromausfall tíngdiàn 停电
Strumpfhose liánkùwà 连裤袜
Stück kuài 块
Student(in) dàxuéshēng 大学生
studieren xué 学 *Ich studiere Chinesisch seit einem Jahr* wǒ xué le yìnián Zhōngwén le 我学了一年中文了 • *ohne Objekt* xuéxí 学习
Studium dàxué xuéyè 大学学业
Stufe tījí 梯级
Stuhl yǐzi 椅子
Stunde xiǎoshí 小时, zhōngtóu 钟头 *eine halbe Stunde* bàngè xiǎoshí 半个小时 *Unterricht* kè 课
Sturm fēngbào 风暴
Stuttgart Sītújiātè 斯图加特
suchen zhǎo 找
Südafrika Nánfēi 南非
Südamerika Nánměi 南美
Süden nánfāng 南方
Südkorea Hánguó 韩国
südlich *südlich von …* …yǐnán …以南
Südosten dōngnán 东南
Südwesten xīnán 西南
Suite *im Hotel* tàojiān 套间
Supermarkt chāoshì 超市
Suppe tāng 汤
surfen *im Internet* wǎngshàng chōnglàng 网上冲浪
süß tián 甜
Süßigkeiten tiánshí 甜食
süßsauer tángcù 糖醋
Süßstoff tiánmìsù 甜蜜素
sympathisch tǐtiē 体贴
Symptom zhèngzhuàng 症状
synchronisiert *Film* yìpèi 译配 pèiyīn 配音
System tǐxì 体系, xìtǒng 系统
Szene *eine Szene machen* dàchǎo dànào 大吵大闹

Tabakladen yāndiàn 烟店
Tablett tuōpán 托盘
Tablette *eine Tablette* yípiàn yào 一片药
Tachometer sùdùjì 速度计
Tafel *im Klassenzimmer* hēibǎn 黑板
Tag tiān 天 *den ganzen Tag* yì zhěngtiān 一整天 *jeden Tag* měi tiān 每天 *Guten Tag!* nǐ hǎo! 你好！
Tagebuch rìjì 日记
Tagesdecke *für Bett* chuángzhào 床罩
täglich *jeden Tag* měi tiān 每天
tagsüber báitiān 白天
Taifun táifēng 台风
Taille yāobù 腰部
Taipeh Táiběi 台北
Taiwan Táiwān 台湾
Tal shāngǔ 山谷
Talent cáinéng 才能
Tampon wèishēngjīn 卫生巾
Tank *Benzintank* yóuxiāng 油箱
tanken jiāyóu 加油
Tankstelle jiāyóuzhàn 加油站
Tante *väterlicherseits* gūmǔ 姑母 *mütterlicherseits* yímǔ 姨母
Tanz tiàowǔ 跳舞
tanzen tiàowǔ 跳舞
Tänzer(in) wǔdǎo yǎnyuán 舞蹈演员
Tanzveranstaltung wǔhuì 舞会
Tarif *Gebühr* jiàgé 价格
Tasche *Handtasche* shǒutíbāo 手提包 *Reisetasche* bāo 包 *an Kleidungsstück* kǒudài 口袋
Taschengeld línghuāqián 零花钱
Taschenlampe shǒudiàn 手电
Taschenmesser xiǎodāo 小刀

Taschentuch shǒujuàn 手绢
Tasse bēizi 杯子 *eine Tasse Tee* yìbēi chá 一杯茶
Tastatur jiànpán 键盘
Taste jiàn 键
Täter(in) *Verbrecher* zuìfàn 罪犯
Tätowierung wénshēn 文身
Tatsache shìshí 事实
taub lóng 聋
tauschen jiāohuàn 交换
täuschen qīpiàn 欺骗 *sich täuschen* gǎocuò 搞错
tausend yìqiān 一千 *fünftausend* wǔqiān 五千 *zehntausend* yíwàn 一万 ➤ Siehe Übersicht *Zahlen* S. 291/292
Taxameter jìfèibiǎo 计费表
Taxi chūzūchē 出租车 *mit dem Taxi fahren* zuò chūzūchē 坐出租车
Taxifahrer(in) chūzū sījī 出租司机
Taxistand chūzū qìchēzhàn 出租汽车站
Team zǔ 组
Technik jìshù 技术
Techniker(in) jìgōng 技工
technisch jìshù 技术
Technologie gōngyì 工艺 / kējì 科技
Tee chá 茶 *grüner Tee* lùchá 绿茶
Teekanne cháhú 茶壶
Teenager qīngshàonián 青少年
Teig *für Brot* shēngmiàntuán 生面团 *Kuchenteig* yóusū miàntuán 油酥面团
Teigwaren *italienischer Art* Yìdàlì fěn 意大利粉
Teil yíbùfen 一部分 ● *Einzel-, Ersatzteil* língjiàn 零件

teilen *zerteilen* fēn 分 *Zimmer usw.* héyòng 合用
Teilhaber(in) *einer Firma* héhuǒrén 合伙人 gǔdōng 股东
teilnehmen cānjiā 参加
Teilnehmer(in) cānjiāzhě 参加者
Telefon diànhuà 电话 *Darf ich Ihr Telefon benutzen?* wǒ kěyǐ yòng yíxià nǐde diànhuà ma? 我可以用一下你的电话吗？ *öffentliches Telefon* gōngyòng diànhuà 公用电话 *ans Telefon gehen* jiē diànhuà 接电话
Telefongespräch diànhuà 电话
telefonieren dǎ diànhuà 打电话
Telefonist(in) diànhuà yuán 电话员
Telefonkarte diànhuàkǎ 电话卡
Telefonnummer diànhuà (hàomǎ) 电话(号码) *Wie ist Ihre Telefonnummer?* nǐde diànhuà shì duōshao? 你的电话是多少？
Telefonzelle diànhuàtíng 电话亭
Telegramm diànbào 电报
Telekonferenz diànhuà huìyì 电话会议
Teleskop wàngyuǎnjìng 望远镜
Teller pánzi 盘子
Tempel sìmiào 寺庙
Temperatur *der Luft* qìwēn 气温 *des Körpers* tǐwēn 体温 *von Wasser usw.* wēndù 温度
Tempo sùdù 速度
Tendenz qūxiàng 趋向
Tennis wǎngqiú 网球
Teppich dìtǎn 地毯
Termin yuējiàn 约见 *Ich habe schon einen Termin* wǒ yǒu ge qiányuē 我有个前约 *sich einen Termin geben lassen* yùyuē 预约
Terminal *am Flughafen* hángzhànlóu 航站楼
Terminkalender jìshìbù 记事簿

Terminplan rìchéngbiǎo 日程表
Terrasse yángtái 阳台
Terrorismus kǒngbù zhǔyì 恐怖主义
Terrorist(in) kǒngbù fènzǐ 恐怖分子
Tesafilm® tòumíng jiāodài 透明胶带
Test *Prüfung* cèyàn 测验 *Probe* shìyàn 试验
testen shìyàn 试验
Tetanus pòshāngfēng 破伤风
teuer guì 贵
Text *Schriftstück* yuánwén 原文 *eines Liedes* gēcí 歌词
Textilien fǎngzhīpǐn 纺织品
Thailand Tàiguó 泰国
Theater jùyuàn 剧院 *Theater machen* zhìzào máfan 制造麻烦
Theaterstück jù 剧
Thema tímù 题目 *Gesprächsthema* huàtí 话题 *das Thema wechseln* gǎibiàn huàtí 改变话题
Thermosflasche® rèshuǐpíng 热水瓶
Thunfisch jīnqiāngyú 金枪鱼
Tibet Xīzàng 西藏
Ticket piào 票
tief shēn 深
Tiefkühlfach lěngdòngshì 冷冻室
Tier dòngwù 动物
Tierarzt (-ärztin) shòuyī 兽医
Tiger lǎohǔ 老虎
Tinte mòshuǐ 墨水
Tipp qiàoménr 窍门儿
Tisch zhuōzi 桌子 *Einen Tisch für vier Personen bitte* qǐng ānpái sì rén zhuō 请安排四人桌
Tischtennis pīngpāngqiú 乒乓球
Titel *Überschrift* biāotí 标题
Titelseite *einer Zeitschrift* fēngmiàn 封面
Toast *Brot* kǎo miànbāo 烤面包 *Trinkspruch* zhùjiǔ 祝酒
Tochter nǚ'ér 女儿

Tod sǐwáng 死亡
todmüde jīnpílìjìn 筋疲力尽
Toilette cèsuǒ 厕所 *Wo ist die Toilette?* cèsuǒ zài nǎr? 厕所在哪儿? *öffentliche Toilette* gōnggòng cèsuǒ 公共厕所
Toilettenpapier cèzhǐ 厕纸
Tokio Dōngjīng 东京
toll *sehr gut* hǎojí 好极 *Toll!* hǎojíle! 好极了!
Tomate xīhóngshì 西红柿
Ton *Sprechweise* shēngdiào 声调
Tonne *Gewicht* dūn 吨
Topf guàn 罐
Tor *Eingang* dàmén 大门 *Treffer* yìfēn 一分 *ein Tor schießen* jìn yíge qiú 进一个球
Torte dàdàngāo 大蛋糕
Torwart shǒuményuán 守门员
tot sǐ le 死了
total *Erfolg, Unsinn usw.* wánquán 完全
töten shāsǐ 杀死
Tour *Rundfahrt* lǚyóu 旅游 *Ausflug* yóulǎn 游览 *eine Tour machen* qù yóulǎn 去游览
Tourismus *Reisen* lǚyóu 旅游 *Branche* lǚyóuyè 旅游业
Tourist(in) yóukè 游客
Tradition chuántǒng 传统
traditionell chuántǒngde 传统的
tragbar shǒutíshì 手提式
tragen *mit den Armen* bào 抱 *auf dem Rücken* bēi 背 *Kleider, Schuhe* chuān 穿 *Hut, Brille* dài 戴
Tragfläche jīyì 机翼
trainieren xùnliàn 训练 *im Fitnessstudio* duànliàn 锻炼
Trainingsanzug yùndòngfú 运动服
Träne yǎnlèi 眼泪
Transfer *zwischen Flughafen und Hotel* jiēsòng 接送

Transport yùnshū 运输
Traube pútáo 葡萄
Traum mèng 梦
träumen zuòmèng 做梦
traurig nánguò 难过
treffen *anstoßen* pèng 碰 *jemanden treffen* yùjiàn mǒurén 遇见某人 *sich treffen* jiànmiàn 见面
Treffen huìmiàn 会面
Treffpunkt huìmiàn dìdiǎn 会面地点
treiben *Sport* gǎo duànliàn 搞锻炼 ● *im Wasser* piāo 漂
Treibhauseffekt wēnshì xiàoyìng 温室效应
Treibhausgas wēnshì qìtǐ 温室气体
trennen fēnkāi 分开
Treppe lóutī 楼梯
treten *auf etwas* cǎi 踩 *treten gegen mit dem Fuß* tī 踢
treu zhōngchéng 忠诚
Tribüne kàntái 看台
trinken hē 喝 ● *Alkohol trinken* hējiǔ 喝酒
Trinkgeld xiǎofèi 小费
Trinkhalm xīguǎn 吸管
Trinkwasser yǐnyòngshuǐ 饮用水
trocken gān 干
trocknen *mit Tuch usw.* cāgān 擦干 ● *Kleider usw.* shàigān 晒干
Trommel gǔ 鼓
Tropfen *ein Tropfen* yìdī 一滴
trotz jǐnguǎn 尽管
Tschechien Jiékè 捷克
tschüs zàijiàn 再见
T-Shirt tìxùshān T恤衫
Tuberkulose jiéhébìng 结核病
Tuch *zum Putzen* mābù 抹布
tun *machen* gàn 干 zuò 做
Tunnel suìdào 隧道
Tür mén 门

Türkei Tǔ'ěrqí 土耳其
Türklingel ménlíng 门铃
Turm tǎ 塔
Turnen tǐcāo 体操
Turnhalle tǐyùguǎn 体育馆
Turnschuhe yùndòngxié 运动鞋

Turnier bǐsài 比赛
Tusche mò 墨
Tüte dàizi 袋子
TV diànshì 电视
Typ *Kerl* jiāhuo 家伙
typisch diǎnxíng 典型

U-Bahn dìtiě 地铁
übel *mir ist übel* wǒ gǎnjué ěxīn 我感觉恶心
Übelkeit ěxīn 恶心
üben liànxí 练习
über *Stellung* zài … shàngbian 在…上边 *mehr als …* … yǐshàng …以上 *mit Bezug auf* guānyú 关于 *mit Zwischenaufenthalt in* tújīng 途经
überall dàochù 到处
Übereinkunft xiéyì 协议 *eine Übereinkunft treffen* dáchéng xiéyì 达成协议
übereinstimmen tóngyì 同意 *mit jemandem übereinstimmen* tóngyì mǒurén de yìjiàn 同意某人的意见
Überfahrt héngdù 横渡
überfallen *Bank usw.* qiǎngjié 抢劫 *verprügeln* ōudǎ 殴打
Überführung lìjiāoqiáo 立交桥
überfüllt mǎn 满 jǐmǎn 挤满
übergeben *sich übergeben* ǒutù 呕吐
überhaupt *überhaupt nicht* yìdiǎnr yě bù 一点儿也不
überholen *jemanden* chāoguò 超过 ● *Fahrzeug* chāochē 超车
überlegen *sich etwas überlegen* kǎolǜ mǒushì 考虑某事 *sich anders überlegen* gǎibiàn zhǔyì 改变主意
übermorgen hòutiān 后天
übernächste(r, -s) *übernächste Woche* zài xiàxià zhōu 在下下周
überprüfen jiǎnchá 检查
überqueren *Straße* chuānguò 穿过 *Fluss usw.* dùguò 渡过
überrascht *überrascht sein* gǎndào chījīng 感到吃惊

Überraschung *Unerwartetes* yìxiǎng bú dào de shìqing 意想不到的事情
überreden shuōfú 说服
Überschwemmung hóngshuǐ 洪水
übersetzen fānyì 翻译
Übersetzer(in) fānyì 翻译
Übersetzung *Tätigkeit* fānyì 翻译 *Text* yìwén 译文
Überstunden jiābān 加班
übertreiben kuāzhāng 夸张
Übertreibung kuāzhāng 夸张
Überweisung *Geld* zhuǎnzhàng 转账 huìkuǎn 汇款
überzeugen shuōfú 说服
üblich tōngcháng 通常 *wie üblich* xiàng wǎngcháng yíyàng 像往常一样
übrig *übrig bleiben* shèngxia 剩下
übrigens shùnbiàn wèn yíxià 顺便问一下
Übung liànxí 练习
Ufer àn 岸
Uhr *Armbanduhr* shǒubiǎo 手表 *an der Wand usw.* zhōng 钟
Uhrzeit shíhòu 时候

Uhrzeit

• Um nach der Uhrzeit zu fragen, sagt man: *jǐ diǎn le?* 几点了? *Wie viel Uhr ist es?*

• Auf die Stundenzahl folgt 点 *diǎn* 'Uhr'. Wenn es um eine volle Stunde geht, wird manchmal auch 钟 *zhōng* angehängt: *zehn Uhr shí diǎn* 十点 oder *shí diǎn zhōng* 十点钟.

- Auf die Anzahl der Minuten folgt 分 *fēn* 'Minute': *drei Uhr zehn sān diǎn shí fēn* 三点十分 (= *drei Uhr zehn Minuten*).
Die Minuten vor der Stunde werden mit 差 *chà* (etwa 'minus') ausgedrückt: *zehn Minuten vor drei sān diǎn chà shí fēn* 三点差十分 (= *drei Uhr minus zehn Minuten*).
- 'Viertel' heißt 一刻 *yí kè*: *Viertel nach fünf wǔ diǎn yí kè* 五点一刻 *Viertel vor sechs liù diǎn chà yí kè* 六点差一刻.
- 半 *bàn* 'halb' steht immer nach der Stundenzahl: *halb zwölf shí yī diǎn bàn* 十一点半 (= *elf Uhr halb*).
- Die Tageszeit steht jeweils vor der Uhrzeit: *acht Uhr morgens zǎoshang bā diǎn* 早上八点 *zwei Uhr nachmittags xiàwǔ liǎng diǎn* 下午两点.
- Im Chinesischen wird die Präposition 'um' meistens nicht übersetzt: *Ich stehe um halb acht auf wǒ qī diǎn bàn qǐchuáng* 我七点半起床 *Um wie viel Uhr treffen wir uns? wǒmen jǐ diǎn jiàn miàn?* 我们几点见面?

um *rund um* zài … zhōuwéi 在…周围 *um den Tisch* zài zhuōzi zhōuwéi 在桌子周围 *um vier Uhr* sì diǎn 四点
umarmen yōngbào 拥抱
umblättern *(die Seite)* umblättern fāndào xià yíyè 翻到下一页
umdrehen *sich umdrehen* fānshēn 翻身
umfahren *Fußgänger* zhuàngdǎo 撞倒
umfallen dǎoxià 倒下
Umgangssprache kǒuyǔ 口语
umkippen *umstoßen* dǎfān 打翻
Umkleidekabine shìyījiān 试衣间
Umkleideraum gēngyīshì 更衣室
umrechnen zhésuàn 折算

umsonst *gratis* miǎnfèi 免费 *vergeblich* túláo 徒劳, báifèi 白费
umsteigen huàn chē 换车 zhuǎnchē 转车
umtauschen *Einkauf* huàn 换
Umwelt zìrán huánjìng 自然环境
Umweltschutz huánjìng bǎohù 环境保护
umziehen *wegziehen* bānjiā 搬家 ● *sich umziehen umkleiden* huàn yīfu 换衣服
Umzug *Parade* yóuxíng 游行
unabhängig dúlì 独立
Unabhängigkeit dúlì 独立
unangenehm *Situation* bù yúkuài 不愉快 *Person, Geruch usw.* tǎoyàn 讨厌
unartig *Kind* táoqì 淘气
unbedingt yídìng 一定
unbehaglich bù hǎoyìsi 不好意思 bùshūshìde 不舒适的
unbequem bù shūfu 不舒服

und

1. Wird zwischen Substantiven bzw. Pronomina mit 和 *hé* übersetzt: *Papier und Stift zhǐ hé bǐ* 纸和笔 *du und ich nǐ hé wǒ* 你和我

2. Wird zwischen Adjektiven mit 又 … 又 *yòu … yòu* übersetzt: *Er ist groß und schlank. tā yòu gāo yòu shòu* 他又高又瘦

3. Zwischen Sätzen oder Satzteilen gibt es im Chinesischen kein entsprechendes Wort. Die Satzteile werden einfach aneinandergereiht: *Ich fuhr in die Stadt und kaufte einen Computer. wǒ jìn chéng mǎile yìtái diànnǎo* 我进城买了一台电脑

4. Bei Zahlen und Auflistungen wird und nicht übersetzt: *dreiundvierzig sìshí sān* 四十三 *eine Tasse Kaffee, eine Tasse Tee und zwei Glas Wasser yìbēi kāfēi, yìbēi chá, liǎngbēi shuǐ* 一杯咖啡，一杯茶，两杯水

5. Wenn man seinen Gesprächspartner dasselbe zurückfragt, endet der entsprechende chinesische Fragesatz mit der Partikel 呢 *ne: Mir geht's gut. Und Ihnen? wǒ hěn hǎo. nín ne?* 我很好。您呢？

unehrlich bù chéngshí 不诚实
unentbehrlich bìyào 必要
unentschieden píngjú 平局 *unentschieden spielen* sàichéng píngjú 赛成平局
unerfahren méi jīngyàn 没经验
unerträglich nányǐ rěnshòu 难以忍受
unerwartet chūhū yìliào 出乎意料, yìwài 意外
unfair bù gōngpíng 不公平
Unfall shìgù 事故
Unfallstation jíjiùshì 急救室 jíjiùzhàn 急救站
Ungarn Xiōngyálì 匈牙利
ungeduldig bú nàifán 不耐烦 bùnàifánde 不耐烦的
ungeeignet bù héshì 不合适
ungefähr dàyuē 大约
Ungeheuer guàiwù 怪物
ungenügend búgòu 不够
ungezwungen zìránde 自然的 dàfāngde 大方的
unglaublich nányǐ zhìxìn 难以置信, wúfǎ xiāngxìn 无法相信
unglücklich bù yúkuài 不愉快 búxìngde 不幸的
ungültig *Fahrkarte usw.* wúxiào 无效
ungünstig *Zeit, Lage usw.* bù fāngbiàn 不方便 búlìde 不利的

unhöflich wúlǐ 无礼 bù lǐmàode 不礼貌的
Unhöflichkeit wúlǐ 无礼
uni wú tú'àn huāwén 无图案花纹 dānsède 单色的
Uni dàxué 大学 *an der Uni sein* dú dàxué 读大学
Uniform *des Militärs* jūnzhuāng 军装 *von Schülern, Arbeitern usw.* zhìfú 制服
Universität dàxué 大学
Universitätsabschluss *einen Universitätsabschluss in Technik haben* shì gōngchéngxué zhuānyè bìyèshēng 是工程学专业毕业生
Universitätsstudium dàxué xuéyè 大学学业
Universum tiāndìwànwù 天地万物 yǔzhòu 宇宙
unleserlich nányǐ biànrèn 难以辨认
unmöglich bù kěnéng 不可能
unnötig bú bìyào 不必要
UNO *Vereinte Nationen* Liánhéguó 联合国
unrecht cuò 错 *Sie haben unrecht* nín cuò le 您错了
uns wǒmen 我们
unscharf *Foto usw.* bù qīngxī 不清晰
unschuldig wúzuì 无罪
unser(e) wǒmen de 我们的
unsichtbar kànbújiànde 看不见的
Unsinn *Quatsch* húshuō 胡说 *Unsinn machen* zuò chǔnshì 做蠢事
unsympathisch lěngmò 冷漠
unten xiàmian 下面 *nach unten* xià 下 *im Text* zài xiàwén zhōng 在下文中
unter *Stellung* zài … xiàmian 在…下面 *unter dem Tisch* zài zhuōzi xiàmian 在桌子下面 *weniger als …* … yǐxià 以下 *bei* zài … zhōng 在…中 *unter den Deutschen* zài Déguórén zhōng 在德国人中

unterbrechen *Tätigkeit* zhōngduàn 中断 *Gespräch* dǎduàn 打断 *Verbindung* qiēduàn 切断 *unterbrochen werden am Telefon* diànhuà duànxiàn 电话断线

unterbringen *jemanden unterbringen* gěi mǒurén tígòng zhùchù 给某人提供住处 āndùn 安顿

Unterhaltung *Spaß* yúlè 娱乐 *Gespräch* liáotiān 聊天

Unterhose nèikù 内裤

Unterkunft zhùchù 住处

Unternehmen *Firma* gōngsī 公司

Unterricht *Ausbildung* jiàoyù 教育

unterrichten *Fach* jiāo 教 ● *Lehrer sein* jiāoshū 教书

Unterschied chābié 差别

unterschiedlich bùtóng 不同, bùyíyàng 不一样

unterschreiben qiānzì 签字

Unterschrift qiānmíng 签名

unterstützen zhīchí 支持

untersuchen diàochá 调查 *ärztlich* jiǎnchá 检查

Untersuchung *ärztliche* jiǎnchá 检查

Untertitel zìmù 字幕 fùbiāotí 副标题 *mit Untertiteln* jiā zìmù 加字幕

Unterwäsche nèiyī 内衣

unvergesslich nánwàng 难忘

unvermeidlich bùkě bìmiǎn 不可避免

Unwetter bàofēngyǔ 暴风雨

unwichtig bú yàojǐn 不要紧

unwissend wúzhī 无知

unwohl bù shūfu 不舒服

unzufrieden bù mǎnyì 不满意

Urenkel(in) zēngsūn 曾孙

Urgroßmutter *väterlicherseits* zēngzǔmǔ 曾祖母 *mütterlicherseits* wàizēngzǔmǔ 外曾祖母

Urgroßvater *väterlicherseits* zēngzǔfù 曾祖父 *mütterlicherseits* wàizēngzǔfù 外曾祖父

Urlaub xiūjià 休假 *Urlaub nehmen* xiūjià 休假

Ursache qǐyīn 起因 yuányīn 原因

Ursprung qǐyuán 起源

ursprünglich *anfänglich* zuìchū 最初

USA Měiguó 美国

US-Dollar měiyuán 美元

Usbekistan Wūzībiékèsītǎn 乌兹别克斯坦

usw. děngděng 等等

Vanille xiāngcǎo 香草
Vase huāpíng 花瓶
Vater bàba 爸爸
Vaterland zǔguó 祖国
Vati bà 爸
Vegetarier(in) sùshízhě 素食者
vegetarisch sùshí 素食
Ventilator fēngshàn 风扇
verabreden *sich verabreden (bei einem Liebespaar)* yuēhuì 约会 yuēdìng 约定
Verabredung yuēhuì 约会
verabschieden *Gäste* sòngbié 送别 *sich verabschieden* gàobié 告别
Veranda yángtái 阳台
verändern *sich verändern* biànhuà 变化
Veränderung biànhuà 变化
veranstalten ānpái 安排
Veranstaltung huódòng 活动
verantwortlich fùzé 负责
Verantwortung zérèn 责任
verantwortungslos búfùzérèn 不负责任
Verband *für Wunde* bēngdài 绷带
verbessern tígāo 提高 *sich verbessern* hǎozhuǎn 好转
verbinden liánjiē 连接
Verbindung *Beziehung* liánxì 联系
verboten jìnzhǐ 禁止
Verbraucher(in) xiāofèizhě 消费者
Verbrechen zuì 罪
Verbrecher(in) zuìfàn 罪犯
verbreitet liúxíng 流行
verbrennen *zerstören* shāohuǐ 烧毁 *sich verbrennen* bǎ zìjǐ tàngshāng 把自己烫伤 *die Hand usw.* tàngshāng 烫伤

Verbrennung *durch Feuer* shāoshāng 烧伤 *durch etwas Heißes* tàngshāng 烫伤 *durch Sonne* shàishāng 晒伤
verbringen *eine Zeitlang* dāi 呆 *Ich habe einen Monat in China verbracht* wǒ zài Zhōngguó dāi le yíge yuè 我在中国呆了一个月 *Ferien, Weihnachten usw.* dùguò 渡过
verderben *zunichte machen* huǐ 毁 ● *Lebensmittel* huài 坏
verdienen *Geld* zhèng 挣 *Recht haben auf* yīnggāi shòudào 应该受到
verdorben *Lebensmittel* huài le 坏了
vereinbaren *Preis, Termin usw.* shāngdìng 商定
vereinigen (shǐ) liánhé (使)联合
Vereinigten Staaten, die Měiguó 美国
verfault fǔlàn 腐烂
verfehlen *nicht treffen* méi dǎzhòng 没打中
verfügbar kěyǐ shǐyòng 可以使用
Verfügung *zur Verfügung stehen Platz, Zimmer, Auto usw.* kěyǐ shǐyòng 可以使用
Vergangenheit guòqù 过去
vergeblich túláo 徒劳, báifèi 白费
vergehen *Zeit* tuīyí 推移
vergessen *nicht behalten* wàngjì 忘记 *nicht mitnehmen* wàngdài 忘带 *vergessen, etwas zu tun* wàngjì zuò mǒushì 忘记做某事 ● *ohne Objekt* wàngjì 忘记
vergleichen *vergleichen (mit ...)* (gēn ...) bǐjiào （跟...）比较
vergrößern zēngjiā 增加 *Foto* fàngdà 放大

verhaften dàibǔ 逮捕
Verhältnis *Beziehung* guānxì 关系
 Verhältnisse qíngkuàng 情况
Verhandlungen qiàtán 洽谈 tánpàn 谈判
verheiratet jiéhūn le 结婚了 *Ich bin verheiratet* wǒ jiéhūn le 我结婚了
verhindern fángzhǐ 防止
Verhütungsmittel bìyùn yòngpǐn 避孕用品
Verkauf chūshòu 出售
verkaufen mài 卖 *zu verkaufen* chūshòu 出售, dàishòu 代售
Verkäufer(in) *in Laden usw.* tuīxiāoyuán 推销员, shòuhuòyuán 售货员
Verkehr jiāotōng 交通
Verkehrsampel jiāotōng xìnhàodēng 交通信号灯, hónglǜdēng 红绿灯
Verkehrsmittel jiāotōng gōngjù 交通工具
Verkehrsstau jiāotōng dǔsè 交通堵塞
Verkehrszeichen lùbiāo 路标
verkehrt cuò 错
Verlag chūbǎnshè 出版社
verlangen yāoqiú 要求
verlassen líkāi 离开 *sich verlassen auf* yīkào 依靠
verlaufen *sich verlaufen* mílù 迷路
verlegen *geniert* gāngà 尴尬, nánwéiqíng 难为情
verletzen shānghài 伤害 *gefühlsmäßig* shāng gǎnqíng 伤感情 *sich verletzen* shòule shāng 受了伤
verletzt shòushāng 受伤
Verletzung shāng 伤 *Kränkung* shānghài 伤害
verliebt liàn'ài 恋爱 *in jemanden verliebt sein* yǔ mǒurén liàn'ài 与某人恋爱
verlieren *Gegenstand* diūshī 丢失 *Spiel* shū 输
verloben *sich verloben* dìnghūn 订婚

Verlobte wèihūnqī 未婚妻
Verlobter wèihūnfū 未婚夫
Verlobung dìnghūn 订婚
Verlust *bei Geschäft* kuīsǔn 亏损
vermeiden bìmiǎn 避免 *vermeiden, etwas zu tun* bìmiǎn zuò mǒushì 避免做某事
vermieten chūzū 出租
vermissen *Person* xiǎngniàn 想念
Vernunft dàolǐ 道理
vernünftig *Mensch* míngzhì 明智
Verpackung bāozhuāng 包装
verpassen *Zug, Flug usw.* wù 误 *Fernsehsendung, Film* cuòguò 错过
Verpflichtung yìwù 义务
verrückt fēng 疯
Versammlung huìyì 会议
verschieben *zeitlich* tuīchí 推迟
verschlechtern *sich verschlechtern* biànde gèng zāo 变得更糟 biànhuài 变坏
verschlucken *sich verschlucken* qiǎ 卡 chīqiàng 吃呛
Verschmutzung wūrǎn 污染
verschwenden làngfèi 浪费
verschwinden *nicht mehr sichtbar sein* bújiàn 不见 *nicht mehr vorhanden sein* xiāoshī 消失
verspäten *sich verspäten* chídào 迟到
verspätet chí 迟
Verspätung yánwù 延误
versprechen xǔnuò 许诺 *versprechen, etwas zu tun* dāyìng zuò mǒushì 答应做某事
Versprechen nuòyán 诺言
Verständnis lǐjiě 理解 *Verständnis haben für* lǐjiě 理解
verstecken yǐncáng 隐藏 *sich verstecken* duǒcáng 躲藏
verstehen *Sprache, Erklärung usw.* dǒng 懂 *Verständnis haben für* lǐjiě 理解
Versteigerung pāimài 拍卖

Verstopfung biànmì 便秘
versuchen shì yíxià 试一下 *versuchen, etwas zu tun sich bemühen* jìnlì zuò mǒushì 尽力做某事 *mal probieren* shì zuò mǒushì 试做某事
verteidigen bǎohù 保护 bǎowèi 保卫
Vertrag hétóng 合同
Vertrieb *von Waren* pīfā 批发
verursachen dàilai 带来 yǐnqǐ 引起
verwählen *sich verwählen am Telefon* bōcuò hào 拨错号 *Entschuldigung, ich habe mich verwählt* duìbuqǐ, wǒ bōcuò hào le 对不起，我拨错号了
Verwaltung guǎnlǐ 管理
Verwandte(r) qīnqi 亲戚
verwechseln gǎohùn 搞混 hùnxiáo 混淆
verwirklichen shíxiàn 实现
verwirren *sich verwirren* nòng hútu le 弄糊涂了
verwirrend hánhùn bùqīng 含混不清 fēnluàn 纷乱
Verzeihung *Verzeihung!* duìbuqǐ! 对不起！
Verzögerung yánchí 延迟
verzweifelt juéwàng 绝望
Vetter *älterer, väterlicherseits* tánggē 堂哥
jüngerer, väterlicherseits tángdì 堂弟
älterer, mütterlicherseits biǎogē 表哥
jüngerer, mütterlicherseits biǎodì 表弟
Video *Videofilm* lùxiàng 录像
Videoclip lùxiàng 录像
Videokonferenz diànzǐ yóuxì 电子游戏
Videospiel diànshì yóuxì 电视游戏
Vieh niú 牛
viel(e) hěn duō 很多 *Viele sind nicht gekommen* hěnduō rén méi lái 很多人没来 *wie viel(e)* duōshǎo 多少 *Wie viel kostet es?* duōshǎo qián? 多少钱？ • *viel teurer* guì duō le 贵多了 *nach Verb* de hěn duō 得很多 *Er isst viel* tā chī de hěn duō 他吃得很多
vielleicht yěxǔ 也许
vier sì 四 ➢ Siehe Übersicht *Zahlen* S. 291/292
viereckig zhèngfāngxíng 正方形
vierhundert sìbǎi 四百 ➢ Siehe Übersicht *Zahlen* S. 291/292
vierte(r,-s) dìsì 第四 ➢ Siehe Übersicht *Zahlen* S. 291/292
Viertel *Bruchteil* sìfēn zhī yī 四分之一 *Viertelstunde* yí kè 一刻 *Stadtviertel* qū 区
Viertelfinale sìfēn zhī yī juésài 四分之一决赛
vierzehn shísì 十四 ➢ Siehe Übersicht *Zahlen* S. 291/292
vierzig sìshí 四十 ➢ Siehe Übersicht *Zahlen* S. 291/292
Vietnam Yuènán 越南
violett zǐsè 紫色
Violine xiǎotíqín 小提琴
Virus *in Medizin und Informatik* bìngdú 病毒
Visum qiānzhèng 签证
Vogel niǎo 鸟
Vokal yuányīn 元音
Volk rénmín 人民
Volksrepublik *die Volksrepublik China* Zhōnghuá Rénmín Gònghéguó 中华人民共和国
Volkstracht mínzú fúzhuāng 民族服装
volkstümlich tōngsú 通俗
voll mǎn 满 *voll besetzt* jǐmǎn 挤满
Volleyball páiqiú 排球
völlig wánquán 完全
Vollmilch quánzhī niúnǎi 全脂牛奶
vollständig wánquán 完全

von

1. Der Ausgangspunkt wird mit 从 *cóng* eingeleitet: *Sie kommen morgen von China zurück* tāmen míngtiān cóng Zhōngguó huílai 他们明天从中国回来.

2. 从 *cóng* wird auch zeitlich verwendet: *von Montag bis Freitag* cóng xīngqīyī dào xīngqīwǔ 从星期一到星期五.

3. Zum Ausdruck der Entfernung wird 'von' mit 离 *lí* übersetzt: *Ist es weit von hier?* lí zhèr yuǎn ma? 离这儿远吗? *200 km von Wien entfernt* lí Wéiyěnà èrbǎi gōnglǐ 离维也纳二百公里.

4. Die Genitivbeziehung wird im Chinesischen mit der Partikel 的 *de* ausgedrückt, wobei zu beachten ist, dass der Besitzer vor dem Besitz steht: *das Auto des Lehrers* lǎoshī de qìchē 老师的汽车 (= Lehrer 的 Auto) *die Hauptstadt der Schweiz* Ruìshì de shǒudū 瑞士的首都 (= Schweiz 的 Hauptstadt) *Karls Brille* Kǎ'ěr de yǎnjìng 卡尔的眼镜 (= Karl 的 Brille).

5. In Passivsätzen wird der Handelnde mit 被 *bèi* eingeleitet: *Ich wurde von einem Hund gebissen* wǒ bèi gǒu yǎo le 我被狗咬了. Umgangssprachlich wird statt 被 *bèi* oft 给 *gěi* oder 叫 *jiào* verwendet.

6. Der Verfasser eines Buches usw.: *ein Roman von Franz Kafka* yóu Fúlánzī Kǎfūkǎ xiě de xiǎshuō 由弗兰兹卡夫卡写的小说

vor *räumlich* zài … qiánmiàn 在…前面 *zeitlich* zài … zhīqián 在…以前 *vor dem Mittagessen* zài wǔcān zhīqián 在午餐之前

Bei Ausdrücken wie *vor einer Woche, vor zwei Tagen* verwendet man *yǐqián* 以前 'vorher' nach der Zeitangabe: *Ich bin vor einer Woche in Peking angekommen* wǒ yíge xīngqī yǐqián dào Běijīng 我一个星期以前到北京 (= ich eine Woche vorher ankommen Peking).

Vorabend qiánxī 前夕
voraus *im Voraus* tíqián 提前 *im Voraus zahlen* yùfù 预付
vorausgesetzt *vorausgesetzt, dass* jiǎrú 假如
vorbeigehen jīngguò 经过 *beim Supermarkt vorbeigehen* shùndào qù chāoshì 顺道去超市
vorbeikommen *zu Besuch* shùnbiàn láifǎng 顺便来访
vorbereiten zhǔnbèi 准备 *sich vorbereiten* zuò zhǔnbèi 做准备
Vorderseite qiánmiàn 前面 zhèngmiàn 正面
Vorfall shìjiàn 事件
Vorführung *eines Produkts* shìfàn 示范
Vorgang guòchéng 过程
vorgehen *Uhr* kuài 快 *vorausgehen* zǒu zài qiánmiàn 走在前面
vorgestern qiántiān 前天
vorhaben dǎsuàn 打算 *vorhaben, etwas zu tun* dǎsuàn zuò mǒushì 打算做某事
Vorhang chuānglián 窗帘
vorher yǐqián 以前
vorig qián 前
Vorkehrungen ānpái 安排

vorläufig *vorübergehend* línshí 临时 *einstweilen* zànshí 暂时
vorletzte(r, -s) dàoshǔ dì'èrge 倒数第二个 *vorletzte Woche* dà shàng ge xīngqī 大上个星期
Vormittag shàngwǔ 上午 *am Vormittag* shàngwǔ 上午
vormittags shàngwǔ 上午
Vorname míngzi 名字
vorn zài qiánmian 在前面 *nach vorn* xiàngqián 向前
Vorort jiāowài 郊外 jiāoqū 郊区
Vorrang yàowèi 要位 yōuxiānquán 优先权
Vorschlag jiànyì 建议 *Plan* tí'àn 提案
vorschlagen jiànyì 建议
Vorschrift guīdìng 规定, guīzhāng 规章
Vorsicht xiǎoxīn 小心 *Vorsicht!* dāngxīn! 当心!

vorsichtig xiǎoxīnde 小心地
Vorspeise tóupán 头盘 qiáncān 前餐
vorstellen *jemanden* jièshào 介绍 *Darf ich ... vorstellen?* wǒ lái jièshào yíxià ... 我来介绍一下... gěi nǐ ... jièshào 给你...介绍 *sich vorstellen Namen usw. angeben* zìwǒ jièshào 自我介绍 *sich denken* xiǎngxiàng 想象
Vorstellung *Idee* yìnxiàng 印象 sīxiǎng 思想 *im Kino, Theater* yǎnchū 演出
Vorstellungsgespräch miànshì 面试
Vorteil hǎochù 好处
Vortrag jiǎngzuò 讲座
vorübergehend línshí 临时
Vorurteil piānjiàn 偏见
Vorwahl *beim Telefonieren* qūhào 区号
vorziehen *lieber haben* gèng xǐhuan 更喜欢

Waage chèng 秤
waagerecht shuǐpíng 水平
wachsen *Pflanze* zhǎng 长 *Kind* zhǎngdà 长大 *Wirtschaft* fāzhǎn 发展
Wachstum shēngzhǎng 生长 *der Wirtschaft* fāzhǎn 发展
Wächter(in) bǎo'ānrényuán 保安人员
wackelig *Stuhl, Tisch* yáohuàng 摇晃
wackeln yáodòng 摇动
Waffe wǔqì 武器
Wagen *Auto* qìchē 汽车 *eines Zuges* chēxiāng 车厢
Wahl *Auswahl* xuǎnzé 选择 *Abstimmung* xuǎnjǔ 选举
wählen *etwas auswähle*n xuǎnzé 选择 *stimmen für* xuǎnjǔ 选举 *Telefonnummer* bō 拨 ● *auswählen* xuǎnzé 选择 *Stimme abgeben* tóupiào 投票
Wahnsinn yúchǔn 愚蠢
wahnsinnig fāfēng 发疯
wahr *echt* zhēn 真 *wahrheitsgetreu* zhēnshí 真实
während zài … qījiān 在…期间 *während des Krieges* zài zhànzhēng qījiān 在战争期间 ● …de shíhou …的时候 *während ich dort war* wǒ zài nàr de shíhou 我在那儿的时候
währenddessen qíjiān 其间
Wahrheit zhēnlǐ 真理 *die Wahrheit sagen* shuō zhēnhuà 说真话
wahrscheinlich kěnéng 可能
Währung huòbì 货币
Waise gū'ér 孤儿
Wal jīng 鲸
Wald shùlín 树林 *breitflächiger* sēnlín 森林

Wand qiáng 墙
wandern yuǎnzú 远足
Wange miànjiá 面颊
wann shénme shíhòu 什么时候 *Wann hat er angerufen?* tā shì shénme shíhòu dǎ diànhuà de? 他是什么时候打电话的? *Ich weiß nicht, wann sie zurückkommt* wǒ bù zhīdào tā shénme shíhòu huílai 我不知道她什么时候回来
Ware shāngpǐn 商品
warm nuǎnhuo 暖和 *es wird warm* nuǎnhuo qǐlai 暖和起来
Warteliste děnghòuzhě míngdān 等候者名单
warten děngdài 等待 *auf jemanden warten* děng mǒuren 等某人 *Warten Sie mal!* děng yíxià 等一下!
Warteraum *im Bahnhof usw.* děnghòushì 等候室
Wartezimmer *beim Arzt* hòuzhěnshì 候诊室
warum wèishénme 为什么 *Warum nicht?* wèishénme bù? 为什么不? *Warum bist du nicht gekommen?* nǐ wèishénme méi lái? 你为什么没来?
was shénme 什么 *Was haben Sie gesagt?* nín shuō shénme? 您说什么?

was für … shénme 什么 *Was für Kreditkarten nehmen Sie an?* shōu shénme kǎ? 收什么卡? *bei Ausrufen* duōme … a! 多么…啊! *Was für ein schönes Wetter heute!* jīntiān tiānqì duōme hǎo a! 今天天气多么好啊!

Waschbecken xǐliǎnpén 洗脸盆, xǐdípén 洗涤盆

Wäsche *Schmutzwäsche* dàixǐ yīwù 待洗衣物

waschen xǐ 洗 *Wäsche waschen* xǐ yīfu 洗衣服 *sich waschen* xǐjìng 洗净

Wäscherei xǐyīdiàn 洗衣店

Waschmaschine xǐyījī 洗衣机

Waschmittel xǐyīfěn 洗衣粉

Waschsalon zìzhù xǐyīdiàn 自助洗衣店

Washington Huáshèngdùn 华盛顿

Wasser shuǐ 水

Wasserball shuǐqiú 水球

wasserdicht fángshuǐ 防水

Wasserfall pùbù 瀑布

Wasserhahn shuǐlóngtóu 水龙头

Wasserkessel shuǐhú 水壶

Wasserkraftwerk shuǐdiànzhàn 水电站

Wassermelone xīguā 西瓜

Watte tuōzhīmián 脱脂棉, yàomián 药棉

Wattestäbchen miánqiān 棉签

WC cèsuǒ 厕所

Website wǎngzhàn 网站 wǎngzhǐ 网址

Wechselgeld zhǎoqián 找钱

Wechselkurs duìhuàn huìlǜ 兑换汇率 duìhuànlǜ 兑换率

wechseln huàn 换 *Geld wechseln* duìhuàn wàibì 兑换外币

Wechselstube wàihuì duìhuànbù 外汇兑换部

wecken jiàoxǐng 叫醒

Wecker nàozhōng 闹钟

Weckruf huànxǐng diànhuà 唤醒电话

weder *weder … noch …* jì bù … yě bù … 既不…也不… *Sie sprechen weder Chinesisch noch Englisch* tāmen jì bú huì shuō Zhōngwén yě bú huì shuō Yīngwén 他们既不会说中文也不会说英文

Weg *Straße* lù 路

wegen yóuyú 由于

weggehen zǒu 走 *Schmerz, Gefühl* méile 没了

wegnehmen názǒu 拿走

wegräumen shōuqǐlai 收起来

Wegweiser zhǐshìpái 指示牌 lùbiāo 路标

Wegwerf- yícìxìng 一次性

wegwerfen rēngdiào 扔掉

wehtun *schmerzen* téng 疼 ● *sich wehtun* shòule shāng 受了伤

weich ruǎn 软

Weihnachten Shèngdànjié 圣诞节 *Frohe Weihnachten!* Shèngdàn kuàilè! 圣诞快乐!

weil yīnwèi 因为 *Der Spiel wurde abgesagt, weil es in Strömen regnete* yīnwèi yǔ hěn dà suǒyǐ bǐsài qǔxiāo 因为雨很大所以比赛取消

> Im Chinesischen gibt man zuerst den Grund und danach die Folge an. Der Grund wird mit 因为 *yīnwèi* 'weil', die Folge meistens mit 所以 *suǒyǐ* 'deshalb, deswegen' eingeleitet.
> Allerdings ist zu beachten, dass man im Chinesischen ein kausales Verhältnis auch wiedergeben kann, indem man zwei Sätze ohne Konjunktion einfach aneinanderreiht: 她有病不能来 *tā yǒu bìng bù néng lái* (= sie ist krank nicht kann kommen) *Sie kann nicht kommen, weil sie krank ist*.

Weile *eine Weile* yíhuìr 一会儿

Wein pútáojiǔ 葡萄酒

weinen kū 哭

Weinkarte pútáojiǔ dān 葡萄酒单

Weise *Art* fāngshì 方式 *Methode* fāngfǎ 方法

weiß bái 白

Weißwein bái pútáojiǔ 白葡萄酒

weit yuǎn 远 *Wie weit ist es bis zum Bahnhof?* dào chēzhàn yǒu duō yuǎn? 到车站有多远? *weit von … lí … yuǎn* 离 … 远 *Ist es weit von hier?* lí zhèr yuǎn ma? 离这儿远吗?

weiter *etwas weiter machen* jìxù zuò mǒushì 继续做某事

weitergehen *nicht aufhören* jìxù 继续 *weiterlaufen* jìxù zǒu 继续走

Weitsprung tiàoyuǎn 跳远

Weizen xiǎomài 小麦

welche(r, -s) nǎ 哪

Das Interrogativpronomen 哪 *nǎ* (umgangssprachlich auch *něi* ausgesprochen) kann nicht unmittelbar vor einem Substantiv stehen. Dazwischen muss ein Zähleinheitswort eingefügt werden, z. B. *welches Buch?* nǎ běn shū? 哪本书? [Siehe Zähleinheitswörter, S. 33]

Wenn sich das Substantiv auf eine Mehrzahl bezieht, verwendet man bei allen Substantiven das Zähleinheitswort für den Plural 些 *xiē*: *welche Bücher* nǎ xiē shū? 哪些书?

Das Substantiv kann weggelassen werden, das jeweilige Zähleinheitswort jedoch nicht: *Welches kaufst du?* (gemeint ist 'Buch') *nǐ mǎi nǎ běn?* 你买哪本?

Welle bōlàng 波浪

Welt shìjiè 世界

Weltall yǔzhòu 宇宙

Weltraum tàikōng 太空

Weltrekord shìjiè jìlù 世界记录

wenden *sich wenden* zhuǎn 转

wenig *vor Substantiv* bù duō 不多 *Wir haben wenig Zeit* wǒmen méi yǒu duōshǎo shíjiǎn 我们没有多少时间 *Wenige Deutschen sprechen Chinesisch* huì shuō Zhōngwén de Déguórén bù duō 会说中文的德国人不多 ● *als Adverb Sie isst wenig* tā chī de bù duō 她吃得不多 *ein wenig* yìdiǎnr 一点儿

weniger shǎo 少 *Du solltest weniger Kaffee trinken* nǐ yīnggāi shǎo hē kāfēi 你应该少喝咖啡 *weniger teuer* méi nàme guì 没那么贵 *weniger als …* bú dào … 不到… *weniger als eine Stunde* bú dào yíge xiǎoshí 不到一个小时

wenigstens zhìshǎo 至少

wenn *zu der Zeit …* de shíhòu … 的时候 *Ich rufe Sie an, wenn ich im Hotel ankomme* wǒ dào le bīnguǎn gěi nǐ dǎ diànhuà 我到了宾馆给你打电话 *bei Bedingung* yàoshì 要是 *rúguǒ* 如果

In Konditionalsätzen wird die Bedingung mit 要是 *yàoshì* oder 如果 *rúguǒ* 'wenn', das Ergebnis mit 就 *jiù* 'dann' eingeleitet, z. B.: 要是下雨，我就不去 *yàoshì xiàyǔ wǒ jiù bú qù* (= wenn regnet ich dann nicht gehe) *Wenn es regnet, gehe ich nicht.*

Im Chinesischen steht die Bedingung immer vor dem Ergebnis.

wer shéi 谁 *Wer kommt mit?* shéi gēn wǒ yìqǐ qù? 谁跟我一起去? *Wen hast du eingeladen?* nǐ qǐngle shéi? 你请了谁?

Werbegeschenk zèngpǐn 赠品

Werbespot guǎnggào 广告 guǎnggào duǎnpiàn 广告短片

Werbung *Branche* guǎnggàoyè 广告业

werden chéngwéi 成为, biànchéng 变成 *mit Adjektiven* …le …了 *müde werden* lèi le 累了 *im Passivsatz* bèi 被

Das Auto wurde gestohlen qìchē bèi tōu le 汽车被偷了
werfen rēng 扔
Werft zàochuánchǎng 造船厂
Werk *Kunstwerk* zuòpǐn 作品
Werkstatt gōngchǎng 工场
Werktag gōngzuòrì 工作日
Werkzeug gōngjù 工具
wert *wert sein* zhí 值
Wert jiàzhí 价值
Wertsachen guìzhòng wùpǐn 贵重物品
wertvoll zhíqián 值钱, guìzhòng 贵重
wesentlich jīběn 基本
Wespe huángfēng 黄蜂
wessen shéide 谁的 *Wessen Schlüssel ist das?* zhè bǎ yàoshi shì shéide? 这把钥匙是谁的?
Westen xībù 西部 *Amerika, Europa usw.* xīfāng (guójiā) 西方(国家)
westlich *Region usw.* xīfāngde 西方的 *westlichen Stils* xīshì 西式 • *westlich von …* … yǐxī …以西
Wettbewerb bǐsài 比赛
Wetter tiānqì 天气
Wettervorhersage tiānqì yùbào 天气预报
Wettkampf *Wettbewerb* bǐsài 比赛
Whisky wēishìjì 威士忌
wichtig zhòngyào 重要
Wichtigkeit zhòngyàoxìng 重要性
wickeln *Kind* gēnghuàn 更换
Wickelraum mǔyīngshì 母婴室
Widerstand *gegen eine Idee* fǎnduì 反对
wie *auf welche Weise* zěnme 怎么 *Wie spricht man dieses Wort aus?* zhège cí zěnme fāyīn? 这个词怎么发音? *Wie bitte?* nǐ shuō shénme? 你说什么? *Wie geht es?* nǐ hǎo ma? 你好吗? *in welchem Maß* duō 多 *Wie weit ist es zum Bahnhof?* lí chēzhàn yǒu duō yuǎn? 离车站有多远? *wie viel* duōshǎo 多少 *Wie viel kostet das?* duōshǎo qián? 多少钱? *wie viele* duōshǎo 多少 *Wie viele Bücher?* duōshǎo shū? 多少书? • *in Vergleichen* xiàng 像 rú 如 *Sie spricht Deutsch wie eine Deutsche* tā xiàng Déguórén yíyàng shuō Déyǔ 她像德国人一样说德语
wieder *in der Vergangenheit* yòu 又 *in Zukunft* zài 再
wiederholen chóngfù 重复 *noch einmal sagen* chóngshuō 重说 *Können Sie das bitte wiederholen?* qǐng nǐ zài shuō yíbiàn, hǎo ma? 请你再说一遍, 好吗?
Wiederhören *Auf Wiederhören!* zàijiàn! 再见!
wiederkommen huílai 回来
Wiedersehen *(Auf) Wiedersehen!* zàijiàn! 再见!
wiegen *Gewicht feststellen* chēng 称 • *Gewicht haben* zhòng 重 *Der Koffer wiegt 10 kg* shǒutíxiāng zhòng shí gōngjīn 手提箱重十公斤 *Wie viel wiegen Sie?* nǐ yǒu duō zhòng? 你有多重?
Wien Wéiyěnà 维也纳
wieso wèishénme 为什么 *Wieso nicht?* wèishénme bù? 为什么不?
wievielte(r) *Tag* jǐ hào 几号 *Den Wievielten haben wir heute?* jīntiān jǐ hào? 今天几号?
willkommen huānyíng 欢迎 *Willkommen in Deutschland!* huānyíng dào Déguó lái! 欢迎到德国来!
Wimper jiémáo 睫毛
Wimperntusche jiémáogāo 睫毛膏
Wind fēng 风
Windel niàobù 尿布

winden *es windet* guā fēng 刮风
windig guā fēng 刮风 yǒufēngde 有风的
Windjacke fángfēngyī 防风衣 fēngyī 风衣
Windschutzscheibe dǎngfēng bōli 挡风玻璃
Windsurfen fānbǎn yùndòng 帆板运动
winken huīshǒu 挥手 *mit der Hand* zhāoshǒu 招手
Winter dōngtiān 冬天
Wintersport dōngjì yùndòng 冬季运动
winzig jíxiǎo 极小 wēixiǎo 微小
wir wǒmen 我们
Wirbelsäule jǐzhù 脊柱
wirklich *echt* zhēnshí 真实 ● *tatsächlich* quèshí 确实 *vor Adjektiv* zhēn 真 *wirklich teuer* zhēn guì 真贵 *Wirklich?* zhēnde ma? 真的吗?
Wirkung xiàoguǒ 效果
Wirtschaft *eines Landes* jīngjì 经济 *Kneipe* jiǔbā 酒吧
wirtschaftlich *Entwicklung usw.* jīngjì 经济
Wirtschaftswachstum jīngjì fāzhǎn 经济发展
Wirtschaftswissenschaft jīngjìxué 经济学
wischen cā 擦
wissen zhīdao 知道 *Ich weiß nicht* wǒ bù zhīdao 我不知道 *Wissen Sie …?* nǐ zhīdao … ma? 你知道…吗? *soviel ich weiß* jù wǒ suǒzhī 据我所知
Wissenschaft kēxué 科学
Wissenschaftler(in) kēxuéjiā 科学家
wissenschaftlich kēxué 科学
Witwe guǎfù 寡妇
Witwer guānfū 鳏夫
Witz wánxiào 玩笑 *einen Witz erzählen* shuō xiàohuà 说笑话

wo zài nǎlǐ 在哪里, zài nǎr 在哪儿 *Wo wohnen Sie?* nǐ zhù zài nǎlǐ? 你住在哪里? *die Stadt, wo ich wohne* wǒ zhù de chéngshì 我住的城市
woanders zài lìngwài yíge dìfang 在另外一个地方 biéchù 别处
Woche xīngqī 星期 *diese Woche* zhège xīngqī 这个星期 *letzte Woche* shàng xīngqī 上星期 shàngzhōu 上周 *nächste Woche* xià xīngqī 下星期 *einmal die Woche* yìzhōu yícì 一周一次
Wochenende zhōumò 周末 *am Wochenende* zài zhōumò 在周末 *dieses Wochenende* zhè ge zhōumò 这个周末

Wochentage

Sonntag	xīngqītiān	星期天
Montag	xīngqīyī	星期一
Dienstag	xīngqīèr	星期二
Mittwoch	xīngqīsān	星期三
Donnerstag	xīngqīsì	星期四
Freitag	xīngqīwǔ	星期五
Samstag	xīngqīliù	星期六

NB: In der Alltagssprache kann das Wort 星期 *xīngqī* durch 礼拜 *lǐbài* ersetzt werden. Für 'Sonntag' wird formell auch 星期日 *xīngqīrì* gebraucht.

am Sonntag	*zài xīngqītiān* 在星期天
Dienstag Morgen	*xīngqīèr zǎochén* 星期二早晨
Mittwoch Abend	*xīngqīsān wǎnshang* 星期三晚上
letzten Montag	*shàng ge xīngqīyī* 上个星期一
nächsten Samstag	*xià ge xīngqīliù* 下个星期六

woher – wütend

samstags *měi ge xīngqīliù* 每个星期六
jeden Donnerstag *měi ge xīngqīsì* 每个星期四
An welchem Wochentag? *xīngqījǐ?* 星期几?

woher cóng nǎr 从哪儿 *Woher kommen Sie? Herkunft* nǐ shì nǎlǐ rén? 你是哪里人?
wohin qù nǎr 去哪儿 *Wohin gehen Sie?* nǐ qù nǎr? 你去哪儿?
wohl *Mir ist nicht wohl* wǒ bù shūfu 我不舒服
Wohl *Zum Wohl!* gānbēi! 干杯
wohltätig *karitativ* císhàn 慈善
wohnen zhù 住
Wohnung gōngyù 公寓
Wohnzimmer qǐjūshì 起居室, kètīng 客厅
Wolf láng 狼
Wolke yún 云
Wolkenkratzer mótiāndàshà 摩天大厦 mótiān dàlóu 摩天大楼
Wolle máoxiàn 毛线
wollen yào 要 *Wollen Sie eine Tasse Kaffee?* nín yào bu yào hē kāfēi? 您要不要喝咖啡? *Ich will hier bleiben* wǒ yào dāi zài zhèr 我要呆在这儿

Wort dāncí 单词 *Worte* huà 话
Wörterbuch cídiǎn 词典 *ein deutsch-chinesisches Wörterbuch* Dé-Hàn cídiǎn 德汉词典
wörtlich *wörtlich übersetzen* zhíyì 直译
Wortschatz cíhuì 词汇
Wunde shāngkǒu 伤口
wunderbar jí hǎo 极好
wünschen *wollen* xiǎng 想 *Was wünschen Sie?* nín yào shénme? 您要什么? *jemandem etwas wünschen* zhù mǒurén mǒushì 祝某人某事
würde(n) *in höflichen Bitten* qǐng … hǎo ma? 请…好吗? *Würden Sie bitte das Fenster aufmachen?* qǐng bǎ chuānghu dǎkāi hǎo ma? 请把窗户打开好吗? *in Konditionalsätzen* huì 会 *Wenn ich Zeit hätte, würde ich das machen.* rúguǒ wǒ yǒu shíjiān, wǒ huì nàme zuò de 如果我有时间，我会那么做的
Würfel *Spielzeug* tóuzi 骰子 shǎizi 色子
Wurst xiāngcháng 香肠
Würstchen xūnxiāngcháng 熏香肠 xiǎoxiāngcháng 小香肠
Wüste shāmò 沙漠
wütend fènnù 愤怒

Y

Yoga yújiā 瑜伽
Yuan *chinesische Währung* yuán 元

> Bei Preisangaben usw. wird Yuan in der Alltagssprache mit 块 *kuài* 'Stück' übersetzt. Darauf folgt das Wort 钱 *qián* 'Geld': *Es kostet 10 Yuan* yào shí kuài qián 要十块钱

Z

Zahl shùzì 数字

Zahlen

0	〇, 零	líng	
1	一	yī	
2	二	èr	
3	三	sān	
4	四	sì	
5	五	wǔ	
6	六	liù	
7	七	qī	
8	八	bā	
9	九	jiǔ	
10	十	shí	
11	十一	shí yī	
12	十二	shí èr	
13	十三	shí sān	
14	十四	shí sì	
15	十五	shí wǔ	
16	十六	shí liù	
17	十七	shí qī	
18	十八	shí bā	
19	十九	shí jiǔ	
20	二十	èrshí	

21 二十一 èrshí yī
22 二十二 èrshí èr usw.

30	三十	sānshí	300	三百	sān bǎi
40	四十	sìshí	400	四百	sì bǎi
50	五十	wǔshí	500	五百	wǔ bǎi
60	六十	liùshí	600	六百	liù bǎi
70	七十	qīshí	700	七百	qī bǎi
80	八十	bāshí	800	八百	bā bǎi
90	九十	jiǔshí	900	九百	jiǔ bǎi
100	一百	yì bǎi	1000	一千	yì qiān
200	二百	èr bǎi	2000	二千	èr qiān

102 一百零二 yì bǎi líng èr
136 一百三十六 yì bǎi sānshí liù usw.

1006 一千零六 yì qiān líng liù
4082 四千零八十二 sì qiān líng bāshí èr usw.

10.000	一万	yí wàn
20.000	二万	èr wàn
30.000	三万	sān wàn usw.
100.000	十万	shí wàn
1.000.000	一百万	yì bǎi wàn
10.000.000	一千万	yì qiān wàn
100.000.000	一亿	yí yì
1 Milliarde	十亿	shí yì

zahlen – Zelt

75.625 七万五千六百二十五 *qīwàn wǔ qiān liù bǎi èrshí wǔ* (= 7 *wàn*, 5625)

12.493.955 一千二百四十九万三千九百五十五 *yì qiān èr bǎi sìshí jiǔ wàn sān qiān jiǔ bǎi wǔshí wǔ* (= 1249 *wàn*, 3955)

Bemerkungen:

1. 'Zwei' wird vor einem Zähleinheitswort mit 两 *liǎng* übersetzt, z. B. 两本书 *liǎng běn shū zwei Bücher*. (Siehe Zähleinheitswörter, S. 33)

二 *èr* wird beim Zählen und in zusammengesetzten Zahlen gebraucht, z. B. 十二个人 *shí èr ge rén zwölf Personen*.

2. Bei Zahlen über hundert wird das Wort 零 *líng* eingefügt, wenn zwischen den ersten und letzten Ziffern eine oder mehrere Nullen stehen, z. B. *205* 二百零五 *èr bǎi líng wǔ*.

3. Im Chinesischen gibt es auch die Einheit 万 *wàn* 'zehntausend' zwischen Tausend und Million. Deshalb sind die Zahlen über 9999 für Nichtchinesen etwas kompliziert. Zum Beispiel, 'eine Million' heißt 一百万 *yì bǎi wàn*, wörtlich: 'hundertmal zehntausend'.

4. Die Ordnungszahlen werden mit 第 *dì* gebildet, z. B. 第二 *dì èr* 'zweite(r, -s)', 第十 *dì shí* 'zehnte(r, -s)'.

zahlen fù 付 *die Rechnung zahlen* fùzhàng 付帐 ● *ohne Objekt* fùqián 付钱

zählen shǔ 数

Zahlung zhīfù 支付

Zahlungsmittel zhīfù fāngshì 支付方式

Zahn yá 牙 *sich die Zähne putzen* shuāyá 刷牙

Zahnarzt (-ärztin) yáyī 牙医

Zahnbürste yáshuā 牙刷

Zahnfleisch yáyín 牙龈

Zahnpasta yágāo 牙膏

Zahnprothese jiǎyá 假牙

Zahnschmerzen yáténg 牙疼 yátòng 牙痛

Zahnseide yáxiàn 牙线

Zahnstocher yáqiān 牙签

Zange qiánzi 钳子

Zaun líba 篱笆

Zehe zhǐ 趾 jiǎozhǐ 脚趾

zehn shí 十 ➤ Siehe Übersicht *Zahlen* S. 291/292

zehnte(r, -s) dì shí 第十 ➤ Siehe Übersicht *Zahlen* S. 291/292

Zehntel shí fēn zhī yī 十分之一

Zeichen *Kennzeichen, Markierung* biāo 标

zeichnen huà 画

Zeichnung huàr 画儿 huà 画

zeigen *jemandem etwas zeigen* gěi mǒurén kàn mǒuwù 给某人看某物 *andeuten* biǎomíng 表明 ● *zeigen auf* zhǐ 指

Zeile háng 行

Zeit shíjiān 时间 *Zeitpunkt* shíhòu 时候 *zu der Zeit* dāngshí 当时 *in der letzten Zeit* zuìjìn 最近 *eine Zeit lang* yíduàn shíjiān 一段时间

Zeitpunkt shíkè 时刻

Zeitraum qījiān 期间

Zeitschrift zázhì 杂志

Zeitung bàozhǐ 报纸

Zeitungskiosk bàotān 报摊 shòubàotíng 售报亭

Zeitvertreib shìhào 嗜好 xiāomó shíjiān 消磨时间

Zeitzone shíqū 时区

Zelt zhàngpeng 帐篷

zelten lùyíng 露营
Zement shuǐní 水泥
Zentimeter gōngfēn 公分, límǐ 厘米
Zentrale *einer Firma* zǒngbù 总部
Zentrum zhōngxīn 中心 *der Stadt* shìzhōngxīn 市中心
zerbrechen *in Stücke schlagen* dǎpò 打破 ● *entzweigehen* pò le 破了
zerbrechlich yìsuì 易碎
Zeremonie diǎnlǐ 典礼
zerkratzen huápò 划破 zhuāpò 抓破
zerreißen *zerstören* sī 撕 ● *auseinanderreißen* sīpò 撕破
zerstören cuīhuǐ 摧毁
Zettel *für jemanden* biàntiáo 便条 zhǐtiáo 纸条
Zeuge (-in) mùjīzhě 目击者 zhèngrén 证人
Ziege shānyáng 山羊
ziehen lā 拉
Ziel *Zweck* mùbiāo 目标 *Reiseziel* mùdìdì 目的地
ziemlich xiāngdāng 相当 *ziemlich teuer* xiāngdāng guì 相当贵 *ziemlich viel Geld* qián xiāngdāng duō 钱相当多 xiāngdāng duō qián 相当多钱
Zigarette xiāngyān 香烟
Zigarre xuějiā 雪茄
Zimmer fángjiān 房间 *freies Zimmer* kòngfáng 空房
Zimmerpreis kèfáng jiàgé 客房价格
Zimt ròuguì 肉桂 guìpí 桂皮
Zinsen lìxī 利息
Zinssatz lìlǜ 利率
Zirkus mǎxìtuán 马戏团
Zitrone níngméng 柠檬
zittern fādǒu 发抖
Zivilisation wénmíng 文明
zögern yóuyù 犹豫

Zoll *Zollkontrolle* hǎiguān 海关 hǎiguān jiǎnchá 海关检查 *durch den Zoll gehen* tōngguò hǎiguān 通过海关
zollfrei miǎnshuì 免税
Zone dìdài 地带
Zoo dòngwùyuán 动物园
zornig shēngqì 生气
zu *allzu* tài 太 *zu teuer* tài guì 太贵 *Ich habe zu viel gegessen* wǒ chīde tài duō le 我吃得太多了

> 去 *qù* und 来 *lái* („gehen, fahren" bzw. „kommen") haben eine Doppelfunktion als Verb und Präposition, z. B. *Ich gehe zur Post* wǒ qù yóujú 我去邮局 *Er kommt zu uns* tā lái wǒmen jiā 他来我们家. In Verbindung mit einem anderen Verb der Bewegung dienen 去 *qù* und 来 *lái* nicht nur als Präpositionen, sondern auch als Richtungsbezeichnung, etwa „hin" bzw. „her", z. B. *Ich renne zur Bushaltestelle* wǒ pǎo qù qìchēzhàn 我跑去汽车站

zubereiten yùbèi 预备 *Speisen* pēngtiáo 烹调
Zucchini xīhúlu 西葫芦
Zucker táng 糖
Zuckerkrankheit tángniàobìng 糖尿病
zuerst shǒuxiān 首先
Zufall qiǎohé 巧合
zufällig yìwài 意外
zufrieden mǎnyì 满意
Zug huǒchē 火车 *mit dem Zug* zuò huǒchē 坐火车
Zugabe *Ausruf* zàilái yígè! 再来一个!
zugeben *eingestehen* chéngrèn 承认
zuhören tīng 听
Zukunft jiānglái 将来 *in Zukunft* jiānglái 将来
zuletzt zuìhòu 最后

zumachen *Tür, Fenster* guān 关 • *Laden usw.* guānmén 关门
Zunahme zēngjiā 增加
Zündholz huǒchái 火柴
zunehmen *dicker werden* zēngjiā tǐzhòng 增加体重 fāpàng 发胖
Zunge shétou 舌头
zurechtfinden *sich zurechtfinden in einer Stadt usw.* rènde lù 认得路
Zürich Sūlíshì 苏黎世
zurück *zurückgekommen* huílai le 回来了
zurückerstatten tuìkuǎn 退款
zurückfahren huíqu 回去
zurückgeben huángěi 还给 jiāohuán 交还 *jemandem etwas zurückgeben* huángěi mǒurén mǒuwù 还给某人某物
zurückgehen huíqu 回去
zurückkehren huí 回 *in eigenes Land* huíguó 回国
zurückkommen huílai 回来
zurückrufen *telefonisch* huí diànhuà 回电话
zurücksetzen *rückwärtsfahren* dàochē 倒车
zurzeit mùqián 目前
zusammen yìqǐ 一起 *Sollen wir zusammen zu Abend essen?* wǒmen yìqǐ chī wǎncān zěnmeyàng? 我们一起吃晚餐怎么样? *mit ... zusammen* hé ... yìqǐ 和...一起
zusammenlegen *Kleider usw.* dié 叠
zusammenzählen jiā qǐlái 加起来 héjì 合计
zusätzlich wàijiā 外加 fùjiā 附加
Zuschauer guānzhòng 观众
Zuschlag éwài 额外
Zustand zhuàngtài 状态

zustellen *Post* tóudì 投递
Zutaten pèiliào 配料
zuverlässig kěkào 可靠
zwanzig èrshí 二十 ➤ Siehe Übersicht *Zahlen* S. 291/292
zwanzigste(r, -s) dì'èrshí 第二十 ➤ Siehe Übersicht *Zahlen* S. 291/292
zwar *und zwar* gèng quèqiè de shuō 更确切地说
Zweck mùdì 目的
zwei *beim Zählen* èr 二 *vor Zähleinheitswort* liǎng 两 *zwei Bücher* liǎng běn shū 两本书 *um zwei Uhr* liǎng diǎn 两点 ➤ Siehe Übersicht *Zahlen* S. 291/292
Zweifel huáiyí 怀疑
zweifeln huáiyí 怀疑
zweihundert èrbǎi 二百 ➤ Siehe Übersicht *Zahlen* S. 291/292
zweimal liǎngcì 两次
zweite(r, -s) dì'èr 第二 ➤ Siehe Übersicht *Zahlen* S. 291/292
Zwiebel yángcōng 洋葱
Zwilling shuāngbāotāi 双胞胎
zwingen *jemanden zwingen, etwas zu tun* qiǎngpò mǒurén zuò mǒushì 强迫某人做某事
zwischen *räumlich* zài ... zhījiān 在...之间 *zwischen dem Tisch und dem Fenster* zài zhuōzi hé chuānghù zhījiān 在桌子和窗户之间 *zeitlich zwischen sechs Uhr und Mitternacht* liù diǎn dào wǔyè zhījiān 六点到午夜之间
Zwischenlandung zhuǎnjī tíngliú 转机停留 zhōngtú jiàngluò 中途降落
Zwischenstufe zhōngjí 中级
zwölf shí'èr 十二 ➤ Siehe Übersicht *Zahlen* S. 291/292

Ihr persönliches Wörterbuch

Ihr persönliches Wörterbuch

Ihr persönliches Wörterbuch

Ihr persönliches Wörterbuch

Ihr persönliches Wörterbuch

Ihr persönliches Wörterbuch

Ihr persönliches Wörterbuch

Ihr persönliches Wörterbuch

Ihr persönliches Wörterbuch

Ihr persönliches Wörterbuch